本著作受到吉林大学马克思主义学院马克思主义经典文献通释著作出版项目的资助

马克思主义经典文献通释

《家庭、私有制和国家的起源》通释

赵海月 李腾飞 著

中国社会科学出版社

图书在版编目（CIP）数据

《家庭、私有制和国家的起源》通释 / 赵海月，李腾飞著. -- 北京：中国社会科学出版社，2025.3. (马克思主义经典文献通释). -- ISBN 978-7-5227-4847-4

Ⅰ. A811.24

中国国家版本馆 CIP 数据核字第 20258SR275 号

出 版 人	季为民
责任编辑	朱华彬　郝玉明
责任校对	谢　静
责任印制	李寡寡

出　　版	中国社会科学出版社
社　　址	北京鼓楼西大街甲 158 号
邮　　编	100720
网　　址	http://www.csspw.cn
发 行 部	010-84083685
门 市 部	010-84029450
经　　销	新华书店及其他书店
印　　刷	北京君升印刷有限公司
装　　订	廊坊市广阳区广增装订厂
版　　次	2025 年 3 月第 1 版
印　　次	2025 年 3 月第 1 次印刷
开　　本	710×1000　1/16
印　　张	22.75
字　　数	361 千字
定　　价	119.00 元

凡购买中国社会科学出版社图书，如有质量问题请与本社营销中心联系调换
电话：010-84083683
版权所有　侵权必究

编 委 会

主　　　编：吴宏政

副 主 编：董树彬

编委会成员：于天宇　王贤卿　孙　贺　刘信君

　　　　　　吴宏政　李　倩　张　波　罗克全

　　　　　　邵彦敏　柳建辉　郭永虎　韩喜平

　　　　　　董树彬

序　言

《家庭、私有制和国家的起源》（以下包括正文各章节等均简称为《起源》）是弗里德里希·恩格斯（1820年11月28日—1895年8月5日）的一部关于原始社会发展规律和国家起源的著作，是马克思主义国家学说代表作之一。原著的副标题为"就路易斯·亨·摩尔根的研究成果而作"，这意味着它是恩格斯在整理马克思对摩尔根《古代社会》所作的人类学笔记的基础上，为完成马克思"遗愿"、补偿"亡友未能完成的工作"而写的专著。全书包括2篇序言和9章正文。

《起源》是恩格斯运用历史唯物主义基本原理分析原始社会的一部最系统、最全面的马克思主义经典著作。在书中，恩格斯研究了史前各文化阶段与家庭的起源、演变和发展，着重论述了人类史前各阶段文化的特征、早期的婚姻和从原始状态中发展出来的几种家庭形式，指出一夫一妻制家庭的产生和最后胜利乃是文明时代开始的标志之一。

与此同时，恩格斯根据大量史料，阐述了原始社会的基本特征，分析了原始社会解体的过程和私有制、阶级的产生，揭示了国家的起源、本质及发展和消亡的规律；指出国家和阶级、私有制一样，不是从来就有的而是人类社会经济发展到一定历史阶段的结果；国家是阶级矛盾不可调和的产物，是经济上占统治地位的阶级进行政治统治的工具，是凌驾于社会之上而且日益与社会脱离的特殊公共权力，其作用是协调各阶级的矛盾并将冲突控制在秩序范围以内；国家随着阶级的产生而产生，也必将着随着阶级的消亡而消亡。

换言之，恩格斯通过对于人类早期发展阶段历史的史料补充，梳理不同社会经济形态中家庭模式和婚姻形式的演进，揭示以私有制为基础的阶级社会形成的过程，剖析了国家的起源和实质。他在《起源》中以完整的历史视角，向人们勾勒出宏大的历史前进图景，令人信服地宣告私有制、阶级和国家的产生是历史的必然但绝不是历史的永恒，共产主义社会将是人类社会历史发展的必然趋势。

《起源》以德语写于1884年4月初至5月26日，同年10月在瑞士苏黎世出版单行本，其后被译成多种语言文字。该书一经出版传播便产生了广泛而深远的价值影响。时至今日，根据我们的学习认知把握，它至少具有以下几个方面的特殊贡献。

第一，它在科学史上第一次真正用马克思主义理论说明人类社会远古时期的历史问题，不仅说明了家庭、私有制和国家这些现象的历史暂时性，还对未来社会作出了新的社会制度的预测。从而，初步建立起从原始社会到共产主义社会的人类社会顺序相承的逻辑体系。

第二，它在唯物史观上第一次系统总结与阐述了"两种生产"理论，并以此为指导将史前时期的人类社会奠基于物质生产之上，考察了家庭与私有制、阶级与国家之间的生成逻辑与发展动因，在结构上完善了唯物史观的理论体系。从此，历史唯物主义理论研究便从"间接推论"一跃而进入"直接研究"的新阶段。

第三，它在马克思主义思想史上第一次阐明了阶级斗争的社会历史条件性。它不仅吸收了摩尔根发现的原始社会是没有私有制和阶级的公有制社会，更是深刻论证了原始社会内在发展变化所彰显的经济原因和结构转变的历史规律；不仅揭示了家庭、私有制和国家的起源，更是深刻分析了原始社会起源及其灭亡的历史条件，从而填补了以前历史唯物主义关于"至今一切社会的历史都是阶级斗争的历史"的理论空白。

第四，它在政治学说史上第一次系统科学地阐明了家庭、私有制、阶级和国家起源的关系，是恩格斯运用唯物史观研究国家问题的重大成果。它科学地告诉人们：原始社会没有国家，私有制导致国家产生，国家与氏族不同，国家是阶级统治的工具，等等，不一而足。这些论断极大地丰富了马克思主义的政治学说。

第五，它在妇女地位问题上，第一次较为集中系统地提出女性解放思想。早在《英国工人阶级状况》中，恩格斯根据大量详细的纪实材料深刻分析了女性在资本主义社会中被压迫、被剥削的社会地位,但只是提出女性工人是妇女解放的主体力量这一思想见解;而在《起源》中则从政治前提、经济基础、社会属性和重要内容等方面,进一步系统化地阐发了马克思主义女性解放思想。比如:性别压迫的前提是阶级压迫,只有无产阶级首先获得解放,女性才能获得真正的解放;女性遭受经济剥削的困境是由私有制导致的,只有在公有制条件下,才能实现两性平等;回到公共的事业中去是女性解放的一个先决条件;在阶级社会中阶级地位决定婚姻关系,只有彻底消灭资本主义制度才能实现以爱情为基础的婚姻自由;等等。《起源》以其女性解放思想的鲜明特征,曾被西方马克思主义学者誉为"马克思主义者尝试理解和解释妇女从属地位的一本开创性著作"[①]。在国际共产主义运动、社会主义妇女发展道路探索以及当代西方"女权运动"的实践中,《起源》的女性解放思想也是指导世界各国妇女解放运动和妇女解放事业向前发展的一面光辉旗帜。

居高声自远,水深波浪阔。《起源》的中心思想、基本理论和科学精神是穿越世界之变、时代之变和历史之变的真理性力量,在同各国具体实际和优秀传统文化相结合中,不断实现民族性发展、理论性创新和制度性转化。

按照丛书编写的统一要求,遵从预设的模本框架,我们对"《家庭、私有制和国家的起源》通释"拟定了七个方面的撰写提纲:

第一章 《起源》研究的中外学术史通释
第二章 《起源》文本结构通释
第三章 《起源》核心要义通释
第四章 《起源》核心概念通释
第五章 《起源》重要论断通释
第六章 《起源》基本原理通释
第七章 《起源》的当代意义

经过"读原著、学原文、悟原理"的淬炼与深思,我们认为:

[①] [美]佩吉·麦克拉肯主编:《女权主义理论读本》,广西师范大学出版社2007年版,第11页。

（一）家庭、私有制和国家的起源是《起源》研究贯穿的主题。恩格斯结合摩尔根《古代社会》的研究成果，在补充和完善大量历史和现实的材料基础上，对原始社会的起源、发展和消亡过程作了唯物论分析，重点分析了家庭、私有制和国家等主题的历史逻辑运转，以揭示人类社会发展的基本规律。

（二）"两种生产"理论是理解《起源》的核心线索。恩格斯从生活资料的生产与人自身的生产双重维度解答了家庭、私有制和国家生成的历史之谜。"两种生产"理论贯穿了《起源》的始终，奠定了家庭、私有制和国家的唯物史观分析的思想基础，为原著文本提供了坚实的理论支撑。

（三）系统思维是《起源》正确观察问题的方法。恩格斯从唯物史观立场出发，将人们全新的发现和材料数据进行综合科学系统的分析来研究、阐释家庭、私有制和国家起源及其本质，赋予原始社会以唯物史观化，同时揭露、驳斥了各种关于私有制、阶级和国家起源及其"永恒性"的谬论。人们既可以通过对相关核心概念的解读和阐释来窥探人类社会史前阶段发展的基本面貌，又可以通过文本对以私有制为基础的旧世界的批判来展望共产主义新社会的美好；原著既有对人类历史发展规律的整体性认识，又有众多的具体的理论观点；既有一以贯之的严丝合缝的公理性推演，又有大量可感的数据和佐证资料，等等。可以说，《起源》的系统思维方法，是我们进行社会科学研究应该研习效仿的学术典范。

孤举者难起，众行者易趋。在撰写书稿的过程中，我们大量参阅、借鉴了国内外学者所发表的相关论文和出版的相关著作，在此对相关作者致以诚挚的谢意！同时，感谢博士生导师吴宏政院长气势磅礴、意境高远、运思缜密的精心策划！感谢吉林大学马克思主义学院的鼎力支持！感谢一些在学的博硕士弟子的倾情相助！

由于身体、时间、资料、学识、经验和技术等不可避免的局限，本经典文献的"通释"定会存在一些粗疏纰漏舛误之处。虽然波澜壮阔的伟大事业和汹涌澎湃的未来愿景激励鼓舞着我们宵衣旰食、见缝插针地去做这项探赜索隐、钩深致远的工作，但在完稿即将付梓之际，我们依旧感到愧然、惶然与窘然。

但是，无论如何有一点是肯定的——我们淡化一些"感觉的幸福"，是为了积淀更多"幸福的感觉"。

我们愿以自己的不足抛砖引玉，恳望学界同仁不吝赐教指正。

赵海月

2023 年 6 月 18 日于吉大北区

目 录

第一章 《起源》研究的中外学术史通释 …………………… (1)
 一 《起源》研究的中外研究成果介绍 ………………… (1)
 二 《起源》研究中学术争论代表性观点介绍 ………… (16)
 三 《起源》研究中学术争论的理论困境 ……………… (42)

第二章 《起源》文本结构通释 ………………………………… (71)
 一 《起源》文本的历史逻辑 …………………………… (71)
 二 《起源》文本的现实逻辑 …………………………… (91)
 三 《起源》文本的理论逻辑 …………………………… (105)

第三章 《起源》核心要义通释 ………………………………… (127)
 一 《起源》的创作背景 ………………………………… (127)
 二 《起源》的思想史线索依据 ………………………… (136)
 三 《起源》的核心思想 ………………………………… (158)
 四 《起源》回答和解决的问题 ………………………… (176)
 五 《起源》在马克思主义思想史中的地位 …………… (189)

第四章 《起源》核心概念通释 ………………………………… (200)
 一 概念一：一夫一妻制 ………………………………… (200)
 二 概念二：家庭 ………………………………………… (212)
 三 概念三：国家 ………………………………………… (221)
 四 概念四：文明时代 …………………………………… (235)

五　概念五：私有制 …………………………………………………（246）

第五章　《起源》重要论断通释 ……………………………………（255）
　　一　论断一：国家决不是从外部强加于社会的一种力量 ………（255）
　　二　论断二：任何进步同时也是相对的退步 ……………………（262）
　　三　论断三：妇女解放的第一个先决条件就是一切女性
　　　　　　　　重新回到公共的事业中去 ………………………（270）
　　四　论断四：历史中的决定性因素归根到底是现实生活的
　　　　　　　　生产和再生产 ……………………………………（276）
　　五　论断五：迄今的一切革命，都是为了保护一种所有制
　　　　　　　　而反对另一种所有制的革命 ……………………（283）

第六章　《起源》基本原理通释 ……………………………………（291）
　　一　原理一：自然选择机制和人类自身生产方式决定着
　　　　　　　　原始共产制家庭公社的规模 ……………………（291）
　　二　原理二：古典专偶制是在物质资料生产和私有制
　　　　　　　　原则成为社会主要力量时展开的个体家庭形式 …（296）
　　三　原理三：消灭私有制和实行社会化大生产是建立
　　　　　　　　真正的一夫一妻制的阶级前提和物质基础 ……（302）
　　四　原理四：在社会生产力决定下的分工与交换直接
　　　　　　　　促使阶级产生 ……………………………………（306）
　　五　原理五：不以血缘而以地域划分居民的国家是阶级
　　　　　　　　矛盾不可调和的产物 ……………………………（310）

第七章　《起源》的当代意义 ………………………………………（317）
　　一　《起源》对发展二十一世纪马克思主义的理论意义 ………（317）
　　二　《起源》对当代资本主义的批判意义 ………………………（324）
　　三　《起源》对人类解放事业的世界历史意义 …………………（331）

参考文献 ………………………………………………………………（342）

后　记 …………………………………………………………………（351）

第 一 章

《起源》研究的中外学术史通释

　　《家庭、私有制和国家的起源》是一部重要的马克思主义经典著作之一，其内容涵盖社会学、历史学、民族学、人类学、政治学、考古学等多种交叉学科，是不可多得的一部百科全书式的学术思想史著作。家庭、私有制、婚姻、氏族、阶级和国家的起源与发展是《起源》一以贯之的重大主题线索。从时间跨度上，它从人类社会的初期阶段，到文明阶段的过渡，再到对未来共产主义社会美好世界愿景的整体描绘，囊括了人类社会"五形态"的全部历史发展过程。在历史材料上，恩格斯对摩尔根的《古代社会》进行了大量详细的材料补充和经济层面的唯物史观论证，增加了罗马史、日耳曼史、希腊史等与主题相关的史实讨论。基于这个重大研究成果，这部著作的发表在中外学术史上引起了巨大反响，具有伟大且深远的历史意义。它不仅成为当时德国社会民主党建设发展所需的统一党内思想，成为鼓舞工人阶级革命斗志、驳斥传统私有制永恒不变论的理论武器，更是传入东方社会，尤其被中国知识分子翻译并出版了《社会进化史》，为马克思主义在中国的进一步传播创造了条件。为梳理《起源》在中外学术界研究成果的介绍，本章主要从著作类、期刊文章类两个层面，对其宏观和微观的整体把握，并对其学术方法、学术地位及其相关代表性的学术争论进行透视，以充分窥见恩格斯原文的意蕴。

一　《起源》研究的中外研究成果介绍

　　《家庭、私有制和国家的起源》在马克思主义发展史上占据着十分重要的地位，是著名的科学社会主义经典著作之一，其所揭示的原始社会史理论体系为人类社会历史发展的探索和诸多交叉学科建设发挥着巨大的理论指导作用和学术价值意义。

（一）著作类研究概述

对《起源》著作类研究是呈现恩格斯原文意蕴的重要组成部分，是对恩格斯成果的系统详细的诠释和补充，是对家庭、私有制和国家起源问题研究上的最新材料的补充，是全面考察家庭、私有制、国家从无到有、从无阶级到文明社会转变的基本规律的科学分析，是辅助理解和深化历史唯物主义在人类社会初期基本规律的认识和坚实的历史基础。本书主要从学术思想史、学术问题、学术研究方法、学术历史地位等方面进行全面介绍，以全面深化对《起源》所揭示的基本规律、基本结构和基本观点的客观认识。

1. 对学术思想史宏观研究

张彦修的《婚姻·家族·氏族与文明：〈家庭、私有制和国家的起源〉研究》，以翔实的考古资料和民族调查资料为研究材料来源，对恩格斯的经典文献《起源》中的两种生产理论、婚姻、家庭、氏族与文明的起源进行了系统的探讨，呈现了该文献的重要理论的深刻内涵。① 他认为人类婚姻、家庭、私有制和国家的起源是《起源》研究贯穿的主题，几乎涵盖了人类的全部历史过程，涉及人类学、民族学、考古学、社会学、历史学和政治学、语言学等交叉学科，是对马克思主义中国化进程中的基础理论研究之一。

汪永祥、李德良、徐吉升编著的《〈家庭、私有制和国家的起源〉讲解》是纪念《起源》出版问世一百周年而编写的。他们指出，恩格斯为论证历史唯物主义基本原理的普遍有效性，清除机会主义思潮在工人阶级运动中的消极影响，提升社会主义政党的理论修养和水平，必须利用摩尔根等人在原始社会史的最新成果，以揭示家庭、私有制和国家的起源。从原始社会史和婚姻家庭史等方面的文献梳理出阶级、家庭、私有制和国家起源问题，揭示出人类社会的无阶级社会阶段过渡到阶级社会

---

① 参见张彦修《婚姻·家族·氏族与文明：〈家庭、私有制和国家的起源〉研究》，中国社会科学出版社 2007 年版，目录第 1—3 页。

和文明时代的发展过程，从而论证资本主义制度的历史暂时性，揭示出资本主义私有制终将被更高形式的共产主义阶段所代替的历史必然性。①

吴江教授认为，恩格斯和摩尔根都曾对未来社会发展趋势作出一致性的预测，即人类社会必将走向共产主义。②他从原始社会、家庭、母权制、私有制等方面透视了《起源》中的阶级和国家的起源和本质，重点考察了家庭、私有制、阶级和国家起源等重大现实问题，揭示了人类社会发展规律仍然适用于原始社会史，再次阐明了马克思主义的"两个必然"重大论断的包容性和科学性；最终为我们正确审视资本主义、树立共产主义世界观和坚定走"中国道路"提供了有益的借鉴作用。

童书业教授以原始社会史角度介绍了《起源》产生前后的意识形态领域批判阵地对比。资产阶级史学家将人类社会的阶级现象宣扬为永恒长存的现象，不存在无阶级的人类社会，打造了资本主义社会永恒不变的意识形态阵地。恩格斯运用历史唯物主义的基本原理阐释原始社会内部的家庭、私有制和国家等核心概念范畴的起源、发展、消亡的历史规律性，从而弥补了人类社会史前史的理论空缺，深刻地掌握了原始社会史的发展历程及其向阶级社会过渡的社会发展过程。夏剑豸教授则澄清了《起源》并非"摩尔根的书的提要"，也不是低阶的"家庭史概论"，而是运用了摩尔根的研究成果来阐释和丰富唯物史观的著作。在他看来，《起源》是恩格斯从原始社会史中通过"经济论证"和"历史唯物主义论证"来驳斥资产阶级关于一夫一妻制家庭、私有制及国家永恒性的谬论。③

2. 对学术问题的微观研究

在中国社会处于社会转型时期，经济的转型离不开精神文化和社会秩序转型的配套完善，离不开"信仰"和"法治"。面对《起源》，关注政治与法律的群体往往将注意力投向涉及私有制、国家问题的论述上，而那些对爱情与婚姻感兴趣的人则更看重家庭部分的论述。女性主义者则认为它是"尝试理解和解释妇女从属地位的一本开创性著作"。刘澄的

---

① 参见汪永祥、李德良、徐吉升编著《马克思主义经典著作学习丛书〈家庭、私有制和国家的起源〉讲解》，中国人民大学出版社1986年版，第6—20页。

② 参见吴江《解读〈家庭、私有制和国家的起源〉》，吉林出版集团有限责任公司2013年版，第157页。

③ 参见夏剑豸《马克思主义哲学史专论》，中国社会科学出版社2016年版，第205页。

《〈家庭、私有制和国家的起源〉导读》则梳理了历史中的家庭形式，介绍了妇女解放的先决条件和一夫一妻制的真正实现条件等。① 威廉·施米特和威廉·科普尔创建了古代史体系，其理论核心在于证明一夫一妻制家庭是人类社会永恒的基础。②

在阶级的起源方面，李永采、李长林等人认为苏联《政治经济学教科书》的"权威"散布着不少极"左"谬论，并介绍了部分极"左"观点带来的危害。如格罗特等资产阶级学者在氏族起源问题上认为个体家庭是社会发展的基本单元，将氏族视为"家庭集团"③，从而混乱了氏族与家庭关系问题的错误观点。此外，该教科书中在论述私有制、阶级起源时，论述的重心在于把"贪污""侵占"叙述为阶级产生的直接原因。在作者看来，在私有财产、私有制产生之前，氏族中的"共产"或者"公物"被氏族酋长"视为"自己的财产，这是在私有意识指导下引发的"贪污"行为，只是这种意识观点违背了马克思主义关于"社会存在决定社会意识"的基本原理，严重背离了辩证唯物主义的观点，陷入了历史唯心主义的陷阱。

在"民族理论"方面，蒋国维等编著的《〈家庭、私有制和国家的起源〉释要与新论》阐释了对前资本主义民族理论的发展，回答了"原始民族"的内涵及其形成过程，揭露了民族的历史范畴概念。在他看来，原始民族形成于氏族社会，具有独特的血缘关系；其起源比阶级和国家产生早，而消亡要在阶级和国家消亡之后。"古代民族"不同于"原始民族"，它以私有制的经济基础为依托，打破了血缘关系的"原始民族"，其共同的语言、共同的经济生活、共同的地域、共同的文化是原始民族和古代民族共同的特征。④ 日知在《中西古典学引论》中澄清了过去对恩格斯《起源》1884年版序言的误解和补充说明恩格斯1884年的一条遗稿

---

① 参见［德］恩格斯原著，刘澄导读《〈家庭、私有制和国家的起源〉导读》，天津人民出版社2009年版，目录第1—3页。

② 参见中共中央马克思恩格斯列宁斯大林著作编译局《马列主义研究资料》编辑部编《马列主义研究资料》，人民出版社1988年版，第6页。

③ 《马克思恩格斯文集》第4卷，人民出版社2009年版，第116页。

④ 参见蒋国维等编著《〈家庭、私有制和国家的起源〉释要与新论》，贵州师大学报编辑部1988年版，第288—289页。

内容。日知经考订认为手稿内容极为可能是《起源》第九章谈到中世纪贵族、城市望族乃至农民的血族中保存着氏族制度残余的地方相衔接，它阐明了在阶级社会中，不管人类历史活动是在野蛮时代还是文明时代，血族关系都仍然长存的客观历史现象。①

在母系和父系共存论方面，德国的约·海尔曼则认为《起源》中的家庭发展的早期阶段不够明确，于是对群婚、氏族的形成及其实质作了全新考察，部分修正了摩尔根和恩格斯的观点。如澳大利亚的某些地方氏族团体存在于氏族之下，其成员来自不同的世系共同体。这些团体以父系为主导，占据统治地位。这就意味着母系和父系在历史上可以共存，而造成这种原因是次生的经济条件。他强调，创新并推动社会前进的力量是男人和妇女共同的生产劳动，不管是按父系还是母系都无关紧要。②根据这个趋势，在人类原始社会早期阶段，对偶制就是在两性分工的基础上，通过经济合作而形成的一种较稳定的社会关系状态。那种认为先是母系而后承继的父系这种进化论显然不存在了。但是，本书认为，恩格斯发现从氏族制度向阶级社会深刻的质的转折，已经超越摩尔根及其资料和方法的范围。同时，恩格斯为历史、婚姻和家庭的未来关系发展勾勒了一幅宏伟的美好生活蓝图，虽然在实现过程中可能会遇到各种错综复杂的情况和矛盾的干扰。在社会经济形态方面，有些人认为恩格斯收回了马克思关于"亚细亚的生产方式"，不再把其看作社会的经济形态，而是被归入原始社会。实际上，恩格斯不只是对摩尔根的历史材料进行"概括"或者"改写"，其深远历史意义在于为现实的阶级斗争的起源、过程和未来趋势进行了深刻的唯物史观剖析。

3. 对学术研究方法的研究

1984年，吴铎学者从社会学视角来考察，创作了《〈家庭、私有制和国家的起源〉读书札记》。他着重梳理了两种社会生产理论、家庭、氏族、阶级、私有制、国家、法律和道德起源和形成和发展，进一步阐发

---

① 参见日知《东北师范大学博士生导师文库　中西古典学引论》，东北师范大学出版社1999年版，第42—46页。

② 参见中共中央马克思恩格斯列宁斯大林著作编译局《马列主义研究资料》编辑部编《马列主义研究资料》，人民出版社1988年版，第6—8页。

了家庭、私有制、阶级和国家等产生问题，同时以社会学视角揭示了人类社会发展规律，对人们深刻理解"两个必然"提供了史料支撑，也为后来者深入研究《起源》和社会学教学提供了科学的方法论。[①]

李永采等人为还原《起源》在苏联《政治经济学教科书》等"权威"著作中的本来面貌，采用了如下方法。[②] 其一，运用恩格斯的辩证唯物论的方法充分占有材料，从材料中引出具体的结论，依据客观的历史事实，广泛搜集资料。其二，运用辩证唯物主义的历史观点和方法梳理考察社会历史，将特定的历史事物还原到特定的历史范围内进行具体分析和考察研究，并以此条件为出发，来评价它们的历史地位。其三，进行历史比较法，通过对比不同形态的事物，以发现其共性部分。通过对不同历史阶段事物的比较分析，揭示出其本质上的差异和共同之处。其四，运用类比法，根据同类事物的两个对象具有相同的属性，依据其中一个对象所具有的属性来推断出另一个对象也具有同种属性的结论。其五，运用抓典型法考察历史，通过梳理概念历史范畴的多重矛盾，紧抓事物的主要矛盾和矛盾的主次要方面进行历史考察研究。

4. 对学术历史地位的研究

华南师范学院历史系《起源》试释编写组编写的《〈家庭、私有制和国家的起源〉试释》从人类史前文化各个阶段、家庭、氏族制度、国家产生、野蛮时代与文明时代等章节阐明《起源》中"氏族""国家"的起源、本质和消亡及其在更高形态下的复活，最终揭示了通往共产主义社会的历史规律性。作者认为恩格斯通过《起源》对私有制问题和资产阶级与机会主义国家观的批判和澄清，同时也体现了反对沙文主义的斗争精神，并为妇女争取彻底解放斗争提供了理论支持。因此，《起源》的创作意味着马克思主义同机会主义斗争的产物，是树立无产阶级阶级斗争和共产主义世界观的经典著作。[③] 李楠明、郭艳君、隽鸿飞等人认为

---

① 参见吴铎《〈家庭、私有制和国家的起源〉读书札记》，华东师范大学出版社1984年版，第1—6页。
② 参见李永采、李长林、程德祺等《驱拨谬雾究真谛——恩格斯著〈家庭、私有制和国家的起源〉新辨释》，东南大学出版社1993年版，第280—287页。
③ 参见《〈家庭、私有制和国家的起源〉试释（初稿）》，华南师范学院历史系（《起源》试释编写组）1979年版，第5—10页。

《起源》是恩格斯运用历史唯物主义基本原理,对原始社会进行系统而全面分析的马克思主义经典著作。它以两种生产理论为指导,以大量可感的数据资料为佐证,揭示了原始社会史的基本结构和历史必然规律,从而填补了"五阶段"社会发展全貌的唯物史观基本原理。它的问世意味着历史唯物主义理论研究进入"从间接推论到直接研究"转变的新阶段[①];同时,《起源》关于私有制、阶级和国家起源、本质及其历史必然性规律的内在联系,为批判资产阶级国家"永恒说"和阶级斗争理论奠定坚实基础。

(二) 论文类研究概述

1. 对学术思想史宏观研究

林锋教授批判并澄清了诺曼·莱文对晚年恩格斯历史观的误解。美国学者诺曼·莱文在《马克思和恩格斯思想中的人类学》一文中人为制造了马克思和恩格斯思想的对立。在恩格斯的《起源》著作中,莱文批判了恩格斯将经济立场曲解为"机械的、形而上学的经济决定论"。林锋教授认为莱文对恩格斯的指控是"很不合适、很不妥当的"。在他看来,恩格斯坚决反对脱离了具体情况教条式套用"经济决定论",且强调经济因素在人类历史发展的进程中发挥着主导和决定作用,但并未抹杀、否定其他因素的历史作用。《起源》中强调的"两种生产"理论是在阐明其前提条件是在历史发展进程中的决定因素,并未否定其他因素在历史进程中所具有的作用。恩格斯同样高度重视"血族关系""家庭""亲属关系"等非经济因素在人类历史中的作用。因此,莱文对恩格斯的指控为"机械唯物主义历史观"完全是曲解的、不妥当的。[②]

在纪念恩格斯逝世 110 周年,朱传棨谈到了恩格斯为完成马克思"遗愿"而创作了《起源》,由于马克思对家庭形式演化的观点源自对摩尔根观点作的摘录、评注和笔记,因而尚未形成系统观点,同时也未

---

① 李楠明、郭艳君、隽鸿飞编著:《恩格斯经典著作选读释义》,黑龙江人民出版社 2006 年版,第 302 页。

② 参见林锋《诺曼·莱文对晚年恩格斯历史观的误读》,《马克思主义与现实》2019 年第 4 期。

把同时期其他民族学家和历史学家的相关家庭史资料纳入其中，而恩格斯的《起源》阐述的家庭形式观点正好填补了这一局限性。① 恩格斯不仅提出了过渡家庭形式理论，还揭示了现代世界个体家庭的实质和特征及其未来家庭走向趋势，因而形成了连接古今和未来家庭形式的理论体系。

在纪念恩格斯《起源》发表一百周年之际，满都尔图认为《起源》利用了大量民族学资料进行论证氏族、部落、国家的历史发展进程，揭示了维系氏族关系的血缘关系纽带作用，为马克思主义民族学的形成和发展奠定了基础。《起源》的诞生不仅标志着马克思主义社会发展史理论体系的建立，丰富了唯物史观，同时系统论述了国家的起源及其本质，创建了马克思主义国家学说体系。对于我们学习和坚持马克思主义基本理论和重要方法而言，《起源》在辩证分析复杂问题、继承文化遗产和丰富思想理论等方面值得学习和继承。②

2. 对学术问题的微观研究

（1）两种生产理论微观问题研究。关于两种生产理论，国外学者如俄国社会学家米海洛夫斯基则批判恩格斯，将"两种生产"范式置换了物质生产决定论的公式；在《简明哲学辞典》中，苏联哲学家们认为恩格斯的"两种生产"的观点是"犯了一个错误"③，即"除了物质生产方式外，还有种的延续"；日本马克思主义者河上肇批判恩格斯的"两种生产"理论破坏了物质一元论的性质，陷入了"二元论"④。国内学者黄湛则从"两种生产"的理论入手，指出人的"自己生命的生产"与"他人生命的生产"共同构成了人类社会生产的基本内容。而社会的发展为人的类本性、类存在和类本质的价值取向奠定了物质基础。两种生产理论涵盖着自然关系和社会关系，揭示了关于现实的人及其人的社会在历史

---

① 参见朱传棨《实现马克思的"遗愿"，补偿"亡友未能完成的工作"——纪念恩格斯逝世110周年》，《武汉大学学报》（人文科学版）2005年第6期。
② 参见满都尔图《学习 继承 探索——纪念恩格斯〈家庭、私有制和国家的起源〉发表一百周年》，《民族研究》1984年第5期。
③ 参见[苏]罗森塔尔、尤金编《简明哲学辞典》，中共中央编译局译，生活·读书·新知三联书店1973年版，第391页。
④ 参见[日]河上肇《唯物史观研究》，商务印书馆1926年版，第53—62页。

进程中的一般规律，为"以人为本"的执政理念奠定理论基石。① 刘丹岩教授则探讨了造成"两种生产"理论问题误解的缘由。在多个版本的编著中，将两种生产等同视为决定社会制度发展的原因是不确切的，这与恩格斯第一版《起源》中的序言相冲突。之所以产生这种歧义，是因为它们限定的条件不同。《起源》在谈论劳动发展阶段和家庭发展阶段时，强调的是在"一定历史时代及一定地区内"这一限定条件。文章指出，根据整个人类历史发展情况来看，我们不能因为历史中的偶然现象而看不到必然性，也不能因为抓住必然性而排斥一切偶然事物的存在。因此，两种不同限定条件及其偶然与必然事物中的规律的混淆是造成误解的关键原因所在。② 赵家祥在《澄清对"两种生产"理论的误解》一文中同样也表达了这个含义。③

（2）家庭问题研究。艾福成、周宝余则重点谈了《起源》的家庭问题。在他们看来，恩格斯所著的《起源》在家庭问题理论上的贡献集中表现为 4 个方面：其一，将家庭形式的变迁进行了社会经济条件的经济论证，进而阐释家庭从无到有、从产生到相承发展的内在发展规律；其二，通过深刻揭露一夫一妻制家庭的本质和内在矛盾阐明资产阶级家庭的历史暂时性，从而揭示资产阶级专偶制家庭将被无产阶级的专偶制取代的历史必然性；其三，对未来社会主义社会家庭发展趋势作了预测，真正的一夫一妻制将在社会主义条件下得到真正实现；其四，对历史唯物主义基本原理作进一步补充和完善，阐明了两种生产对社会发展的不同作用，揭示了原始社会发展规律与一般社会发展规律的相通性，从而填补了人类社会发展规律在人类史前史资料的历史空白。④ 林加坤则从恩格斯对《起源》的若干修改提出思考，指出之所以修改和完善补充《起源》，是因为恩格斯并未将《起源》作为科研顶峰，而是"虚心倾听实践

---

① 参见黄湛《两种生产理论："以人为本"执政兴国理念的基石——重读〈家庭、私有制和国家的起源〉》，《吉林大学社会科学学报》2005 年第 1 期。

② 参见刘丹岩《怎样理解才是正确的？——关于恩格斯著〈家庭、私有制和国家的起源〉第一版序言中的一段话应该如何理解的问题》，《吉林大学社会科学学报》1962 年第 4 期。

③ 参见赵家祥《澄清对"两种生产"理论的误解》，《北京大学学报》（哲学社会科学版）2009 年第 5 期。

④ 参见艾福成、周宝余《恩格斯〈家庭、私有制和国家的起源〉一书关于家庭问题的论述》，《吉林大学社会科学学报》1982 年第 1 期。

的呼声,不断总结阶级斗争的新经验和科学研究的新成果,修改和补充自己的著作"①。这正是历史唯物主义的历史和实践的内在要求,不仅体现了对过去七年来科研实践成果的尊重,更是对资产阶级反动运动最初症候的坚决回绝。在此基础上,恩格斯将普那路亚家庭看作群婚最古老的形式,修正为"只不过是群婚的一种形式";指出了澳大利亚的群婚形式和印度的纳伊尔人的"俱乐部婚姻"不过是群婚的特殊形式;以最新的资料来源证明了群婚是处于历史发展阶段的原始氏族的婚姻制度。王玉波则对家庭起源提出新的观点。在他看来,在人类初期曾存在杂交婚姻和无所谓家庭的观点是值得商榷的。在人类形成与早期发展阶段,受生产力发展和自身发展水平制约,两性联合体需要依赖较大群体才能维系生存。尽管这一过程是相当不稳定的,但早期人类的家庭形式不容忽视。②

(3) 婚姻或者群婚问题研究。张璇如、孙运来则根据《起源》一书的附录《新发现的群婚实例》重点补证了群婚的存在。《新发现的群婚实例》作为《起源》的附录一文,成为《起源》修订第4版的重要组成部分,也是对深入研究人类早期原始群婚存在形态非常重要的历史补证。作者认为,即便尼夫赫人在进入父系社会后,仍然保有母系氏族社会的群婚形态,并有自己的独特特征。他们的婚姻形式,大体有三种形式。一是正统婚姻,普遍实行姑舅表婚。二是寡妇内嫁,其所有财产及其子女都要转归后夫所有,但不出氏族。三是抢婚。在这种氏族内部禁止婚姻,氏族与氏族之间也不是互换婚姻,只是在三个氏族之间进行,被称为"三氏族婚姻联盟",在人类婚姻家庭史上具有群婚过渡性质,填补了人类早期婚姻形态的资料空白。③ 雷明则重点探讨了婚姻道德问题。关于婚姻道德的基础,目前婚姻的缔结有以爱情为基础、以政治为基础、以爱情和义务的统一为道德基础。他强调了婚姻并不是不可离异性的,但完全以爱情的存在作为是否结合或者离异是不可能的,爱

---

① 林加坤:《评恩格斯关于〈家庭、私有制和国家的起源〉的若干修改》,《历史研究》1979年第3期。
② 参见王玉波《家庭起源新探》,《哲学动态》1992年第5期。
③ 参见张璇如、孙运来《〈新发现的群婚实例〉补证——纪念恩格斯〈家庭、私有制和国家的起源〉发表一百周年》,《社会科学战线》1984年第4期。

情的基础仍然离不开物质条件的制约。在爱情婚姻观上，我们一方面需要维护社会主义道德规范，同时倡导共产主义思想的爱情、利他主义的专一、执着的爱情。只有遵循这种婚姻变化，才能通向真正共产主义的婚姻方向。①

（4）原始社会历史分期问题。张树栋则重点探讨了原始社会史的分期问题。列宁逝世后，有人曾对恩格斯《起源》中的原始社会史的历史分期问题进行质疑，认为只是重复别人历史分期的公式而已，或者认为把摩尔根的分期法拿来当作恩格斯的分期法，宣判其分期法"过时"。张树栋强烈指出，他们这些人攻击的不只是恩格斯及其《起源》这本著作，而是对历史唯物主义概论公式的驳斥。作者看来，恩格斯的分期法是以从猿到人这个问题为起点，然后人类社会形态相继发展为猿群时代、原始群时代、母系氏族公社时代、父系氏族公社时代。结合摩尔根的分期，我们可以把原始社会史分期分为六个时期，依次为猿群时期、原始群时期、氏族社会发生期、氏族社会发展期、氏族社会繁荣期、氏族社会解体期。显然，恩格斯分期法不同于摩尔根的分期法，不但反映从猿群到人类进化及其过渡到人类社会发展过程，还揭示了不同发展阶段整个氏族社会结构的发展规律。② 陈克进教授认为从民族学、考古学、体质人类学的分期方法都有其局限性，需要从历史唯物主义观点出发进行综合考量。于是他主张把历史分期划分为五个阶段：原始群、血缘家族公社、母系氏族公社、父系氏族公社、农村公社或家长制家庭。③ 梁钊韬则对责难摩尔根和恩格斯的历史分期问题进行探讨。恩格斯在历史唯物主义的方法论下，将民族学和考古学导入了历史学的范畴之内，从而实现两门科学联结。对于现代西方民族学和考古学等学者而言将摩尔根的人类历史统一发展顺序方法曲解为绝对的历史年代表，反对这两门科学的结合，且否认民族学资料和考古学资料所作的历史证明；认为人类社会不同历史阶段的特征是"非历史性""非同时性"的。在作者看来，这种"观

---

① 参见雷明《婚姻道德讨论综述》，《国内哲学动态》1982 年第 4 期。
② 参见张树栋《关于原始社会史的分期问题——学习〈家庭、私有制和国家的起源〉一书的体会》，《南京大学学报》（哲学·人文科学·社会科学）1977 年第 4 期。
③ 参见陈克进《〈家庭、私有制和国家的起源〉是恩格斯晚年一部重要的独立著作》，《中央民族大学学报》1998 年第 1 期。

念论"是缺乏牢固根据的,只能引导人们误入歧途。①

（5）探讨国家形态问题。阎学通则重点谈论了国家的形态问题。自恩格斯的《起源》以来,建立民族国家如今成为一种主体国家形态。阎学通认为,恩格斯采用科学实证方法发现"国家有时不进行阶级压迫和剥削而是独立于不同阶级而进行调停的例外现象"②。作者通过梳理全球存在的个别国家形态,发现并非所有国家都具有恩格斯所阐释的国家理论性质。首先,有些国家并不具有阶级压迫性质,而是采取阶级调和。"二战"后通过民族独立解放运动建立的国家大多是为了反抗殖民压迫。其次,世界上仍有采取血缘关系界定公民身份的国家,如希腊、汤加等。再次,存在公共权力并不与人民大众相分离的国家,如中国。最后,存在无税收的国家,如梵蒂冈。因此,若承继恩格斯的国家理论,就需要科学限定国家的适用条件和范围,对于不符合恩格斯国家理论范畴的国家形态,就需要采用全新的理论知识去阐释。马蒙、白平浩则重点探讨了国家本质,阐明了《起源》中国家理论的当代价值。在他看来,国家是社会发展的产物,其产生不是所谓伦理观念和理性的现实反映,而是镇压被压迫、被剥削阶级的机器,是和人民大众分离的公共权力。这种国家理论为我们透视当代资本主义实质及其推进国家治理能力现代化提供理论支撑。③

（6）文明发展史问题研究。翟泰丰从社会主义的"两种文明"共同发展入手,以《起源》中的物质生产发展史为原理,阐释马克思主义关于物质生产和精神生产辩证统一的关系,旨在加强社会主义精神文明建设。在他看来,恩格斯的《起源》论证了维系人类早期文明发展史的关键是血族关系。人类历经三次社会大分工,文明便是伴随生产力进步和物质生产发展的历史产物。恩格斯指出,文明时代的特征是一个阶级对另一个阶级的剥削。资产阶级文明所创造的理性文明成果不过是制造产

---

① 参见梁钊韬《关于原始社会史的几个问题——读恩格斯:〈家庭、私有制和国家的起源〉》,《中山大学学报》（社会科学）1962年第3期。

② 阎学通:《恩格斯的国家理论与今天的国家形态》,《当代世界与社会主义》2015年第1期。

③ 参见马蒙、白平浩《马克思主义国家理论的守正创新——重读〈家庭、私有制和国家的起源〉》,《当代世界社会主义问题》2021年第1期。

生合乎本阶级利益的精神文化观念产物。但社会主义精神文明则超越本阶级局限性，剥离了阶级剥削属性，让全体人民共享社会物质生产和精神生产带来的文明成果。然而，在构建社会主义市场经济体制的过程中，不仅出现社会繁荣全面发展一面，也出现了无序杂乱、消极腐败的一面，亟须通过建设社会主义精神文明加以扬弃。精神文明重在建设，最根本就是坚持建设有中国特色社会主义理论和党的基本路线、方针、政策武装全党，坚持中国特色的社会主义文化为指导，使其与社会主义政治、经济相适应。①

3. 对学术研究方法的研究

李志远认为，恩格斯的《起源》在借鉴吸收但不局限于摩尔根最新研究成果，揭露了家庭、氏族制度、私有制和国家的起源所作的经济学论证。不同于摩尔根的原始社会史的实证材料研究方法，恩格斯采用历史唯物主义的基本原理，以历史起源视角考察家庭、私有制和国家的起源及其本质，揭示潜藏的社会关系秘密，为建立人类社会早期发展的社会历史"提供了正确观察问题的方法"②。张青、徐元邦认为，资产阶级学者由于受到阶级、立场和世界观的影响，在认识古代社会中的私有制起源问题上就难以达到全面且根本的解决。他们从错误的世界观出发，采用非历史的方法进行幻想式的推导。恩格斯的《起源》在辩证唯物主义和历史唯物主义基本原理指导下，将人们全新的发现和积累的材料数据进行综合科学系统的分析，旨在提高到历史发展规律的认识上来。在这个意义上，恩格斯对私有制起源的研究方法对于我们研究古代社会（包括中国的古代社会）以及学习历史唯物主义的科学观点，都有重大的指导意义。③

李永铭则从历史研究的符号学来解读《起源》的方法论问题。他认为，《起源》主要研究婚姻、氏族、国家的起源和本质特征及其发展规律，展现人类早期社会发展阶段的基本概况。恩格斯则从家庭形态这一

---

① 参见翟泰丰《努力加强社会主义精神文明建设》，《求是》1994年第17期。
② 《列宁全集》第37卷，人民出版社2017年版，第64页。
③ 参见张青、徐元邦《关于私有制起源的探讨——学习恩格斯〈家庭、私有制和国家的起源〉的一点体会》，《考古》1976年第3期。

血缘关系的符号开始,采取历史唯物主义基本原理解释,并娴熟运用了符号学方法论,从而揭示了人类社会早期发展阶段的基本结构的历史必然性。在婚姻方面,婚姻成为时代的符号,在历史演进中呈现出女性被剥夺了群婚的性的自由而男性未被剥夺的历史特征。只有在私有制被消灭,真正的一夫一妻制的婚姻形态才得以实现。在氏族方面,氏族构成了社会组织的象征符号,隐藏着从母权制向父权制的历史进程的内在联系。无论是罗马人还是德意志人,都有氏族组织的历史痕迹,这充分揭示了氏族从兴起到衰亡、从氏族到国家的历史必然过程,最终趋向于无阶级社会,这种历史演进的逻辑顺序同符号的演进推演的逻辑性相吻合。正是通过对文献资料作符号学的分析和推演,我们得以还原历史的细节,从而对现代历史学研究提供良好的研究范式。①

吴从众则从民族学研究方法视角来审视《起源》。在他看来,从民族学的研究方法看,恩格斯不拘泥于摩尔根的固有观点和固守原来的材料,而是在不断跟随自己的调查研究获得一手资料的方法基础上,或吸收,或批判,或完善前人已有的最新成果,《起源》才得以成为一部马克思主义民族学的经典文献。这种研究方法为马克思主义民族学深入研究及调查各民族共同体中提供了研究方法和研究方向。②

4. 对学术历史地位的研究

吕世荣认为,关于恩格斯《起源》在历史中的贡献集中表现为三个方面。其一,系统论述了"两种生产"理论,将人类自身生产置身于人类直接生活的生产和再生产的社会内容,并以此为考察基础,论述了人类社会发展进程的一般规律;其二,从原始社会氏族制度内部的演进历程揭示出私有制、阶级的起源,瓦解了资本主义永恒存在的合法性根基;其三,论述了国家的起源、本质及其发展趋势,批判了工人政党中机会主义和无政府主义等错误思想意识,为无产阶级运动扫清了前进障碍。③

---

① 参见李永铭《历史研究的符号学解读——恩格斯〈家庭、私有制和国家的起源〉的方法论问题》,《马克思主义与现实》2003年第2期。
② 参见吴从众《学习〈家庭、私有制和国家的起源〉的认识和体会》,《民族研究》1984年第5期。
③ 参见吕世荣《恩格斯〈家庭、私有制和国家的起源〉一书的历史性贡献》,《马克思主义研究》2021年第7期。

黄淑娉认为《起源》采用历史唯物主义观点论证了家庭、私有制和国家起源及其本质等内在历史规律，科学阐明了资本主义家庭、婚姻的历史暂时性，奠定了马克思主义原始社会史的理论基础。在婚姻家庭史上，在私有制还没有战胜原始公有制时，无论是级别婚还是普那路亚婚，都是从氏族产生的。原始家庭的规模、大小取决于原始共有制的经济水平，伴随着各地氏族经济发展不平衡，原始家庭便被新兴的私有制所打破。私有制的出现使得财产和资源的分配变得更加复杂，进而影响家庭的组织形式。到共产主义社会，一夫一妻制的婚姻才会在消除私有制之后真正实现。在社会组织上，氏族制度最终在私有制的侵蚀下被国家这种管理机关代替。[①]

塔尔塔科夫斯基认为，恩格斯对人类远古史的研究是了解和透视现代资本主义很多现象的钥匙，也是找到共产主义代替资本主义的历史证明材料。《起源》在科学史上第一次真正用马克思主义理论说明人类社会远古时期的历史问题，不仅说明了家庭、私有制和国家这些现象的历史暂时性，还对未来社会作出了新的社会制度的预测。面对诸多理论"批评家"，不管是资产阶级学者还是右翼社会党的社会学家，都无法理解恩格斯《起源》的真正的精神实质，因而也只是曲解和"不理睬"他的革命理论。在塔尔塔科夫斯基看来，恩格斯揭示了资产阶级家庭是私有制的产物，说明了现代资产阶级婚姻和国家、民主的阶级实质。[②] 涂赞骁认为《起源》以"两种生产"理论为总论，以国家问题为中心，系统阐释了家庭、私有制和国家起源、发展过程，从而揭露了人类早期生存样态及其历史发展规律，在马克思主义哲学发展史上具有重大意义。从理论上看，《起源》指出了两种生产理论在历史发展中的决定性作用和对社会制度的制约作用，完善了历史唯物主义的史前人类的基本规律。从系统上看，《起源》系统揭示了婚姻家庭的起源及其本质关系，说明了资产阶级一夫一妻制家庭的历史暂时性。从氏族上看，《起源》揭示了氏族的起

[①] 参见黄淑娉《〈家庭、私有制和国家的起源〉对原始社会史研究的贡献》，《民族研究》1984年第5期。

[②] 参见［苏］塔尔塔科夫斯基《恩格斯〈家庭、私有制和国家的起源〉一书的创作史》，马健行译，《哲学译丛》1980年第5期。

源及其本质关系，进而阐明了私有制和国家的社会关系问题，指明了国家的基本特征和阶级实质。①

二 《起源》研究中学术争论代表性观点介绍

《起源》被视为科学社会主义的典籍，是马克思主义国家观、婚姻观和马克思主义民族观等理论参考的重要经典文献之一。直到如今，它仍然被国外学者研究、解读甚或修正和重构，它所揭示的人类社会发展规律对指导当今人类认识世界和改造世界具有重大意义。尽管如此，它也遭到马克思主义者内部和非马克思主义者的质疑和曲解。如不对当今学术研究中关于恩格斯《起源》一书中富有争议的流行观点进行矫正，就不利于廓清《起源》本意，进而混淆和消解《起源》的当代价值及其历史精神。由于《起源》在马克思主义思想史上占据十分重要地位，学者们对其研究和关注点众多，本书也无法一一列举，只是选取最主要的代表性观点，并从学术研究和多学科视角去审视该文献，并对种种争议进行总体性廓清。

（一）学术研究中的实质性争论

从学术研究角度来看，《起源》中大量使用家庭、私有制、婚姻和国家等核心概念语词，但是在使用过程中存在不规范套用和断章取义的现象，引发了广泛争议，造成了思想的严重混乱。本书简要选取了比较流行的争论，努力对这些争论作出评议，尝试还原《起源》的本意。

1. 关于原始社会两种生产理论的争论

在《起源》里，恩格斯有这样一种表述："根据唯物主义观点，历史中的决定性因素，归根结底是直接生活的生产和再生产。但是，生产本身又有两种。一方面是生活资料即食物、衣服、住房以及为此所必需的工具的生产；另一方面是人自身的生产，即种的繁衍。"② 这"两种生

---

① 参见涂赞琥《〈家庭、私有制和国家的起源〉写作、出版的历史条件及其重大意义》，《武汉大学学报》（社会科学版）1984年第5期。
② 《马克思恩格斯文集》第4卷，人民出版社2009年版，第15—16页。

产"被后来研究者称之为"两种生产"理论。该书出版后,"两种生产"理论不仅受到右翼反对者的非难,也遭遇支持者的曲解和误解。修正主义者伯恩斯坦指责恩格斯唯物史观的"不彻底性"。19世纪90年代俄国民粹派米海洛夫斯基也非难恩格斯的"人本身的生产"为非经济因素。① 俄国民粹派历史学家卡列耶夫指责恩格斯的"两种生产"理论观点"发生了本质的变化";20世纪20年代,日本马克思主义者河上肇在《唯物史观研究》一书中质疑"两种生产"破坏了马克思主义唯物史观的"一元论"性质。② 他认为唯物史观中的生产力特指物质生产力,不包括恩格斯所说的"人类本身的生产"。在马克思、恩格斯、列宁研究院编写的《起源》中《序言》里,明确指出恩格斯在两种生产的阐释上存在"一个不精确的地方",即家庭是不能与劳动、物质生产相等同的。1948年,列昂节夫在《关于讲授政治经济学的几个问题》一文里将恩格斯的两种生产理论指责为"二元论"③。1973年,我国学者翻译苏联罗森塔尔、尤金编的《简明哲学辞典》宣称恩格斯在谈到决定社会和制度发展的因素时犯了一个错误,认为除了生产方式,还有种的延续。④

如上整理,我们发现,上述学者对恩格斯两种生产理论所作的单方面解读诠释能否经得起历史和实践的检验,我们暂且不谈,但可以将其归纳为如下几种。

(1)"物质生产一元论",即不承认或者接受两种生产理论中的"物质生产"和"人自身的生产"等同或者混同,从而也就无法接纳物质生产过程和人自身生产过程合并为同一个生产过程。之所以这样认为,是因为他们一直奉行马克思主义关于唯物史观"一元论"模式,拒绝接受《起源》所诠释的"二元论"逻辑进路模式。亨利希·库诺最早质疑恩格斯"二元论"。他认为恩格斯的部分阐释使人感到决定社会生活的因素不仅有经济因素,还有人的生育种类和方式,"更精确地说,性交的种类和

---

① 《列宁选集》第1卷,人民出版社2012年版,第18页。
② 河上肇:《唯物史观研究》,商务印书馆1926年版,第53—54页。
③ 《干部必读》,解放社1949年版,第410—411页。
④ 参见[苏]罗森塔尔、尤金编《简明哲学辞典》,中共中央编译局译,生活·读书·新知三联书店1973年版,第391页。

方式"①。受此影响,伯恩斯坦、考茨基、列昂节夫、河上肇、卡列耶夫、米海洛夫斯基等人,他们各自坚持唯物史观物质生产"一元论"立场,批评恩格斯的观点陷入"二元论"的范畴。

(2)"两种生产一体论",即默许两种生产理论中"物质生产过程"的生产同"人自身的生产"等同,从而将人自身的生产和物质生产过程合并为同一个生产过程。这类观点在我国多篇著作中反映出来。严国珍认为物质资料的生产和人类自身的生产是不可分割的,都属于社会生产。② 而人自身的生产是社会生产的另一个方面。孙美堂也把"两种生产"当作统一的不可分割的过程。③

(3)"两种生产共同决定论",即承认"物质生产过程"和"人自身的生产"是对立统一的辩证关系④,共同处在"直接生活的生产和再生产"的范畴之中。如张彦修在《婚姻·家族·氏族与文明:〈家庭、私有制和国家的起源〉研究》里谈到两种生产的内在关系时指出,两种生产同时具备自然属性和社会属性,彼此相互分离、相互联结,构成对立统一的辩证关系。张志鸿、郭申阳等认为人口生产和物质资料生产一样,是一切社会历史存在的前提要素之一。而"两种生产"的核心要求人口生产和物质资料生产必须一起发展,且保持一定的比例关系。⑤

(4)"两种生产依次决定论",即"人自身的生产"和"物质资料的生产"在人类历史中发挥"依次决定"的地位和作用。王贵明指出,恩格斯的两种生产在不同历史时期的地位与作用不同。在早期原始社会,"人自身的生产"决定原始社会的制度及发展,对社会制度和形态的发展起主要的制约作用。到了原始社会后期,由于生产力发展水平提高,"物

---

① [德]亨利希·库诺:《马克思的历史、社会和国家学说——马克思的社会学的基本要点》,上海译文出版社2014年版,第468页。
② 参见严国珍《关于"人类自身的生产"理论的重新探讨》,《复旦学报》(社会科学版)1989年第2期。
③ 参见孙美堂《关于"两种生产"真正含义的辨析》,《东岳论丛》1986年第3期。
④ 参见张彦修《婚姻·家族·氏族与文明:〈家庭、私有制和国家的起源〉研究》,中国社会科学出版社2007年版,第11页。
⑤ 参见张志鸿等编著《人口浪潮与对策》,学林出版社1984年版,第60页。

质生活资料的生产"就成为"历史发展的决定力量"。①

综上所述,上述观点无论是支持与赞成恩格斯的立场,还是指责与非难恩格斯的论断,如果我们进一步审视和透视,不难发现这些争议或者分歧都有一个共同倾向:一是将唯物史观都预设为一种经济一元论性质,或者更为准确地说,是经济唯物主义;二是将人自身的生产即子女生产,如生育、性交等,是否视为物质财富和经济因素同等重要的地位和作用。

面对以上两个不同侧重点的考量,恩格斯的"两种生产"理论出现这样或者那样的解读。无论是反马克思主义阵营里以马克思恩格斯的"经济唯物主义"否定和批判《起源》中"两种生产"理论中的非经济因素,还是赞同马克思主义阵营里以"唯物史观的一元性"质疑和批评恩格斯的"两种生产"理论所呈现的"二元性",都反映了马克思主义理论在不断发展和深化过程中所面临的挑战和机遇。

在笔者看来,正是由于《起源》在科学社会主义发展史和人类社会演进史中发挥着不可替代的深远意义,才导致众多思想者对其讨论和探索,从而显著地展现了《起源》唯物史观的立场和高度以及它的时代价值和思想引领作用;正是由于众多学者从各自传统立场和不同学科视域理解和考量,使得人们对恩格斯关于人类社会发展演进史客观规律的把握呈现出多元性、多维性、差异性,其中不乏合理完善思想的闪光点,也包含对恩格斯立场和观点的曲解和否定。面对错综复杂的诸多观点和疑点,需要我们回溯《起源》,依据文本解读,立足马克思主义思想史和唯物史观,从整体性和系统性入手作出回应并给予评判,在历史与逻辑相统一中来还原恩格斯《起源》的原意。

2. 关于原始社会历史分期的争论

在摩尔根和恩格斯历史分期之前,历史学界对已经存在一种比较流行的考古分期法,即依据制造工具的原料和工业技能所展现出来的生产力水平。1836 年,丹麦学者汤姆森在其《北欧古物导论》中公布了石器时代、青铜时代、铁器时代的历史分期,由此奠定了史前人类考古学研

---

① 王贵明:《试论人类自身生产的历史作用——对马克思主义两种生产理论的探讨》,《探索》1986 年第 5 期。

究的基础。① 这种以生产工具作为划分历史分期的方式也是符合历史唯物主义的。然而这种考古学分期法有些粗糙，它也只能揭示和见证人类文明在某一特定方面的历史特征，无法反映人类文明其他诸多方面的历史成就，且这种分期划分彼此之间有重叠交合，导致无法确切界定具体历史阶段的特征。为了克服这种缺陷，摩尔根提出了自己的分期法，即把人类历史划分为：初级、中级和高级蒙昧时代，初级、中级和高级野蛮时代、文明时代。显然，摩尔根的分期采用了以生产工具或劳动生产技能为标志划分史前文化阶段，并探讨了人类史前文化各阶段的特征。该方法契合了历史唯物主义的基本原理，因而受到了马克思和恩格斯的格外关注。因此，恩格斯的分期法在摩尔根分期基础上进行了批判式继承。

恩格斯曾对摩尔根的史前分期法表示赞扬，肯定了这种文化分期法的基本观点，指出"新搜集的资料，不论在什么地方，都没有导致必须用其他的观点来代替他的卓越的基本观点"②。今天无论是考古学还是民族学不断提供新的材料，也无法改变摩尔根文化分期的基本原理，时至今日，这个观点并没有过时。

但是恩格斯着重指出，摩尔根分期法基本观点的正确性只适用于一定范围，即研究生产力发展范畴之上的基本原理和基本观点。这种基本原理对社会形态的解释力和改造力具有重要意义，但它也需要一定的社会形式，即生产关系的考察。按照马克思主义观点，生产力决定生产关系，而生产关系反作用于生产力。因此，对社会形态的考察就不能只从生产力单方面范畴揭示社会属性，而应该从生产力与生产关系的辩证统一关系范畴入手。在这个意义上，摩尔根的历史分期并不是完整系统地反映了原始社会的社会形态的产生及其本质发展规律。这一缺点被恩格斯描述为"这幅图景跟我们此次邀游终了时将展现在我们面前的那幅图景比较起来，就会显得暗淡和可怜"③。于是，恩格斯在此基础上提出了自己的历史分期。

---

① 参见李永采、李长林、程德祺等《驱拨谬雾究真谛——恩格斯著〈家庭、私有制和国家的起源〉新辨释》，东南大学出版社1993年版，第87页。
② 《马克思恩格斯文集》第4卷，人民出版社2009年版，第30页。
③ 《马克思恩格斯文集》第4卷，人民出版社2009年版，第38页。

首先，恩格斯提出三次社会大分工和两次社会大分裂。第一次社会大分工出现农业和畜牧业的分离，导致了私有制和阶级出现；第二次社会大分工出现手工业和农业的分离；第三次社会大分工使商业和其他产业分离，导致私有制进一步推行，同时进一步加剧阶级分化。三次社会大分工驱使着社会发生大分裂。第一次社会大分裂为"奴隶主和奴隶""剥削者和被剥削者"，意味着原始社会从公有制进入私有制、从无阶级社会进入有阶级社会。第二次社会大分裂伴随着财富、商业和工业的繁荣发展而出现"贵族和平民"对立。

其次，恩格斯提出文明时代的三大奴役形式，即古代世界的奴隶制、中世纪的农奴制和近代的雇佣劳动制。伴随着文明时代的发展，人的劳动力发展已经超越生产维持劳动者生存需求的产品，进而产生分工、交换和消费，这个阶段，人不仅是"商品"，如果成为奴隶，还可以用来"交换和消费"，这种特有现象被马克思恩格斯称为"公开的而近来是隐蔽的奴隶制"①。

最后，恩格斯补充三大时代的本质特征。摩尔根虽然提出蒙昧时代、野蛮时代和文明时代的六个阶段的具体特征并作出阐释，但缺乏对蒙昧时代、野蛮时代和文明时代的本质特征描述。对此，恩格斯在摩尔根基础上进行补充完善，并对这三大时代特征进行分析。依据生活资料来源和生产工具的不同，恩格斯分析出蒙昧时代主要是以采集天然产物为生活资料，其生产的工具也主要用于采集工作，因而称为"食物采集者"；野蛮时代处于畜牧业和农业交互时期，是靠人类活动增加天然产物为获取生活资料，因而称为"食物生产者"；文明时代标志着人类生产技术的成熟，意味着对天然产物的加工。这些特征反映了从无阶级社会过渡到有阶级社会的全过程，彰显了以生活资料生产进步为线索核心，结合生产工具和技术手段的更新，从依赖自然的采集工具到旧石器、新石器、青铜器和铁器。因此，在恩格斯看来，这些特征都是不可争辩的，是直接从生产中获得的。② 恩格斯对三大时代特征的精准概括和补充完善，极大地划清了原始社会史的历史分期，对于正确认识原始社会生产发展的

---

① 《马克思恩格斯文集》第 4 卷，人民出版社 2009 年版，第 195 页。
② 参见《马克思恩格斯全集》第 28 卷，人民出版社 2018 年版，第 42 页。

特点的研究，具有重要的指导意义。

但是截至目前，学术界仍对恩格斯的历史分期存在一些争议的焦点，即主要围绕《起源》第一章中的史前文化分期与摩尔根的分期法是何种关系。

（1）有些认为恩格斯只是原意转述了摩尔根的史前文化分期；

（2）有些认为恩格斯批判继承了摩尔根的史前文化分期；

（3）有些认为摩尔根的"历史分期"带有机械类倾向，因为"蒙昧""野蛮"概念术语运用不合理，因为"蒙昧人"内含着没有文化的人，而"蒙昧时期"却有了一定的文化，这与没有文化的"蒙昧人"构成冲突。同时，"野蛮"的概念术语内含轻蔑之意。国内也有学者指出，"蒙昧"和"野蛮"术语暗含人类精神状态，以精神风貌和文化状态作为社会分期的依据是不够严谨科学的。

综上，摩尔根的《古代社会》和恩格斯的《起源》都是在实证材料基础上对原始社会进行的综合研究。关于"社会分期"问题，不同的人基于不同学科背景和不同理论来审视，由此产生分歧在所难免。因为史前社会的分期问题或者划分标准本身就涵盖社会结构的多方面因素，但无论哪一种观点，不可否认的是，社会形态的更迭或者社会结构的动力变迁，生产力的发展都起着关键制约作用。而面对上述问题的探讨，笔者认为尽管它们均值得深入交流与讨论，但需要遵循一种方法论原则，即将摩尔根"生活资料生产的进步"作为历史分期的标准，是符合历史唯物主义基本原理观点和立场的，它大体反映了人类社会形态从低级到高级的进化发展过程。纵然存在单方面或者个别异议，仍然无法撼动这一分期依据的历史深远地位。

3. 关于"国家起源论"的混乱争议

国家起源问题在《起源》中是马克思主义的一个基本问题。恩格斯从起源、本质和未来发展命运作了系统分析。在恩格斯看来，国家的产生是社会发展到一定阶段的历史产物，它表征着社会各方力量陷入不可调和的矛盾中，意味着社会经济利益的对立面及其冲突双方无力摆脱这些矛盾对立面。为了不致使自己在无谓斗争中把自己消灭，就需要有一种凌驾于社会之上的力量，致力于缓和矛盾和冲突，将冲突控制在"秩序"的范围之内，且这种日益同社会脱离并异于社会的力量便是国家。①

关于国家的起源问题，列宁曾多次强调指出："国家问题是一个最复杂最难弄清的问题，也可说是一个被资产阶级的学者、作家和哲学家弄得最混乱的问题。"② 之所以产生如此诸多问题并进而产生混乱，是因为对这个问题的回答牵涉到各阶级的利益。司马迁在《史纪》中的"货殖列传"里指出："天下熙熙，皆为利来；天下攘攘，皆为利往。"③ 一旦牵涉利益和阶级问题，就会驱使学者和思想家从自己所属阶级立场和利益诉求出发，为有产者和私有制辩护。资产阶级学者提出的诸多国家理论，在马克思主义国家理论诞生之前，占据主导支配地位的国家观带有形而上学和唯心主义色彩。

人类社会起初并不需要国家，且不知"国家权力为何物"。摩尔根通过对印第安人社会的考察得到了确证，指出："当我们发现美洲的时候，这里既没有任何一种政治社会，也没有任何一个国民，没有任何一个国家，没有任何文明。"④ 在这个阶段，维系人们生存和繁衍的纽带是血缘关系，氏族内的人们彼此共同占有生产资料，没有贫富差距，没有阶级对立。因此，在原始社会里，人们看不到那些为了管理且一贯地掌握着某种强制机构的人。人们在这种关系中历经漫长岁月，后随着生产和分工的出现，商品交换和货币流通，逐步产生了私有制，社会开始出现贫富分化，并进一步分裂为经济利益对立的阶级，并不可避免地发生矛盾运动。此时，氏族组织不仅无法有效化解内部矛盾，也无法阻挡私有制和氏族活动范围扩大所带来的地缘关系的聚居，那么国家的诞生便呼之欲出。

国家究竟如何诞生的？在马克思主义国家观诞生之前，早在摩尔根《古代社会》之前便有相关阐释并在思想上占据着支配地位。在不同历史时期，各个阶级代表的思想家纷纷提出自己的国家观。

---

① 参见《马克思恩格斯文集》第4卷，人民出版社2009年版，第189页。
② 《列宁全集》第37卷，人民出版社2017年版，第61页。
③ （西汉）司马迁：《史记全本新注：全五册》，张大可注释，华中科技大学出版社2020年版，第2210页。
④ ［美］路易斯·亨利·摩尔根：《古代社会》，杨东莼、马雍、马巨译，中央编译出版社2007年版，第48页。

（1）"神权说"，即以格罗特为代表的英国历史学家和希腊史著述家大都持有这种观点。何谓"神权"，就是他们将阶级特权和君主王权宣称是"君权神授"，是神的意志产物。格罗特曾引用《伊利亚特》里的名言，表示统治世间万物至高无上的天神宙斯曾把权杖和裁可权授给一个军事指挥统治者，为的是让他来统领我们。① 后来摩尔根为此批判格罗特，指出他肆意理解和歪曲理解《伊利亚特》，仅将其拿来作为阐释自己为神权说辩护服务。摩尔根复原了《伊利亚特》真正传达的本意：宣传多头统治不是好事，需要将军事指挥权移交给军事总指挥官，并非说明国家的起源问题。不过，"君权神授"说在东方中国的封建社会仍然可见，且在奴隶社会和封建社会的意识形态统治和政权影响力比较大，长期在人的头脑里起着麻痹和奴役人们的作用。

（2）"理念说"，即将国家的产生宣称是理念的外化，以柏拉图、黑格尔为代表的思想家持有这种观点。在柏拉图看来，世界的存在是理念存在，物质世界之所以存在，不过是脑中理念的外化表现。我们看到的现实的世界是理念的世界，是虚幻的存在，而真实的存在在于彼岸世界。在《理想国》中，柏拉图预设了一个美好的彼岸世界的存在，即哲学家、守卫者和工农者，他们分别承担领导国家、保卫国家和担负劳动和提供给养，彼此各司其职，在各自领域内活动便是合理有序的，社会正义自然获得。而尊崇"绝对理念"的黑格尔则认为国家是"伦理理念的现实"和"实体性意志"的现实②，同柏拉图的理想国如出一辙。

（3）"契约说"，即为保障个人安全和私有财产，将"自足"的个人意志和自由的部分让渡给一个外在地保护自己的实体的意志即国家，旨在诉诸订立契约形式保护两个主体私有财产不受侵犯。以卢梭、狄德罗等人为代表的社会契约论家认为，国家是"建立在个人意志之上的"③ 签订契约的产物，它通过签订契约达成统一的意志有效化解了不同主体之间的利益冲突问题，保障了当事人的共同意志。无论是卢梭支持的协议

---

① 参见［美］路易斯·亨利·摩尔根《古代社会》，杨东莼、马雍、马巨译，中央编译出版社2007年版，第179页。
② ［德］黑格尔：《法哲学原理》，邓安庆译，人民出版社2016年版，第460页。
③ Alan Patten, *Hegel's Idea of Freedom*, Oxford: Oxford University Press, 1999, p.110.

契约产生一种公意，将社会权力转交给协议推选出的君主，赋予人民主权；还是狄德罗支持人们通过契约将自己独立意志的一部分让渡给国家，以便通过普遍共同体的意志来保障彼此的利益不受侵犯。

（4）"暴力说"，即国家产生于外部暴力导致的结果。以考茨基和杜林为代表的暴力论者认为，国家是经由不同部落征服的需要彼此相互发生冲突、斗争，因而不可避免地掠夺和战争，直至组成一个新的更大的部落实行统治。在杜林看来，暴力掠夺不仅滋生了私有制，还导致了奴役结果。他们还认为，暴力产生的国家权力为先，占有生产资料所有制为后。也就是说，他们承认暴力产生国家，进而占有一定的生产资料。这种国家起源说和阶级说，显然不同于马克思主义的生产力论证和政治经济学论证。

（5）"个人意志说"，即国家是通过个人意志和个人利益奋斗的结果。相比于神权说，个人意志说至少在思想上前进了一大截。它摆脱了虚幻的神的意志创造的逻辑，也挣脱了某种虚无的理念的创造，而是诉诸了现实的人的意志和利益，至少使得国家的起源获得了现实的解释。此时，神的尊崇让位于现实的人；虚无的理念让位给此岸世界。这是其进步意义。此外，资产阶级还试图用人性或者人的理性去看待国家。基于人的自由、平等权是不可侵犯的普世价值，国家的产生是建立在达成个人利益需要基础上的。康帕内拉所设想的理想国家是建立在"人的眼光"即人的理性基础上来推动实现的。如果进一步追问"个人意志说"的本来面目，就会发现：以个人意志或者人性为依据阐释国家起源，显然是历史唯心主义范畴，它不仅分不清国家起源的真正面目，遮蔽了国家的阶级性和工具属性，还混淆了人们对国家的科学认识。

（6）"人数统治论"，即将国家起源的问题取决于统治者的人数，根据统治者人数决定政体这种外在东西。有些人对国家的目光仅仅聚焦在国家政治内部结构，忽略了对政治组织等其他具体细节。有些人将复杂的国家问题简化为自上而下的统治论，视为统治者对被统治者的"一种命令与服从的关系"[①]。黑格尔曾在《历史哲学》中强调指出，在国家政

[①] 刘心舟：《现象与原理：黑格尔论述市民社会的不同视角》，同济大学出版社2020年版，第222页。

治中，一个合法的政府并不必须得到全国人民的同意。也就是说，一般而言，决定国家的关键在于统治者的人数，只要根据统治者人数来决定政体性质，如君主政体、贵族政体和民主政体。显然，这种观点对国家政体给予了过多的关注而忽略了国家内部结构的真正起源问题的探讨。

综上，资产阶级关于国家起源及其阶级属性的观点，都是特定历史时期，基于不同立场和阶级利益而形成的国家思想。尽管存在这样或那样问题，但在人类思想史上却有其在黑暗探索中头顶星空前行的意义。无论是外在强加于社会之上的"神权说""理念说"还是发展到人的"暴力说""个人意志说"等，都有其进步的一面。但由于历史局限性和阶级局限性，以上这些观点，都带有形而上学和唯心主义范畴特征。

4. 关于一夫一妻制未来是否消亡的争议

《起源》对一夫一妻制的历史发展趋势和妇女解放条件都给予了相应的回答。虽没有专门系统去探讨这些问题，但在关键问题上却给出了科学的分析。一夫一妻制家庭，并不是从来就有的，而是伴随着家庭的起源及其演进历程中不断发展变化，因而呈现出历史性、发展性和阶段性特征。一夫一妻制家庭萌芽于对偶家庭，后在家长制家庭中逐渐分离出来而形成独立的经济单位。受宗法社会影响，使得一夫一妻制家庭和家长制大家庭共存于阶级社会。

在恩格斯看来，一夫一妻制家庭不仅不是从来就有的，也不会凝固不变的，更不会永恒存在下去。它的产生"是由于大量财富集中于一人之手，也就是男子之手，而且这种财富必须传给这一男子的子女，而不是传给其他人的子女"①。因此，一夫一妻制家庭是建立在私有制基础上的社会发展产物，同时伴随着杂婚和奴役状态，从本质上看并不是建立在两性平等基础上的真挚爱情，因而终将被真正的一夫一妻婚姻和家庭所取代。恩格斯批判资产阶级将一夫一妻制宣称为"永恒存在"的观点，"这个家庭形式，在他看来是这样的不可改变，以致他甚至把'古代罗马法'当作家庭永远奉行的标准，并且设想家庭只是'继承遗产'的单位，即拥有财产的单位"②。这在马克思那里也得到了发展和确证，他在《资

---

① 《马克思恩格斯文集》第 4 卷，人民出版社 2009 年版，第 89 页。
② 《马克思恩格斯文集》第 9 卷，人民出版社 2009 年版，第 335 页。

本论》里指出:"把基督教日耳曼家庭形式看成绝对的东西,就像把古罗马家庭形式、古希腊家庭形式和东方家庭形式看成绝对的东西一样,都是荒谬的。"① 由此,马克思恩格斯对一夫一妻制家庭的研究和科学分析,符合历史唯物主义的观点,这就为后来者研究一夫一妻制家庭和妇女解放条件奠定了理论基础。

不过需要指出的是,一夫一妻制家庭虽然被马克思恩格斯视为家庭历史发展的结果,但资产阶级学者并不认可,标榜一夫一妻制是一种最高的美德,旨在为父权制家庭或者个人所有制家庭作辩护。

(1) 否认最初生活的杂乱性交关系或者群婚假说。最初在《起源》发表之后,考茨基并不认可这种假说,并极力否认人类社会群婚的存在,认为一夫一妻制是人类社会两性关系的最早形态,而忌妒是形成的决定性因素。其依据是:杂乱性关系缺乏直接证明;他以哺乳动物的对偶栖居为例,论证人类繁衍以来延续一夫一妻制状态。这种观点受到恩格斯的严厉批判。1883 年,恩格斯曾写两封信批判考茨基,但他仍坚持自己观点。赫尔辛基大学教授韦斯特马克在《人类婚姻史》中表示,人类最初生活并不是处于杂乱的性交或者群婚状态,这种假说无疑支持了一种婚外性交自由权的风俗,而且忌妒心的存在也很难让两性关系发展为杂乱性关系。最主要的原因在于严峻的生活困难,妨碍了原始共同体族群关系的发展,迫使他们发展为一夫一妻制的个体小家庭。因此,家庭才是最初社会团体的核心,而一夫一妻制则是最初的社会形态。

(2) 一夫一妻制将伴随阶级和国家的消亡而消亡。有人认为,既然一夫一妻制是私有制发展的结果,是私有制对原始公有制的胜利,那么当阶级、私有制和国家都行将消亡了,一夫一妻制也将消亡,将被"放到古物陈列馆去,同纺车和青铜斧陈列在一起"②。持有这种观点的人认为,这是恩格斯在《起源》里所表达的观点,是符合辩证法彻底精神的。

(3) 一夫一妻制家庭未来不可预言。摩尔根在《古代社会》中指出,

---

① 《马克思恩格斯文集》第 5 卷,人民出版社 2009 年版,第 563 页。
② 《马克思恩格斯全集》第 28 卷,人民出版社 2018 年版,第 202 页。

一夫一妻制家庭的进一步发展是社会发展进步的表现，它将随着社会的发展而发展，直至两性关系的完全平等。至于未来一夫一妻制家庭具有什么性质，他认为是不可预测的。

面对《起源》里所阐释的一夫一妻制发展趋势，每个人都有发表自己观点的言论自由，本无可厚非。但如果曲解或者违背人类社会发展趋势的客观规律，那就会将人引向神秘主义和虚无主义。马克思在《关于费尔巴哈提纲》里明确强调："凡是把理论引向神秘主义的神秘东西，都能在人的实践中以及对这种实践的理解中得到合理的解决。"① 由于实践是检验真理的唯一标准，针对不同争议，正确的做法是回到恩格斯《起源》经典文本，运用历史唯物主义基本原理进行客观分析和科学探讨，对这些争议进行科学审视，并给予总体性评价。

（二）争论中的第三视角的比较

《起源》一书是恩格斯为完成马克思的遗志而写的关于人类史前社会研究的经典著作。马克思曾对摩尔根的《古代社会》一文作出详细摘录、评语，为恩格斯的《起源》写作提供了基本框架和基本思路指导。在恩格斯看来，摩尔根是用自己的方式再现了马克思的"历史唯物主义"观点，确证了人类社会史前资料仍然符合历史唯物主义基本规律范畴。恩格斯虽然借鉴和利用摩尔根的最新成果研究，但未拘泥于既有成果，而是补充了自己调研的大量材料，且运用历史唯物主义的基本原理科学分析史前社会关系历史和政治材料，从而得出客观结论的典范。但由于国内学者在研究该著作时从各个学科视角延伸出多维见解，一定程度上拓展了历史唯物主义在人类原始社会的科学认识。

1. 哲学研究视角

文明时代的标志是什么？学界对此一直争论不休。比较流行的观点有"文字标志论"和"国家标志论"。前者以美国学者摩尔根为代表，他认为，文明"始于拼音字母的发明和文字的使用"②。文字是文明的象征和标

---

① 《马克思恩格斯文集》第 1 卷，人民出版社 2009 年版，第 501 页。
② ［美］路易斯·亨利·摩尔根：《古代社会》，杨东莼、马雍、马巨译，中央编译出版社 2007 年版，第 9 页。

志，文字的记载承载着人类文明历史的痕迹。若"没有文字记载，就没有历史，也没有文明"①。后者以恩格斯为代表，提出"国家是文明社会的概括"②的重要论断。基于不同立场，观点就截然不同。关于文明标志争论的背后，从哲学上来讲，就是不同的"界定前提"和"定义界限"。这涉及文明本质的探讨。有的学者以此为切入点，认为，私有制是文明时代的本质，将其作为文明时代的起点和标志，这一观点是符合"一致性原则"的。人们在考察人类历史时，往往由于理论视野的独特性和局限性而将某一因素置于"选择性偏好"位置，有意或无意贬抑其他因素，因而自然接受"文明时代"的本质，以此划分为"文明时代"和"原始时代"的分界线。一旦接纳文明时代的本质，自然就确定文明时代的内涵及其标志。③

当代西方女权主义者批判恩格斯的经典著作《起源》只关注物质生产，忽略了妇女在人类自身生产中的社会生产劳动价值与意义。激进女权主义者声称妇女在生育能力和性生活上受到男性的普遍压迫，性压迫优先于阶级压迫；若是想实现妇女解放，就需要实现女性自我生育和性解放。社会主义女权主义者阿利森·贾格尔则宣称马克思主义妇女解放理论忽略了妇女的生育问题，尤其将女性劳动排除在社会生产之外，使得女性在家庭这种"私人生产"劳动没有公共生产重要④；认为恩格斯的"两种生产"过于狭隘，应该还包括"与物种存活同样根本的还有生育和养育孩子、性满足"。⑤因此，她主张消除男性统治的意识形态烙印和消除女性异化。西方马克思主义女权主义者凯琳·萨克斯则根据民族志否定恩格斯的阶级和私有制带来的性别压迫，而实现阶级社会中的妇女地位取决于她们的"社会学成人"身份，而这是由参加社会生产而形成的。⑥马克

---

① ［美］路易斯·亨利·摩尔根：《古代社会》，杨东莼、马雍、马巨译，中央编译出版社2007年版，第22页。
② 《马克思恩格斯文集》第4卷，人民出版社2009年版，第195页。
③ 参见林锋《"文明本质"研究的三个问题》，《哲学动态》2009年第9期。
④ 参见［美］贾格尔《女权主义政治与人的本质》，孟鑫译，高等教育出版社2009年版，第20页。
⑤ ［美］贾格尔：《女权主义政治与人的本质》，孟鑫译，高等教育出版社2009年版，第201页。
⑥ 参见王政、杜芳琴主编《社会性别研究选译》，生活·读书·新知三联书店1998年版，第19页。

思主义女权主义者阿利森·贾格尔（Alison Jaggar）则声称马克思主义注重生产而将家务劳动排除在生产之外，而家务劳动是人类劳动力的再生产。[1]

2. 历史学研究视角

在我国，部分学者在谈到奴隶社会时，精神上认可阶级冲突和阶级斗争，但是在谈到"建立国家"动机时，他们宣称"奴隶主为了镇压奴隶和劳动群众，必然加强暴力统治，建立国家机器"[2]。中国社会科学院历史理论研究所的吴英学者指出，恩格斯的《起源》是针对特定地区或社会科学调研所得出的结论，其真理性在一定地区和范围条件下有效，并不是放之四海而皆准的普适性的"教义"。[3] 在他看来，恩格斯也认识到东方原始社会并不同于西方社会。因为东方社会迟迟没有产生私有制，这与恩格斯的私有制导致阶级和国家的结论相冲突。但针对北美和西欧地区早期社会的经验特征是否适用于东方社会，尤其中国社会，恩格斯并未明确指出，但有学者因而质疑恩格斯的《起源》并不适用于包括中国在内的东方社会。美籍华裔学者张光直学者则提出中国社会的血缘关系在国家形成之后并未消灭或者减低，而是继续存在，且重要性获得了增强。"以血缘纽带维系其成员的社会集团左右着政治权力，这就是中国古代国家最显著的特征。"[4] 因此，他认为《起源》里的特定地区和社会并不适用于中国社会。王震中教授也删去了恩格斯所主张的以血缘关系为主线索的历史演化标准，而是保留了公共权力设立标准，同时增加了阶级产生标准。[5]

3. 民族学研究视角

有的学者从民族学视域为切入口，对《古代社会》《摩尔根〈古代社会〉一书摘要》和《起源》进行了比较研究，指出，这三本书开启了民

---

[1] 参见 Alison Jaggar, "Feminist Politics and Human Nature", Totowa, N. J.：Rowman & Allanheld, 1983, p. 74.

[2] 北京大学历史系简明世界史编写组编：《简明世界史》（古代部分），人民出版社1974年版，第22页。

[3] 参见吴英《对经典作家的论述应力戒教条式地应用——从〈家庭、私有制和国家的起源〉说起》，《中国史研究动态》2020年第6期。

[4] 张光直：《青铜挥麈》，上海文艺出版社2000年版，第274页。

[5] 参见王震中《文明与国家——东夷民族的文明起源》，《中国史研究》1990年第3期。

族学发展史的新纪元。① 若把民族学追溯历史最初状态，似乎可把欧洲的希罗多德视为民族之学之鼻祖。随后在达尔文进化论影响下，民族学研究中出现"进化学派"。由于"进化学派"的哲学基础是孔德的实证论和斯宾塞的社会学，该学派主张社会发展是生产发展决定的，反对"倒退论"，但阐释不了人类历史的根本问题。因此这三本书，尤其是《起源》奠定了民族学的根基，由此开启民族学发展的新纪元。欧潮泉认为，《古代社会》最薄弱的部分在于缺乏经济基础的论证，或许对摩尔根已经足够，但对于恩格斯"目的来说就完全不够，所以我把它全部重新改写过了"②。因此，从民族学看，氏族、胞族、部落都是民族共同体的原始形态，而恩格斯通过调研和考察相关氏族公社、不同部落的原始形态的史料，揭露出这三种集团是原始人们的三个环节，并不是氏族共同体自然而然形成的，而是同属血缘集团，同时"这三种集团代表着不同层次的血缘亲属关系，每个都是闭关自守，自己的事情自己管理，但是又互相补充"③。因此，恩格斯运用历史唯物主义基本原理科学阐释了氏族公社制度及其婚姻家庭制度起源、发展及其本质特征，为民族学学科的发展作出了历史性贡献。但杨堃在《从摩尔根的〈古代社会〉到恩格斯的〈家庭、私有制和国家的起源〉——试论马克思主义民族学和资产阶段民族学的联系和区别》一文里倾向于摩尔根笔中所阐释的人类史前社会侧重指原始社会，且特指原始社会的后半段。至于原始社会的前半段，依靠民族学资料是不足以维系的，就需要依靠考古学和古人类学提供的实证材料。④

4. 考古学研究视角

胡鸿保认为，摩尔根的《古代社会》对原始社会史的影响是深远的。无论是摩尔根多样化的科研手段，如实地调研、前人文献整理、问卷调

---

① 参见欧潮泉《论民族学之发展为科学——纪念恩格斯〈家庭、私有制和国家的起源〉一书发表一百周年》，《中国社会科学》1984 年第 4 期。
② 《马克思恩格斯文集》第 4 卷，人民出版社 2009 年版，第 17 页。
③ 《马克思恩格斯文集》第 4 卷，人民出版社 2009 年版，第 110 页。
④ 参见杨堃《从摩尔根的〈古代社会〉到恩格斯的〈家庭、私有制和国家的起源〉——试论马克思主义民族学和资产阶级民族学的联系和区别》，《北京师范大学学报》（社会科学版）1978 年第 6 期。

查有关印第安人房屋和日常生活资料，通过对大量具体翔实的资料深入分析，提炼出一般理论和普遍规律，对民族学和考古学的研究提供了思路。考古学家起初是从某些文化特质入手，利用民族志手段辅助考古，后来参考丰富史料，对村落遗址和墓葬基本事实入手考察氏族—胞族—部落的有机结构；也有部分学者坚持考古学和民族学相结合，从考古器物层面挖掘族属问题，从而有助于开展史前研究中的重大理论问题。在胡鸿保看来，尽管原始社会组织研究是人类社会史前研究中的难点，而家庭、家族、宗族等有不同内涵，但译者兼顾一定专业知识，才可能把握作者原意。①

（三）学术争论的总体性评价

随着人类学、民族学、考古学和历史学等研究的不断深入，人们对《起源》里所探讨的问题及其唯物史观的概括受到国内外学者的反思，使得《起源》的权威性遭受质疑与挑战。面对这些问题，我们需要坚持总体性原则进行客观评判，并采取科学态度分析这些问题，或者至少说对这些问题的缘由、本质及其价值做一个概括的历史审视。这也是为避免或者规避陷入无休止的争论和抽象思辨陷阱，就非常有必要对此进行历史性分析和考察。正如列宁曾说过："在社会科学问题上有一种最可靠的方法，它是真正养成正确分析这个问题的本领而不致淹没在一大堆细节或大量争执意见之中所必需的，对于用科学眼光分析这个问题来说是最重要的。"②

1. 学术争论的缘由

为完成唯物主义的历史研究，马克思、恩格斯在发现摩尔根的《古代社会》在阐释原始社会的原初状态方面达到了同达尔文在生物界同等重要的历史价值和意义的高度，因而着手完成这一历史艰巨任务。摩尔根根据北美印第安人等氏族调研史料充分阐明了罗马人、希腊人的氏族制度史，不仅探讨了人类史前状态的生存样态，还预测了人类社会未来

---

① 参见胡鸿保《民族学与考古学的相互渗透——读〈美洲土著的房屋和家庭生活〉》，《中央民族学院学报》1986年第2期。

② 《列宁全集》第37卷，人民出版社2017年版，第63页。

共产主义的基本要素,这与马克思的唯物史观不谋而合。马克思发现摩尔根的这一深远价值,作了相关摘要和笔记。"他根据野蛮人的、尤其是美洲印第安人的氏族组织,第一次充分地阐明了罗马人和希腊人的氏族,从而为原始史奠定了牢固的基础。"① 遗憾的是马克思逝世,恩格斯便暂停手中工作转而致力于完成马克思"未竟的遗愿"。恩格斯立足马克思的唯物史观立场,运用历史唯物主义基本原理分析、阐释、批判和创新摩尔根关于古代社会的最新研究成果。恩格斯着重从氏族、家庭、私有制、阶级、国家等基本要素的起源、本质及其历史演进的基本规律,揭示了"两种生产"理论是造成这一深刻历史变化的决定性力量,分析了人类史前社会从"野蛮时代"向"文明时代"和"公有制"向"私有制"过渡的演变历程,最终确证了历史唯物主义的基本规律对人类史前社会的适用性。这就意味着,马克思、恩格斯所创建的历史唯物主义的解释原则和话语体系不仅对阶级社会以来的文明社会适用,而且对原始社会也同样适用。

立足这一点,我们看到马克思、恩格斯对《起源》所阐释的相关论断和理论是依据特定地区或者特定氏族亲属制度作出的历史性真理概括,意味着一定程度上呈现出特定历史环境和历史条件下的客观规律性。恩格斯也意识到这一点,"我们已经根据希腊人、罗马人和德意志人这三大实例,探讨了氏族制度的解体"②。这凸显了恩格斯基于特定地区、特定氏族的人类学资料和历史学材料进行的历史概括,只是这些经验概括不一定适用于其他地区,并不具有普遍适用性。中国社会科学院历史理论研究所的吴英教授便是持有这种观点。他强调马克思恩格斯经典作家的论述往往"只在一定范围、一定条件下适用,并不具有普遍适用性"③。马克思、恩格斯自身也说明,马克思主义理论"不是教义,而是方法"④。这就意味着:马克思、恩格斯在《起源》所阐释的科学论断是基于北美和西欧地区的氏族或者原始族群的特定地区和一定环境的普遍性和科学

---

① 《马克思恩格斯文集》第 10 卷,人民出版社 2009 年版,第 513 页。
② 《马克思恩格斯文集》第 4 卷,人民出版社 2009 年版,第 177 页。
③ 吴英:《对经典作家的论述应力戒教条式地应用——从〈家庭、私有制和国家的起源〉说起》,《中国史研究动态》2020 年第 6 期。
④ 《马克思恩格斯文集》第 10 卷,人民出版社 2009 年版,第 691 页。

性，在面对不同情况和氏族的特殊个例情况时，就需要特殊分析和科学阐释，否则"会给我过多的荣誉，同时也会给我过多的侮辱"①。

随着时代发展，现代科学技术的更新拓宽了人们认识世界和改造世界的方式方法。人们在阅读《起源》时，其他学者纷纷从现代新成就或者新学科边界去理解和阐释，并在补充新材料基础上提出新观点、新思维。他们或许从哲学、法学、历史学、考古学、文化人类学等角度理解和阐释，并得出不同于马克思、恩格斯思想观点的论断；他们或许从不同阶级立场、不同阶级诉求的辩护差异上作出的不同于《起源》观点；他们或许以某种偶然性现象来作为自己合理性道路的必然性。总之，他们对《起源》相关问题的不同看法，或曲解，或补充，或否定《起源》，因而出现"不精确""错误的观点"等争论。面对着这些不同争论，我们该如何解释和正确处理呢？

2. 学术争论的本质

围绕着《起源》中的"两种生产""历史分期""国家起源论""一夫一妻制"等问题，不同学者提出了新的见解、新的辩护和论证方式，展现了《起源》经典著作文献研究的新进展。老子有云："夫物芸芸，各复归其根。"② 针对以上的学术争论的本质，笔者选取最为根本的"两种生产"，其他争议都是从属于这个论题。因为"两种生产"是推动社会历史发展的决定性因素。物质资料的生产外化为劳动的形态，人类自身生产呈现为家庭的形式；前者的发展变革演进为劳动发展的不同阶段，后者的发展变迁呈现为家庭发展的不同阶段；前者的社会关系表现为经济关系，核心是所有制关系。后者的社会关系是亲属关系，核心是血缘亲属关系。在两种生产的日益发展驱使下，人类社会开始从人类自身生产对原始社会的生存样态起制约指导作用转变为物质资料的生产制约和支配社会发展的决定性因素，而在这一转变的漫长过程中充斥着"历史分期""一夫一妻制"和"国家"等发生了本质的变化。因此，本书在坚持马克思主义立场、观点和方法前提下，对"两种生产"学术争论进行"辨章学术，考镜源流"，以拨开被群雾缭绕所遮蔽的本质。

---

① 《马克思恩格斯文集》第3卷，人民出版社2009年版，第466页。
② 黎荔注解：《道德经注解》，天津社会科学院出版社2016年版，第38—39页。

深入"两种生产"的不同学术争论话题的焦点，就可以知晓以下内容。

（1）从功能作用上看，《起源》的"两种生产"理论彰显历史唯物主义的"交互作用论"，而持有"两种生产""一元论"或者"两元论"或者"依次决定论"凸显单边作用。恩格斯认为，在历史发展的整体历史上贯穿着一条主线索，即"直接生活的生产与再生产"；在具体分析人类生产时划分为"物质生产"与"人类自身的生产"。恩格斯强调"两种生产"都具有自然属性和社会属性，具体来说：物质资料生产是人们为了满足物质生活需要的动机，但它离不开人类自身生产在社会关系中进行，是人类社会生产发展的有机体，二者相互联系、相互作用、相互联结，共同促使人类社会发展的历史演进。

（2）从思维方式上看，《起源》的"两种生产"理论凸显历史唯物主义的"辩证思维"，而持有两种生产"一元论""两元论"或者"依次决定论"则彰显"形而上学"的机械思维。早在《德意志意识形态》里，马克思曾表达出社会存在决定社会意识的基本原理，并用生产力与生产关系的框架作为对人类社会发展演进的解释原则和动力机制。其中物质生活的生产方式决定人们生活于其中的精神生活和政治生活，经济因素占据人类社会历史发展的决定性因素，具有归根结底的作用。这才引出《起源》中"历史上的决定要素，归根结底，乃是直接生活的生产与再生产"的重要论断。同样，恩格斯在其致康拉德·施米特的信函中明确指出，"物质存在方式虽然是始因"，但是恩格斯并未排斥其他因素的辩证作用，"思想领域也反过来对这些物质条件起作用，然而是第二性的作用"[1]。这表明了二者的辩证关系，凸显了辩证法的光辉，呈现出经济基础与上层建筑之间的辩证思维逻辑。因此，马克思和恩格斯都未单方面强调经济元素的单一性或者逻辑上的依次决定作用。那些单方面强调"经济决定论"或者"经济一元论"的命题都是对马克思主义的误解，是对辩证唯物主义的曲解与背离。正像恩格斯发表声明："无论马克思或我都从来没有肯定过比这更多的东西。如果有人在这里加以歪曲，说经济因素是唯一决定性的因素，那么他就是把这个命题变成毫无内容的、

---

[1]《马克思恩格斯文集》第10卷，人民出版社2009年版，第586页。

抽象的、荒诞无稽的空话。"①

（3）从必然性与偶然性角度来看，历史唯物主义中的经济因素在归根结底程度上发挥着历史必然性功能，而这种必然性被恩格斯视为"经济的必然性"②。恩格斯在谈到普鲁士国家的历史发展时指出，普鲁士国家是由于历史的、归根到底是经济的原因而产生出来和发展起来的，不是由其他因素所决定的，而是由经济的必然性决定的。因此，经济的决定性作用在归根结底上外化为经济的必然性，这就为人类社会历史发展的动力机制开辟自己的道路。不过需要指出的是，在历史发展中，最初的原始社会推动社会前进的主要力量并不是劳动生产或者两种生产而是血缘纽带作用，因为此时人类使用劳动工具和制造工具从事劳动生产尚未达到社会化时，血缘纽带起着必然性作用，但这并不意味着人类社会发展在整个历史的基本主题中，两种生产的发展在归根结底上起着主要力量。我们不能因为看到偶然因素而否定必然因素，也不能只看到必然性而排斥一切偶然性。马克思主义认为，必然性与偶然性相互联结、相互转化。如果割裂二者关系，就会导致形而上学的机械决定论。因此，恩格斯才会指出："在所有这样的社会里，都是那种以偶然性为其补充和表现形式的必然性占统治地位。通过各种偶然性来为自己开辟道路的必然性，归根到底仍然是经济的必然性。"③

仅从"两种生产"理论的单个争议的深入考察，就会发现：马克思、恩格斯对两种生产的考察、分析和阐释彰显了人类社会历史发展的历史性、现实性和辩证性，印证了资产阶级形而上学的机械性、非现实性和非历史性；论证了历史唯物主义的基本原理和解释原则，呈现了资产阶级的几种论点将局部的、对立的一面加以夸大，推向极端。这就在人类历史的起源上批判了资产阶级学者所宣称的资本主义私有制"永恒论"，从思维方式上揭露了部分学者陷入形而上学的泥淖，从必然性与偶然性上论证了社会发展的经济必然性，从而从根本上揭露了私有制和国家的"历史暂时性"，提供了对资本主义国家和私有制的"批判的武器"，为人

---

① 《马克思恩格斯文集》第 10 卷，人民出版社 2009 年版，第 591 页。
② 《马克思恩格斯文集》第 10 卷，人民出版社 2009 年版，第 592 页。
③ 《马克思恩格斯文集》第 10 卷，人民出版社 2009 年版，第 669 页。

们追求共产主义和公有制的美好蓝图提供了价值先导和理论支撑。

3. 学术争论的价值

《起源》之所以被许多学者反复探讨这个问题，且被诸多学者探讨得极为混乱，列宁则认为"这是全部政治的基本问题，根本问题"①。作为科学社会主义的经典著作之一，《起源》注定在各种各样的场合中被资产阶级的科学家、哲学家、法学家、政治家有意无意地弄得混乱不堪。因此，必须指出的是，《起源》中高端争论问题，尤其是"国家起源"争论的问题，深深渗透着"资产阶级代表们的一切习惯、一切观点和全部科学"，难免会遇到各种腐朽和曲解学说的残余痕迹，甚至列宁也强调指出，一些自认为能够看清国家本质问题的孟什维克和社会革命党人也难逃一些学说的残余。但由于恩格斯《起源》中的重要论点都涉及对资本主义现实的批判，并且读者显著感受到他的笔端所流露出的强烈的人民阶级感情，使得阶级社会的本质面貌暴露无遗，同时展现了对未来共产主义美好社会的信心。因此，这些纯粹的学术争论并不能从根本上动摇恩格斯《起源》中的基本原理和科学规律。面对这些争论，若要科学分析这些问题，除了揭露这些问题的本质并作出相应的批判，还需要做一个积极的历史考察，从学术争论中挖掘出有效价值，以期拓宽对恩格斯关于国家问题、国家学说和国家理论的理解视域。

（1）学术争论的意义在于通过反思探究，深入洞察问题的本质

国家的起源是什么？国家的实质是什么？由于国家不是从来就有的，因而回答这个问题是一个相当复杂且难以弄清的问题。不同学者对国家问题也作出了多方面的规定性，试图对它的整个发展过程作出历史的考察，不过出现一些比较明确的刻画、描写、记载，也出现一些编造、杜撰出来的所谓宗教、理念、人性等各种诡辩，看不到国家的真正的本来面貌。这就需要我们反复探讨和综合各方面思考来审视该问题，以还原问题的本质。

反观国家"神权说"这种观点，在很大程度上受制于生产力较低发展水平这一先决条件，将国家这一群体力量的产生视为某种近乎神的意志力量。在生产力发展程度处于较低水平时，"我思故我在"的认识主体

---

① 《列宁全集》第 37 卷，人民出版社 2017 年版，第 62 页。

尚未成为把握世界的"尺度"时，人们的理性认知极其有限，对未知的自在世界抱有敬畏和崇拜之意。但是随着人类主客二分后，人的自我理性成为认识万物的尺度，但"君权神授"的思想在奴隶社会和封建社会的意识形态的政治影响力和阶级统治力扎根较深，成为人们头脑里奴役和压迫人们的"精神鸦片"，这种以往的麻痹人们的旧传统、旧思想就"像梦魇一样纠缠着活人的头脑"[1]。持有这种观点的思想者将国家问题同宗教问题混为一谈，试图建立一种哲学见解和复杂的论据，往往传递一种国家神圣超自然的来自外界的东西的力量。这种国家观塑造了一种宗教化形象，并试图诉诸神的意志来宣传国家统治的合法性。

反观国家"理念说""个人意志说"不外乎是将国家这种共同体的力量的产生视为人的理念或精神意志的外化表现。这种国家观的认知程度在很大程度上受制于人的理性认知水平。它的合理性在于突显了"人是万物的尺度"，抬升了人们在精神意志或者脑中理念的主观能动性地位，再现了人们对当前旧世界的不满批判和对未来美好彼岸世界的向往追求，一定意义上摆脱了虚幻的神创世纪说的致思逻辑，同时诉诸了现实的个人意志和利益，从而使国家的起源获得了现实逻辑的呈现。这是其进步意义，值得肯定之处。但是，经过各方面深入思考，就会发现，他们都没有脱离历史唯心主义范畴。对于前者观点，马克思在《〈法哲学批判〉导言》里曾深刻批判黑格尔把现实的世界说成绝对精神的产物，是颠倒了的物质和精神关系；对于后者，它将"国家"这一概念形象美化为"理性意志"的体现，这属于历史唯心主义范畴，同时美化了私有制和有产阶级统治的形象。因此，所谓的"理念说"是"神权说"的翻版和延续，其实质都是一致的，都归属于唯心主义范畴，即恩格斯所说的，把国家言说为从外部强加于社会的一种力量，即神的意志产物力量。

一言以蔽之，学术争论往往掺杂着复杂的学说，一般夹杂着利益服务和渗透着资产阶级一切观点、一切习惯。面对学术争论的论题，我们并不是一味地肯定一切，亦不是否定一切，而是在各方面思考这个问题基础上进行辩证把握，不让自身眼光陷落在大量细节或者大量争执意见中。列宁曾指出："如果把资产阶级学者编造出来的所谓宗教学说、诡

---

[1]《马克思恩格斯文集》第2卷，人民出版社2009年版，第471页。

辩、哲学体系以及各种各样的见解抛开，而去探求问题的实质，那我们就会看到，国家正是这种从人类社会中分化出来的管理机构。"①

（2）学术争论的意义在于独立思考和论敌争论中坚持一种坚定信念

学术争论的意义还在于认真思考和批判审视之后，我们会从极为混乱的场合和论敌的激烈辩论中培养出一种"坚定的信念"，一种能在任何人面前和任何时候都经得起考验的信念。之所以会有这种信念，是因为无论我们身处革命风暴的动荡时期，还是社会平静的稳定时期，只要涉及经济利益或者政治意识形态，我们难免会碰到相关问题，而这些问题又极其复杂，就需要我们在各种场合中独立观察这些问题。只有在独立地搞清楚这些问题，才能"不畏浮云遮望眼"，获得经受住历史和实践检验的坚定信念。

关于国家形成的原因，恩格斯在《起源》中通过概述雅典、罗马和德意志人国家形成历程得出一个基本论断：国家绝不是外部强加于社会的一种力量。这就显然批判和否定了那种国家起源于外在的"暴力论"。究竟"暴力论"错在哪里，恩格斯并未在这里作具体阐释，只是呈现在国家起源的具体的史实中。不过关于这一理论的系统性批判，已在《反杜林论》那里给出了回答。

既然国家的起源是在具体的史实中呈现出来的，我们便在具体中进行独立分析。回答国家的起源，就离不开私有制和阶级斗争的分析。雅典国家的产生是最纯粹的典型。它是从氏族内部共同体发展起来的，并随着生产力发展逐渐产生阶级对立，使得原有的公有制经济和氏族共同体逐渐被新的更大的群体组织所打破。随着货币出现和商品交换越来越普遍，社会就出现一种新的普遍力量；分工的出现逐渐让雅典各个氏族、胞族和部落逐渐分化组合为新的职业集团，旧时维系氏族纽带的血缘关系越发不适应新型的职业集团的力量。原本按部落酋长的威望、威信执行决策的氏族机构越发难以处理和化解内部成员之间的新矛盾和问题。如果说血缘纽带关系向地域聚居关系转变是一种生产力所引发的生产关系的转变，实质是氏族走向瓦解的第一步，这注定是一种深刻的社会革命。"这种未经它自身创造者的预知并违反其意志而突然崛起的新力量，

---

① 《列宁全集》第37卷，人民出版社2017年版，第65页。

就以它那全部青春时代的粗暴性使雅典人感受到它的支配了。"① 为应对新矛盾、解决新问题，在雅典设立中央管理机关，同时设立了各种官职和武装力量。罗马亦是如此，"在罗马，氏族社会变成了封闭的贵族制，它的四周则是人数众多的、站在这一贵族制之外的、没有权利只有义务的平民；平民的胜利炸毁了旧的血族制度，并在它的废墟上面建立了国家，而氏族贵族和平民不久便完全溶化在国家中了"②。

经过梳理《起源》相关阐述，我们发现：雅典或者罗马等氏族向国家转变的路径虽有所不同，但有相似处，即"国家组织是部分地由氏族组织转化而来，部分地设置新机关而来。国家组织产生的这种趋势是必然的，不可避免的，氏族组织无法阻挡"③。这也意味着这种转变是一种深刻的社会革命，曾经经过顽强而长久的斗争换来的文明进程。反观"暴力论"，其合理处在于暴力掠夺与私有制之间的关系，认识到暴力掠夺带来的私有制及其奴役制。但尚未就暴力掠夺背后的经济根源及其动力成因进行分析，因而是一种不彻底的论证。综上问题的阐述，足以说明我们独立自主地阅读和思考清楚恩格斯关于国家起源说的回应是很有必要的。这对于我们在面对多种表面的现象都可以清楚地知道国家的产生便带有强烈的阶级性，是"以一种与全体固定成员相脱离的特殊的公共权力为前提的"④ 异于氏族共同体力量的存在，从而有助于我们坚定对资本主义"虚幻共同体"所宣称的代表"全社会"的"普遍利益"的制度批判，有助于透视和抵制资本主义国家意识形态领域所宣称的虚伪的"普世价值"，有助于坚定对社会主义国家为追求美好生活而奋斗的理念。

（3）学术争论的意义在于多维审视和吸收融合中捍卫历史唯物主义立场

恩格斯根据希腊人、罗马人和日耳曼人的史实详细考察了国家的起源，并概括了雅典、罗马和德意志国家的三种形式，并概括了国家的本质，即承认国家不是从外部强加于社会的一种力量，是社会历史一定发

---

① 《马克思恩格斯文集》第 4 卷，人民出版社 2009 年版，第 130 页。
② 《马克思恩格斯文集》第 4 卷，人民出版社 2009 年版，第 188—189 页。
③ 吴铎：《〈家庭、私有制和国家的起源〉读书札记》，华东师范大学出版社 1984 年版，第 100 页。
④ 《马克思恩格斯文集》第 4 卷，人民出版社 2009 年版，第 110 页。

展阶段的产物。国家是在氏族制度的废墟之上建立起来,而建立的前提是私有制和阶级分化的出现。由于氏族制度瓦解,氏族组织再也无法解决自己内部的公共事务,这时就需要第三种力量来"压制它们的公开的冲突,顶多容许阶级斗争在经济领域内以所谓合法形式决出结果来"①,因而出现一种凌驾于社会之上且日益同社会相异化的力量,国家便产生了。

回顾国家的历史起源,我们能够明显地感受到历史唯物主义的立场及其基本原理的运用:①国家并不是从来就有的,而是社会发展的历史产物;②国家自产生起就承担着化解各方力量的矛盾、缓和冲突的历史使命,以保持在"秩序"范围之内;③国家是镇压和剥削被压迫阶级的力量;④国家是从社会中产生却又居于社会之上且同社会相异化的组织;⑤国家终将消亡,生产者自由平等的联合体将取而代之。

因此,不难发现:《起源》这本书是恩格斯沿着马克思的历史唯物主义立场,通过对摩尔根大量最新成果的史实材料,科学地论证和阐释了国家的起源及其本质,补充和完善了唯物史观在人类史前社会的客观规律的适用范围;也从家庭、私有制起源的客观史实中挖掘揭示出国家的起源、发展、消亡的历史规律,为深刻批判资产阶级学者所宣扬的国家"永恒论"提供了锐利的"批判的武器"。

当我们在阅读马克思主义经典文献时,需要注意结合时代发展的新成就并赋予新的内涵来了解,不可把经典文献中的论点视为一成不变的,否则就陷入了教条主义和本本主义的泥淖之中,背离了马克思主义的基本立场观点。对于那些"契约说""暴力论""理念说""个人意志说"等学术争论,他们一方面根据自己所处的阶级立场,为私有制的合理性及其永恒性辩护,另一方面依据非辩证的研究方法来审视和看待《起源》,这种戴着有色眼镜的观点很难让人信服。尽管最新的研究成果不断涌现,但《起源》还是经得起时间和实践的检验,没有因新学科、新材料、新方法的研究而被否定。正如列宁强调《起源》的"每一句话都是可以相信的,每一句话都不是凭空说的"②。关于学术争论的讨论,马克

---

① 《马克思恩格斯文集》第4卷,人民出版社2009年版,第188页。
② 《列宁全集》第37卷,人民出版社2017年版,第64页。

思主义者就需要进行多维审视，在坚持批判和吸收融合中坚定捍卫历史唯物主义立场、观点，在批判中有所发展，在承继中有所创新。

三 《起源》研究中学术争论的理论困境

自马克思逝世后，恩格斯无疑成为国际共产主义运动的导师。此时国际共产主义运动处在资本主义"和平"相处时期。尽管如此，恩格斯还是必须承担着实际上的政治领导和理论工作。19世纪末是资本主义由自由资本主义开始转为帝国主义的阶段，但资本主义国家为维护自己的阶级统治地位，向世界宣称私有制和国家"永恒"论，同时借助立法手段和国家机器镇压无产阶级和社会党人。尤其社会党人内部盛行关于私有制和国家错误观点，造成工人阶级思想内部出现形形色色的机会主义流派，引发混乱。此外，苏联科学院经济研究所编的《政治经济学教科书》和哲学研究所编的《马克思主义哲学原理》曾以权威名义流传我国，散布了部分错误谬论。以上这些谬论构成了学术争论的理论困境，如果不及时澄清，加以批驳，就不利于发扬《起源》的"批判的武器"效用，间接等于埋没《起源》的科学战斗堡垒作用。因此，分析学术争论的理论困境，并挖掘其中的分歧点，以进一步探求《起源》的科学真理。

（一）学术争论的理论分歧点分析

基于阶级、立场、学科和视角等所在的位置不同，对同一事物的看法存在众多不同的理解，其中不乏截然不同且对立的观点，进而带来学术的争论和理论分歧。这些争议和分歧，一方面蕴含着不同理论碰撞的思想张力，未达成一致的共识；另一方面蕴含着丰富的理论生长点，理论断裂处或者理论分歧点便是孕育出理论发展的土壤，迸发出新兴的理论活力。面对这些理论分歧点，我们不能陷入无休止的争议之中，力争从中窥探其中的理论分歧点的边界和症结，以还原理论的本身真相。

1. 对马克思恩格斯一以贯之思想的割裂化

马克思恩格斯是经典马克思主义的创始人，是国际共产主义运动的领导者、参与者、实践者。二人的思想也是被绝大多数学者公认为总体上是一致或者一体的。但是某些西方学者根据晚年恩格斯的思想转变或者晚年马克思的思想转变对二人思想的统一性提出了疑问。尤其将《家庭、私有制和国家的起源》这本书作为攻击的对象，将马克思恩格斯一以贯之思想的割裂化。例如，当代西方"马克思学家"诺曼·莱文在其《马克思和恩格斯思想中的人类学》就声称马克思和恩格斯在社会机构的内部构造上存在不一致立场。具体表现为：（1）恩格斯是机械唯物论者，关注点在于工艺实证主义，即认为历史必然循着一种工艺进化的统一方向发展；（2）马克思是辩证法学者，关注点在社会内部机构中的对峙力量，其历史观点呈现多线性发展，社会朝着内部所组成的对立面方向发展。① 不难发现，莱文的观点是将马克思和恩格斯在历史思想和社会学思想划为马克思主义和恩格斯主义两种派别。前者是以辩证法著称，后者是以经济决定论者面貌示人，指控恩格斯在《起源》中呈现一种"机械的、形而上学的经济决定论"立场。

马克思和恩格斯关系究竟如何？恩格斯在《起源》中是否呈现"经济决定论"立场？苏联学者和我国大多数学者持批判态度，认为将马克思历史观思想概括为"多线性发展观"，而将恩格斯概括为"单线性发展观"是不公正的、错误的。目前学界一致认为对马克思恩格斯二者都是自觉的"辩证法学者"，在众多相关问题上是一以贯之的或者基本一致的，二者的"差异"是次要的。但是西方"马克思学家"在研究晚年恩格斯思想时，将其历史观视为"机械论者"，割裂了马克思的社会历史观主线。

马克思与恩格斯的历史观是否一致？恩格斯的历史观是否带有"机械唯物论"特征？现结合恩格斯的《起源》，进行深入挖掘和研判。

一方面，恩格斯在《起源》中旗帜鲜明地强调了"经济因素"的主导地位，与马克思所重视的经济立场不谋而合。马克思在《〈政治经济学批判〉序言》里曾强调："随着经济基础的变更，全部庞大的上层建筑也或慢或快地发生变革""自从弗里德里希·恩格斯批判经济学范畴的天才大纲（在《德法年鉴》上）发表以后，我同他不断通信交换意见，他从

---

① 参见［美］诺曼·列文《马克思和恩格斯思想中的人类学》，载《马克思主义来源研究论丛》第 15 辑，商务印书馆 1993 年版，第 69—70 页。

另一条道路得出同我一样的结果"。① 后来二人在合著的《德意志意识形态》里一致认为："从直接生活的物质生产出发阐述现实的生产过程，把同这种生产方式相联系的、它所产生的交往形式即各个不同阶段上的市民社会理解为整个历史的基础"②；在《起源》中，恩格斯强调："根据唯物主义观点，历史中的决定性因素，归根结底是直接生活的生产和再生产。"③ 因此，不难看出，马克思和恩格斯都非常重视唯物史观，重视经济因素在历史发展中发挥的作用，即物质生活资料的生产。在这点上，二者的立场是一致的。

另一方面，恩格斯并未抹杀非经济因素的历史作用。《起源》并没有表达出一种"机械唯物论"，只是强调在整个人类社会历史发展中，在"归根结蒂"的范畴上强调经济因素的决定性，并不是西方学者庸俗化理解的"经济决定论"色彩。恩格斯不仅高度重视人类历史发展在"归根结蒂"意义上的决定因素，同时对非经济因素给予了极大的关注。在《起源》第 1 版的《序言》里，恩格斯在谈论"两种生产"理论时，除了肯定"物质生活资料的生产"的历史决定性作用，同时肯定了包括"人自身的生产"、家庭、血族关系等因素的历史作用，且高度强调了原始社会是以"血族关系为基础"的结构特征。在探讨亲属关系的重要性时，恩格斯强调："亲属关系在一切蒙昧民族和野蛮民族的社会制度中起着决定作用。"④ 此外，恩格斯曾写信给德国社会民主党人康拉德·施米特和德国大学生约瑟夫·布洛赫，信中指出，有些人将马克思主义庸俗化理解为经济因素是历史过程的唯一动力，这是"毫无内容的、抽象的、荒诞无稽的空话"；恩格斯强调上层建筑也影响到历史的进程和经济本身的发展进程，即"还有上层建筑的各种因素：阶级斗争的各种政治形式及其成果"⑤ 影响历史斗争的进程及其斗争形式。因此，这就证伪了莱文的"恩格斯只关注或重视经济因素的决定作用"观点的谬论。

---

① 《马克思恩格斯文集》第 2 卷，人民出版社 2009 年版，第 592—593 页。
② 《马克思恩格斯文集》第 1 卷，人民出版社 2009 年版，第 544 页。
③ 《马克思恩格斯文集》第 4 卷，人民出版社 2009 年版，第 15 页。
④ 《马克思恩格斯文集》第 4 卷，人民出版社 2009 年版，第 40 页。
⑤ 《马克思恩格斯文集》第 10 卷，人民出版社 2009 年版，第 591 页。

由此，虽然莱文在《马克思和恩格斯思想中的人类学》中指控马克思和恩格斯在古代氏族或者宗族集团的历史作用上存在较大分歧，但是恩格斯不仅强调了经济因素在人类社会中的经济决定性地位，同时也认识到诸如血缘关系等非经济因素在原始社会制度中的历史作用，并非如莱文所指控的"机械决定论"倾向，这只能理解为莱文对恩格斯自己阐释的错误结论。恩格斯已经在多种场合向读者明示和澄清了，反而是莱文对恩格斯和马克思的思想理解不够准确，且将他们的辩证法思想庸俗化了。

2. 对恩格斯与摩尔根历史分期差异化曲解

恩格斯《起源》的完成是以摩尔根的历史分期为模本，以史前社会的大量史料为根基，将历史分期问题置于全书的起始位置。历史分期的问题研究不是说简单地把历史划分为几个时期或者几个阶段，而是要按照马克思主义的观点、立场和方法，结合最新的民族学和考古学等科学资料，形成对史前社会各个方面的正确认识。

史前社会被学界确定为一种社会形态，经历了较长时间的探索。而旨在研究、揭露和分析史前社会基本结构和社会发展基本过程及其本质规律的《起源》发挥了重大的历史总结作用，具有深远的历史意义，为原始社会形态的确立奠定了科学基础。因此，《起源》在一定程度上是马克思和恩格斯为完善唯物史观的适用范围而对史前社会的考察所作的历史总结。然而，仍然存在一些学者对恩格斯的历史分期问题产生怀疑，甚至有人觉得恩格斯依据摩尔根的"蒙昧时代""野蛮时代""文明时代"曲解为照搬和模仿。这显然是对恩格斯历史观的误解。

经过一番思考和审视之后，我们发现学术争论的理论分歧点在于对恩格斯与摩尔根历史分期作出了差异化曲解。现对这种曲解给予"还原"。

（1）马克思恩格斯经典作家对摩尔根的历史分期给予辩证评价

一方面，马克思恩格斯对摩尔根的历史分期给予较高的历史评价。摩尔根采用"生存技术"作为考察时代分期的提法，最有可能是借鉴丹麦学者关于生产工具作为时代标志的提法。生存技术伴随着人们生存状态的革新而相应作出革新，对人们生活必然产生重大的影响。"顺序相承的各种生存技术每隔一段长时间就出现一次革新，它们对人类的生活状况必然产生很大的影响,因此,以这些生存技术作为上述分期的基础也许最能使我们满意。"① 但摩尔根又根据生产工具作为时代划分的依据有历史的重合和重叠部分。故而采用"生存技术"为考察范式。在这个意义上,恩格斯从历史的高度给予了较高评价。在 1841 年《起源》正式出版之际,正文便强调"摩尔根是第一个具有专门知识而尝试给人类的史前史建立一个确定的系统的人;他所提出的分期法,在没有大量增加的资料要求作出改变以前,无疑依旧是有效的"②。后来在新搜集的材料基础上推翻了摩尔根的部分假说,但是尽管如此,在基本的要点上,摩尔根的观点仍然是有效的,"越是有人力图隐瞒摩尔根是这一伟大进步的奠基者,他所建立的这个系统就越将获得大家的公认"③。

另一方面,马克思和恩格斯对摩尔根的历史分期给予唯物史观的批判。马克思恩格斯发现摩尔根的正确立论的方法论站不住脚。在马克思恩格斯看来,摩尔根将史前史的发展表述为"智力"和"观念"的发展,对史前史社会的系统及其历史分期的划分是建立在"发明和发现"的主线的基础上考察原始社会人类进步,并通过"发明和发现,以及政治观念、家族观念、财产观念的发展"④。这些进步的线索来为人类顺序相承的各个文化阶段提供史实论据,从而得出"这一重要事实,由顺序相承的各种人类生存技术上可以看得非常明显"⑤。摩尔根也正是凭借"生存技术"这一线索作为历史分期的尺度。对于原始社会的历史分期,摩尔根重视"各种发明和发现所体现的智力发展",以此作为史前文明社会形态进步的动力,进而考察史前社会的史前文化的各个"阶段性"片段。摩尔根用"蒙昧人""野蛮人"和"文明人"作为不同时代的阶段性的人,又根据阶段所属的文化性质特征,将其所属的时间归属为蒙昧时代、

---

① [美] 路易斯·亨利·摩尔根:《古代社会》,杨东莼、马雍、马巨译,中央编译出版社 2007 年版,第 7 页。
② 《马克思恩格斯文集》第 4 卷,人民出版社 2009 年版,第 32 页。
③ 《马克思恩格斯文集》第 4 卷,人民出版社 2009 年版,第 30 页。
④ [美] 路易斯·亨利·摩尔根:《古代社会》,杨东莼、马雍、马巨译,中央编译出版社 2007 年版,第 5 页。
⑤ [美] 路易斯·亨利·摩尔根:《古代社会》,杨东莼、马雍、马巨译,中央编译出版社 2007 年版,第 14 页。

野蛮时代和文明时代,这就使得史前社会中的人类赋予了爬楼梯者的历史角色,忽略了历史中偶然挫折因素。他指出:"人类是从发展阶梯的底层开始迈步,通过经验知识的缓慢积累,才从蒙昧社会上升到文明社会的。"① 因此,摩尔根试图依据这些进步的线索考察原始社会众多的领域,如政治、语言、家族、宗教、财产等。这种考察方式显然不是历史唯物主义立场和观点,而是带有某种历史唯心主义色彩。

(2) 对摩尔根历史分期进行经济改写以契合唯物史观

尽管摩尔根的历史分期带有某种唯心主义的影响,但不能否认的是:他还是一位严谨而又谦虚的学者。他基于一定资料的田野考察,对历史分期提出了很多有借鉴价值的见解,但没有将该问题说得过于圆满,而是凸显其"暂定的"。本来历史顺序相承的生存技术就会间隔革新,但凡想找到各个阶段的起点作为上述各期充分进步标准充当"能绝对适用,放之四海而皆准,即使不说这是绝不可能,也得说这是很难办到的"②。同时它也折射出历史唯物主义的基本观点,故恩格斯采用历史唯物主义的基本原理方式,对原始社会背后的世界观和方法论进行了经济层面的重新诠释,尤其是以"两种生产"理论为理论根基,阐释劳动发展阶段对社会制度的制约作用。具体来看:

恩格斯注重从生产力和生产关系的交互作用为视角考察原始社会,也是对摩尔根"蒙昧""野蛮"和"文明"时代分期的社会形态进行经济论证、补充和完善,着重考察社会形态进程背后的根源,突出生产力对其制约作用。同时恩格斯还强调家庭、婚姻和氏族制度等问题纳入原始社会的基本结构,这些问题都反映了同一社会形态下的不同方面。因此,恩格斯对原始社会进行历史分期时,不仅重视"两种生产"的历史作用,还充分肯定"家庭发展阶段"在史前社会中的分期地位。这就要求我们在考察恩格斯的历史分期问题时,不能把眼光局限在第一章的"史前各文化阶段",还需要通观全书,更不能认为恩格斯只是简单转述

---

① [美] 路易斯·亨利·摩尔根:《古代社会》,杨东莼、马雍、马巨译,中央编译出版社2007年版,第3页。

② [美] 路易斯·亨利·摩尔根:《古代社会》,杨东莼、马雍、马巨译,中央编译出版社2007年版,第7页。

摩尔根的历史分期观点。

因此，关于史前社会的历史分期的科学分歧，恩格斯在经济方面的阐释和论证都已经被全部改写过了。一旦"离开了经济的、具体社会关系的分析，不可能就社会分期问题做出科学的结论"①。也就是说，恩格斯对原始社会所作的经济论证阐释史前社会的分期，明显优于摩尔根根据田野调查和宗教文化影响的唯心主义阐释分析。

如果深入还原和思考摩尔根的分期，就会发现：摩尔根对原始社会的分期标志具有一种特殊的双重性，它的提出不仅是在自然演化史中启发而来的一种人类史视野，同时又是异于达尔文自然社会进化论的文化进化论。它的划分呈现出一种人与自然密切结合的生存状态，冲破了西方宗教世界所宣称的神创说世界体系。摩尔根似乎致力于通过对原始社会史的考察以脱离上帝视角的支配异化，其中就采用和吸收了人类中心主义的世界观。他的研究突破了自然史的进化论的逻辑结构，而是具有一种社会进化史中的进步思想，且并未过度充斥着决定论色彩。因此，他的思想与进化论思想有重合和叠加，成为"历史唯物主义"在原始社会中的史实依据，但他的世界观却充满着美国基督教的唯心主义。这个教派对科学采取开放态度，对人类史的研究采取的是一个接近进化论的解释，并不尊崇神创世界规则，而这正与进化方法殊途同归。②

不过站在反思的立场，我们对摩尔根的历史分期并不能仅仅局限在是否与"历史唯物主义"立场完全重合而否定摩尔根所取得历史成就，而要根据在当时特定历史环境下对其进行分析，以显示其独特的历史价值。立足摩尔根的学术研究，仍然有许多值得我们学习和借鉴的经验。他对原始社会的探讨道路显然不同于同时代的传教士、殖民地官员、冒险家对发现新大陆的"原始社会"遗俗的描述，而是深入田野的调查，依据当地丰富的经验民族志，走的是经验研究上升到抽象概括性的哲学

---

① 吴铎：《〈家庭、私有制和国家的起源〉读书札记》，华东师范大学出版社 1984 年版，第 25 页。
② 参见王铭铭《"裂缝间的桥"——解读摩尔根〈古代社会〉》，山东人民出版社 2004 年版，第 14 页。

思辨论证道路。这样一位曾受到"进步"思想熏陶和观念信仰的人将"进步"思想延伸到"文明"概念，在自然进化论层面延伸到社会文化进化论层面，从而为他贴上了"进步思想家"的面貌。

3. 在研究社会科学问题方面论证的差异化

为分析研究原始社会的历史，恩格斯运用了历史唯物主义基本原理，坚持了理论与实践相结合、逻辑与历史相结合的方法，最重要采用了历史主义方法和阶级分析法作为论证方式。之所以采用此方法，列宁曾在《论国家》中讲过这种方法的重要性，"要非常科学地分析这个问题，至少应该对国家的产生和发展作一个概括的历史的考察"，"它是真正养成正确分析这个问题的本领而不致淹没在一大堆细节或大量争执意见之中所必需的"。① 《起源》的诞生便是恩格斯在唯物史观的指导下进行大量研究史前社会氏族、胞族、部落、国家的起源发展的历史及其现状，并根据这种发展揭露背后发展的起源及其未来发展态势。在研究国家的起源问题时，恩格斯并不像柏拉图、黑格尔等人从抽象的理念出发，也不完全照搬摩尔根关于国家发展的历史考察，而是基于客观的历史史实材料进行经济论证。分析雅典国家的产生，不把它看成某个人的改革推动，而是视为长期发展的历史产物。在考察私有制和国家起源问题时，恩格斯对氏族社会的历史作一概括的历史考察。这是历史主义的运用，是恩格斯研究社会科学问题方法的论证之一。

反观摩尔根的研究论证方法，他对人类社会发展的考察运用了历史回溯法。这种历史回溯法和马克思恩格斯有所不同，他是建立在人类文明和文化"遗俗"痕迹基础上的。"我们循着人类各项进步途径回溯到人类最先出现的原始时代，同时，将人类主要的制度、发明和发现按其出现的先后一一逆推上去，就会了解每一个阶段所取得的进展了。"② 如摩尔根对史前各文化阶段的"蒙昧人""野蛮人"和"文明人"的转变动力进行了"发明和发现"的考察。像绝大多数启蒙思想家一般，他认为推动氏族社会向文明国家进步的转变是基于人类"各种发明和发现所体

---

① 《列宁全集》第 37 卷，人民出版社 2017 年版，第 63 页。
② [美] 路易斯·亨利·摩尔根：《古代社会》，杨东莼、马雍、马巨译，中央编译出版社 2007 年版，第 21 页。

现的智力发展"所取得的进步,是人类"经验知识"的大量积累。由此,对国家起源的根源考察就会转化为对人类获取经验知识的动力考察。在摩尔根看来,"人类在蒙昧阶段的进步,就其对人类整个进步过程的关系而言,要大于在此后野蛮阶段三期中的进步;同样,人类在整个野蛮阶段所取得的进步要大于其后整个文明阶段的进步"①。

如果我们透过摩尔根的历史回溯论证方法,就会发现:

(1) 摩尔根对人类社会的历史回溯论证明显带有一种宗教和进化论混交色彩。造成这种现象的结果跟摩尔根生活所处的成长环境有关。如前文所述,他受到了基督教长老会教士兼学者麦克依凡(Rev. J. S. McIlvaine)的潜移默化的影响。麦克依凡长期支持人类学研究的斯密斯松尼安研究院的研究,因而与研究人类学的摩尔根有联系。他曾试图影响摩尔根的夫人来说服摩尔根皈依基督教。这个教派对科学研究采取包容开放态度,不刻意宣扬神创世界说,而是采取接近进化论的阐释。但摩尔根本身又深受达尔文进化论思想影响,对宗教态度虽不十分热衷与狂热,但持有半信半疑态度。同时美国基督教北方长老会持有"人类同源论"观点,认为上帝创造的人是同源的。摩尔根受此启发比较大。在进化论和美国基督教北方长老会的双重影响下,摩尔根对人类学的研究所采用的历史回溯不可避免地夹杂着宗教和进化论的多重色彩因素,其结果自然受到恩格斯的批判性承继。

(2) 摩尔根考察的人类社会发展动力受到欧洲当时近代思想史"进步"与"文明"观念的深刻影响,因而其见解充斥着某种历史唯心主义色彩。在启蒙运动时期的欧洲哲学家从各个角度阐释了"进步"思想,后来逐渐演绎到对人的起源的探讨。后来欧洲思想界受到"进步"思想的启发,开始预设出一种"臆想的历史",在进步的阶段论和物种发生学之间找到了某种内在的联系。后来这种思想逐渐在启蒙思想界获得更多的支持与接纳,同时对"文明"思想的论述和阐释也起到了推波助澜的作用。摩尔根的"蒙昧""野蛮"概念的提出还是相对于"文明"而存在。"文明"与"不文明"思想的阐释早在希腊时代就已经存在。而早期

---

① [美]路易斯·亨利·摩尔根:《古代社会》,杨东莼、马雍、马巨译,中央编译出版社2007年版,第25页。

所称的"文明"是特指那些能用语言明确表达对外在事物的认识和感觉的人,这些人群一般居于城市之中,与那些住在乡下和丛林的表达不清的人形成反差。后来"文明"概念在启蒙运动的文化认同中获得了再解释,泛化为人类进步和成就的总过程。虽然不同启蒙思想家对"文明"的理解不同,但对后世影响较大的流派是法国和苏格兰的启蒙思想家。这在斯托金那里获得了论证。他指出:"法兰西和苏格兰的作者共同享有一种对于人类进步的信仰,他们都把'文明'当成一种包罗万象的概念……在缺乏传统历史证据的情况下,文明早期阶段的面貌,可以通过对生活在其他地区的、依然停留于文明的早期阶段的人群开展观察来实现。"[1] 当摩尔根写作《古代社会》时,尽管当时人们缺乏古人类学资料,但"进步""文明"思想观念不仅为研究者的哲学思考创造思想启蒙条件,也为人类学研究者提供深入观察古人类史生存状态的"棱镜"。在这个意义上,如果用马克思主义来审视的话,就能发现摩尔根对史前社会的进步动力的考察带有历史唯心主义的色彩。

此外,恩格斯还同时采用阶级分析法分析异常复杂的氏族和国家的起源。马克思恩格斯之所以采用阶级分析法,是因为"要弄清这一切光怪陆离、异常繁杂的情况,特别是与资产阶级的学者和政治家的政治、哲学等等学说有关的情况,就必须牢牢把握住社会划分为阶级的事实,阶级统治形式改变的事实,把它作为基本的指导线索,并用这个观点去分析一切社会问题,即经济、政治、精神和宗教等等问题"[2]。在这个分析方法指导下,分析异常复杂的氏族和国家的起源及其本质。国家是人类社会发展在一定阶段的产物,是社会共同体内部组织分裂为不可调和的对立面。社会出现分裂因素,是经历较长时期的社会发展来完成的。这背后的推动力在于生产力。当生产力发展到较高水平时,人类社会出现"两次社会大分工",造成畜牧业和农业分离、手工业和农业分离,进而致使旧有的氏族内部、部落群体中产生了土地买卖和土地私

---

[1] Stocking, George W. Jr. n. *Victorian Anthropology*, New York: The Free Press. 1987, p. 15. 转引自王铭铭《"裂缝间的桥"——解读摩尔根〈古代社会〉》,山东人民出版社2004年版,第31页。

[2] 《列宁全集》第37卷,人民出版社2017年版,第67页。

有的出现。因此，生产力和分工出现造成劳动者自身成为被私人占有的对象，致使社会开始分裂为两大对立面。在私有制影响下，氏族内部开始出现贫富两极分化，最终导致了以公有制为基础的氏族共同体分裂为私有制为基础的两大对立集团力量：剥削者和被剥削者。私有制按照财富力量和占有生产资料多少划分为各个阶级，使得原来平等公正的氏族成员日益变成利益根本对立的两大集团。"其中一个集团能够占有另一个集团的劳动。"① 为了缓和或者化解两大集团内部的自我矛盾，就需要一种凌驾于社会之上且能把对立面的冲突控制在"秩序"范围内的力量，这种力量就是国家。当然，国家是阶级矛盾不可调和的产物。但国家的存在也并非永恒，而是会随着阶级的消失而不可避免地走向消亡。但如果要废除私有制，消灭阶级压迫，不仅需要依托社会生产力和社会发展水平发展到较高水平，实现高度社会化大生产时，生产关系就会要求生产资料转归社会所有，还要求废除占有生产资料的资本主义私有制的剥削制度，最终就能消灭造成社会分裂的经济因素。因此，恩格斯指出："现在我们正在以迅速的步伐走向这样的生产发展阶段，在这个阶段上，这些阶级的存在不仅不再必要，而且成了生产的真正障碍。"② 但这个过程并不意味着完全自发实现的，而是需要号召和唤醒人们的无产阶级革命意识，使其成为一种历史自为力量，包括用暴力革命手段推翻剥削阶级的统治，建立无产阶级政权，废除资本主义私有制，进行社会主义建设。

　　反观摩尔根在分析氏族社会转变为政治社会的研究上，只是凭借雅典的典型历史，通过简要地叙述具体事件，得出以地域和财产为基础的政治社会要经历较长时间才开始在希腊人头脑中产生建立一种能够满足复杂社会集团的政治制度。起初的希腊人呈现为若干零散的氏族部落，他们的氏族部落与一般的野蛮部落共处于同一发展阶段时，并未表现出任何独特地方。在低级野蛮社会里，酋长会议是最高的民主决策机构。在中级野蛮社会里，增添了一个军事指挥官机构。在高级野蛮社会里，又增加了人民大会，构成三权机构。自进入文明时代，随着氏族管理经

---

① 《列宁全集》第 37 卷，人民出版社 2017 年版，第 13 页。
② 《马克思恩格斯文集》第 4 卷，人民出版社 2009 年版，第 193 页。

验的积累和进步,酋长的最高权威和统揽的全权中心日渐被三权分化而构成了行政权、立法权和军事权。随着人类社会发展需要的增加,这些公共管理者的负担逐渐加重,且出现了管理混乱,或争夺权势或滥用职权,使得氏族制度的公共管理组织趋于崩溃边缘。但为了确保社会的整体福利和安全,必须对公权组织进行加以更明确的规定,并且需要由一种强有力的权威人士来制定成文法来代替过去的习俗法规。"当社会的需要臻于复杂的时候,氏族制度显然不再能适应,从而产生一种运动来取缔氏族、胞族和部落原有的一切行政权力,把这些权力重新交给新的选民团体。"[①] 因此,他们试图摆脱自古以来生存于其中的氏族社会,而转入以地域和财产为基础的新集团组织。在这个尝试下,国家建立的基础便产生了。那么从这个方面来审视摩尔根的话,就可以发现:摩尔根对人类社会的进步不仅具有某种历史唯物主义的立场和观点,承认财产和地域对社会发展进步的影响,还充满着某种"唯心主义"世界观的影响,在承认氏族社会旧的氏族共同体或者部落共同体无法满足社会复杂需要时,氏族社会组织管理功能趋于崩溃,但是没有阐释清楚背后的根本原因,无法知晓国家起源的根源,自然就无法知晓国家的实质所在了。

由此,我们综合审视恩格斯和摩尔根二人对人类社会科学问题方面论证,呈现出一种差异化特征。如果我们深入考察这种差异化,更能发现恩格斯对摩尔根的研究成果并不是强调其完全对立一面,而是有继承、有批判。恩格斯一方面认可和赞赏摩尔根在氏族社会上诠释得详细的史实资料,承认他在具体翔实叙述事件过程中传递出一种和历史唯物主义相契合的精神所在,填补了唯物史观在史前社会的空缺。同时马克思恩格斯从唯物史观立场出发,综合运用各种分析方法来分析研究阐释和揭露氏族、私有制和国家起源及其本质,赋予原始社会以唯物史观化,做到了理论与实践、历史和逻辑、批判与继承的有机统一,同时驳斥了各种关于私有制和国家起源的谬论,总结了民族史、家庭史和人类史科学的研究成果,从而成为社会科学研究的光辉指南。

[①] [美]路易斯·亨利·摩尔根:《古代社会》,杨东莼、马雍、马巨译,中央编译出版社2007年版,第185页。

4. 对人类社会发展社会结构理解的层次化

恩格斯与摩尔根在理解原始社会结构层面上呈现出不同的层次性。《古代社会》的阐释中心和重点是原始社会中的氏族及其与部落的关系，它揭露了其中的家庭及其亲属制度的历史，发现了母权制氏族，并重点讨论原始社会制度的相关历史规律。恩格斯曾评价摩尔根的伟大功绩"在于他在主要特点上发现和恢复了我们成文史的这种史前的基础"[①]。亲属制度，早在17世纪就曾有人记载表述过相关事宜。而摩尔根的历史贡献在于根据亲属制度追踪氏族内部的结构及其规律，建立了亲属制度与氏族和家庭之间的历史发展逻辑。于是，他成功地找到一条窥探人类史前史的研究路径，并揭露了原始社会内部的秘密。

（1）维系氏族内部的基础是血缘亲属关系，而血缘关系成为维系公社存在的纽带。

（2）婚姻与家庭关系是因社会风俗出现禁例或者风俗规范出现，人类社会便从"杂乱性交"过渡到"群婚时代"。根据社会禁例的发展演变和群婚关系的演进，人类社会经历了不同家庭形式。

（3）当婚姻关系发展到伙婚制阶段，氏族制度开始产生。氏族的产生是自然而然从普那路亚家庭发展而来的结果，澳大利亚人内部盛行的亲属制度及其所反映的氏族内部禁止性关系，都为走出血缘家庭的第一步创造了条件。恩格斯指出："一切兄弟和姊妹间，甚至母方最远的旁系亲属间的性关系的禁规一经确立，上述的集团便转化为氏族了。"[②] 原始的婚姻结合的案例有南澳大利亚的甘比地区的氏族内有克洛基和库米德相互通婚，禁止内婚。由族外通婚的两个氏族的有机结合便形成一个原始部落，被民族学学者称为"两合组织"，那么随着人口和社会发展，其原始社会结构便形成了氏族—胞族—部落的系列组织。在这个意义上，氏族和部落同时产生。

（4）母权制氏族是先于父权制氏族存在。在一切形式的群婚家庭中，孩子的父亲暂时无法确定，但孩子的母亲则是确定的。在原始家庭中，纵使母亲能够分得清亲生的子女，但在群婚制中拥有共同的家庭的一切

[①] 《马克思恩格斯文集》第4卷，人民出版社2009年版，第16页。
[②] 《马克思恩格斯文集》第4卷，人民出版社2009年版，第53页。

子女都视为自己的子女,都需要担负起母亲的义务。因此,但凡存在群婚制的氏族,社会关系就确定以母亲方面为世系情况。这种以母亲方面为确认世系情况和由此逐渐发展起来的继承关系就形成母权制氏族。在母权制氏族内,妇女居主导地位,其子女的血缘及其承继关系依据母亲方面计算。后来随着生产力的发展,男子在生产中的地位发生变化。从保障生活需要而从事各种生产劳动,特别是开垦荒地等繁重劳动,男子的地位开始上升,妇女逐渐转向从事家务劳动。这种家务劳动相较于生产资料的劳动而言,只是起着辅助地位。在这个意义上,氏族便从母权制向父权制过渡。

(5)摩尔根根据人类家庭的发展依次划分为五个阶段:血婚制家庭、伙婚制家庭(或普那路亚家庭)、偶婚制家庭、父权制家庭(或家长制家庭)、专偶制家庭(或一夫一妻制家庭)。

以上关于氏族制度及其家庭制度的研究,是摩尔根根据易洛魁人氏族、希腊人氏族、罗马人和德意志人的氏族为主要材料,基本揭露了原始社会里的氏族公社的历史秘密。正像恩格斯所说:"摩尔根由于发现了这个简单的事实,就第一次揭示了氏族的本质。"[1] 这些研究成果都是建立在摩尔田野调查和民族志的经验积累基础上,促使其认识到氏族、亲属和家庭的演进历程,进而给原始历史研究建立一套解释系统,并从中揭示出一些相关规律:(1)家庭是一个能动的因素,不是静止不变的;(2)氏族和家庭制度的发展规律是从低级向高级进展的,这一过程经历了较长时期;(3)亲属制度的历史变迁不是主动完成的,而是自适应家庭制度的变迁而变迁。

以上这些观点,传递了历史唯物主义的基本立场,彰显出一种历史性和发展性的唯物史观色彩,因而受到了马克思的认可和赞同。在此基础上,马克思恩格斯继续补充和完善,认为"政治的、法律的、宗教的、哲学的体系,一般都是如此"[2]。然而科学总是在不断发展的,新的研究成果将会对氏族问题及其家庭结构问题作出更准确、更具体的阐释。恩格斯在《起源》里详尽地阐释了氏族制度的产生、发展特征及其历史地

---

[1] 《马克思恩格斯文集》第4卷,人民出版社2009年版,第100页。
[2] 《马克思恩格斯文集》第4卷,人民出版社2009年版,第41页。

位，给予了摩尔根应有的贡献。或许是恩格斯与摩尔根在关于人类社会发展结构上的理解呈现不同层次性，特别是在家庭结构上，恩格斯对摩尔根的"五家庭"说进行了改写。

恩格斯根据摩尔根人类家庭的阶段发展将家庭形式归纳为：血缘家庭、普那路亚家庭、对偶家庭、一夫一妻制家庭。显然，恩格斯未将父权制家庭（家长制家庭）纳入历史发展阶段，将其排除在家庭发展序列，主要是基于父权制家庭或者家长制家庭在多个家庭中并存，并不能用来表示婚姻家庭形式发展的一个阶段。

之所以将其排除在家庭发展阶段序列，是因为家长制家庭不是一种独立的婚姻家庭制度，它不仅存在于对偶家庭，还存于专偶制家庭。在对偶家庭里，主夫主妻的婚制下，仍然尚未脱离群婚，只有到"一个男子同一个女子共同生活"阶段，对偶婚制排挤掉群婚。不过在对偶家庭阶段，男方到女方家过"从妻居"生活，因而呈现出一种个体婚制和排他性性质。随着牲畜、金属加工及其田间耕作的采用，家庭情况变化了，特别是这些财富转归各个家庭私有之后，就给对偶婚和母权制氏族以有力打击。丈夫在家庭分工中的主要职责是获得食物和制造生活必需的劳动工具，当丈夫生产财富增加，其在家庭中占据比妻子更重要地位，进而利用日渐增强的地位对母系继承和计算世系制度进行了改变。这就需要变革或者废除母权制，从而确立了父系的继承权。关于这一革命如何发生，可以从印第安部落的例子看出来。"母权制被推翻，乃是女性的具有世界历史意义的失败。丈夫在家中也掌握了权柄，而妻子则被贬低，被奴役，变成丈夫淫欲的奴隶，变成单纯的生孩子的工具了。"[①]

那么，这一时期的家庭就会变成"若干数目的自由人和非自由人在家长的父权之下组成一个家庭"，这就意味着这种家庭不仅包括非自由人，还将父权纳入家庭结构里。在这方面，罗马人的家庭就是典型的案例。家庭，在罗马人那里，起初特指一个人的全体奴隶。这种家庭结构暗示着一种包含在奴隶制和农奴制，"它以缩影的形式包含了一切后来在

---

① 《马克思恩格斯文集》第4卷，人民出版社2009年版，第68页。

社会及其国家中广泛发展起来的对立"①。

后来发展到专偶制家庭，仍然没有脱离家长制家庭的特征。在专偶制家庭里，为保证妻子的贞操，从而保护丈夫的子女得以继承世系私有财产，妻子就会沦为受丈夫绝对支配和控制权之下的专属物了。即使出现多妻制和多夫制家庭，也只是一种极为罕见的例外，且是"历史的奢侈品"。因此，专偶制和对偶制家庭最大的不同在于婚姻关系要比后者牢固得多。一般而言只有丈夫才可以解除婚姻关系。这种新的婚姻关系，仍然具有非常严酷性，这在希腊人那里得到确证。处在英雄时代的妇女地位较高，比较受尊敬；但在文明时代里，丈夫要求妻子绝对忠贞并沦为男子支配的依附对象。对此，恩格斯选取古代最文明和最发达的希腊人氏族进行考察，得出以下结论：（1）专偶制的婚姻并不是个人性爱选择的结果，而是权衡利害选择的婚姻产物；（2）不是以氏族内部自然条件为基础，而是以私有制对原始公有制的胜利为基础；（3）原初男女之间的分工是性别分工，而现在男性对女性的压迫构成阶级最初的对立；而个体婚制的进步同时夹带着奴隶制和私有制的发生。

因此，无论是对偶制还是个体婚制的形成，都没有使两性关系获得相对自由，而是开启了一个"文明进步"和"阶级对立"的社会时代。在这个时代里，一些人的幸福是建立在别人的痛苦和受压抑之上的。故而群婚制留给文明时代的遗产是双重的。在这个意义上，家长制家庭的社会形态特征存在于对偶制家庭和专偶制家庭之中，不能作为独立的一种婚姻家庭制度形式。这也是恩格斯和摩尔根对原始社会结构理解层次化的差异表现。正如有些学者所指出的那样——"这在逻辑上更明确、更严密，也更能从本质上把握人类婚姻家庭发展的历史事实"②。

（二）学术研究的理论生长点分析

《起源》发表距今有一百多年了。伴随着科技水平和生产力水平的飞速发展，历史学、民族学、人类学、考古学等学科在原始社会的研究成

---

① 《马克思恩格斯文集》第4卷，人民出版社2009年版，第70页。
② 李永采、李长林、程德祺等：《驱拨谬雾究真谛——恩格斯著〈家庭、私有制和国家的起源〉新辨释》，东南大学出版社1993年版，第100页。

果不断取得新突破，有关《起源》的基础研究也在不断孕育新的理论生长点。《起源》也可谓经得起历史和实践的检验，它的真理光芒并没有因为新增的科学资料的发展而消减，反而得到了更进一步的确证和广为普遍的宣传。《起源》之于中国，对中国人民的革命、建设和改革都发挥着战略指引和价值导向作用；《起源》之于当代，对加速推进和实现中国式现代化事业，仍起着重要的现实指导作用。由此，当下的我们应该挖掘和深化对《起源》的理论生长点的基础研究理论工作，领悟原著的精神实质，学习和借鉴经典作家看待问题、分析问题和解决问题的立场、观点和方法，从而加强自身的理论自觉和历史自觉。

1. 深化对马克思恩格斯思想契合性研究

前文所述关于马克思恩格斯晚年思想不一致的个别提法，也是由于西方马克思主义者中对马克思主义的发展和理解比较教条和机械，不仅未能领悟马克思和恩格斯的治学严谨、逻辑鲜明、批判有力、辩证客观的理论风格，而且也未能理解马克思恩格斯对阶级社会本质的批判的态度和对未来共产主义社会的价值预设以及唯物史观的立场、观点。对此，我们在阅读《起源》经典著作时，需要深化对马克思恩格斯思想的契合性研究，同时结合具体文本，在家庭、私有制和国家问题上强化对马克思主义的理论辩护。

在私有制问题上，马克思恩格斯思想是一致的。关于私有制，马克思曾在《黑格尔法哲学批判》中谈论过私有财产，即"私有财产的真正基础，即占有，是一个事实，是无可解释的事实，而不是权利"[①]。这就蕴含着深刻的内涵：私有的基础是占有，不是法权意义上的抽象范畴；私有是私人能够任意使用和支配自身所拥有的，包括广义的劳动、技能、经验、肉体、精神和狭义的财产、土地等生产资料。从这个层面看，私有是一种经济关系，具有排他干预的意志内容。而私有制则是确立对资源的占有和排斥他人，强调个体的自主权、自我只服从自己意志的内容。在《资本论》中，马克思论述土地私有制时强调："土地所有权的前提是，一些人垄断一定量的土地，把它当做排斥其他一切人的、只服从自

[①] 《马克思恩格斯全集》第3卷，人民出版社2002年版，第137页。

己私人意志的领域。"① 那么这种土地私有制意味着可对土地这种私有财产进行买卖。但凡不受限制的私人买卖，都是私有制存在的痕迹。一旦出卖土地，所有者就失去了对这些财产的私有权。如果用这个视野去看《起源》里的劳动、土地及其牲畜等私有制的产生，就能理解恩格斯关于私有制的起源内涵。

恩格斯在《起源》里将私有制内涵具体划分为以下三个层面。

（1）生活资料的私有，如乳制品、兽皮、山羊毛等的私有。从历史上和逻辑上，公有制的瓦解首先是从生活资料的领域包括生活工具、衣饰品等开始的。马克思曾指出，武器和衣服是人类最早获得私有财产的对象，"每个农民自力耕种分配给他的田地，并且把产品留为己有"②，这都为各不同部落成员之间的交换及其确立为一种经常占有的制度和巩固发展创造了条件。

（2）生产资料的私有，如家畜及其换来的商品和奴隶。家畜不仅是构成人们日常生活所必需的生活资料，同时也可以作为生产资料的重要补充部分。"家畜是比先前各种财产的总和更有价值的财产。它们可以食用，可以交换其他商品，可以用来赎回俘虏，可以用来支付罚金和作敬神的牺牲；由于家畜能无限繁殖，所以占有它们便使人类心灵第一次产生了财富的概念。"③ 这意味着人们的私人占有过程开始从生活资料的领域扩展到生产资料领域，它不仅凸显生产力发展带来的变革，还引发了私有制的重要转变。这一转变是通过家畜、房屋、土地，甚至奴隶的私有而实现。这一私有制的特征是从动产扩展到不动产。考古学家发现墓葬中有猪狗牛羊等随葬品，就已经例证了家畜作为社会财富的象征。而后伴随着商品交换和货币的出现，"出现了个人单独经营的土地耕作，以后不久又出现了个人的土地所有制"④。从这个意义上来说，生产资料领域的私有，真正开启了被资本家宣称永久分配的劳动个体化及其私有化的私有制度。

---

① 《马克思恩格斯文集》第 7 卷，人民出版社 2009 年版，第 695 页。
② 《马克思恩格斯全集》第 25 卷，人民出版社 2001 年版，第 460 页。
③ 《马克思恩格斯全集》第 45 卷，人民出版社 1985 年版，第 392 页。
④ 《马克思恩格斯文集》第 4 卷，人民出版社 2009 年版，第 130 页。

（3）生产的私有，特指原始社会的生产者对自己的生产过程及其产品的支配，具有"先前的一切社会发展阶段上的生产在本质上是共同的生产"①。如土地由原始公社所有，后转归个人使用，便是个人的生产逐渐私有的过程表现。原本氏族公社的共同占用和平均分配，后被个人单独经营的土地耕作所瓦解，经济关系也逐渐被个人的土地所有制所取代。这种生产的私有对私有制形成具有决定性的意义。马克思也强调："最重要的还是私人占有的源泉——小土地劳动。它是牲畜、货币、有时甚至奴隶或农奴等动产积累的根源。"② 这也暗示了私有制的起源不在于交换过程，而在于生产过程。不过这种生产的私有是生产力基础之上的劳动个体化趋势发展的结果，它不是少数人利用特权攫取的财富结果，是人类劳动在卑劣贪欲和个人的财富蓄积下走向私有制神圣化道路上的产物。

面对这种私有制，有学者鼓吹私有制是"合理的"。亚里士多德便持有这种观点和立场。虽然他指出社会的罪恶来源于私有制度，但宣称没有私有制度，社会将无法想象。土地、奴隶归奴隶主所有是"最合理"的；资产阶级宣称的"自然法"法则仍然要求保护个人私有财产神圣不可侵犯，甚至狄德罗强调财产的不平等是合法的。此外，还有学者认为私有制是永恒存在的。在奴隶主眼里，占有奴隶是"亘古不变"的，后被奴隶阶级反抗推翻，建立了封建制度。同样的逻辑，资产阶级废除封建王权和宗教神权，以建立自由平等博爱为法权的资产阶级民主政治取而代之。但发展至今，无产阶级同样被资产阶级所剥削和压迫。宣称资本主义私有制是"永恒的"，尚未脱离这种思想和逻辑的窠臼。在马克思和恩格斯看来，资本主义最终被其掘墓人——无产阶级推翻，届时将建立生产者自由人联合体的共产主义公有制。这在马克思和恩格斯合著的《共产党宣言》那里得到了确证。

因此，不难发现，《起源》所阐述的私有制的起源及其实质与马克思的私有制思想前后是一致的。从《共产党宣言》到《家庭、私有制和国家的起源》，都能体现二者思想的一致性。前者强调了共产主义的特征是

---

① 《马克思恩格斯文集》第4卷，人民出版社2009年版，第193页。
② 《马克思恩格斯文集》第3卷，人民出版社2009年版，第586页。

废除资产阶级的所有制,而后者重点论述了私有制的起源,具体明细地强调了消灭生产的私有制。这前后所暗含着历史逻辑是相互一致的。然而,受到苏联教科书教材体系的广泛传播的机械教条的马克思主义,以及西方学者对马克思恩格斯思想的曲解等,这些都需要我们进行问题的深度推敲并充分挖掘经典理论的生长点,以此来澄清问题,防止谬论流传。

2. 还原对恩格斯历史分期的文本学研究

学界对恩格斯和摩尔根的历史分期产生的若干分歧,甚至曲解和否定历史分期的历史地位,大都是依据最新的社会学或者人类学研究成果对恩格斯特定时代历史分期作出的个体化解读。这些解读一方面构成了对恩格斯历史分期的当代性威胁,挑战了历史唯物主义的时代性话语权。一旦放任自流,就会迷惑和动摇工人阶级队伍的信仰基础;另一方面也构成了学术研究的理论生长点,为马克思主义的当代性研究和创新性发展提供新的研究视域和范式。学术争论的理论背后潜藏着历史性、理论性和政治性的学术资源宝库,要求我们"不要忘记基本的历史联系,考察每个问题都要看某种现象在历史上怎样产生、在发展中经过了哪些主要阶段,并根据它的这种发展去考察这一事物现在是怎样的"[①]。而这些资源离不开基于恩格斯经典文本的文献学研究。

考察恩格斯的历史分期,离不开对摩尔根的分期的简要透视。在恩格斯看来,摩尔根的历史分期对历史唯物主义作出了极大的历史贡献。他不仅从生产技术的进步作为原始分期的客观依据,探讨了人类劳动社会生产力发展的过程,为人类社会史前史确立了一个稳定系统,是符合历史唯物主义原理的;而且还正确区分了史前文化阶段的蒙昧时期与野蛮时期的两大阶段,为后来的考古学分期、人类学分期提供了合理的借鉴。但是恩格斯同样指出,摩尔根的历史分期存在较大的不完善之处。

(1)缺乏从生产关系视域看社会关系的发展。因为历史唯物主义的关键是依据生产力和生产关系的双重关系在物质资料生产过程的统一,其内涵深刻地蕴含了一定的社会关系。正像马克思所说:"生产关系总合起来就构成所谓社会关系,构成所谓社会,并且是构成一个处于

[①] 《列宁全集》第 37 卷,人民出版社 2017 年版,第 63 页。

一定历史发展阶段上的社会,具有独特的特征的社会。"① 尽管摩尔根认识到生产工艺对人类社会发展的推动力,却没有认识到与生产力相关的社会形式和社会关系。如果我们考察所谓古代社会、封建社会和资本主义社会形态时,摩尔根的历史分期就无法适用了。因此,恩格斯对摩尔根的分期法作出了批判和改写,提出"两种生产"理论。他根据生活资料和获得手段的不同,将人类社会的史前阶段划分为"三大时代"。蒙昧时代主要是以采集现成的天然产物为主的时期;野蛮时代则是靠人力对自然产物进行生产,成为食物生产者;文明时代则是在此基础上进行进一步加工,进入工业和艺术创造加工时期。恩格斯基于生产力与生产关系的双重关系对三大时代所作的本质概括,确证"直接的物质的生活资料的生产,从而一个民族或一个时代的一定的经济发展阶段,便构成基础"②。这对正确认识史前社会各阶段的生产发展和历史分期具有重要的指导价值,为后来考古学者进行新旧石器时代的划分提供了行动指南。

(2)摩尔根在各文化阶段所确定的标志前后不一致。在蒙昧时代与野蛮时代的划分上,他有时以确立生产工具为标志,有时以生活用具(如陶器)的使用为标志,有时以畜牧业和农业的差异为标志。这种前后所依诸多不同的对象为分期标志,极易造成分期标志的不确定性和非普遍性。制陶术出现在野蛮低级阶段,而野蛮高级阶段则以出现冶炼制铁为标志。中美洲的陶器是出现在农业之后,进入阶级社会尽管玛雅人在当时仅使用石器,没有金属制品,若根据历史分期被划分为野蛮中级阶段,则显然是不合适的。恩格斯对此进行了完善。为了揭示原始社会背后发展的客观规律,深入研究摩尔根的"分期"概念及其史前各文化阶段的特征,使用了摩尔根的分期概念,但绝不是对摩尔根的转述,而是强调生产关系要适应生产力的性质和水平作为分期的标志。在此基础上,提出"三次大分工",同时对原始社会的婚姻、家庭、氏族和两性关系等问题进行了深入考察,通过这一综合分析,得以全面审视特定历史阶段生产力进步及其基本结构的发展之间的内在规律和发展变化,从而提

---

① 《马克思恩格斯文集》第1卷,人民出版社2009年版,第724页。
② 《马克思恩格斯文集》第3卷,人民出版社2009年版,第601页。

出了一个更加全面和科学有效的原始分期的轮廓。显然，恩格斯注重把生产工具、生活工具和生活活动结合起来作为社会历史分期的定性考量依据，不赞同那种仅以物质文化的生产进步作为划分分期标志的方法，是符合马克思主义的历史唯物主义原理的，也是更加科学有效的分期标准。

（3）恩格斯对摩尔根的野蛮与文明的分期区分赋予新的本质内涵。摩尔根使用"蒙昧""野蛮""文明"等词，似乎暗指将物质文化的生产技术的进步程度作为划分史前各文化阶段的标志，暗含着一种对原始落后部落的轻蔑称呼。然而，不是只有进入文明时代的部落才是文化的人，古人类或者原始部落的人们也是富有文化的，无文化的人是没有的。此外，摩尔根对野蛮和文明的划分也没有凸显出社会发展的本质变化。在马克思主义看来，文明时代的基础是"一个阶级对另一个阶级的剥削"。在野蛮时代，人们怎样脱离动物界，就怎样进入历史社会发展进程中。那时人们的社会关系是平等的，不存在私有和阶级对立，甚至在某些自然形成的农业公社内部还继续存在着。一旦人们认识到他们自己的力量，就意味着生产发展到一定程度，人的劳动力所能创造的劳动产品数量超过了维持基本劳动力所必需的数量，这时劳动力获得了某种价值，这就为文明时代的阶级条件奠定了基础。人们为占有财富和劳动力，就需要摆脱野蛮状态，并使用野蛮的手段。曾经的公有制氏族公社，现在沦为借助奴隶劳动来提高生产效率和获得进一步发展生产的国家形式。恩格斯在《反杜林论》中曾经指出："在古代世界、特别是希腊世界的历史前提之下，进步到以阶级对立为基础的社会，这只能通过奴隶制的形式来完成。"[①] 在这个思路下，恩格斯提出了"三大文明"时代所特有的奴役形式，即古代世界的奴隶制、中世纪的农奴制和近代的雇佣制，从而为摩尔根的历史分期赋予了新的科学内涵，深化了历史唯物主义的分期高度，为现代科学的历史分期提供了行动指南。

3. 挖掘史前社会中文明动态多维研究

"文明"被摩尔根视为史前社会从无阶级的氏族公社向有阶级的奴隶社会过渡的概括，它象征着人们的智力和发现开始意识到自己的力量，

---

① 《马克思恩格斯全集》第26卷，人民出版社2014年版，第190页。

并能进一步对自然产物进行加工和创造工艺品。但文明的内涵及其起源，摩尔根并未给出合理解释。它与国家的产生有何联系？早期的文明思想起到什么历史作用？处于什么历史地位？这一系列问题都值得我们去挖掘和探讨。

"文明"一词，在中国具有厚重的内涵。"文"，《说文解字》里指出："错画也。象交文。今字作纹。"又如《考工记》在探讨"文章"时指出：青与赤谓之文，赤与白谓之章。《韩非子·十过》曰："茵席雕文。"而"明"，《说文解字》曰："明，照也。"① 同样，在《诗经·大雅·皇矣》里指出："照临四方曰明。"② 这就说明，文一般指丝织品的色彩与花纹，而明的本义是指明亮。"文明"便是色彩明亮。最初的文明染指当时的物质文明，涵盖着一定的物质生产底蕴。随着生产力的发展，古代的"文明"的内涵便开始往外延伸，具有摆脱某种野蛮状态和具备某种公序良俗和社会禁忌的社会行为的集合。这包括政治文明、物质文明、精神文明等。西方文明的内涵，来自 Civilization，其动词词根是"Civilize"，具有"Improve and education"之效用。摩尔根在《古代社会》里曾用"文明"与"野蛮"和"蒙昧"相比较而言。在这里，文明是人类摆脱某种野蛮状态而进入社会禁忌和公序良俗的规范社会行为的状态。

恩格斯在《起源》里也吸收了摩尔根的"文明"一词，并结合近现代人的理解，文明不仅是被置于生产力与生产关系、经济基础和上层建筑发展程度视域中考量的，也是被放置于阶级视域中考量的。恩格斯指出，文明时代的基础是"一个阶级对另一个阶级的剥削"。"文明社会的概括"便进入了国家组织的行列。这就意味着文明的意蕴使人类社会从无阶级的氏族共同体或者部落共同体进入有阶级的国家组织阶段。然而人类社会从古人类的蒙昧时代进入文明时代，恩格斯给予了多维度的呈现。

从生产力与生产关系视域来看，史前社会的野蛮时代的一切社会发展阶段的生产在本质上归属于共同的生产。人们在氏族范围内共同从事

---

① 文扬：《文明的逻辑——中西文明的博弈与未来》，商务印书馆 2021 年版，第 47 页。
② 文扬：《文明的逻辑——中西文明的博弈与未来》，商务印书馆 2021 年版，第 46 页。

生产，消费也是在狭小的共产制共同体内进行分配。不过这种生产的动机不是用来交换，而是生产者对自己的生产过程及其产品进行共同支配。随着生产力的发展，氏族的生产技术出现青铜或者铁剑时代，成为人类历史上发挥过革命作用的最重要的一种原料。这些生产工具在提高生产效率同时，出现剩余劳动创造的剩余产品。此时生产关系已经由共同占有嬗变为个人占有。"掠夺在他们看来比用劳动获取更容易甚至更光荣。"[1] 此时氏族制度便逐渐挣脱本族的威望和管理生活，而转化为自己的对立物。此时由分工的一个方面促使新的进步，慢慢侵蚀了这种生产过程，破坏了共同的生产和占有，即个人占有置换了共同占用，从而打破了狭小的生产及其消费过程，延长了由分工带来的个人之间的交换。此时生产的动机不再是为了自己消费，而是为了交换。在这种情况下，生产者的社会活动不再支配和掌握商品的生产过程，全凭偶然性来摆布。这种规律初期尚未被认识，如今成为各个生产者和交换者的异化力量。正因为如此，一个寄生阶级就在文明时代逐渐获得越来越多的荣誉地位和对生产拥有越来越大的支配权。

从财富占有的所有制视域来看，文明时代以前的一切社会发展阶段的物质占有方式是原始共产主义的公有制，氏族成员共同占有和使用氏族内的生产资料，虽然氏族内存在不同劳动成员，但并不存在财产的多寡和分配的不均而产生阶级分化。后在生产力和分工交换的驱使下，出现剩余劳动创造的剩余产品的个人占有，此时社会财富的分配和占有方式转变为个人占有。原本以氏族和宗族为主要形式逐渐被个人和家族的占有形式所取代，即私有制实现了对原始公有制的暂时性胜利。氏族公有制的伟大，就在于它的内部没有统治和奴役存在，没有贫富分化和阶级分化；而私有制的出现激发了个人占有以及各氏族对财富的贪欲。"同一氏族内部的财产差别把利益的一致变为氏族成员之间的对抗"[2]（马克思语）。因此，文明时代巩固并加强了由分工带来的阶级对立和贫富分化状态，产生了一种"货币拜物教"的魔法世界。谁掌握它，谁就占有较多的财富，谁就统治了生产世界。

---

[1]《马克思恩格斯文集》第4卷，人民出版社2009年版，第183页。
[2]《马克思恩格斯文集》第4卷，人民出版社2009年版，第184页。

从社会生活视域来看，从偶婚制家庭中产生，并经由家长制家庭这一过渡形式而来的专偶制家庭。此时专偶制家庭已经具备牢固的婚姻关系，将一夫一妻制的个体婚制确立为文明时代的社会生活写照。不过这种个体婚制并不是男女之间的相互爱慕的和好而出现，相反，它是女性被男性奴役并从属于男性支配的附属物。在私有制确立下，个体家庭逐渐成为文明社会生活的经济单位，并随之彻底确立为男性对女性支配统治地位的专偶制形式。在英雄时代或者公社时代，女性曾获得较高威望的地位被拉下神坛，然而这一影响一直延续至今。恩格斯谈到专偶制婚姻，强调"个体婚制是一个伟大的历史的进步，但同时它同奴隶制和私有制一起，却开辟了一个一直继续到今天的时代"①。这种个体婚制确保了所有者甚至在死后都可处理自己财产的遗嘱制度，一定程度上推进了生产力的发展和生产关系的自我革新，激发了人们用最卑劣的冲动和情欲实现社会财富的积累，不过代价是剥削和压迫绝大多数人的勤劳而致富，其中包括广大女性。因此，文明时代的社会生活的进步凝结为古代社会大多数人生活状况的一个相对退步。它几乎把一切权利赋予男性，却把一切义务推给女性，于是随着文明时代越是前进发展，社会就越来越需要给它自己所必然带来的种种弊端披上爱的外衣，倡导一种伪善的理念来粉饰统治的新装；个体婚制越是前进发展，束缚在女性身上的思想禁锢和制度牢笼就越多。要想"造反"或者"废除"，就需要消灭私有制，而这又会被剥削者声称为"最卑劣的忘恩负义行为"。

综上所述，文明时代的根基奠基于一个阶级对另一个阶级的剥削和压迫，受制于生产力和分工出现的私有制的驱动，物质财富增长和占有如此迅速，以至于这种财富逐渐成为一种异于劳动人民支配的神秘力量。而文明社会前进所需的力量和全部发展都是在持续的矛盾斗争中完成的，其核心推动力不是社会财富的积累，而是微不足道的单个人的个人财富汇聚的社会发展的洪流才是最具有决定意义的。不过，马克思和恩格斯强调，未来总有一天，人类的理智能够管控这些财富，且合理限制和规定对私有财产的关系及其对所有者的权利范围，使个人利益与国家利益保持在公正和谐关系中，而文明时代所经历的人类对财富的生存时间不

---

① 《马克思恩格斯文集》第 4 卷，人民出版社 2009 年版，第 78 页。

过是历史中的一个环节，社会终将向更高一级的阶段努力。

4. 透视一夫一妻制下的妇女解放思想

《起源》对一夫一妻制家庭的未来发展趋势给予了科学分析，同时涵盖着对妇女解放条件的科学探讨。私有制基础下的个体婚制，到了资本主义时代，便是发展到顶点，行将到来的社会变革将会将个人占有转变为社会所有，届时家庭所掌握的物质资料便十分有限，其存在的基础也将荡然无存，以及它的衍生物即卖淫存在的基础也一去不复返了。因此，《起源》对家庭发展的未来走向及其妇女解放的探讨，为新时代塑造和培养独立女性提供重要的行动指南和价值导向，也为我们剖析资本主义这一问题提供基本的"批判的武器"。

从家庭的起源及其形式演进的历史进路来看，一夫一妻制不是从来就有的，也不是亘古不变的，而是在一定历史阶段的产物，且随着社会所掌握的物质资料和政治解放程度的变化而变化。一夫一妻制常常被资本主义学者宣称为"历史不变"论，被马克思批判为"是荒谬的"。

（1）私有制基础下的个体婚制涵盖着奴隶制。专偶制家庭是从对偶家庭演变而来，不是自然选择的结果，而是掺杂"新的、社会的动力发生作用"[①]的经济因素。当父系制度的影响力取代母系制度以后，财产、权力等财富的支配权越来越集中到男子手中，原本母系时代掌握财产和公社事务的处置权的女性的影响力被弱化，且在地位上、经济上沦为男子的依附对象。因此，专偶制家庭的出现，意味着英雄时代女性地位的下降，意味着妇女由统领一切的时代跌落神坛，且失去了婚姻自由，在私有制条件下，她们在婚姻家庭无力摆脱婚姻关系的束缚。由于男性将私有财产及其权力、地位传给后代，就对妻子提出较高限制和要求，但对男子的束缚和限制较低。马克思指出，"专偶制家庭要能独立地、孤立地存在，到处都要以仆役阶级的存在为前提，这种仆役阶级最初到处都是直接由奴隶组成的"[②]。正是奴隶制与一夫一妻制的并存，才使得婚姻家庭制度的发展延续着妇女受制于男子支配，使它沦为完全受所有制的支配和束缚。直至今日，资本主义时代下的专偶制家庭也涵

---

① 《马克思恩格斯文集》第4卷，人民出版社2009年版，第65页。
② 《马克思恩格斯全集》第45卷，人民出版社1985年版，第367页。

盖着奴隶制的影子痕迹，它以某种缩影的形式镶嵌于自由平等博爱的民主国家制度中，展现着私有制基础下的女性受制于男权社会支配下的无声的对抗。

（2）阶级社会中的专偶婚制绝不是异性彼此之间爱情的结果。在阶级社会里，女性的婚姻并不自由，与其说两性的结合是两情相悦，彼此性爱的结果，倒不如说是"权衡利害"的选择结果。女性在面对婚姻选择时，并不享有较多自由，而是全靠父母包办，这也限制二者难以建立真正的感情。虽然男性对女性提出保持贞操的要求，但"爱奥尼亚的妇人犯奸淫，似乎不是稀罕的偶然之事。就是与奴隶私通，亦所在多有"①。同时专偶制对男性的约束较低，常常同艺伎纵情取乐，甚至堕落到玩弄男童的丑恶境地。恩格斯指出，在阶级社会中，一夫一妻制的结合实际上分属不同的阶级，它的产生并不是个人性爱的结果，而是权衡利害的婚姻。其形成"是不以自然条件为基础，而以经济条件为基础"②。这也很好地诠释了当代婚姻为什么讲究门当户对而非两性之间的爱情。这也凸显个体婚制在历史上并不是基于两性之间的爱情而结合，亦不是作为一种两性和好的最高形式而出现，而是作为女性为男性所奴役，作为整个阶级社会前所未有的两性对抗冲突而宣告出现的。之所以如此，一方面个体婚制残留大量群婚痕迹，旧时性交关系的相对自由并未完全消失，转化为公开的卖淫形式充斥于阶级时代中。另一方面，个体婚制的进步仍然受制于阶级关系的支配，阶级关系支配着两性关系的结合，财富分配的不均、所属阶级的差异都会带来两性关系的结合是权衡利弊的结果，以此慰藉自身的财产所有关系得到安全的保障。

（3）一夫一妻制的个体婚制孕育着妇女解放的条件。个体婚制在婚姻史发展进程方面有多重进步意义。以德意志人登上历史舞台为模本，德意志家庭具有如下特征。其一，婚姻是神圣的，不仅要求妻子严守贞操，男子也以一个妻子为满足。其二，存在舅父权，甥男关系和父子关系等同。其三，妇女享有较高地位，比较受人尊敬，从不轻视妇女。这种一男一女结合的婚姻，便为真正的情爱产生创造了条件。一旦给予女

---

① 顾素尔：《家族制度史》，黄石译，上海文艺出版社1989年版，第114页。
② 《马克思恩格斯文集》第4卷，人民出版社2009年版，第77页。

性一定的尊重和自由，两性关系的现代性爱便得以产生。恩格斯认为"现代的个人性爱"，它的产生是一个"最伟大的道德进步"。这得益于一夫一妻制的家庭内部夫妻双方相互给予的爱。此外，自中世纪以来所开辟的妇女地位相对提高的良好风尚，也为两性关系的进步创造了条件。在这个意义上，一夫一妻制的婚姻内孕育着妇女解放的条件，包含着维系婚姻关系的现代性爱的基础。

虽然一夫一妻制孕育着妇女解放的条件，但并不是意味着它可以自动实现，也并不表明资本主义现代性爱的两性结合就是完全以夫妻相互的爱情为基础的结合。根据它的历史发展的特征，资本主义私有制下的一夫一妻制的个体婚制仍然是阶级社会阶段专偶制的缔结。也就是说，夫妻关系的维系和结合仍然是以"门当户对"的社会地位和经济地位为前提，没有脱离妇女从属于丈夫支配的地位。如《法国民法典》第212条款规定：夫妻应相互"尊重、忠诚、救助与扶助"[①]。在这种情况下，这种个体婚姻排斥相互的爱情，且为女性施予了较高的精神枷锁和各种义务。

正因为私有制下的一夫一妻制的个体婚制尚未脱离阶级关系的支配，尚未摆脱男子的支配地位，其目的和作用无疑是为了保存和继承男子的财产。不过，一夫一妻制之间的对抗不是统治与被统治关系，只能算作是同一阶级之间的对抗关系。而贫穷的无产者和资本主义大工业生产迫使妇女走出家庭、走向劳动市场，与丈夫共同成为家庭的供养者。又因为妇女成为自食其力的劳动者，因而孕育出新时代经济独立女性，进而两性关系的结合不再是严格意义上的一夫一妻制的"嫁汉吃饭"家庭，致使男子的统治地位逐渐失去支配的基础。这为妇女的解放和女权主义的崛起奠定了思想条件和社会基础。

综上所述，私有制下的一夫一妻制具有历史性和阶段性特征。它的前进发展逐渐确证了这样一个客观事实：资本主义私有制下的一夫一妻制尚不是真正的一夫一妻制，它不能消除或者根本解决阶级社会中家庭内部丈夫对妻子的统治。现在绝大多数情况下，一夫一妻制缔结婚姻仍然是建立在经济关系基础上。同时资本主义大工业只是为无产者的妇女

[①] 《法国民法典》，马青民译，北京大学出版社1982年版，第68页。

开辟了一条走向同丈夫同等劳动的生产路径，这就为妇女从家庭劳动内部摆脱出来而参加公共劳动，从而为恢复曾经有过的经济地位和提供一个争取平等而斗争的生存空间创造了条件。

第 二 章

《起源》文本结构通释

自恩格斯的《起源》出版后，因其深刻的逻辑性、革命性和科学性，不仅成为批判资本主义制度的锐利思想武器，更成为国际无产阶级和广大人民群众为争取自由解放而斗争的有力行动指南。历经一百多年的洗礼和检验，本书的基本观点仍然行之有效。家庭、私有制、氏族、国家等是贯穿《起源》研究的主题线索，着重分析了人类社会从野蛮时代向文明时代过渡、氏族公有制向个体私有制转变的历史演变过程，其时间跨度从原始共产主义到未来共产主义轮廓，几乎涵盖了人类社会"五大形态"的全部历史进程。鉴于《起源》的革命性、思想性和历史性，本章着重从文本结构做一通释分析，分别考察其历史逻辑、现实逻辑和理论逻辑，以窥探出《起源》文本中蕴含的唯物史观的基本原理。

一 《起源》文本的历史逻辑

把握社会历史发展及其演变的历史规律是理解和把握马克思主义理论的重要时代课题。透视马克思主义的历史理论视野，把握人类社会历史发展的基本规律的根本目的在于更好地认识资本主义"特殊"阶段，把握资本主义的历史方位，探寻现实的个人生活苦难的根源，为无产阶级及其异化状态下的普通大众走向自由解放，实现自由人的联合体下的个体全面发展提供价值先导和思想引领。为揭露和阐释资本主义的"历史暂时性"，马克思恩格斯从不同层面思考有关史前社会的基本问题。形成了《德意志意识形态》《共产党宣言》《〈政治经济学批判〉序言》等话语阵地，凸显了《起源》诞生的前期历史逻辑进路。如果观照《起源》

内部，就可以发现贯穿其中的隐藏的历史逻辑。

（一）《起源》的前期文本历史逻辑进路

《起源》诞生前，马克思恩格斯二人就有所观照史前社会的基本问题，如《德意志意识形态》提出有关"部落所有制"和"虚幻的共同体的形式"等；在《共产党宣言》里提出的"至今一切社会的历史都是阶级斗争的历史"重要论断；在《政治经济学批判》中推论了人类社会的原始形态，无不投射出一种关于人类社会历史发展规律及其历史逻辑的深刻探讨，衍生出一条从史前社会史透视资本主义制度命运的基本路径。虽然《起源》发表距今已经一百多年，但其深刻的历史唯物主义的严密性、逻辑性和科学性，不断彰显其光辉的真理的力量，为后来者研究资本主义及其发展当代马克思主义提供了思想指南和方法指导。

1. 《德意志意识形态》初步探讨了人类最初的所有制形式

《德意志意识形态》是马克思和恩格斯于1845—1846年合作完成的书稿。该书在马克思主义思想史上奠定了辩证唯物主义的科学体系。在谈到分工时候，有所涉猎所有制的历史形态发展进程。关于人类社会的原始形态，马克思恩格斯认为，人类社会的第一种所有制形式是"部落所有制"。之所以是部落共同体层次的所有制形式，是因为受制于当时的不发达的生产力阶段。当时的生产状态是靠狩猎、捕鱼、畜牧为主，后来出现以耕作为主的生产状态，但是开垦的土地规模和区域极其有限。这种生产方式依靠部落共同体的力量抵抗那些因生产力低下所带来的种族繁衍的生存困境。也就是说，人类社会最初的生存样态受制于生产力发展水平制约。当分工处于低级阶段时，人类只能通过部落或者种群共同体的力量获取足够多的食物保障，因此其社会关系也大抵局限于父权制的部落首领统领和管辖其内部成员。随着生产力发展水平提高，开始出现生产的剩余产品时，社会便出现人口和需求的增长，同时也伴随着人类贪欲的滋生，驱使不同部落彼此竞争和战争掠夺，奴隶便成为部落的动产财富。

在这种情况下，不同部落之间通过契约或者征服而联合成为一个城市。其动产和不动产归属于公社所有制。在公社所有制中，公民开始享有一点支配那些做工的奴隶的权力，且这是积极公民自然联合的共同私有制方式。随着分工的发展，不动产私有制的地位逐渐让位于动产私有制，并开始出现城乡对立和贫富对立，尤其是公民和奴隶的阶级对立关系获得充分发展，就为古典古代的公社所有制和国家所有制奠定基础。

从上面论述上，我们可以看到：

（1）所有制形式受制于生产力发展水平和分工的阶段；

（2）部落所有制是人类最初的私有制形式；

（3）人类社会的最初生存样态是一种依靠种族共同体或者氏族共同体的方式存在，原始个体生存样态很难对抗生产低水平形势下严峻的自然挑战，唯有实现一种自然的联合体方式才能确保获得个体的生存；

（4）人类的社会结构不断地与社会分工和生产力发展水平相适应。

在没有获得充分材料补充完善前提下，马克思恩格斯虽然无法提出系统性的关于人类社会的原始形态，但是提出了一些有见地的思想和见解，为《起源》的逻辑结构提供理论支撑。

其一，在唯物史观立场上，现实的个体的人改造世界是遵循一定的物质前提和条件的。在马克思恩格斯看来，人们是自己的观念、思想等的生产者，其改造世界的历史立场是在一定的物质前提和条件下进行的；社会结构中的人们不是那种任何神秘的和思辨的"抽象的个人"，而是现实的个人，是从事物质生产的人。这就为《起源》着重强调"两种生产理论"主题奠定了唯物史观立场。

其二，在考察方法上，马克思恩格斯强调，要从客观的现实的前提出发，从"处在现实的、可以通过经验观察到的、在一定条件下进行的发展过程中的人"[①]出发，避免了抽象的经验主义者所观察和审视的僵死的事实的堆砌过程，为确保《起源》研究的科学性和客观性奠定方法论根基。

其三，在划分阶级与分工上，马克思恩格斯指出，物质劳动和精神劳动的最大的一次分工，是城乡之间的分离。随着生产发展，不同分工和私有制的出现，社会财富，如人口增加和资本积聚开始向城市涌入，形成有效规模；而乡村却存在隔绝和分散局面。为管理这些较大规模的城市，就需要强有力的公共机构来管理和治理，因而社会的结构发展就

---

① 《马克思恩格斯文集》第 1 卷，人民出版社 2009 年版，第 525 页。

会自然地从野蛮向文明过渡、部落制度向国家过渡。这时，劳动的分工就会带来"劳动及其产品的不平等的分配"①，因而社会以分工和生产工具为基准把共同生产共同体划分为两大阶级。这就为《起源》中社会形态的演进历程和探讨国家的起源提供雏形参考。

其四，在最初所有制上，劳动分配的不平等必然产生所有制。而这种所有制的最初萌芽形态和最初形式呈现在家庭中。因为在父权制时代，妻子和子女从属于丈夫，成为归属于丈夫的个人支配的奴隶，只是这种奴隶制比较"隐蔽"，是最初的所有制。如果结合罗马案例，就会发现其"奴隶制仍然是整个生产的基础"，它呈现出另一种形态的所有制。这种演进历程为《起源》考察所有制、分工和国家之间关系提供了关联线索。

综上所述，受制于《德意志意识形态》所掌握的资料有限，因而提出的相关推论和见解尚不构成系统，但其初步探讨了人类最初的所有制形式及其相关重大的课题关联，为《起源》的致思理路、逻辑框架和立场遵循提供了必要的理论支撑。这也为透视马克思恩格斯缘何观照人类社会史前状态提供了思想逻辑的借鉴意义。

2.《共产党宣言》揭露了消灭私有制和阶级斗争适用问题

《共产党宣言》（以下简称《宣言》）作为科学社会主义的纲领性文件，对资本主义固有的内在矛盾的揭露、对资本主义生产方式必然灭亡的经典论断为无产阶级革命家提供了批判现存社会的思想武器。虽然马克思主义诞生于19世纪40年代，其"历史在某种程度上反映着1848年以来现代工人运动的历史"②，但《宣言》所阐述的一些原理直到现在仍旧适用，阐述的基本原则仍然没有过时。当代英国社会理论家吉登斯指出："卡尔·马克思从未离开过我们，因为马克思非常擅长诊断全球资本主义的种种弊病。"③ 相信随着资本主义经济的深入发展，其内在的基本的矛盾充分展现，《宣言》对私有制和阶级斗争的揭露终将唤醒工人阶级的社会革命意识，从而无产阶级的自我联合也将更加巩固。

---

① 《马克思恩格斯文集》第1卷，人民出版社2009年版，第536页。
② 《马克思恩格斯文集》第2卷，人民出版社2009年版，第21页。
③ [英] 安东尼·吉登斯：《全球时代的民族国家：吉登斯讲演录》，郭忠华编，江苏人民出版社2010年版，第59—60页。

相较于《起源》而言,《宣言》重点谈论了私有制和阶级斗争适用问题。受限于当时资料的收集和整理,马克思恩格斯对人类社会的认识,限于人类有文字记载的历史。对于史前社会基本结构的认识,尚未形成系统的理论认知。不过在探讨私有制和阶级时,重点讨论了二者之间的相互关系及其内在的基本规律,为我们分析和阐释史前社会的前进发展和社会转变提供了经济论证和方法论证。

一方面,《宣言》着重强调阶级时代的历史底蕴及其适用范围。《宣言》揭露"至今一切社会的历史都是阶级斗争的历史"的发展进程。将多重身份或多重对立的身份,最后简化为两大对立阶级:压迫者和被压迫者。为何不同等级和多重身份的社会阶层被简化,这与阶级内部的特殊发展阶段有关。在前资本主义时代,古罗马社会有贵族、平民、奴隶;中世纪时有封建主、行会师傅、帮工和农奴等。这反映出社会发展的多层次性和交叠性,折射出阶级内部又分为一些特殊的阶层。从这点来看,社会物质财富并不过多集中于某个阶层,其剥削和压迫多表现为政治等级制度特质。从封建社会等级制度中孕育而生的现代资产阶级社会却由于新航路开辟和指南针、火药的传入炸毁了旧制度、旧阶级和旧压迫条件,便利了资本主义商品殖民体系开疆拓土,到处落地生根。伴随着世界市场的开辟,各民族历史逐渐变成"世界历史"。蒸汽革命带来的科技手段革新了生产关系,使得市场需求不断被创造出来,尤其现代大工业生产成为主要经营方式时,中间阶层的利益都被排挤掉了,即行会师傅、行业组织的分工阶层及其工业的中间等级都被"现代资产者"[1]取代。在这种情况下,多重社会关系就简化为"有产者"和"无产者"两大阶级对立。

两大对立阶级如何产生?又是如何区分呢?《宣言》指出,区别有产者和无产者的关键在于是否占有生产资料。占有者且雇佣劳动的现代阶级为资本家阶级,而无生产资料且出卖劳动力维持生活的雇佣工人为无产阶级。有产者的组成部分大多数"从这个市民等级中发展出最初的资产阶级分子"[2]。现代工业借助蒸汽革命动力把工厂小作坊升级为资本家

---

[1] 《马克思恩格斯文集》第2卷,人民出版社2009年版,第32页。

[2] 《马克思恩格斯文集》第2卷,人民出版社2009年版,第32页。

的现代大工业。原本的行会师傅成为有产者，而行会帮工和行会外的短工也发展为现代的无产者。行会帮工等中间阶层之所以有如此变革，背后的动力在于生产力的推动。20世纪德国著名社会学家桑巴特曾对马克思对中间阶层的消失质疑，在他看来，除了两大对立阶级，中间阶级仍然存在。比如俄国人口中有4/5是农民，和无产阶级没有一点关系。[①] 但如果回归马克思文献的话，就会发现，他们对马克思主义经典文本存在误读。《宣言》第一章指出："小工业家、小商人和小食利者，手工业者和农民——所有这些阶级都降落到无产阶级的队伍里来了。"[②] 这就说明无产者的组成部分不是固定不变的，虽然工人阶级是其重要组成部分，但也会吸收来自竞争失败或者破产的小资产阶级加入无产阶级一员。在这个范畴上，资本主义时代的阶级对立会随着资本主义的不断发展而趋于显著化、尖锐化，那么中间阶层就会要么滑入有产者队伍中去，要么降落到无产者队伍中去。在这个条件下，马克思恩格斯是以一种辩证法观点和动态发展的观点来审视这一问题。

但与此同时，马克思恩格斯同样强调，有产者和无产者的阶级对立的适用范围，其范围是"一切社会的历史"，后来恩格斯在1888年英文版《宣言》中加了备注，强调是"文字记载的全部历史"。这体现了马克思主义的严谨性和科学性。之所以要修改适用范围，是因为1847年毛勒证明了土地公有制是一切条顿族的历史起源的社会基础。后来摩尔根发现氏族的真正本质及其对部落的关系，才有所揭露原始共产主义社会的早期形态。后来被马克思恩格斯吸收，成为《起源》历史叙述和主题揭露的重要借鉴史料来源。在这个意义上，相较于《起源》逻辑而言，《宣言》所阐述的阶级斗争的历史底蕴在理论逻辑上是先在的，但在适用范畴的时间逻辑上是后在的。

另一方面，《宣言》着重强调生产资料私有制的历史后果。《宣言》指出，一切所有制关系都经历了历史的变更，而所有制的历史更替起初起到了历史的进步变革意义，如法国大革命用资产阶级所有制置换了封

---

① 参见［德］桑巴特《德意志社会主义》，杨树人译，华东师范大学出版社2010年版，第137页。
② 《马克思恩格斯文集》第2卷，人民出版社2009年版，第39页。

建所有制,是进步的;但现在,斗争的矛头却指向了自身。之所以如此,是因为生产资料私有制占有和剥夺劳动创造的商品生产和劳动力剩余价值。马克思恩格斯强调:"现代的资产阶级私有制是建立在阶级对立上面、建立在一些人对另一些人的剥削上面的产品生产和占有。"① 也就是说,现代资产者,在生产中不仅凭借占有的生产资料雇佣劳动,也凭借资本的力量占有一种社会的地位。而这种资本本来归属社会的力量,现在却成为资本家个人财产,成为资本和雇佣劳动对抗的力量。在这种情况下,生产资料私有制不断产生出雇佣劳动带来的剩余劳动价值并被资本家所占有,致使劳动的个人失去"独立性和个性"的严重历史后果。在马克思恩格斯看来,要消灭这种所有制,废除私有制,就需要重新占有个人所有制,消灭资产者的个性、独立性和自由,归还劳动者的独立性和自由。废除资本主义所有制,不是消灭维持生产和生命所需的个人占有,而是废除财产的阶级属性,"把资本变为公共的、属于社会全体成员的财产"②。只有这样,工人的活劳动才是丰富、提高自身美好生活的一种手段。

综上所述,透过《宣言》所阐释的私有制和阶级斗争适用问题,不难发现马克思恩格斯对私有制和阶级斗争的认知是深刻的、历史的、辩证的、动态的。这种历史唯物主义深刻揭示了有文字记载以来的私有制和阶级起源的历史合理性及其未来历史命运,突显有别于空想社会主义思想家和资本主义私有制辩护家们的抽象思辨。在这个意义上,历史唯物主义的基本原理为《起源》探讨史前社会的私有制和阶级起源及其内在规律提供原理遵循。

3. 《政治经济学批判》推论了人类社会经济形态演进路径

1853 年,马克思同恩格斯开始探讨有关印度社会史的相关问题,后来在《不列颠在印度的统治》一文中论述了印度农村公社是一种"半野蛮半文明的公社"③。曾经闻名世界的印度城市受到不列颠统治的最坏结果是,不列颠凭借蒸汽机和科学技术在全国各地摧毁了当地的农业和制

---

① 《马克思恩格斯文集》第 2 卷,人民出版社 2009 年版,第 45 页。
② 《马克思恩格斯文集》第 2 卷,人民出版社 2009 年版,第 46 页。
③ 《马克思恩格斯文集》第 2 卷,人民出版社 2009 年版,第 682 页。

造业，破坏了当地的"村社制度"组织，原本小小的半野蛮半文明的公社的经济基础被破坏，造成了一场前所未有的社会革命，为观照和推论人类社会的原始形态创造了条件。1857—1858年，马克思在《政治经济学批判》手稿里探讨了前资本主义生产的各种形式问题，谈到亚细亚的所有制形式时，提到所有制的"自然形成的共同体"和"部落共同体"形式，初步阐述了人类社会"迁徙"的原始共同体阶段。在1858年，马克思从《政治经济学批判》得出亚细亚的所有制形式可从印度的各种形式中推出来，初步推论了人类社会的原始形态。

（1）人类社会初始阶段从"迁徙"迈向"定居"的部落共同体

从人类发展史层面看，设想游牧或者迁徙是人类生存方式的最初形式，因为最初的人们适应自然环境而不断调整居住环境，毕竟人类生来就不是定居的，除非是特别富饶的生存环境。在这种情况下，家庭及其扩大形成的部落共同体便是天然共同体或原始共同体形态存在。当定居下来，原始共同体就会逐渐演化或者沉淀一些特殊的部落性质，如"血缘、语言、习惯等等的共同性"①。这种客观特性就会成为人类占有自身生活的客观条件，成为占有再生产及其对象化活动的客观条件的首要前提。土地，不仅能够为共同体提供劳动资料，而且能够提供生存的居住环境基础。此时，人们自然就把土地天然作为共同体的财产，在生产及其再生产自身过程中不断积蓄部落共同体财产。只有作为共同体内的成员，才会把自己视为所有者。此时，马克思有所设想谈到人类社会的初始阶段性质及其特性，虽然没有足够的资料作为理论支撑，但其触碰的第一种所有制形式的探讨都为后来观照和探讨史前社会初始阶段的特征创造了条件。

（2）人类初期的个人劳动表现为社会性

人类文明民族的历史初期发生的个人劳动具有社会性，它不是通过个人采取一般抽象的劳动形式，更不能使其个人劳动成为私人劳动。根据罗马人、日耳曼人、克尔特人的资料，甚至在印度人那里发现文明民族初期的历史残留痕迹。早期的个人劳动是作为共同体内部成员，其个人劳动是直接表现为共同体这个有机体的组成部分，劳动过程及其再生

---

① 《马克思恩格斯全集》第46卷，人民出版社1979年版，第472页。

产过程都是为了满足共同体公社的生存空间需要,并不是私人劳动满足私人产品和占有私有财产的交换价值。正如马克思所说:"成为生产前提的公社,使个人劳动不能成为私人劳动,使个人产品不能成为私人产品,相反,它使个人劳动直接表现为社会机体的一个肢体的机能。"① 因此,文明民族的早期公社形式的所有制呈现为公有制特性,其个人劳动往往采取具体形式的劳动为前提,其对象化劳动和再生产劳动过程直接表现为社会有机体的重要机能。而那种要通过抽象的一般性的劳动形式才会转化为社会劳动。在这个条件下,马克思进一步探讨了原始公有制的形式及其个人劳动特性,展现了马克思试图研究人类社会原始形态的个体劳动样态,并力求形成相关体系,做出了一些有价值的工作,虽然当时并不知晓母系氏族社会和原始公社共同体的存在。

(3) 人类社会经济"四形态"的演进脉络

关于人类社会形态以及社会发展的体系,马克思在1859年写的《政治经济学批判》序言里提出了"四形态说"。即"大体说来,亚细亚的、古希腊罗马的、封建的和现代资产阶级的生产方式可以看做是经济的社会形态演进的几个时代"②。这是马克思对人类社会形态发展作出的总体概括,也是对人类社会形态发展形成体系做出的有意义的尝试。在原始公社资料被发现之前,人们所能掌握的部落共同体为最初生存形态。马克思后来阅读了《公社土地占有制,其解体的原因、进程和结果》一书并作了知识的摘录和拓展,在给维·伊·查苏利奇的回信中指出了农村公社作为一种"次生形态的公社"样态,具有"二重性"特征。因此,在马克思尚未接近或者解决原始社会及其形态特征等相关系列问题,在仅有的文字记载以前而言,一切社会都是阶级对抗的社会。随着相关公社资料的阅读和摘录,马克思逐渐接近并且有所解决有关农村公社的基本理论问题。直到后来马克思在1881年发现摩尔根的《古代社会》,在作了大量详细的摘录之后,即为《摩尔根〈古代社会〉一书摘要》(以下简称《摘要》)。马克思本打算用唯物史观阐释和评论摩尔根的著作,遗憾的是马克思在1883年3月14日逝世,而没能完成这一鸿篇巨著的意

---

① 《马克思恩格斯全集》第13卷,人民出版社1962年版,第22页。
② 《马克思恩格斯文集》第2卷,人民出版社2009年版,第592页。

愿。这也由此成为恩格斯完成马克思遗愿的历史条件。至此,创造《起源》的综合历史条件已趋成熟。

(二)《起源》学术研究的文本历史逻辑

科学研究的真谛在于它本身系统和科学的阐释和揭露所研究对象的本质及其运动规律。社会科学研究也大抵如此。《起源》主要探讨了人类社会的起源及其内在的运动规律,在"两种生产""无阶级"和"史前社会史"等重要资料上勾勒出原始社会历史初期的基本图景。研究《起源》文本历史逻辑的历史意义在于科学确证一些人类社会发展的主要基本点,且以后的发展大多是在此基础上的细节充实和细节扩展;呈现了无阶级社会的原始形态仍然适用于历史唯物主义的基本原理,粉碎了机会主义者和资产阶级学者宣称私有制和国家的永恒性;同时改造了史前社会历史学说的面貌,坚持了史前社会研究成果的理论与现实的统一,从此,《起源》让社会科学研究变得有章可循、有规律可循、有规则可依的领域。

1. 《起源》确证了史前社会人的生产和物质生产的统一性

恩格斯写作《起源》的一个重要的原因在于完成马克思的遗愿。在参照马克思对摩尔根研究成果所作的摘要和逻辑框架基础上,重点阐释了唯物主义历史观的重大发现,并以此为指导,揭示了"人类自身的生产"和"物质生产"的统一性。

关于史前社会前进发展的动力问题,摩尔根的唯物史观揭露了一种自发性质的唯物主义,且受到唯心主义的束缚。摩尔根《古代社会》里提到"智力发展""上帝创造"等是社会进步的决定因素,受到英国资产阶级史前学者的顽固抵制。为"阐明这些成果的全部意义",还原社会历史发展的本来面目,《起源》发挥着决定性作用。

贯穿《起源》的一个基本原理为:"历史中的决定性因素,归根结底是直接生活的生产和再生产。"同时这种"生产"又划分为"物质资料的生产"和"人类自身的生产"。马克思主义之所以划分为两种生产,是因为人类对自然界有不同属性的认知领域、利用领域。从内在属性和特点来看,两种生产都具备自然属性和社会属性,是彼此相互契合和统一的客观存在。任何人都不可割裂和忽视这一历史发展的天然基础。

生活资料的生产及其所必需的生产工具的生产是人类社会生存空间的物质前提。人类的生存发展受制于自然界的外在环境的制约。在适应自然环境中，人们逐渐利用自身的经验常识积累和知识的传承认识自然界的客观规律，从早期的刀耕火种、石器、陶器制造到青铜和铁器的制造，无不是认识自然和利用自然界所固有的规律的劳动结果。这种生产性劳动大都为满足自身生存发展所需，因而不断通过劳动创造出生活资料及其所必需的生产工具的更新，进而不断把物质生活推向更高阶段。这便是人们生存所需的生活资料的生产的自然属性。这一属性离不开生产资料的生产劳动，如果人类停止生产资料的生产劳动，就会陷入生存性匮乏危机，丧失人类生存的根基。"任何一个民族，如果停止劳动，不用说一年，就是几个星期，也要灭亡，这是每一个小孩子都知道的。"①当然生活资料的生产及其所必需的工具的生产不是天然产生的，而是在与他人交互关系共同体的联系中完成的，这便呈现其社会属性。"人们在生产中不仅仅影响自然界，而且也互相影响。他们只有以一定的方式共同活动和互相交换其活动，才能进行生产。"② 人们从自然中通过必需的劳动工具开展的生产活动结成了最初的生产关系，而生产力与生产关系的矛盾构成了推动社会发展前进的根本动力。而人们生产的生活资料及其所必需的生产工具的劳动主体是现实的个体，这就离不开人的主体力量，离不开个人的存在及其本质特性。这就需要我们在探讨生活资料的生产及其所必需的生产工具时，不能忽视现实的个人的本质力量，离不开人类自身的生产的独特历史作用。

而人类自身生产是关涉人类生存的繁衍和持续性，它通常涵盖着人类的婚姻、家庭、血缘、种的发育和衰老、后代抚育与教育等。区别于动物的繁衍生产，首先人类自身的生产离不开物质资料的物质保障，而这一物质条件是通过人类生活资料的生产及其所需的生产工具的劳动获得和解决的，并且人类自身生活条件的改善会伴随着人们生产劳动工具的更新换代而越来越好。其次，人类自身生产的持续性依靠某种规定或者规则来不断繁衍。在马克思恩格斯看来，人类最初的分工是男女之间

---

① 《马克思恩格斯文集》第 10 卷，人民出版社 2009 年版，第 289 页。
② 《马克思恩格斯文集》第 1 卷，人民出版社 2009 年版，第 724 页。

的性别分工。这是由于男女生理结构和本能差异决定的，而人类的正常繁衍又离不开婚姻和家庭。恩格斯在《起源》里曾论述自然界的进化作用正逐渐排斥和克制那种近亲繁殖的婚姻选择，因为人类自身生产的遗传、疾病控制、疾病传播等不断验证着人类自身生产的自然属性。正是这种自然属性在婚姻和家庭的特殊作用选择，恩格斯才强调"凡近亲繁殖因这一进步而受到限制的部落，其发展一定要比那些依然把兄弟姊妹婚姻当做惯例和规定的部落更加迅速，更加完全"[1]。也正是人类在自身生产过程中开始出现血缘关系和婚姻禁例增多的限制，人类的家庭史先后经历血缘家庭、普那路亚家庭、对偶家庭、一夫一妻制家庭，其婚姻史也相应经历血缘群婚、族外婚、对偶婚和专偶制婚姻。与此同时，人类自身的生产同样离不开社会属性的内在规定。马克思强调，现实的个人的存在不是离群索居的个体，不是抽象存在的人格，而是具备某种激情和热情这一"人的本质"属性。而这一本质属性在其现实性上呈现为一切社会关系的总和。如前所述，人类自身生产的实现途径是建立在婚姻和家庭关系等基础上，这些都是人类社会关系的外化表现。婚姻、家庭都是承担人类自身生产及其再生产的关键因素，而这些生产关系又都离不开经济基础和生产力的发展。这就意味着，人类社会生存的初期，决定人类自身生产及其再生产的关键在于人类初期的婚姻关系、家庭关系所维系的血缘关系。后来随着生活资料的生产及其所必需的生产工具的技术革新，生产过程趋于复杂，催生出新的社会关系。原本维持人类自身生产的血缘关系不再适应新的生产力的发展要求而趋于让步于物质资料的生产及其再生产，也就是说，决定历史中前进的关键因素，从总的来说是直接生活的生产和再生产。

综上所述，从生活资料的生产和再生产来看，人类社会所需的生产、交换、分配和消费的各个环节都离不开人类自身生产这个主体要素的存在；同理，从人类自身的生产和再生产来看，维系人类繁衍的婚姻和家庭都离不开生活资料的生产及其再生产过程。因此，两种生产的自然属性和社会属性是内在契合的、统一的，二者是不可分割的。一旦割裂二者的关系，就无法维持一方的存在。而要维持二者的统一性，就需要保

---

[1] 《马克思恩格斯文集》第 4 卷，人民出版社 2009 年版，第 49 页。

持二者之间的比例关系。首先,要做到人类的生产及其再生产要与生活资料的生产相适应。一定地区、一定时间内的人类生存空间范围大抵要与当地自然环境背景下的生活资料的生产及其再生产保持动态平衡。人口的自然增长要保持与生活资料的总和相适应,其比例关系或者平衡关系在于生活资料的生产及其所必需的生产工具提供的生产略高于人口数量的自然增长比例。其次,人类自身的生产及其再生产一定要适应该地域的自然条件。人类自身的生存空间不是随心所欲完成的,而是受制于特定的自然条件、地理条件、资源条件、气候条件等。这些条件综合影响着人类自身的生产,并对其提出限制和遵循要求。人口数量过快增长和人口素质结构的极端化都会带来不可逆的自然生态破坏和福利低端化、贫困化。因此,保持人类自身生产的和谐发展就需要与生活资料的生产保持和谐比例关系,同时与自然条件保持比例适应关系,这样才能确保人类自身生产及其再生产与自然和谐发展,从而在不断满足人类物质文明和精神文明的同时,推动人类社会健康绿色可持续发展。

2.《起源》呈现了无阶级人类社会发展历史与逻辑统一性

马克思恩格斯在《共产党宣言》里曾指出"至今一切社会的历史都是阶级斗争的历史"。在缺乏前阶级社会史料的前提下,马克思恩格斯论述了阶级存在的标志和实质,阐述了资产阶级压迫下无产阶级的历史使命,只能通过诉诸暴力废除阶级和私有制,建立公有制基础上的社会主义和共产主义社会制度。直到遇到摩尔根的《古代社会》,马克思恩格斯及时修正《共产党宣言》曾经论述的部分论断。后在《起源》里重点阐释了阶级的起源和本质。在《起源》里,恩格斯以家庭、阶级、私有制为线索,重点阐述了人类社会的发展从无阶级社会向阶级社会过渡,公有制向私有制转变的历程,并从中揭露无阶级社会发展与阶级社会的发展逻辑具有内在的统一性。

关于阶级,《起源》并未明确给出清晰化概念,但在具体论述时,恩格斯给出了三种不同情况:

(1)剥削阶级和被剥削阶级,特指奴隶主和奴隶、贵族和被剥削奴役的同部落或族外人员;

(2)农民阶级和手工业者阶级;

(3)按财产多寡划分的阶级,如罗马人在公元前6世纪根据财产划分的六个等级，分别为10万阿司、7.5万阿司、5万阿司、2.5万阿司、1.1万阿司、最后为无产者。

针对以上不同的划分，列宁曾给出具体的概念："所谓阶级，就是这样一些大的集团，这些集团在历史上一定的社会生产体系中所处的地位不同，同生产资料的关系这种关系大部分是在法律上明文规定了的不同，在社会劳动组织中所起的作用不同，因而取得归自己支配的那份社会财富的方式和多寡也不同。"① 如果根据列宁这一点来看，我们就可以发现阶级的划分依据可分为三个方面：第一，根据生产资料的关系不同的划分，有的社会集团占有社会生产资料，而其他集团则占有较少或者不占有生产资料；第二，根据社会劳动组织所起的作用不同的划分，有人是直接的劳动承担者，有人扮演管理者，有人充当监督者和组织者；第三，根据取得归自己支配的社会财富的方式和多寡的不同的划分，有人以地租、利润方式获得较高社会财富份额，有人以工资或者产物形式领取仅能维持生活所需的社会财富份额。正是以上不同的划分，人类社会的发展才逐渐演变为各等级层级。这三种不同的划分，最重要的划分是第一种，因为占有生产资料是决定一个阶级的经济支撑。毕竟阶级不仅反映出某种政治上的统治地位和享有的特权，更重要的是一个经济范畴，经济上占有较多的生产资料的占有者为攫取更多的利益和保护自身的财产不受侵犯，必然产生和要求保护他们利益的机构和政治代表，同时会传递与其经济地位相适应的政治要求、思想观念和生活方式等。而那些占有较少的生产资料的有者或者无产者却与此相反，他们只想通过改变现有的政治制度，且通过其政治诉求、思想观念、意识形态、行为方式等传递出与统治阶级在政治利益、经济权益方面的冲突，于是这些冲突便不可避免且变得不可调和，由此构成早期阶级斗争的源头。国家便是调和和控制冲突在"秩序"内的斗争中应运而生。

那么无阶级社会之前的发展规律又是如何呢？与阶级社会的发展规律的关系如何？带着这些问题，我们继续探讨。恩格斯在谈到商人阶级产生以前，指出"在此以前，阶级的形成的一切萌芽，还都只是与生产相联系的；它们把从事生产的人分成了领导者和执行者，或者分成了规

---

① 《列宁全集》第37卷，人民出版社2017年版，第15页。

模较大和较小的生产者"①。我们看到平民和贵族之间的阶级关系就是因政治的地位不同造成的社会差异。而造成不平等差异的最关键的是占有生产资料的差异。占有生产资料多少构成剥削他人劳动的基本条件之一。恩格斯概括出阶级的出现是人类社会发展的产物,是伴随着分工及其经由分工产生的个人占有生产资料的交换,逐渐侵入原始生产过程,达到对产品的支配,这就是生产和占有的私有侵蚀和瓦解氏族公社的公有制度。

从生产方式来看,原始社会的生产方式的本质是"共同的生产"。恩格斯指出,人类社会的先前的一切社会发展阶段,其生产在本质上是共同的生产,其消费也归属于氏族共同体或者部落共同体范围内实现。这种生产的目的是满足生产者对生产资料的占有。后来随着社会的发展,开始逐渐出现第一次社会大分工,游牧部落开始从野蛮人群中分离出来,原本生产或者采集数量较多的生活资料,如乳制品和肉类、兽皮、绵山羊和一些纺织物,这使第一次的经常交换成为可能。随着不同部落成员之间的交换越来越平常,畜群开始成为特殊财产,原本通过部落之间的氏族酋长进行交换的方式逐渐被个人交换的巨大优势所取代,且成为唯一的形式。这时畜群开始充当一般等价物的货币职能。也正是从这个时候起,第一次社会大分工带来两个阶级,即"主人和奴隶、剥削者和被剥削者"。经济上,依靠部落或者氏族公社共同生产劳动获得生活资料来源保障的历史逐渐被个人劳动和占有取代了。因为在这一阶段,游牧民族开始适应定居下来生活,牧草栽培和谷物种植劳动成为必需条件。个人劳动力能够生产出超过维持生活所需的产品,加上不同部落之间的战争也吸纳了不少新的劳动力。原本归属部落或者氏族的共同财产开始逐渐被分工所带来的个人劳动占据上风。政治上,原始氏族或部落的平等博爱的地位开始分裂为不同等级。那些分配较多生活资料产品的人逐渐上升为主人和剥削者,反之那些生产或者占据生活资料较少者就沦为被剥削者,甚至奴隶。

从社会分工角度来看,原始社会的公社制度正逐渐被"生产的不断增长"和"劳动生产率的提高"而瓦解。在第一次分工出现之前,生产

---

① 《马克思恩格斯文集》第 4 卷,人民出版社 2009 年版,第 185 页。

工具落后，个人劳动不足以生产维持个人生存所需的生活资料和再生产。此时，部落或者氏族共同体的共同生产成为主导地位，部落酋长也是最具影响力和最高威望的地位。财产所有制形式外化为公有制。此时，氏族制度范畴下的成员每个人都是平等的、博爱的，也是具备初始民主之风的制度。彼此成员之间的利益冲突也会在民主商议中通过酋长共同决议来解决。这种情形直到生产力的发展和出现被第一次社会大分工打破。第一次社会大分工带来了奴隶制，同时也使得社会分裂为两个阶级。因此，早期的奴隶制就是一种家长奴隶制，只是这种奴隶制占有数量较少，且阶级关系尚未成为一种独立的经济体系。这才被恩格斯称之为"刚刚产生并且是零散现象的奴隶制"[①]。直至第二次社会大分工，个人劳动力所能生产的生活资料不仅足够维持生活所必需，而且生产的剩余产品比之前的更多，此时占有和支配更多他者的劳动就成为轻而易举的事情，于是这一时期的财富分化进一步加剧，社会大众开始日益贫困化，贫民的人数也日益增长。占有奴隶不再满足其目的，而是迫使奴隶劳动参与生产活动。此时奴隶劳动便成了生产生活劳动的重要主体部分。在这一时期，恩格斯强调指出："随着这种按照财富把自由民分成各个阶级的划分，奴隶的人数特别是在希腊便大大增加，奴隶的强制性劳动构成了整个社会的上层建筑所赖以建立的基础。"[②] 随着原始社会进入后期，侵犯土地与掠夺奴隶和财富的战争便日益频繁起来。经济上，通过军事战争掠夺奴隶和财富成为氏族财富最简捷的事情。政治上，开始出现与之相适应的政治上层建筑，此时奴隶制度便开始取代氏族制度。因为"氏族制度已经过时了。它被分工及其后果即社会之分裂为阶级所炸毁。它被国家代替了"[③]。国家便开始在诸多氏族斗争中扮演强有力的且超越任何部落权力之上的社会权力角色。

如上所述，原始社会初期社会发展呈现为无阶级、公有制和民主制特性，氏族或者部落共同体承担社会管理、决策机构和文化活动等角色。而构成其历史发展的前进逻辑是血缘关系维持的社会关系。进入有阶级

---

① 《马克思恩格斯文集》第 4 卷，人民出版社 2009 年版，第 182 页。
② 《马克思恩格斯文集》第 4 卷，人民出版社 2009 年版，第 187 页。
③ 《马克思恩格斯文集》第 4 卷，人民出版社 2009 年版，第 188 页。

社会之后，氏族制度让位于奴隶制度。推动人类历史发展的前进逻辑转变为"两种生产"。这前后不同的逻辑显然不是各自独立分开的，而是有辩证联系的统一体。前者为后者的产生和发展奠定了物质条件；后者是前者发展的必然趋势，为人类社会继续发展创造了"新极点"。这个"新极点"孕育于无阶级社会的氏族制度的政治、经济、文化、军事等，从而为进入文明社会创造了可能，而国家是文明诞生的核心标志。

在这点上，阶级和国家的出现是逐渐产生的，是渐进完成的，同时也是一个伴随着交叉进行的过程。在不同地区和不同国度里，阶级的出现及其形式有所不同，有的没有奴隶主和奴隶，呈现为非奴隶制国家；有的呈现为非典型的奴隶制度，但社会阶级等级色彩浓厚。这在《起源》里也得到了不同分析。因此，《起源》重点探讨了无阶级社会的氏族制度样态及其发展规律，呈现了无阶级人类社会发展历史过渡到有阶级社会的历史发展逻辑，其背后的致思路径和唯物史观是内在契合和统一的。

3.《起源》坚持了史前社会研究成果的理论与实践统一性

《起源》是在批判与吸收史前社会研究成果的理论基础上，结合大量的历史和政治材料、实践材料的支撑而完成的经典著作。事实上，恩格斯广泛搜集和研究当时已有的论著、资料，为此付出了巨大的精力。在关于史前社会研究的学术发展，恩格斯这样概括："在1847年，社会的史前史、成文史以前的社会组织，几乎还没有人知道。后来，哈克斯特豪森发现了俄国的土地公有制，毛勒证明了这种公有制是一切条顿族的历史起源的社会基础……最后，摩尔根发现了氏族的真正本质及其对部落的关系，这一卓绝发现把这种原始共产主义社会的内部组织的典型形式揭示出来了。"[①] 从这段论述，我们可以清晰地看到《起源》之前原始社会史发展阶段：

（1）1847年之前，系统的原始社会史尚未出现；

（2）1847—1877年，部分学者开始逐步发现原始村社及其土地公有制；

（3）1877年，摩尔根《古代社会》出版，真正系统阐明了氏族的真正本质及其对部落的关系，建立了一套原始社会史的话语结构体系；

---

① 《马克思恩格斯文集》第2卷，人民出版社2009年版，第31页。

(4) 1884 年，恩格斯《起源》出版，第一次科学系统地阐释原始社会史的基本结构及其发展趋势过程。

因此，为完成这部著作，恩格斯可谓艰苦奋斗了一番，不仅对摩尔根的社会研究成果进行批判性继承，还作了大量实践性补充。加之马克思对摩尔根作了必要的《摘要》，恩格斯或直接引用马克思的评语，或转达马克思精辟见解，这也是构成了恩格斯在如此短时间内高效完成《起源》工作的重要原因。同时，恩格斯自身在古代历史上的渊博的知识储备，如对古希腊和古罗马历史的研究，都为《起源》研究的结晶奠定了必要的条件。

既然《起源》是第一次科学系统地阐释原始社会史，那么在此之前关于原始社会的民族学、考古学等资料的发展，都为《起源》的搜集和整理研究提供了必要的理论基础。以家庭史观点为例，恩格斯简要评述了从巴霍芬到摩尔根的观点，并主要揭露带有沙利文主义情绪的英国史前史学派，从而推进对原始家庭形式的深刻认识。

首先，恩格斯批判性阐释了巴霍芬的家庭史观。1861 年，巴霍芬的《母权论》开始了家庭史的研究，在他看来，最初的人们盛传着无节制的性关系，并臆断为"淫游"关系；起初的民族依据母权制计算，因此，妇女作为母亲，享有崇高威望和受人尊敬，具有最高的统治地位。恩格斯对此评述到，巴霍芬把最初的无节制的性关系称为"淫游"，后发现了群婚制向专偶婚过渡的形态。巴霍芬的家庭观对传统的父权制家庭的观点给予了沉重的打击，这是其积极性。不过巴霍芬的致命缺陷在于用宗教神秘感去阐释和揭露家庭形式的流变，且这种观念的实质是经由宗教观念的进一步发展的结果，是"唯心史观"的抽象观念。在恩格斯看来，这种家庭观反映出"并不是人们的现实生活条件的发展，而是这些条件在这些人们头脑中的宗教反映，引起了男女两性相互的社会地位的历史性的变化"[1]。在马克思恩格斯看来，道德、宗教和其他意识形态，并不是独立性存在着，而是基于从事实际活动的人在他们现实生活过程的投射和反映。人们在改造世界过程中改造着自己的同时，也改变着自己的思维和思维的产物。原始社会存在的两性关系不能是基于口头说的、

---

[1] 《马克思恩格斯文集》第 4 卷，人民出版社 2009 年版，第 20 页。

思考出来的和空想出来的观念，更不能用现在的伦理观念去理解过去的历史发展，"只能从对每个时代的个人的现实生活过程和活动的研究中产生"①。

其次，恩格斯批判性阐释麦克伦南的家庭史观。家庭史的继承者约·弗·麦克伦南在英国可谓家喻户晓，被誉为"家庭史的创始者和这个领域的第一个权威"②与巴霍芬家庭观不同的是，麦克伦南的家庭史和史前史所作的贡献大多是其天才般的虚构和假设。他在古代和近代许多民族中间发现了"抢婚"形式。这个习俗反映出一种较早的习俗的历史遗迹。之所以有"抢劫婚姻"，大抵是因为部分氏族内部禁止通婚，男子不得不从外族娶妻，女子也是不得不在外族中寻找体壮丈夫。如此一来，在集团内部只能实行一妻多夫制，从而确立起母权制的世系体系。于是麦克伦南将男子娶妻的方式划分为"外婚制集团"和"内婚制集团"，并以此作为自己整个理论基础。在恩格斯看来，麦克伦南的重要功绩在于：揭露外婚制的存在事实，且确认母权制作为史前最初的制度，不过，在恩格斯看来，麦克伦南的内外婚制集团的对立根本不存在，是虚构的，且"抢婚"形式的论证方法缺乏科学有效性，完全是靠自己的主观推论，甚至有时出现前后矛盾不能自圆其说。如"抢劫婚姻"是在父权制集团内发生的行为，但这与前面所述女方置于"母权制"地位相矛盾。此外，这种理论没有发现族外群婚的历史痕迹，也无法寻求，因而只能是虚构而来，这一功绩最终被摩尔根所发现。因此，他的理论都归于"一切外婚制的种族起初都是一妻多夫制的"③。

最后，恩格斯批判性继承摩尔根的家庭史观。如前所述，麦克伦南的虚构法无法发现族外群婚的历史遗俗，最终被摩尔根所发现。摩尔根的家庭史和史前史理论的来源源自对易洛魁人的亲属制度的调查研究。什么是亲属制度和亲属关系呢？这是对家庭内的亲属之间的相互称呼的制度，在某种程度上能够反映人们彼此之间的血缘关系。也正是因为此，摩尔根通过调查研究印第安人的生活发现这一历史遗痕和风俗习惯的遗

---

① 《马克思恩格斯文集》第1卷，人民出版社2009年版，第526页。
② 《马克思恩格斯文集》第4卷，人民出版社2009年版，第25页。
③ 《马克思恩格斯文集》第4卷，人民出版社2009年版，第24页。

俗。当然，亲属关系并不是摩尔根的首创发现，但是摩尔根根据自己的调研发现了亲属制度与原始社会结构存在某种耦合机制，因而把该制度引入家庭史研究领域。通过调查研究印第安人的生活，摩尔根发现易洛魁人内部的亲属称呼的奇怪现象：原本易洛魁人的家庭形式内部盛行把父母的子女称父亲的兄弟为伯、叔，称父亲的妹妹为姑；同理称母亲的兄弟为舅，称母亲的妹妹为姨。可事实是，子女称父亲的妹妹为姑母，不称父亲的兄弟为伯、叔；同时他们把母亲的妹妹不称为姨母，代之以母亲角色口吻，母亲的妹妹也将他们视为自己的子女。针对这种亲属制度和家庭形式不一致的矛盾，激发了摩尔根的调查研究，结果表明世界上绝大多数氏族对偶婚的部落的亲属制度都存在着这种矛盾现象。由此推论，易洛魁人现有的亲属制度应该是对对偶婚之前存在家庭形式的反映。为检验和验证这一推论，摩尔根调查研究了夏威夷岛部落，发现了群婚的痕迹，且恰好印证了易洛魁人的这一矛盾现象。

不过摩尔根并未止步于此，因为他发现了夏威夷岛部落的人们的亲属之间的称呼与现有的亲属制度相矛盾。这里的孩子把父母亲的兄弟姐妹不分彼此地称谓为父亲和母亲。在他们这里，既没有伯、叔的称呼，也没有姨、姑称谓。此外，这种亲属之间还存在年轻一代中间通婚现象，不过父母与子女之间通婚是被禁止的。为什么会有这种现象？任何矛盾的存在都不是偶然发生的，而是背后传递出某种必然结果的规律性。当家庭制度形式发生变化，亲属之间的称谓具有延续性，并不会马上消失。只有随着漫长的历史变迁，才会逐渐衍生新的亲属制度与当前的家庭形式相适应。因此，这就揭露家庭形式与婚姻制度之间的内在联系。家庭形式是主动的，而亲属制度则是被动变化的。也正是因为这个规律，摩尔根发现了家庭的历史演变历程：

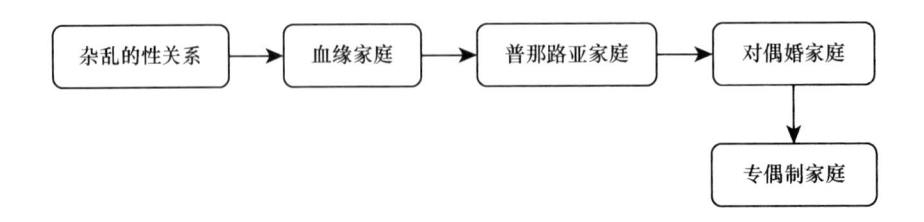

杂乱的性关系 → 血缘家庭 → 普那路亚家庭 → 对偶婚家庭 → 专偶制家庭

针对摩尔根所搜集的资料，恩格斯认为，摩尔根的历史贡献在于：（1）发现群婚和氏族；（2）母系制建立的氏族是氏族制度最初的形式，后来的父系制都是在母系氏族基础上发展起来的。这一结论都是摩尔根基于大量调查研究和搜索资料获得的，从家庭史和婚姻史的历史演进历程折射出马克思主义的历史唯物主义的科学性和客观性，同时揭示出原始社会史的基本规律，这一历史重大发现堪比"达尔文的进化理论对于生物学和马克思的剩余价值理论对于政治经济学的意义一样"[①]。在这个意义上，摩尔根开辟了史前史社会研究的新的时代，即使受到英国史学家们的抵制和不尊重，但还是带动和吸引了人类学家、旅行家、考古学家、法学家、民族学家及其他专门从事原始社会史研究的历史学家的新的研究和提出新见解、新观点。而马克思主义创始人则辩证地看待摩尔根的研究成果，且补充大量材料，在此基础上确立了自己的早期原始社会史的历史理论。

综上所述，《起源》的完成离不开以上文献的理论批判与实践的结合，其科学性、系统性、历史性和实践性特质离不开对巴霍芬、麦克伦南和摩尔根等人的理论批判性继承和实践性调查研究有机统一，紧密遵循理论与实践、宏观与微观、历史与现实有机统一过程。如果说摩尔根的"宗教神秘感"、麦克伦南的"天才虚构"和摩尔根的"唯物史观"为《起源》的经典著作提供了家庭史和史前史发展的基本理论框架，那么马克思恩格斯通过运用历史唯物主义的基本原理，尊重历史发展的客观发展规律，从现实的个人活动出发认识世界、解释世界，避免主观推论和抽象虚构方法，在必要的实践调查和搜索大量史料和政治材料为辅助条件下确保了史前史科研成果的客观性。在这个意义上，《起源》坚持了史前社会研究成果的理论与实践的内在统一性。

二 《起源》文本的现实逻辑

自《起源》以降，这本书就成为国际无产阶级和工人运动为争取民族解放和自由全面发展而斗争的批判武器和行动指南。从1871年巴黎公

[①] 《马克思恩格斯文集》第4卷，人民出版社2009年版，第28页。

社运动失败以来，欧美工人运动陷入低潮，资本主义世界进入了相对和平发展的过渡时期。1873年爆发的世界经济危机，使欧美的自由资本主义竞争阶段开始转入垄断资本主义阶段。此时，资产阶级在世界范围内确立了世界体系，占据了"中心"统治地位，但是资本主义的阶级矛盾和其他矛盾并未消失。到了19世纪80年代前后，西方社会阶级矛盾又开始激化起来，并先后成立了社会主义工人政党。由于新成立的政党在思想上、政治上、理论上不成熟，党内和工人阶级运动内部很容易滋生机会主义、修正主义等错误思想。为应对这些现实问题，致力于消除和解决重大时代和现实问题的《起源》坚持马克思主义意识形态红线，清算不同派别争论以强化党内的思想引领和政治领导。

（一）以揭露和解决重大时代和现实问题为导向

在马克思看来，以往的哲学思想大都是爱好抽象思辨，试图"追求体系的完满，喜欢冷静的自我审视"[1]，这种脱离现实和时代问题的哲学"不切实际"，无法揭露和解决重大时代和现实问题，而真正的哲学都隐藏在人类劳动实践智慧里，因为真正的哲学都是自己时代精神的精华，它们作为"自己的时代、自己的人民的产物，人民的最美好、最珍贵、最隐蔽的精髓都汇集在哲学思想里"[2]，从而让哲学走向人民的生活，走向人民大众的日常生活。当苏联解体、东欧剧变时，西方右翼分子高喊"马克思主义过时了"和"历史的终结"论调。法国马克思主义学者雅克·德里达极力推荐马克思主义的遗产，认为"没有马克思的遗产，也就没有将来"[3]。在这个语境下，我们再去阐释和理解马克思恩格斯对资本主义制度弊端的批判就具有重大的现实意义。从《起源》来看，它不仅致力于史前社会相关的系列确证问题，以实现对工人阶级内部盛行的错误思想的清算和矫正；它还致力于同资产阶级意识形态论战的客观现实需要，以实现对无产阶级革命意识的激发和唤醒。

---

[1]《马克思恩格斯全集》第1卷，人民出版社1995年版，第219页。
[2]《马克思恩格斯全集》第1卷，人民出版社1995年版，第219—220页。
[3] ［法］德里达：《马克思的幽灵：债务国家、哀悼活动和新国际》，何一译，中国人民大学出版社1999年版，第21页。

1. 唯物史观尚存人类社会发展史前史料的历史确证问题

在《起源》诞生前，人类对原始社会的内容、发展、变迁和解体的过程缺乏一个科学有效的科学认知体系。尽管恩格斯在写作《起源》时吸收和借鉴了摩尔根《古代社会》一书的重大科研成果，但摩尔根尚未建立起真正的史前史的科学体系，缺乏系统科学的原始社会内容。《起源》的诞生不是"客观地"叙述摩尔根原始社会的观点，而是有所批判地继承其成果，通过原始社会各个部分内容的相互纵横联结，清晰地勾勒出完整的原始人类社会史初期的发展图景和基本构造，以解决人类社会历史初期发展的历史确证问题。

自《共产党宣言》以降，科学社会主义得以诞生，确立了现实的个人的实践活动作为人们认识世界的立足点，扬弃了人的感性直观的能动实践本质特质，从而意味着人们在思想方式和认识方式上革新了以往把握世界和改造世界的方式。此后人们从"对国家的迷信"和"宗教的迷信"中脱离出来，为认识和研究史前社会提供了唯物史观的世界观和方法论根基。《起源》便是恩格斯将唯物史观运用到史前社会的研究以揭示原始氏族内在特征及其运动规律的生动写照，从而建立起马克思主义原始社会理论。

其一，《古代社会》一书的出版，为原始社会理论提供了丰富的史前史基础。摩尔根通过对印第安人易洛魁部落的详细的调查和考察研究，获得了丰富的人类社会史前资料，发现了原始社会生存遗俗痕迹，在历史回溯中揭露了史前社会中的氏族社会的家庭、婚姻等基本特征，延伸了人类理性认识的前沿阵地，填补了人类社会关于最初时期的理论空白，在这一点上，摩尔根的原始社会理论研究是契合马克思主义的唯物主义历史观的，坚持了唯物主义和历史动态发展的立场、观点和方法。正如恩格斯所评价的："摩尔根在美国，以他自己的方式，重新发现了40年前马克思所发现的唯物主义历史观，并且以此为指导，在把野蛮时代和文明时代加以对比的时候，在主要点上得出了与马克思相同的结果。"[①]

其二，唯物史观的完整确证与《古代社会》所研究的原始社会史不谋而合。以往的唯物史观是记载阶级时代以来社会发展流变的演进历程

[①] 《马克思恩格斯文集》第 4 卷，人民出版社 2009 年版，第 15 页。

及其规律活动，或者说记录有文字记载以来的人类文学史，缺乏人类社会的原始理论系统研究。这也构成《起源》形成和建立马克思主义原始社会史的必要性。马克思恩格斯所建立的唯物史观形成了"四形态说"，即奴隶社会、封建社会、资本主义社会和共产主义社会，对于摩尔根《古代社会》所研究的原始社会史研究成果，与唯物史观的原则和精神不谋而合。马克思于1881—1882年专门研读《古代社会》，并专门指出了摩尔根的不当之处。在作了必要的摘录之后，本想用唯物史观来阐明摩尔根的研究成果，马克思便与世长辞了。恩格斯在此基础上，运用自己渊博的古代社会史研究成果，及其新发现的家庭史和原始社会史的大量材料，对摩尔根的研究成果作了新的解释，且系统拓展和完善了原始社会史的基本结构。因此，《起源》的完成很大程度上捍卫和确证了马克思恩格斯创建的唯物史观，建立了马克思主义原始社会史理论，完成了马克思未能如愿的"遗言"。

综上所述，马克思恩格斯根据摩尔根的最新的研究成果，运用历史唯物主义的基本原理系统地、科学地阐明了原始社会史、家庭史、婚姻制度史、氏族公社演变史等原始社会基本结构和所有制起源问题，肯定了摩尔根研究的"唯物史观"般的研究成果，解决了人类社会发展史前史料的历史确证问题，更揭露了氏族社会公社曾出现的杂乱的性关系和族外群婚、族内群婚等形式，且批判了一夫一妻制是人类社会最初的且自古有之的传统观念，为批判资本主义一夫一妻制和资本主义私有制永恒性的美好幻象提供锐利的批判的武器。

2. 家庭与氏族发展潜藏的客观经济根源的经济论证问题

针对史前时期人类社会生存样态的自我确证，有学者从考古学进行合理论证，如丹麦学者汤姆森的考古学分期法；也有人从民族学角度进行论证，如俄国历史学家马克西姆·科瓦列夫斯基运用民族学实例及其文献资料从家长制家庭论证原始社会起源及其历史地位；也有人从某种近乎宗教主义的自我设想确证，如巴霍芬认为神庙卖淫风俗起源于宗教信仰的论证。[①] 随着民族学、考古学和人类学研究成果的深入，摩尔根以

---

① 参见李永采、李长林、程德祺等《驱拨谬雾究真谛——恩格斯著〈家庭、私有制和国家的起源〉新辨释》，东南大学出版社1993年版，第412页。

易洛魁人的部落调查研究为出发点，通过深入研究易洛魁人部落的社会经济、风俗习惯等微观考察点，在充分掌握有关印第安人的大量一手资料前提下，为家庭史的历史变迁及其原始社会从低级向高级发展的历史演进规律作了进化论意义上的事实论证。在马克思恩格斯看来，摩尔根最难能可贵之处在于他通过自己的方式和研究方法，独立自主地揭露了氏族制度的本质，确证了家庭形态的发展变迁。尤为重要的是，摩尔根的《古代社会》"在主要点上得出了与马克思相同的结果"[①]。

与《古代社会》不同的是，《起源》在结构排列和论证方式上差异。在氏族公社解体上、私有制起源等诸多方面，恩格斯做出了较多的经济论证分析。尽管摩尔根也给出了部分经济分析，况且对"摩尔根的目的来说已经很充分了，对我的目的来说就完全不够"[②]。针对摩尔根的合理有价值的资料，恩格斯就给予吸收，但绝不是简单重复摩尔根的结论，而是进行了"批判性吸收"，且在家庭和氏族发展背后进行了经济条件的精辟论证。如《起源》中关于群婚制关系缩减问题，恩格斯认为，原始社会的存在和发展是建立在血缘关系为纽带基础上，其共同体内部没有私有制和剥削。氏族作为原始社会的基本单位，必然过着群体性生活，其婚姻形式也必然是群婚制。至于婚姻制度关系范围如何缩减，不仅离不开人类群居生活向家庭形式的历史变迁，更是受制于人口增长及其"自然选择"的进化因素，说到底就是背后潜藏着客观的经济根源。

这是因为，人类社会生存最初的群体生活不仅受到生活资料的生产因素的制约，还受到人口生产及其再生产因素的制约，也就是恩格斯指出的"两种生产"理论。生活在一定时代下的一定地区的人们受制于两种生产的制约，一方面，物质生活资料的生产及其再生产决定着人类社会的性质及其发展方向，但在人类社会初期，维持人类社会前进发展的因素并不仅仅是物质生产因素。另一方面，人类自身的生产及其再生产影响着人类社会发展的形态变迁。人类的生产和生活同时受到劳动和家庭发展阶段的双重制约。因此，原始社会的家庭和氏族的起源、发展及其解体，都是同物质生产因素和人类自身生产因素密切相关，这种双重

---

① 《马克思恩格斯文集》第 4 卷，人民出版社 2009 年版，第 15 页。
② 《马克思恩格斯文集》第 4 卷，人民出版社 2009 年版，第 17 页。

因素影响，在历史发展进程中总是起着决定性作用。

因此，我们发现：《起源》深刻揭露了家庭、氏族社会的发展，从最初的"自然选择"的进化因素，后在物质生产资料因素的影响下，逐渐让位于人类社会发展的"两种生产"因素。也正是这一历史唯物主义基本原理的微观化运用，才使得原始社会史的论证变得更加科学化、理论化、体系化。

3. 同资产阶级现实论战和鼓舞无产阶级革命斗志的需要

《起源》不仅被视为历史唯物主义基本原理同历史史料相结合的光辉典范，同时它还贯穿着革命性和科学性的高度统一。通过透视《起源》背后的行文逻辑和致思路径，我们同样可以看到，《起源》作为科学社会主义理论的经典著作之一，不仅面对着同资产阶级进行重大的现实论战，还担负着鼓舞无产阶级革命斗志的历史使命。

一方面，《起源》面对着同资产阶级社会现实的时代论战。《古代社会》出版后，研究原始社会的英国人对摩尔根的研究成果不予承认。他们不仅对此成果的表现沉默不语，还将摩尔根的部分成果剽窃和据为己有。这些资产阶级代言人之所以如此冷落《古代社会》，是因为摩尔根不仅揭露了原始社会的家庭史形态演变及其解体过程，表征了家庭的历史范畴底色，还对现代社会的基本形式作了必要的批判，并对未来的发展提出了共产主义的理念。这就意味着：《古代社会》蕴含着对资本主义社会国家永恒性的批判和否定，因而遭到资产阶级学者的沉默抵制，致使该成果在欧洲传播受阻。直到1881年马克思有幸得到这本书，《古代社会》才得以受到重视和研究。因此，《起源》吸收了摩尔根的可取之处和研究成果，且在现实上将对资本主义社会的批判推进到了更深的领域。

另一方面，《起源》还发挥着鼓舞无产阶级革命斗志的现实作用。前文有所阐释《起源》诞生前的历史社会背景，即自从巴黎公社失败到俄国十月革命前，资产阶级处于和平发展时期，且处于上升期，但阶级矛盾和其他社会矛盾叠加仍然酝酿中。而无产阶级革命运动斗争形式开始转向多元化，同时无产阶级运动阵地中心从法国转向德国，而德国的阶级斗争异常激烈和复杂。虽然无产阶级斗争规模和数量增长了，但质量上却降低了，这主要是因为党内成员中渗透了不少无政府主义和机会主义等意识形态。加之党的领导人缺乏长期的斗争锤炼和正确理论指导培育，造成无产阶级革命斗志普遍陷入低迷，甚至不少工人政党领导人崇拜议会斗争。如以拉萨尔派为代表的机会主义派别就是主张进行议会斗争，认为争取普选权，就可将德国变成"自由的人民国家"，将资本主义和平地改造成社会主义国家。为此，马克思恩格斯对此路线进行了坚决的斗争。马克思早在《1848年至1850年的法兰西阶级斗争》中就明确阐明了无产阶级革命斗争的理论及其策略，同革命的社会主义和各种空论的社会主义划清了界限，提出"革命是历史的火车头"①的重大论断。恩格斯延续了马克思的革命路线，在《起源》中论述国家起源及其本质的深刻理论，指出了阶级社会存在的国家，都没能摆脱阶级压迫、奴役劳动者的历史逻辑和政治逻辑。若实现劳动人民的自由解放，必须依靠无产阶级及其广大群众通过暴力手段废除剥削阶级的国家，建立起无阶级、公有制的社会国度。

因此，《起源》从原始社会的家庭、国家、私有制等起源的深刻认识，不仅仅补充和丰富了唯物史观的基本原理，更是对透视资本主义社会现实和时代问题及其鼓舞无产阶级革命斗志发挥了重要的时代价值、政治工作意义，同其他经典著作一样，为世界无产阶级的解放斗争提供了"批判的武器"。

4. 资产阶级思想家对国家起源问题的争论引发思想混乱

从古至今，关于国家的起源问题的追问一直争论不休，未曾得到一致共识。

在马克思主义国家观产生之前，资产阶级对国家起源问题的探讨导向了混乱边缘。如前文所述，无论是社会契约论还是暴力论，抑或是理性的观念论，都是在历史中发挥过应有的作用。但是本质上都是把表面的、观念的东西推向极端，造成对国家历史的认知和结构的理解出现偏差。

如果进一步深入透视资产阶级对国家起源问题的争论，就能发现：他们的理论特性呈现出唯心主义世界观的倾向，如德国黑格尔将国家视为调和市民社会成员之间矛盾的实体，是市民社会成员个体道德、理性相统一的最高形式，是"道德观念的现实"。后来这一思想影响了德国工

---

① 《马克思恩格斯文集》第2卷，人民出版社2009年版，第161页。

人运动领袖拉萨尔,在他看来,国家是一种超阶级的体现,认为国家是一种道德意志的外化,是调和矛盾的机关。这让原本德国资本主义社会多重矛盾变得更加剧烈复杂,同时无产阶级政党内部盛传着某种机会主义和无政府主义,如此等等。这些都对国际共产主义运动和武装工人阶级政党带来谬误的引导,引发党内的思想混乱。因此,为系统完成国家起源问题的梳理工作,马克思恩格斯便着手进行理论批判工作。

关于资本主义社会的辩证认识,马克思曾在《〈政治经济学批判〉导言》里指出:"资产阶级社会是最发达的和最多样的历史的生产组织。因此,那些表现它的各种关系的范畴以及对于它的结构的理解,同时也能使我们透视一切已经覆灭的社会形式的结构和生产关系。资产阶级社会借这些社会形式的残片和因素建立起来,其中一部分是还未克服的遗物,继续在这里存留着,一部分原来只是征兆的东西,发展到具有充分意义,等等。"[①] 因此,马克思恩格斯便根据这种社会形式的解剖推论方法推论了"部落所有制"形式。不过没有解决国家起源问题。恩格斯在《起源》的最后一章,根据掌握的大量欧洲古代史资料和政治资料,指出了国家发生的形式及其实质问题。在恩格斯看来,国家是在氏族制度的废墟上建立起来的形式,主要有三种:雅典式、罗马式和德意志式。其中雅典式是最纯粹、最典型的形式。历史上的国家起源大都从氏族社会内部孕育出来的某种雅典式形态,如苏美尔城邦、印度古共和国等,皆归属此列。当然,并不是说所有的国家都是符合这个规律,部分存在的国家起源由于其特殊性不归此列。如印度人和俄国人的国家政权不是从氏族公社内部产生,而是跟公社内部格格不入的。根据恩格斯的分析,这两种国家的公社内部的经济所有制基础是公社所有制,没有产生私有制,故"国家政权便以专制政体的形式出现"[②]。马克思在《给维·伊·查苏利奇的复信》中指出,俄国的农业公社具有独特的"孤立性",是专制主义统治的基础。恩格斯进一步指出,国家的产生并不是如黑格尔所断言的"理性的形象和现实",而是一定历史发展的产物。由于生产力和分工的出现,带来了私有制和阶级,瓦解了氏族公社制度存在的根基,出现了

[①] 《马克思恩格斯文集》第8卷,人民出版社2009年版,第29页。
[②] 《马克思恩格斯全集》第25卷,人民出版社2001年版,第259页。

不同的阶级矛盾和利益冲突，相应地就需要一种超越于社会之外的力量来缓和和纾解冲突，以保持在合理的"秩序"范围之内。

相对于摩尔根《古代社会》也谈到阶级压迫等问题，但在谈到国家起源问题上没有深刻揭露阶级矛盾及其政治集团产生的国家，而是重点突出了地区、财产所形成的政治组织和政治社会，在这个意义上，就无法透视国家的实质，无法看清国家未来的发展趋势。而恩格斯在《起源》中则强调阶级和国家关系，从社会分裂为不可调和的对立阶级中孕育出一种国家组织，从而概括出国家是阶级矛盾不可调和的产物。这是马克思主义国家学说最根本的问题。只有真正明晰"为什么国家产生于阶级出现的时候，——只有这样，我们才能给国家的实质和意义的问题找到一个确切的回答"[①]。也只有在这个意义上，我们才有可能澄清和超越资产阶级思想家对国家起源问题无休止的争论旋涡。

（二）以清算不同派别争论和统一思想为导向

在《起源》产生前，学术界、思想界对国家、私有制等起源的认识存在一些不同的理解，产生不同的争论。其中一些重大理论问题，直接与当代实践有关。《起源》致力于科学性、系统性阐释私有制、阶级和国家起源及其本质等重大理论问题，努力建立起科学的马克思主义原始社会史理论。针对以上不同的争论，如果不进行清算和明辨是非，就会遮蔽《起源》的科学价值及其斗争精神，就会曲解《起源》的原意，进而瓦解和削弱马克思主义在意识形态领域的统一思想。

1. 揭露资产阶级关于私有制和国家起源问题的争论

资产阶级以私有制为其运行资本主义制度的重要特征，探察资产阶级关于私有制问题的争论是《起源》所关注的重要问题之一。在《起源》之前，马克思恩格斯已对这一问题进行多次理论解答。在《共产党宣言》中，马克思恩格斯指出，"资产阶级生存和统治的根本条件，是财富在私人手里的积累，是资本的形成和增殖；资本的条件是雇佣劳动"[②]。注明资本主义得以存续的条件在于私有制和阶级的存在，科学地回答了私有

[①]《列宁选集》第 4 卷，人民出版社 2012 年版，第 31 页。

[②]《马克思恩格斯文集》第 2 卷，人民出版社 2009 年版，第 43 页。

制和阶级何以形成的问题，对于这一问题的解答是论证资本主义必然灭亡和社会主义必然产生的理论基础。马克思在《1844年经济学哲学手稿》（以下简称《手稿》）中指出，"私有财产一方面是外化劳动的产物，另一方面又是劳动借以外化的手段，是这一外化的实现"①。表明马克思通过研究异化劳动和私有制之间的关系，尝试探讨了私有制的起源，并在《手稿》中从人类历史的发展历程的角度再次揭示了私有制的起源问题。马克思在《德意志意识形态》中指出，"分工和私有制是相等的表达方式"②，马克思恩格斯意在证明，私有制与生产力发展和社会分工相伴而生。上述内涵都明确了私有制起源的理论逻辑，即若需考察私有制和阶级起源问题，应从人类自身的生产劳动中寻找答案。

在这一逻辑下，《起源》从原始社会生产发展角度进一步探究私有制和阶级的起源，从大量的人类学事实入手，以公有制和无阶级存在的历史基础作为依据。通过大量翔实的历史和政治资料补充了既往马克思主义经典著作中对于私有制历史渊源解释的不足，揭示私有制、阶级起源的历史过程，以此瓦解资产阶级所坚信的资本主义永恒存在的幻梦。

在人类社会的历史过程中存在过没有私有制和阶级的时期，这是对于马克思恩格斯早期理论成果的有力补充和修正。尤为值得关注的是，恩格斯在《起源》写作期间，对于《共产党宣言》序言做出修注，"随着这种原始公社的解体，社会开始分裂为各个独特的、终于彼此对立的阶级"③，以此验证人类历史上存在过没有私有制和阶级的发展阶段。而国家起源是与私有制并行讨论的又一问题，它的产生与私有制和阶级的存在紧密相连。资产阶级信奉私有制自古有之，并力证国家的起源源于对于私有制和阶级的维护，意在将资产阶级对工人阶级的剥削和压迫合理合法化。

在《起源》中，恩格斯论证了氏族转化为国家的过程，完善了马克思恩格斯早期思想理论中对于国家起源问题的说明。恩格斯重点分析了三种国家形式。其中雅典国家形式的产生是一种非常典型的代表，"因为

---

① 《马克思恩格斯文集》第1卷，人民出版社2009年版，第166页。
② 《马克思恩格斯文集》第1卷，人民出版社2009年版，第536页。
③ 《马克思恩格斯文集》第2卷，人民出版社2009年版，第31页。

它使一个具有很高发展形态的国家，民主共和国，直接从氏族社会中产生"①。恩格斯从雅典人国家的起源进行阐发，继而研究罗马氏族与国家起源的关联性。在罗马氏族末期，私有制和阶级已经产生，平民建立了国家。"在罗马也是在所谓王政被废除以前，以个人血缘关系为基础的古代社会制度就已经被炸毁了，代之而起的是一个新的、以地区划分和财产差别为基础的真正的国家制度。"②恩格斯对于德意志的国家起源问题同样从氏族入手，"德意志人在民族大迁徙以前，曾组织成为氏族，这是没有疑问的"③。德意志人在征服罗马后，以新的国家形式代替旧时的罗马国家。恩格斯通过三种国家起源方式的整合，得出一个足以反驳资产阶级的结论：国家不是自古就有的，它的产生源于私有制和阶级的出现。

综上所述，恩格斯在《起源》中明确指出私有制和国家的起源并不是自古有之，而是生产力发展到特定阶段的历史产物。而国家的起源与私有制和阶级的出现紧密相连，也就是说，国家的存在就是统治阶级用以维护统治的工具，澄清资产阶级所统治的国家与无产阶级所统治国家的根本不同。同时有利地批驳了资产阶级所宣扬的"国家社会主义"口号，使得工人阶级认识到资产阶级所谓的"自由"和"民主"不过是维护其统治的手段。

2. 总结诸多问题性争论点及其思想背后的实质探讨

近代以来，关于原始社会史及其家庭史的研究争论未有止息。部分人对《古代社会》和《起源》相关问题提出了责难。通过总结诸多问题性争论，一方面可以帮助我们充实和证明《起源》的科学性、斗争性和系统性。另一方面有些问题争论值得商榷。众所周知，《起源》对家庭、私有制和国家起源等重大问题作了新的探索和阐释，其中涵盖着对诸多问题性争论的总结，包括其中的两种生产、家庭、私有制以及国家起源等理论环节的实质探讨，以正《起源》主题研究的最新成果及其批判战斗精神。

马克思恩格斯在19世纪后半叶时期，开始摸索人类社会初期形态问

---

① 《马克思恩格斯文集》第4卷，人民出版社2009年版，第136页。
② 《马克思恩格斯文集》第4卷，人民出版社2009年版，第147页。
③ 《马克思恩格斯文集》第4卷，人民出版社2009年版，第152页。

题,在看到摩尔根具有自发性质完成的唯物论专著,便以"批判与继承"立场进行审视《古代社会》的研究成果。马克思和恩格斯一方面认可摩尔根在原始社会史方面作出的巨大贡献,另一方面对部分观点用历史唯物主义基本原理进行重写和诠释。但总体来看,马克思主义经典作家对《古代社会》的重大历史发现是认可和接纳的。

然而,当民族学发展还不是很充分的时候,部分学者对摩尔根的原始婚制问题争论较大。英国学者在1891年出版《人类婚姻史》,文章中反对摩尔根原始杂婚制论点,认为人类社会的最初阶段并不是群婚制。而是一夫一妻制的存在样态,是自古有之沿袭下来的。而后恩格斯在《起源》第4版中予以驳斥。当资本主义发展过渡到帝国主义阶段时,资产阶级民族学者对摩尔根的论点进行了敌对和冷淡处理。如美国学者罗维在讨论妇女地位问题时宣称经济因子的有效成果可被其他因子缩减甚至抹杀。[①] 持有这种观点倾向的学者显然是对摩尔根的唯物论因素的敌视,并试图否定之。在这个范畴理解层面上,资产阶级学者对唯物论的反对和敌视,凸显了资产阶级原始婚制的唯心主义色彩,具有强烈的意识形态"虚假性"和"欺骗性"。

在探讨原始社会史分期问题上,部分学者反对以年代久远的考古学与人类历史文化遗俗相结合做比较,将摩尔根所探索的人类社会发展的顺序歪曲为绝对的分期年代表,且否认不同时空性的历史现象的可比较性,否认非同时性现象的历史分析的可能。之所以否认这种历史分析和比较性,是因为各民族社会发展的非均衡性,尤其那些受殖民主义压迫的民族地区的民族文化发展活动相对滞后,无法同非同时性时空的其他民族文化发展阶段作客观性的历史比较,因而基于民族文化特殊阶段否认非同时性现象作历史性分析学说。还有人借以摩尔根和恩格斯把远距离的不同文化作不同阶段的统一排序声称为非历史性的。这就意味着,他们反对人类历史发展有统一的发展规律的立场,但大量的考古学资料确证了不同地区的文化活动及其演进历程对比呈现出的发展顺序是一致的。同时,西方部分学者借以"非同时性现象"反对进化论的客观性事实,反对考古学和民族学的综合研究的可能,这无异于自断人类文明发

---

① 参见[美]罗维《初民社会》,吕淑湘译,商务印书馆1987年版,第233页。

展的历史支撑，同时断绝了两门科学的有机联系，从而致使人类社会学的研究陷入萌芽发展阶段，使得考古学发掘出来的历史遗俗失去了历史文化残存的自我确证的合理性。

  关于两种生产要素的彼此地位问题，有人将恩格斯的"两种生产"要素视为"并列的决定要素"；还有人将家族同生产方式置于同等地位。关于这些问题，概括来说，实质是为了非难唯物论因素去寻找人类社会史前时期氏族公社制度及其上层建筑，借以否认历史唯物主义的合理观点。列宁曾探讨这个问题，指出"并列的决定要素"是米海洛夫斯基等人对历史唯物主义的"修正"，他试图将"家庭—部落—国家"归纳为人类原始社会的全部历史发展逻辑。如果根据实际情况，不难看出，这种思想显然是资产阶级思想，他将资产者的现代制度视为一种永恒的，且套在一切时代和一切民族身上[1]，从而传递出对恩格斯两种生产的曲解性。事实上，恩格斯谈到"两种生产"时指出"归根结蒂"范畴中的特性，并没有将其视为"并列"或者"同等重要"地位。根据事物发展的"两重性"，恩格斯将此基本原则运用到此理论中去，且重点突出"归根结蒂"的落脚点在于"直接生活的生产与再生产"，显然是凸显唯物史论中的物质生产因素为决定性因素。

  诸多问题，如此等等。但通过总结诸多问题性争论点，我们发现他们关于人类史前史的探讨大抵呈现出资产阶级思想学者将某种唯心主义历史观推向极端，借以贬低和抵触摩尔根和恩格斯所推崇的唯物论因素，其思想背后的实质乃为资本主义家庭及其国家制度永恒性辩护。人类社会发展的客观历史条件遵循着一定的规则，它并不以人们主观臆断为转移，若是真正探讨和深入研究史前社会人类生存及其民族文化发展的历史遗俗痕迹，就需要切中特定地区和时代的人们的物质生产因素，需要遵循历史唯物主义的基本原则，需要立足现实的个人劳动为前提条件，借助大量原始社会史材料客观分析出支配人类社会发展的客观规律，才不失研究人类社会发展的科学方法。《起源》便是在遵循这一原则和特定的历史条件下，考察人类社会发展的初期阶段，借助"社会化石"的历史分析，运用历史唯物主义的基本原理分析出家庭、私有制和国家起源

---

[1]　参见《列宁选集》第 1 卷，人民出版社 2012 年版，第 21 页。

及其实质等重大问题,实际上是符合科学性、系统性和客观性的,由此而来的结论也是迄今为止不可撼动的。

3. 清算考茨基等盛行于党内的错误倾向以统一思想

1882年,考茨基在《婚姻和家庭的起源》文章中指出,巴霍芬所谓的"淫游制"是以男子的嫉妒为依据的原始专偶制。在文章发表前,其写作想法曾与马克思恩格斯进行商榷,并热烈讨论历史和人类学的问题。恩格斯给考茨基多次写信,指出他所提供的证据实质是反对自身理论的事实。但考茨基仍然坚持认为共有制是派生的现象,"共妻"也不过是少量的派生现象,而一夫一妻制则是自古有之。此时,《古代社会》的摘录已经完成。恩格斯在对《北美太平洋沿岸各州的土著民族》阅读后,确认两性公有关系的存在以及初夜权为形式的残余,意识到古代社会的血缘特殊性。[①] 对考茨基的观点,恩格斯则指出自己当时的看法,其一,"共妻(和对妇女来说共夫)是部落内部性交关系的起点",而"凡是妇女定期回到——实际地或象征性地——共有状态的地方,原始时期都实行过共妻"[②];其二,这种共妻共夫"必定是原始的、来源于动物界的"[③]。

在两次批判考茨基的过程中,不难看出恩格斯已经注意达尔文与杂交理论支持者的争议。对于嫉妒,恩格斯认为,不能仅仅通过后发的心理因素判断人的性行为,这与资产阶级的意识形态相关联。持相关理论基调的人试图将资本主义家庭关系永恒化。摩尔根则试图设定一个无规则的前社会状态,恩格斯一开始就将原始社会形成与资本主义的批判相结合,找到表明资产阶级家庭关系非永恒性的证据。

《古代社会》和《起源》的相继问世,已经深刻地揭示了人类社会史前阶段的无规则的前社会状态,阐明了氏族、家庭和婚姻的杂乱以及群婚制原初状态,因而驳斥了资本主义私有制存在的永恒基础。但是遭到诸多资产阶级学者的极力反对,否认人类盛行杂乱性交以及群婚的观点随即流行开来。在《人类婚姻史》中,韦斯特马克教授指出考茨基婚姻

---

① 参见《马克思恩格斯全集》第35卷,人民出版社1971年版,第120页。
② 《马克思恩格斯全集》第35卷,人民出版社1971年版,第432页。
③ 《马克思恩格斯全集》第35卷,人民出版社1971年版,第448页。

及家庭的错误理论，指出人们最初杂乱性交以及群婚是没有依据的，同时提出很多新奇的资料观点，受到很多资本家的欢迎。同时，修正主义者考茨基、库诺夫等人极力主张私有制起源于个体劳动，鼓吹私有制和原始共产制同样古老，试图抹黑《起源》对人类社会史前阶段原始共产制度的历史存在。库诺夫在《原始共产主义》一文中宣称摩尔根的研究结果是错误的。他基于澳洲东南部野蛮部落为案例，揭示了那里的每一个人在这个土地上取得的一切，都归自己所有。因此那里的所有制是与原始共产主义公有制相悖的；考茨基在《唯物主义历史观》中指出，原始阶段的石块经过打磨加工，都含有个人劳动，因为每一件这类物品都是制造出来的，因而也就应当成为个人的财产，因而鼓吹对劳动工具的私有是自古以来就存在的。

对此，无论是原始婚制还是私有制，在考茨基等人看来都是自古有之的社会现象，极力鼓吹"个人占有"的统治地位，这与资产阶级鼓吹和论证私有制的"永恒性"不无二致。恩格斯深刻批评考茨基等人染上了所谓的"讲坛社会主义的斜眼症"[1]，披着社会主义旗帜却干着为资本主义私有制的合理性辩护律师的事实。为强化党内领导的革命斗争需要，恩格斯在《家庭》这一章中，增加了驳斥的相关内容。同时《起源》附录里增加《新发现的群婚实例》。恩格斯在第4版的修订过程中，增加了关于级别婚的论述，完善了其在群婚中的地位。同时在探讨国家起源中注重运用阶级分析法的运用，揭露了人类社会存在不知国家为何物的阶段，继而阐释了无阶级到有阶级的发展过程，从而透过各种表面的历史种种现象揭露出国家起源的必然性及其连带的阶级性质。在这个意义上，《起源》及时清算了考茨基等机会主义错误思潮在党内的传播，及时澄清对家庭、私有制和国家起源问题的唯心主义谬论的实质，从而强化了党内的政治领导力和思想引领力。

三 《起源》文本的理论逻辑

自马克思主义以降，马克思主义经典作家便一直关注着对原始社会

---

[1] 《马克思恩格斯全集》第35卷，人民出版社1971年版，第450页。

史的研究。但由于缺乏足够的史料可供参考，那时的人们对原始社会的基本概况并不清晰，尚未有人真正揭开原始社会的秘密。19世纪中叶后，随着民族学、考古学等学科的发展，尤其是1877年摩尔根的《古代社会》的出版，为原始社会的研究提供了重要的历史材料支撑，且依靠马克思恩格斯自身的理论逻辑形成了马克思主义原始社会史理论。《起源》这本书以《古代社会》为历史材料支撑，以历史唯物主义为理论逻辑，它不仅对摩尔根所研究的家庭、私有制、氏族、国家等重大课题作专门的经济分析，并从中修改和补充相关文献；同时担负着科学社会主义的历史使命，深刻认识国家的起源、本质及其消亡的历史发展，在根本透析人类社会发展的前世今生基础上，为无产阶级解放事业提供理论基础和前进方向。

（一）《起源》文本包含的主要核心问题

《起源》是马克思恩格斯从根本的战略角度来审视人类社会发展的内在规律，在审视和剖析资本主义社会内部结构的同时还要剖析原始社会，真正搞懂家庭、私有制、国家等重大时代课题，以揭开原始社会的秘密。在这个意义上，《起源》主要围绕着《古代社会》所述的历史分期、家庭、氏族和私有制等线索展开，通过大量的原始社会史材料的支撑，在审视和批判摩尔根的最新研究成果的基础上形成了原始社会的相关历史范畴的理论观点，从而在对摩尔根的伟大发现作"批判的探讨"中实现了唯物史观的自发性质向自觉性质的发展。

1. 摩尔根的历史分期在方法上唯物而在思想上却是唯心的

关于摩尔根的研究成果，恩格斯给予了很高的评价。尽管英国学者对摩尔根在原始社会史上的伟大发现不予理会，甚至采取沉默敌视态度。与资产阶级学者不同的是，马克思恩格斯高度重视摩尔根的伟大发现，但凡他有价值和科学的结论，马克思恩格斯都会吸收采纳。但《起源》并不是资产阶级学者所宣称的"摩尔根的书的摘要"，更不是对摩尔根观点作了注释和补充。我们认为《起源》是依据摩尔根的最新研究成果和历史材料，但不拘泥于此，而是在大量修改和补充大量材料基础上创造性地形成了马克思主义原始社会理论，是一部自觉性的马克思主义唯物史观的著作。在具体微观的摩尔根的历史分期上，恩格斯对此进行了深刻的"批判的探讨",并对此作了新的解释和发挥。

在恩格斯看来,摩尔根的历史分期方法上总体上是唯物主义的,但他并不是一个自觉的唯物论者,或者说是一个自发性质的唯物论者,因此他的历史分期还部分地反映着某种资产阶级的思想、观点对他的影响,在某些问题处理上还裹挟着唯心主义的痕迹,呈现"历史唯心主义"倾向。

一方面,摩尔根的研究成果在研究方法及其结论上是唯物主义的。为研究原始社会的氏族制度史,摩尔根大量走访和调研印第安人的易洛魁人部落和希腊人的情况,掌握了大量第一手资料,前后耗费了将近40年的时间,在认真地实地调查之后,得出了相对可靠的结论。在摩尔根看来,原始社会史的历史分期为"蒙昧""野蛮"和"文明"三个时期。且每个时期又可划分为"低级阶段""中级阶段"和"高级阶段"。之所以有如此分期,是因为摩尔根采取生产技术的发展作为划分的标准。针对这种分期划分法,国内外学者有不少人质疑。苏联学者有人认为摩尔根采取"蒙昧""野蛮"一词带有某种"轻蔑"之意,且以此为划分依据是不够科学的;也有一些学者称有的分期内人类的生存状态缺乏普遍性特征,如弓箭和陶器的使用等。国内一些学者认为使用"野蛮"或者"蒙昧"并不具有轻蔑之意,恩格斯在一些场合也使用过这些词汇。此外,蒙昧低级阶段的人们还生存在森林中,并不知道如何用火,何以食鱼;等等。

在我们看来,恩格斯延续了摩尔根的分期方法,吸收了"蒙昧"和"野蛮"的词语,并不涵盖着某种现代人思维揣摩古代人理解程度的轻蔑之意,只是客观反映出来不同历史阶段生产发展的程度而已,一定程度上反映出史前社会发展的顺序从低级向高级,从简单向复杂发展的历史规律。恩格斯之所以采纳摩尔根的分期法,是因为摩尔根的分期方法遵从"生活资料生产的进步"作为划分依据,是符合历史唯物主义的基本原则和基本立场的,是科学有效的。"他所提出的分期法,在没有大量增加的资料要求作出改变以前,无疑依旧是有效的。"[①] 在这个意义上,恩格斯至少承认这种分期法是值得借鉴参考的。

[①] 《马克思恩格斯文集》第4卷,人民出版社2009年版,第32页。

不过这种分期法，后来被列宁发展为三个时期，即使用棍棒的猿猴群、原始人类、组成克兰社会的原始组织。① 斯大林又接着发展为三个时段：原始共产主义、母权制（原始农业）、父权制（牲畜业）。不过斯大林这种分期方式是不够科学确切的。郭沫若在《中国史稿》中将原始社会分为三个时期，分别是原始人群、母系氏族公社时期、父系氏族公社时期。从中我们发现摩尔根的历史分期及恩格斯给予的态度都可以看到，他的分期方法在方法上和结论上是唯物论的，是相对有效的。

另一方面，摩尔根的分期法还裹挟着唯心主义痕迹。恩格斯在肯定摩尔根分期法的同时，并未将其绝对全盘接受和客观地转述摩尔根的著作，而是对其材料不充分、观点牵强的地方作了"批判的探讨"。在恩格斯看来，如果不对其进行批判的探讨，不利用最新的研究成果，不同我们的观点和现有的结论相联系，那就毫无意义可言。在这点上对我们的工人毫无增益。② 落实到具体的历史分期上来说，恩格斯发现摩尔根的历史分期部分反映出来某种资产阶级思想倾向，有些问题陷入唯心主义陷阱。在谈到人类社会初期阶段发展时指出，他不止一次探讨了"理智""观念"的作用。在《古代社会》纲目编排上，使用了"智力发展""观念的发展"，认为人类的发展从低级到高级的发展是基于"发明和发现"的累进发展过程推动的。③

这就是说，摩尔根在认识人类早期状况的发展背后的成因时，无法觉悟到用历史唯物主义分析和阐释人类社会生产进步背后取得的已知进展，虽然探讨了人类社会发展的阶梯从底层开始迈进，通过经验知识的发明和发现的累进积累过程，实现从蒙昧阶段上升为文明社会的，但是依靠人们心智和智力的发展来解决社会前进发展的问题的逻辑显然带有唯心主义色彩，且这个论点也无法真正认识到原始人类取得的已知进展的原因，无法透视人类的经历和不同半球处于同一个阶段背后的文化差异。如果进一步追问摩尔根的历史分期，我们不难发现：摩尔根基于人

---

① 参见《列宁全集》第 31 卷，人民出版社 2017 年版，第 9 页。
② 参见《马克思恩格斯文集》第 10 卷，人民出版社 2009 年版，第 516 页。
③ 参见 [美] 路易斯·亨利·摩尔根《古代社会》，杨东莼、马雍、马巨译，中央编译出版社 2007 年版，第 3 页。

类社会发展的进步线索，诸如政治观念、家族观念、财产观念等一系列发明和发现为基石来审视人类社会顺序相承的发展阶段，的确揭露出氏族、胞族和部落等原始社会形态结构情况，但仅仅依靠观念演进过程的累进知识作为考察人类社会顺序相承的决定性因素，这就明显具有资产阶级思想倾向，而且陷入了唯心主义陷阱。在这方面，苏联和国内部分学者认为摩尔根的历史分期呈现出历史唯心主义，基本是唯心主义立场，因而持否定批判态度。

综上所述，恩格斯对摩尔根的历史分期采取辩证态度，既肯定和采纳其历史分期的方法和唯物论性质的结论，又批判和修改摩尔根唯心主义的思想观念，使《起源》成为更具有历史唯物主义的理论化运用的光辉典范著作之一。为保持《起源》的最新观点，在准备出版第4版时，恩格斯重新查阅8年来有关这一问题的全部文献，甚至还扩充第2章内容和添了一篇序言，从而确保了马克思主义原始社会理论超越了摩尔根的研究成果，奠定了马克思主义的科学性、客观性和系统性地位。

2. 亲属关系制度中循迹出家庭史的起源及其发展演变

在19世纪60年代之前，关于家庭史的发展和研究模糊不清甚至趋近空白，无法在历史层面对家庭史的发展演变进行概念界定和溯源追踪。那时的历史学家对家庭的看法深受"摩西五经"等宗教神学的影响，直至1861年瑞士历史学家和法学家巴霍芬《母权论》一书出版，才正式揭开对家庭史的思想研究，他通过考察古代希腊、古代罗马神话故事、民间传说等相关文献记录，发现早期社会人们之间存在杂乱且无限制的性关系，首次论证了母权制是在父权制之前存在的这一事实，认为氏族社会是女人统治社会和家庭的时代。恩格斯指出，承认母权制先于父权制的事实存在，是巴霍芬显著的历史功绩。但由于巴霍芬的思想研究受宗教观念变化的影响而否认物质生产发展的决定作用，从而走向神秘主义道路。

摩尔根在前人研究的基础上用科学方法在家庭史研究方面开辟了一个新的时代。根据易洛魁人部落的亲属制度的实证调查材料，他划时代地揭示亲属制度与原始社会结构之间的秘密关系，从而沿着亲属关系制度中循迹出家庭史的起源及其发展演变历程，实现了把亲属制度引入科学研究的最大突破性。

所谓亲属制度是一种表示有一定血缘关系的亲属之间相互称呼的制度体系，而家庭是一种特殊的社会关系，是一种社会现象，是人类两性共同生活的组织形式，特指"夫妻之间的关系，父母和子女之间的关系"①。摩尔根指出家庭作为一个能动的因素，经历了一个由低级向高级的发展过程。而亲属制度却作为一个被动的因素，要经历较长时期才能适应家庭制度的变化从而发生根本变化。

摩尔根以易洛魁人的亲属制度为出发点，结合大量的实证材料，从易洛魁人和夏威夷岛上存在的亲属制度和家庭关系之间的矛盾状况中推演析出家庭演化的历史形式。在人类社会发展演变之初，人类经历了一段漫长的不受限制的杂乱性交关系；到蒙昧时期低级发展阶段，人们对这种杂乱性关系进行限制，逐渐走出没有家庭的原始状态进而形成家庭关系。人类先后经历了共夫共妻的群婚制阶段和专偶制的个体婚制阶段，反映在家庭形式上，历经血缘家庭和普那路亚家庭、多偶制家庭和专偶制家庭形式。血缘家庭开启了人类对自身杂乱性关系的限制，将性关系局限于同一辈的人之间，拒斥具有血缘关系的亲子之间建立婚姻关系。普那路亚家庭（伙婚）是在蒙昧时期中高级阶段出现的第二种家庭形式，也是群婚制发展的高级阶段形成的家庭形式，普那路亚家庭禁止在一个血缘集团内建立家庭婚姻关系，只允许进行"族外通婚"。在人类经历的个体婚制阶段中包括不甚稳定的个体婚即对偶家庭形式和相对稳定的个体婚即一夫一妻制家庭。其中对偶婚制是形成于蒙昧时期与野蛮时期交替变化阶段人类经历的第三种家庭形式，对偶家庭中男女双方可随意解除婚姻关系，但其依旧延续着群婚时期存在的母系氏族制度和原始共产制家庭遗迹。而一夫一妻制家庭是形成于野蛮时代中高级交替阶段的人类经历的第4种家庭形式，也是延续至今的人类现存的家庭形式，指一男一女建立婚姻关系的家庭形式，是文明时代开始的重要标志。

这样，从杂乱的性交关系到血缘家庭再到普那路亚家庭（伙婚）再到对偶婚家庭再到一夫一妻制家庭，摩尔根首次绘出了家庭史的略图，他把家庭史典型的几大发展阶段初步确定下来了。因为人类自身生产方式及其所体现的血族关系是原始社会发展的基础，所以摩尔根在这方面

---

① 《马克思恩格斯文集》第 1 卷，人民出版社 2009 年版，第 532 页。

的发现不仅确立了母权制氏族在原始历史研究中的轴心地位,更为人们在原始历史研究方面指明了研究方向和研究内容,开辟了原始历史研究的新时代,推动了原始社会史学各方面的进步。

3. 从血缘关系嬗变为地缘关系演变的历史性和必然性

血缘关系又称为"血族关系"或"血亲关系",在古老的氏族社会中承担着维系整个氏族成员的纽带;氏族因血缘而团结为共同体。在家庭史起源的探讨上,巴霍芬的《母权论》最先展开了由血缘作为基础的、关于母权制与父权制关系发展的探讨。他对戏剧《奥列斯特》中血缘关系的神圣地位进行解析,坚信在神与宗教对父权制和母权制关系的转化,因而带有神秘主义的色彩。麦克伦南对于外婚制"部落"和内婚制"部落"的关系搞混了,完全没有民族学上的依据。在恩格斯看来,同意巴霍芬的母权制度是人类最初的制度,但麦克伦南的"虚构"和"假说"无法解释群婚制存在的史实。究其根源,恩格斯提出"两种生产"理论,也就是说,在生产力发展水平低下的社会发展前期,人类自身生产是人类社会最初阶段社会发展依存的重心,此时"劳动越不发展,劳动产品的数量,从而社会的财富越受限制,社会制度就越在较大程度上受血族关系的支配"[①]。故而氏族社会发展以血缘关系为氏族建立的基础,以血缘关系作为整个氏族活动建立的核心来进行展开。所以血缘关系是在劳动发展不完全阶段占据统治地位的氏族、部落凝聚的重要因素,后随着生产力的发展、生产水平的提高,血缘关系的作用逐渐弱化。

血缘关系是氏族发展的重要因素但不是唯一因素,语言也是氏族凝聚的重要因素,成员间失去语言交流,就会形成氏族发展中的"巴别塔",造成氏族间的生产无法向前发展,进而交流和战争对于资源的争夺将使氏族凋零。因此,血缘关系也成为一个重要的契约,承担着对自然和外界异族的侵犯的对抗和保护本族人们安全作用。有血缘的人们相互保护、相互扶持,才能使氏族部落在众多部落中屹立不倒。在经济生活方面,血缘关系在野蛮阶段发挥着维系整个氏族的团结作用,从最开始以食草根、果实和躲避猛兽为生,到捕鱼、生火再到对于工具的使用,血缘始终是成员间自成一脉的原因。在意识层面领域,原始氏族依赖气

---

① 《马克思恩格斯文集》第4卷,人民出版社2009年版,第16页。

候、河流、雨水而生，受到自然条件的直接影响，所以图腾作为整个氏族血缘的意识文化领域的信仰，起到精神领域的支撑作用。在地域方面，随着工具利用的进步、武器的不断发展和资源的有限性，使氏族之间的战争不断，所造成的氏族间的人员流动冲散了氏族之间的血缘关系，逐渐瓦解和淡化了以血缘关系建立的氏族关系，逐渐形成各个氏族、胞族、部落杂居环境格局，为形成地域关系基础上的政治社会格局创造了可能。

所谓地域关系是指人们按照地区分化来进行生产、生活和交流的社会关系。经过氏族社会内部发展血缘关系逐渐走向地域关系特征的推进，社会生产力的发展越来越快，血缘关系已经在地缘关系的冲击下走向瓦解，直到地缘关系确立，意味着血缘关系已经无法维系人们之间关系的凝聚。"住在同一地区的人们实际上可能是亲属，但是，血统关系不仅不能再起任何作用，甚至于它都不再为人所察觉，慢慢地连它本身、连共同的起源也都被忘掉了。"[1] 所以，随历史洪流的前进，生产力在不断进步和财富的不断扩大，人与人之间的交互越来越密切，以血缘关系为基础所建立的社会关系已不能满足生产力的发展要求，地缘关系对于血缘关系的取代也是历史的必然趋势。

4. 从母系制向父系制转变中妻子逐渐远离公共劳动性

在摩尔根的《古代社会》之前，人们对氏族社会的认识停留在父权制氏族阶段，且不知氏族和部落有何不同。摩尔根通过大量调查研究获得大量一手资料，确证了氏族是某种血缘关系维系的团体，是一切民族国家史前时期所共同经历的阶段，具有普遍性特征。已有的古希腊、古罗马人的生活痕迹要比印第安人较早进入父系氏族社会。在摩尔根看来，氏族是原始社会的基本形式，而父系氏族形式并不是西方历史学家所提出的最早的历史阶段，确证了母权制氏族先于父权制氏族的历史性存在史实。因此，摩尔根的最新研究成果向人类宣告了人类社会的基本组织形式经历了从母系氏族公社向父系氏族公社嬗变的过程，为原始社会的理论研究开辟了新的时代，它"对于原始历史所具有的意义，正如达尔文的进化理论对于生物学和马克思的剩余价值理论对于政治经济学的意

---

[1] ［苏］柯斯文：《原始文化史纲》，张锡彤译，人民出版社1955年版，第236页。

义一样"①。恩格斯将这种社会组织形式的历史变化视为一次社会经济大革命，其演进历程随着私人财产和私人劳动的出现而变化。

摩尔根认为，母系氏族是氏族的最初形式，是氏族制度的典型形态，由此为原始氏族社会历史研究确立了轴心。在谈到原始家庭时吸收了进化论思想，他认为家庭是一个历史范畴，是一个能动的因素；它从来不是静止的，是由低级向高级发展的。同时指出家庭演进路径是：血缘家庭—普那路亚家庭—对偶家庭—一夫一妻制家庭。基于此，恩格斯指出在漫长的原始社会时期，物质资料的生产方式只有一种，就是原始共产制。而两性关系、家庭和婚姻的形式却多次发生根本性的质的变化。之所以有如此变化，是因为物质资料生产方式开始替代人类自身生产方式对社会发展起支配作用的时期，也就是开启阶级社会制度替代原始社会制度的历史新局面，且集中发生在氏族制度解体的过程中。这说明氏族制度研究能解开阶级关系产生的哑谜，其中蕴藏着母系制度向父系制度过渡的基本规律。

（1）物质资料生产方式开始占据主导地位。马克思认为，在原始社会里，家庭形式，即人类自身生产方式的基础。家属制度是上层建筑，其关系就像阶级社会里的基础是——物质资料生产方式和上层建筑——政治、宗教、法律和一般哲学体系一样。恩格斯在论述血缘家庭向普那路亚家庭的过渡，以及后来的普那路亚家庭向对偶家庭过渡时，并没有说明物质资料生产的决定作用。但在论述一夫一妻制家庭产生的时候，才强调突出这种作用。在母系氏族公社里，具有共同劳动和平均分配的原始共产制特征，女性享有崇高的社会地位。一方面在于世系按母系原则计算，女性长辈掌握氏族本部公共事务的话语权；另一方面家务照料和家庭生产等劳动是氏族公社内的一项公共劳动。因此，母系主导的氏族组织方式不具有强制性。但当生产力发展和物质生产资料在维持生存所需的产品需求所占比重逐渐提高，且劳动所得超过维持生存所需的产品时，这时就意味着物质资料生产方式开始超越人类自身生产方式对社会发展起支配作用，也就是开启阶级社会制度替代原始社会制度的历史新时代。

---

① 《马克思恩格斯全集》第 29 卷，人民出版社 2020 年版，第 268 页。

（2）私有财产的出现逐渐蚕食原始共产制。尽管母系氏族公社向父系氏族公社转变，原始共产制依然占据主要地位，但已经开始出现私有财产的成分。原始社会的农业、畜牧业、手工业等方面不断发展，不仅可以实现生存所需的自给自足，而且也生产出剩余物。男子在这些部门中逐渐占据主导地位，成为经济生活和社会生活的主角。男子驯养、繁殖和看管牲畜，是生产逐步向私人过渡的表现。此时畜群的所有状况呈现既私有又公有的二重状态，恩格斯将这财富性质描述为特殊财产，带来了"以自己劳动为基础的私有制"的占有现象的产生。如在土地的所有权上，雅典人的土地大致是私人所有的，是可以抵押和出售等私人处置的。日耳曼人的马尔克公社的"单块的份地变成了可以转让的私有财产即自主地"[①]。因此，土地从各个部落或氏族的共同体的占有，开始趋于永久的个体家庭财产属性转变。

（3）男性家长制趋于绝对化且居于支配地位。私人财产性质变化是通过婚姻制度和家庭形式的过渡发生的。在原始氏族公社"共同生产"的大前提下，人类自身生产方式的变革，即氏族团体的亲属关系的变革，是考察原始公有制到私人财产确立的关键环节。婚姻制度是血缘关系社会嬗变的支点，其中"从夫居"的出现标志着婚姻和家庭形式已经向对偶制和专偶制转化。"世系计算原则变为父系""冠父姓"等方面的转变，都利于明确人口和财产私人归属于男性，这就意味着母系制开始向父系制转变。而从母权制过渡到父权制，有一个很重要的环节就是男性家长制度的绝对化。家长制在母系氏族公社中早已有之，此前女性在母系氏族中享有较高声望，有较多的公社权力。在分配方面，全体氏族成员共同分配。在管理制度方面，原始民主制是其特色政治生态。在社会关系上，妇女在其中发挥重要作用。在世界影响力上，它的存在于人类历史上具有普遍性。这在全球范围内的历史考古学得到了确证。但是从对偶婚向一夫一妻制转变过程中便出现了男性家长制绝对化。此时的家长制树立了主人对奴隶的权威，树立了长辈对子女的权威，也树立了男性对女性的权威，即未嫁从父，出嫁从夫，父死从子。由此一来，氏族公社朴素的人与人之间的原始民主制实现了自我变革和自我进化。

---

① 《马克思恩格斯文集》第4卷，人民出版社2009年版，第170页。

（4）父系家庭公社的作用越来越凸显，规模也越来越大。随着氏族组织中血缘纽带联结作用逐渐松弛，成员之间越发难以谈及氏族共同利益。由此母系氏族规模演化的趋势越来越小，反之父系氏族公社的规模越来越大。这种母系氏族单位缩小化趋势是契合人口和财产的私人所有，符合父系家长制发展的生产趋势，利于维护和促进个体小家庭的利益增长的趋势，是适应于原始家庭从群婚制经由血缘制到对偶制的转变历程。正像恩格斯所强调的"原始历史上家庭的发展，就在于不断缩小最初包括整个部落并在内部盛行两性共同婚姻的那个范围"[1]。与此同时，劳动生产效率提高和交换的频繁，促使社会分工进一步发展，造成地域关系发展和血缘关系维持的氏族公社的弱化，进而造成女系地位的下降及其建立在其上的家务劳动逐渐被剥离出公共劳动性质而转归为私人性质。因此，父系家庭公社"乃是一个由群婚中产生的母权制家庭和现代世界的个体家庭之间的过渡阶段"[2]。由此带来人类历史上的一次社会经济大革命。

一言以蔽之，母系氏族向父系氏族社会嬗变过程，造成了母系氏族地位衰微，逐渐确立起父系氏族制和父系家长制，为私有制和阶级的产生奠定了历史条件。表现在两性关系上，男女家庭地位发生了颠倒。原始社会只有家庭血亲关系，最初的家庭分工是自然分工。当"以自己劳动为基础的"私人财产和私人劳动出现，就有了家庭外的社会分工。在社会分工中，男子往往在生产中占主导，使得丈夫在家庭中占据了更重要的地位。此时，男性维护自己的私有财产和子女继承权成为首要问题。而且妇女的家务劳动失去了在氏族公社组织形式下的公共劳动的性质，使得妇女在公共生产上的角色缺位；同时妇女劳动的财产也归属其丈夫所有。因此，这种家庭私有制呈现为两性关系意义上的男性私有制。而母系氏族的瓦解、父系私有制的确立是造成男尊女卑的社会阶级根源。[3]从女性地位发展史来看，女性社会地位式微，并逐渐沦为男性的生育工

---

[1]《马克思恩格斯文集》第4卷，人民出版社2009年版，第59页。
[2]《马克思恩格斯文集》第4卷，人民出版社2009年版，第70页。
[3] 参见《〈家庭、私有制和国家的起源〉试释（初稿）》，华南师范学院历史系《〈起源〉试释编写组》1979年版，第81页。

具和家庭内部财产的附庸,与妇女的劳动失去了原始公社时期的公共性有直接关系。因此,恩格斯提出,若实现妇女解放,其先决条件是让其重新回到公共的劳动中去,去参与社会公共事业性质的生产,从而获得独立的收入,但这就不能履行家庭中的义务,而"达到这一点,又要求消除个体家庭作为社会的经济单位的属性"①,从而将妇女从私人服务的劳动中抽离出来而实现两性关系的平等。

(二) 窥见《起源》文本结构的逻辑框架

作为科学社会主义典型运用历史唯物主义典范的经典文献著作之一,恩格斯结合摩尔根《古代社会》的研究成果,在补充和完善大量历史和现实的材料基础上,对原始社会的起源、发展和消亡过程作了唯物论分析,重点分析了家庭、私有制和国家等主题线索的历史逻辑运转,以揭示人类社会发展的基本规律,初步建立起从原始社会史到共产主义社会的人类社会顺序相承的逻辑体系。深刻完整阐释和填充人类社会发展的循序次序,对于说明人类社会发展的基本规律,对于批判资本主义的永恒性,对于坚定共产主义信念具有深刻的历史意义。

1. 《起源》以私有制和家庭起源为理论逻辑支点

生产资料私有制和家庭不是从来就有的,而是历史发展的产物。在人类历史最初阶段上,人们既不知私有制为何物,也不懂家庭的多种形态,更不必说私有制和家庭之间的关联了。在《古代社会》中,摩尔根从调查研究的历史事实中抽离出生产技术的发展呈现出由低向高的阶梯发展的隐形规律,但却无法捕捉到人类社会发展背后被遮蔽的"秘密"。恩格斯则根据摩尔根的研究成果,对原始社会贯穿的私有制和家庭作了经济方式论证,阐发了私有制和家庭的起源不是历史发展的偶然,构成了马克思主义原始社会理论逻辑的支点。

何为私有制?在马克思恩格斯看来,主要特指生产资料归个人占有的形式。在《起源》诞生之前,根据马克思主义关于人类社会顺序相承的"四形态"说,私有制形式原则划分为奴隶制私有制、封建主私有制和资本主义私有制。对于阶级社会之前的认识,尚处于一片空白。虽然

---

① 《马克思恩格斯文集》第4卷,人民出版社2009年版,第88页。

摩尔根在《古代社会》中触及生产资料和私有财物归属个人私有,社会世系的继承就必然有一种与之相适应的氏族成员继承制的运动,随着这种财产的大量积蓄,且男性作用和地位越来越突出,旧有的女系传承便逐渐被男系取而代之。但遗憾的是,摩尔根并未突出现实的个人的劳动作用,且对私人占有的历史效用所作的经济论证不够彻底。马克思在19世纪40年代曾指出:"社会制度中的任何变化,所有制关系中的每一次变革,都是产生了同旧的所有制关系不再相适应的新的生产力的必然结果。私有制本身就是这样产生的。"[1] 后来,恩格斯在《起源》中进一步补充和完善了这一观点。

（1）私有制的出现与分工和生产剩余相耦合

私有制的出现绝不是偶然的,而是伴随着人们在适应自然、改造自然过程中逐渐形成的。在生产力发展水平处于较低阶段,为适应恶劣的环境生活,处于蒙昧时代的人们过着群居生活,彼此要通过集体协作和艰苦劳动仅能维持最低生活保障。此时人们之间的社会关系是生产共有制,生活资料归属氏族共同体或者部落共同体所有,人们过着原始共产主义生活。分工也是纯粹的自然而然产生的,最初的分工是性别分工,男性从事打猎、捕鱼等获取生活资料,并制作生活所必需的劳动工具;女性从事采集、照顾和料理一些公共事务等。这时候劳动的人们都是自己领域的主人。男子是森林中生产工具的主人,而女子则是家内支配生活工具的主人。但是,凡是人们共同制作的和使用的东西皆属共同财产,归属氏族或部落共同体所有,如土地、园圃等。在大多数情况下,一切问题都是氏族或部落共同体来共同平等协商解决。此时自由、平等、博爱原则是基本准则,共产制的家户经济没有剥削、没有压迫,因而形成了他们的自尊心、公正、刚毅和勇猛、平等等性格。这种性格"在没有分化为不同的阶级以前,人类和人类社会就是如此"[2]。

后来随着生产力的进一步发展,人们并没有在这个阶段停留,而是继续自律地向前推进着。当人们开始学会种植、养殖、制陶、铸造铜器和冶炼铁器,人们适应自然和征服自然的能力逐渐提高,这离不开人们

---

[1] 《马克思恩格斯文集》第1卷,人民出版社2009年版,第684页。
[2] 《马克思恩格斯文集》第4卷,人民出版社2009年版,第112页。

的辛勤劳动和自我所有能力的提高。当人们生产和创造的产品超过了维持生活所需的界限，便开始有了产品的剩余，此时便开始孕育出瓦解旧生产方式和公有制经济的新因素。生产力的进步促使人们征服自然能力的增强，使得人们劳动创造的产品数量增加，且种类繁多，出现了不同类型的分工。如果放眼全球视野来看，原本依赖渔猎采集经济的地区逐渐发展为原始畜牧业，在种植适宜地区逐渐发展为原始农业，后来农业又进一步分化为手工业。在此过程中，商业也开始出现，出现了从事非生产性劳动的商人且专门从事交换活动的商人。这种基于生产力发展而出现的生产关系的转变，被恩格斯称为三次社会大分工。

第一次社会大分工是将游牧民族从野蛮人群中分离出来，这时畜牧变现为特殊财产，劳动产品剩余出现；第二次社会大分工是以铁质工具为代表，改变了人与自然关系，人们生产创造的劳动产品更加多样化，且劳动分工更具细密化。"织布业、金属加工业以及其他一切彼此日益分离的手工业，显示出生产的日益多样化和生产技术的日益改进。"[①] 在这一时期，土地完全私有，且可以作为抵押或者世袭。丧失土地就意味着失去全部生活资料来源，就可能会沦为债务奴隶。如在雅典，土地抵押带来了自由民的分化，自己劳动的产品很大一部分用于抵押，只有六分之一的比例用于维持生活；一旦劳动所得资不抵债，债务人就会被迫将自己子女卖到国外做奴隶，以偿还债务。[②] 第三次社会大分工创造了一个新的阶级——商人，专职商人的出现意味着产品交换、自由买卖、货币流通日益频繁，此时生产资料生产者与占有者分离，私有制处于蓬勃发展时期。经过几次大的社会分工，促使劳动生产方式、协作方式和占有方式都见证了生产力的进步程度，呈现出分工细密化、专门化特征，为产品的剩余、占有他人劳动成为一种普遍的现象，同时也为私有制的产生创造了坚实的基础和经济条件。

（2）始于杂乱性关系的群居经由社会禁忌而形成家庭

家庭形态的出现也不是从来就有的，也是历史发展的产物。如前文所述，在人类社会的最初发展时期，人类社会的生存样态是群居生活，

[①] 《马克思恩格斯文集》第 4 卷，人民出版社 2009 年版，第 182 页。
[②] 参见《马克思恩格斯文集》第 4 卷，人民出版社 2009 年版，第 129 页。

那时的人们并未有任何社会限制和习俗禁忌，因而在两性关系上呈现为"杂乱性关系"，在两性关系上还没有形成任何婚姻家庭关系。而原始状态下的"杂乱性关系"并不是一种主观臆断的习俗现象，也不是说明他们毫无道德羞耻可言。考茨基等人就反对"杂乱性关系"，认为人类最初阶段就是一夫一妻制的单偶制，他以鸟类和哺乳动物的对偶制来反对这种杂乱性关系行为。尽管恩格斯回信批判考茨基等人，但他依旧坚持己见。在恩格斯看来，刚刚脱离出动物本能的人类是群居式的，从生理上而言，比起哺乳动物而言，人们适应自然的能力很弱，单偶制生活无法同恶劣自然环境对抗，只能依靠群的力量和集团行为来弥补个人劳动的不足之处，因而就形成了与群居生活相适应的杂乱性关系，以此实现作为种的人类的自然繁衍。如果一开始就是一夫一妻制家庭生活，就会削弱群的力量，那么人类就可能不会从动物本能中转化为人类的存在。至于动物之间适用那种单偶制，如黑猩猩，妨碍了它们组成群的形式，阻碍了它们转变为人类的重要原因之一。"动物社会对于推断人类社会确有某种价值——但只是反面的价值而已。"[1]

此外，摩尔根和恩格斯也通过大量的调查研究获得一手资料，确证了人类社会初期阶段的婚姻关系限制较弱，呈现出杂乱性关系特征。恩格斯在《起源》中提道："不仅兄弟和姊妹起初曾经是夫妇，而且父母和子女之间的性关系今日在许多民族中也还是允许的。"[2] 如果把目光放到全世界各地的话，智利的库库人、加勒比人、印度支那半岛的克伦人的事迹报告都得到了确证。不过需要强调一点的是，虽然人类社会的初始阶段是杂乱性关系，但也绝不是毫无秩序可言的。"杂乱"只是说明那些社会习俗的规定限制还不存在，"短时期的成对配偶绝不是不可能的"[3]。后来经由社会禁忌和社会习俗的约束下，人类婚姻关系开始从杂乱性关系中逐渐发展到群婚制。血缘家庭是最初的原始家庭形式，它以同氏族辈分来选择的婚姻集团，仅仅排除了不同辈分之间的婚姻结合。但是同辈的兄妹之间可以互为夫妻。这种情况在我国少数民族的历史遗迹中及

---

[1] 《马克思恩格斯文集》第4卷，人民出版社2009年版，第45页。
[2] 《马克思恩格斯全集》第28卷，人民出版社2018年版，第50页。
[3] 《马克思恩格斯全集》第28卷，人民出版社2018年版，第51页。

其西南部分省份都有这些传说和记载。后来两性关系在血缘家庭基础上进一步限制了本氏族内的亲兄妹及其旁系的兄妹之间的婚姻结合。一家族的男子和另一家族的女子（姊妹）集体互为夫妻，这种家庭关系也称为"伙婚家庭"。

为什么家庭形态会发展这种变迁？如果从进化论程度来看，自然选择的进化作用还是起到了相当大的历史作用。随着生产力的发展，人们凭借生产所需的工具手段的增强而征服自然能力的强化，人群自然而然增多，便增加了集团外通婚的条件和机会。而婚姻关系的结合在自然选择条件下，近亲婚配的发达集团就会逐渐战胜那些毫无限制的不发达的集团，但这个选择过程注定是缓慢的过程。从最初的禁止不同辈分之间禁止通婚扩展到亲兄弟姊妹之间的禁止通婚，两性关系的结合和家庭形态的变迁都是伴随着社会习俗和社会禁忌的规定越来越多，由此见证了群婚的家庭形态的跃迁而群婚制是家庭发展史的一个必由之路，因此了解群婚制也是研究家庭史的应有之义。

摩尔根虽然认识到群婚制的变迁形式，但是没有深刻认识到群婚也是遵循从低级向高级阶段发展的基本规律。当自然选择的作用越来越大，氏族内的婚姻关系的限制和禁忌越来越多时，群婚的选择空间越来越小。加之妇女对"主夫"和丈夫对"主妻"的要求也推动了对偶家庭和专偶制家庭的出现。但是这一进化过程由母权制过渡到父权制，男子逐渐在劳动生产中成为主要承担者，因而发展成为主导角色。而妇女的劳动也开始逐渐退出公共劳动舞台，退居到次要地位。正是在这个意义上，群婚制走向了没落，母权制的威望和统治地位逐渐让位于父权制，其家庭形态逐渐倾向于固定的专偶家庭选择。人们之间的关系也由过去的男女平等地位发展为女子从属于男子的地位，且不可以随意解除婚姻关系。在这个范畴上，私有制下的婚姻关系是不平等的婚姻关系的结合，也是以经济条件为基础的权衡利弊的选择，是确保男子私有财产的继承的制度保障。

总而言之，从以上考察过程中，《起源》便是从私有制和家庭的发展史为逻辑线索，进而考察私有制、阶级、家庭和国家之间的交互关系，并从中揭露和挖掘这些概念的历史范畴及其未来的发展态势，这就为批判资本主义家庭及其婚姻关系提供了思想批判的武器，同时也为真正的家庭和婚姻关系中妇女的自由解放提供思想条件和社会条件。

2. 《起源》以国家起源及其本质为理论逻辑中心

《起源》是恩格斯在获取大量史料研究基础之上，以唯物史观为视角深入分析了氏族制度解体、国家制度兴起的社会历史条件，进而阐明了国家的起源和本质问题，并预测出国家发展的未来趋势。因此，国家问题是恩格斯在《起源》阐释私有制、阶级和氏族制度等相关核心概念和基本逻辑中揭示出来的，凸显国家作为特定经济社会条件下的产物，不是从来就有的，是一个历史范畴。国家的产生与私有制和阶级的发生、发展是分不开的，它是阶级斗争难以缓解和阶级矛盾不可调和的产物。

首先，恩格斯通过摩尔根的研究成果研究了史前文化阶段的基本特征，探讨了史前文化阶段包括蒙昧时代和野蛮时代以及文明时代之间的内在联系。在结合社会生产力的发展和私有制的形成和发展时探讨了家庭的起源和演变。他认为，家庭并不总是存在的，也不是凭空产生的，家庭的形成必须建立在一定程度的经济和社会发展的基础上。而个体家庭的形成和发展进一步削弱了氏族制度公有制基础及其共同体所需的人类自身生产方式的社会作用，此时人类自身生产方式的变革和自我进化，使得物质资料生产方式逐渐在社会生产中超过人类自身生产方式而起到主导作用。

其次，在研究氏族制度时，阐述了私有制的产生和阶级的起源。在此基础上，恩格斯研究了物质生产发展所引起的三次社会分工。它不仅促进了社会生产力的巨大发展，而且深刻地改变了社会经济结构和阶级关系。具体来说，首先是农牧分离，形成了主人和奴隶的区分；二是手农分离，出现了贫富分化；三是农商分离，破坏了氏族制度的基础。恩格斯把三次社会分工作为氏族制度解体和国家制度崛起的经济基础和条件。随着第三次社会分工的发展和私有制的出现，阶级分化也开始加剧，氏族制度最终被国家制度所取代。恩格斯指出："氏族制度已经过时了。它被分工及其后果即社会之分裂为阶级所炸毁。它被国家代替了。"[1]

最后，恩格斯指出了国家产生的三种形式。第一种是雅典形式，它直接来自氏族社会的发展，没有受到任何暴力的干扰；第二种是基于地

---

[1] 《马克思恩格斯选集》第4卷，人民出版社2012年版，第186页。

域的划分和财产的差异，从平民与贵族之间的斗争走向罗马式；第三种是因外来征服和扩张而产生的德意志风格。在他看来，日耳曼人国家制度的出现有两个直接的前提条件：一是所有部落联合起来成为一个国家；二是氏族制度及其从属的具体制度在发展到最发达的阶段后已经不能满足社会发展的需要。

关于国家的本质问题，恩格斯认为国家是必然产生的，但国家又不是自然而然产生的，而是在诸多因素共同影响下所产生的，其中阶级和阶级斗争起着独特作用。"在经济发展到一定阶段而必然使社会分裂为阶级时，国家就由于这种分裂而成为必要了。"① 这表明，国家实际上是为了适应经济增长和阶级分化加剧的现实而建立的，是为了控制阶级对立和阶级斗争的现实需要而产生的。随着生产力和私有制的发展，社会分化越来越激烈，产生了不可调和的对立，最终分化成各个阶级。由于经济利益的冲突，这些阶级很可能会一起消亡，甚至毁灭整个社会。这时就需要有一种超越社会各阶层的力量，能够有效缓解矛盾，维护社会"秩序"，从而在相对稳定的社会环境中更好地维护和实现统治阶级的利益。这种力量就是国家。而国家是经济上占主导地位的阶级，为了缓和冲突和维持自己的统治地位而建立起来的公共权力机构，从而对被统治阶级进行持续的统治、剥削和压迫。因此，国家的本质是阶级统治的工具，具有统治、控制和调节的多重功能。它是出于缓解阶级矛盾、维护社会"秩序"的需要而产生的，这决定了国家并不是社会公共利益的真正代表。正如恩格斯所说："国家的本质特征，是和人民大众分离的公共权力。"②

3. 《起源》以"两种生产"理论为理论逻辑支撑

"两种生产"理论贯穿着马克思恩格斯思想发展的始终，并在《起源》一书中得到系统总结与阐述。在1884年的第一版序言中，恩格斯明确指出："根据唯物主义观点，历史中的决定性因素，归根结底是直接生活的生产和再生产。但是，生产本身又有两种。一方面是生活资料即食物、衣服、住房以及为此所必需的工具的生产；另一方面是人自身的生

---

① 《马克思恩格斯选集》第4卷，人民出版社2012年版，第190页。
② 《马克思恩格斯全集》第28卷，人民出版社2018年版，第140页。

产，即种的繁衍。"① 这为进一步完善对家庭、私有制与国家的唯物史观分析奠定了思想基础，表明"两种生产理论"是理解《起源》一书的核心线索和洞悉文明发展的理论支撑。

生活资料的生产与人自身的生产都是唯物史观的基本向度，是人类社会发展的动力所在。生活资料及获取生活资料所需工具的生产，是人最基本的实践活动，也是人认识与改造外部自然的物质生产活动。人自身的生产，即人类的生存与繁衍，是人类维持自身并再生产自身的过程。这两种生产统一于物质生活的生产与再生产，是物质生产的表现形式和历史发展的物质因素，不能将"两种生产"理论理解为二元论。

生活资料的生产与人自身的生产构成一种辩证统一关系，彼此相互依赖、相互制约、相互作用，共同构成了人类文明发展的历史进程。首先，二者统一于人类物质生活的生产与再生产，具有本体论上的一致性。"全部人类历史的第一个前提无疑是有生命的个人的存在"②，早在《德意志意识形态》中，马克思恩格斯就指出人类历史的现实前提是"一些现实的个人，是他们的活动和他们的物质生活条件"③，即由生活资料的生产与人的生产共同构成的现实物质条件。其次，二者相互依赖、相互作用，彼此不可分割。人本身的生产与再生产离不开劳动所提供的生活资料的物质条件，这是人得以维持物种存在的基本条件，劳动所造就的生产力与人类在劳动活动中构成的生产关系决定着个体的存在方式与人类社会的组织模式；劳动活动的同时也离不开人的因素，一定量人口的存在是生产活动得以延续的物质前提，同时人作为能动性的来源构成生产力最为活跃的因素，制约着历史发展的整个过程。但是需要强调的是，恩格斯又指出"两种生产"在不同的历史阶段分别发挥作用。当劳动处于不发达的阶段，人们就必然依靠肉体生产的血族关系来存活，当劳动生产率发展起来时，以血族关系维系的旧关系就会被打破，呈现历史情境下的差异性。因此，"两种生产"理论揭示了社会历史领域中人类自身生产必须与物质生活资料生产相适应的辩证关系原理。

---

① 《马克思恩格斯选集》第4卷，人民出版社2012年版，第13页。
② 《马克思恩格斯选集》第1卷，人民出版社2012年版，第146页。
③ 《马克思恩格斯选集》第1卷，人民出版社2012年版，第146页。

综上所述，在《起源》一书中，"两种生产"理论作为理论支撑贯穿文本始终，恩格斯从生活资料的生产与人自身的生产双重维度解答了家庭、国家与私有制生成的历史之谜。原始时期人类在恶劣生存环境压迫下集体劳作的必然性推动着人类社会性的生成，而社会性反映在人类自身的生产与再生产上最初形成了一种杂乱的性关系，"男子过着多妻制的生活，而他们的妻子同时也过着多夫制的生活"①。而伴随着生产能力的提高与生产方式的复杂化，婚姻制度也相应地经历了血婚制、群婚制、对偶制和专偶制的变革过程，"被共同的婚姻纽带所联结的范围，起初是很广泛的，后来越来越缩小，直到最后只留下现在占主要地位的成对配偶为止"③。一夫一妻的家庭模式的生成，是与分工的深化和奴隶、畜群和土地的私人占有过程密不可分的，私有制确立导致的氏族因内部冲突而瓦解并形成的奴隶制国家成了人类从蒙昧时代转向野蛮时代并最终步入文明时代的标志。这样，恩格斯从"两种生产"理论出发，将史前时期的人类进展奠基于物质生产之上，完善了唯物史观的理论体系，拓展了解释范围并增强了其解释力。

4.《起源》以共产主义制度信念为理论逻辑归宿

《起源》围绕"家庭""私有制""国家"三个关键词而展开理论探察，其叙事逻辑是对马克思主义历史唯物主义基本原理的现实展开，以共产主义制度信念作为理论逻辑归属。在理论上，恩格斯通过家庭、国家等起源和发展变化的探讨，认识到它们怎样萌芽、发展的过程，深刻地认识到它们的历史范畴，同时阐明认识它们的发展及其灭亡的规律性，预测出只要社会进步是发展趋势，人类社会将朝着更高阶段的原始共产制的更高形式的共产主义的复归。从现实上，氏族制度、私有制、阶级和国家等核心概念构成人类社会历史发展的重要组成部分，与现实问题紧密联系在一起，且有些问题持续至今未能解决，但其中蕴藏着解决问题的现实路径和科学方法。故而众多学者从恩格斯的《起源》中看到了其对于马克思主义的基本原理，尤其是唯物史观的建构价值，一致认为恩格斯在本书中通过对于以私有制为基础的旧世界的批判，看到了共产主义新社会的美好；通过对相关核心概念的解读和阐释，窥探了人类社

---

① 《马克思恩格斯选集》第 4 卷，人民出版社 2012 年版，第 38 页。

会史前阶段发展的基本面貌，驳斥了私有制、国家等资产阶级学者宣扬的"旧世界"的"永恒性"谬论，以此建构一个平等公正的新世界。

恩格斯通过对于人类早期发展阶段历史的史料补充，梳理不同社会经济形态中家庭模式和婚姻形式的演进，揭示以私有制为基础的阶级社会形成的过程，剖析了国家的起源和实质。他在《起源》中以完整的历史视角，向各位读者勾勒出宏大的历史现实，更加令人坚信家庭、私有制和国家的产生是历史的必然，但绝不是历史的永恒，并以此作为依据得出共产主义社会的理想必将彻底达成的历史必然性。

在恩格斯看来，在氏族社会发展初期，主导人类社会集团发展存续的主要因素是人类自身生产能力。因为那时物质资料生产能力十分匮乏，无法保障人类社会集团适应严峻的自然环境，且物质生产资料能力很大程度上依靠人类自身生产能力为转移。如捕捉大型动物、制造复杂工具，掌握刀耕火种，就需要一个集团生产出一定数量和质量的人。而维系世代更迭的准则是血缘关系及其建立在血缘关系之上的血族团体。在这种情况下，人们的社会生活及其经济生活就依附于血缘亲属关系。因此，血缘关系就成为维系氏族内部发展盛衰的关键。当生产力发展和劳动生产效率提高到个体劳动所得超过人类社会集团所需的物质生活资料时，剩余物就出现了，分工和交换的发展促使个人占有成为一种占优势的原则。私有制的产生便成为一种必然。经过三次社会分工，从而发生直接用于交换的商品生产，使得单个生产者之间交换成为迫切需要。此时，氏族社会已经走到文明时代的门槛。

恩格斯对文明时代以来的社会制度进行深刻的批判。他提出，文明时代建立在以一个阶级对另一个阶级的剥削基础之上，以商品生产为主要形式，追求个人财富为社会发展的最终目的，最终带来了社会分裂为剥削阶级和被剥削阶级的对抗阶级。并且这种分裂贯穿辐射到整个文明时期，形成"三大奴役形式"。文明越是向前发展，这种阶级矛盾和奴役形式就会"实行习惯性的伪善"来粉饰它们。恩格斯强调，只要社会进步仍然是未来的规律，那么未来社会终将会进入更高形式的共产主义社会，私有制和国家都将随着生产力的发展和社会制度的进步而趋于消亡。"以财富为唯一的最终目的的那个历程的终结，因为这一历程包含着自我消灭的因素。"① 对于私有制的消亡，恩格斯仍然坚持马克思主义对未来社会的价值预设，最终指向的便是共产主义制度的自由王国。同时在《起源》中以摩尔根在《古代社会》的原句为结尾，"这将是古代氏族的自由、平等和博爱的复活，但却是在更高级形式上的复活"②。以这句话来表明自己的立场和观点。即共产主义必将取代资本主义。从而彰显无比强大的逻辑力量和基本规律，利于人们对共产主义制度的理想信念的坚守和信仰的坚持。

---

① 《马克思恩格斯文集》第 4 卷，人民出版社 2009 年版，第 198 页。
② 《马克思恩格斯文集》第 4 卷，人民出版社 2009 年版，第 198 页。

第 三 章

《起源》核心要义通释

《起源》主要论述原始社会发展过程及其如何解体,从中揭示家庭、私有制和国家的起源等历史线索,从而第一次基本建立起原始社会史的科学体系。《起源》的问世,并不是自然而然发生的,而是在一定社会历史条件下的必然要求,适应时代发展和客观形势的斗争需要的产物。因此,有必要对《起源》的相关核心要义作通释性阐释工作,从而为历史学、人类学、民族学等社会科学的理论与实践的研究提供必要的指导意义。

一 《起源》的创作背景

为明示《起源》的创作背景,需要了解恩格斯所在的时代背景,即19世纪80年代到90年代的社会历史条件,尤其是恩格斯所担负的国际共产主义运动的引领任务。在思想上,当时党内流传诸多错误思潮,且盛行于无产阶级工人阶级队伍,造成党内思想处于混乱状态;在理论上,摩尔根的《古代社会》发表,就得到马克思恩格斯的高度关注,并给予了很高的评价。马克思在做了相关摘录工作之后,不幸因病逝世,使得恩格斯成为当时"整个文明世界中最卓越的学者和现代无产阶级的导师"[①]。面对这种形式,恩格斯就承担起实际政治领导和理论工作方面的艰巨任务。

---

① 《列宁专题文集 论马克思主义》,人民出版社2009年版,第51页。

1. 自由资本主义开始向垄断资本主义过渡

《家庭、私有制和国家的起源》一书写于1884年3月至5月底，正值19世纪最后30年的资本主义从自由竞争向垄断转变的过渡时期。这个阶段自由资本主义走向垄断资本主义。在这最后30年里，经济危机和萧条占据了大部分的年头，是资本主义以往的发展过程中从来没有出现过的光景。

19世纪60年代和70年代是资本主义自由竞争发展的最高阶段。这时垄断组织还只是一种不明显的萌芽。[①] 19世纪末，随着科技革命的突飞猛进，生产的社会化程度日益加强，加速了资本的合并和股份公司的发展，促进了生产的集中和垄断的形成。在资本主义危机反复爆发和长时间萧条时期加速了生产和资本集中的趋势，大批中小企业难以支撑，纷纷倒闭。资本主义国家力量对控制危机、结束萧条局面的作用不尽如人意。

第一，垄断组织打压和扼杀其他不臣服于自己的企业。垄断组织凭借其垄断地位获得对市场和价格的垄断，从而独占生产和市场以攫取高额利润。少数大资本牢牢把握国家经济命脉，使得资本主义生产偏离社会偏好，以致空前地增加系统性风险。垄断意味着统治，这些统治组织在自己的工业部门里到处建立统治关系，现在已经不是小企业同大企业、技术落后的企业同技术先进的企业之间的竞争了，而是垄断者扼杀那些未参加垄断组织而又不屈服于自己的压迫和摆布的企业。资本主义集中垄断趋势也发生在银行业，小银行被大银行排挤，大银行又被最大的银行兼并，结果形成了为数不多的几家最大的银行，把持了全国资本和货币收入大部分的资金。银行资本与工业资本融合起来形成了金融资本，变成了万能的垄断者，它不仅用各种方法去征服各行各业的企业，把它们联合组成康采恩这样的垄断组织，而且在贷款给其他大公司时，要求有权监督它们的企业管理以及生产过程，向它们发号施令，这样，银行资本与工业资本的结合大大地加深了垄断化过程。

第二，垄断也会滋养出跨国食利者和殖民主义。随着垄断组织向海外输出资本，滋养着跨国食利者阶层，他们靠向国外输出资本和放贷坐

[①] 参见《列宁专题文集 论资本主义》，人民出版社2009年版，第112页。

享超额利润及高利息的收入。此外，帝国主义最深厚的经济基础就是垄断。① 垄断组织推动了帝国主义殖民扩张。垄断资产阶级不但要求扩大商品销售市场和原料产地，还要求扩大资本输出地。于是，随着向帝国主义的过渡，各国垄断资产阶级争夺势力范围和殖民地领土的斗争达到了极其尖锐的程度，给广大的亚、非、拉地区的人民带来的是更多的苦难。

第三，私人垄断无序的竞争又造成一系列社会矛盾和危机，甚至全球的战争和动荡。垄断资本主义空前地增加系统性风险，形成绑架国家之势，引发了危机的连锁效应，牵一发而动全身，具有拖垮整个体系的趋势。因此，资本主义的高度垄断集中，使得整个工业部门都掌握在辛迪加、托拉斯这些资本家亿万富翁的同盟手中，几乎整个地球已被这些"资本大王"所瓜分，他们或者采取占有殖民地的形式，或者用金融剥削的千万条绳索紧紧缠住其他国家。自由贸易和竞争已经被追求垄断、抢夺投资场所和原料输出地等意向所代替。②

第四，私人垄断资本与社会化大生产之间的矛盾日益尖锐，以致严重阻碍生产力的进一步发展，造成系统性危机。在这种情况下，垄断资本不得不借助于国家政权化解矛盾和危机。这就形成了以绑架政府方式来救市解困，纳税人买单，浪费更多公共资源去搭救陷入困境的资本主义企业。同时造成资产阶级国家对社会经济生活全面干预。不管垄断资本主义国家的形式如何，彻底沦为资产阶级的机器。他们通过利用国家这个工具来保证其能获得超额的垄断利润。国家已经远不能牵制资本主义体系了，俨然是国家服从私人垄断资本的结果。

综上所述，垄断资本主义的发展，意味着资本主义处于上升阶段，但内在的阶级矛盾和国际矛盾也在充分发展着，对本国工人阶级的剥削和压迫也转向全球。因此，工人阶级的队伍不断壮大，工人运动蓬勃发展。在这样形式下，人们开始对国家性质及其未来发展趋势作出追问，以回应国家这种发展趋势。

2. 资产阶级政治统治开始走向虚伪和反动

自 1825 年英国爆发第一场因生产相对过剩而导致的经济危机以来，

---

① 参见《列宁专题文集　论资本主义》，人民出版社 2009 年版，第 185 页。
② 参见《列宁专题文集　论资本主义》，人民出版社 2009 年版，第 286—287 页。

资本主义经济就处于阶段性的动荡之中,周期性的经济危机成为资本主义经济的梦魇。1873年经济危机的爆发标志着自由竞争资本主义逐步转向了垄断资本主义阶段。资产阶级开始在政治上取得了统治地位,并逐步由先进的革命阶级蜕化为反动的、落后的阶级,在理论上鼓吹国家与私有制的永恒化,在政策上分化工人阶级并打击无产阶级运动,以此来维护自己的经济利益与统治地位。

资产阶级为了保护其既得利益,编造各种私有财产和国家永恒化的理论学说。其一,他们将国家当成永恒存在、不可更替的存在形式。而国家的性质就是一个超阶级的共同体,是"全体民众"利益的代表。其二,他们把资产阶级国家当作实现绝对民主的手段,对资产阶级代议制顶礼膜拜,并以此为民主的最终形式。面对着社会主义运动的浩荡之势,资产阶级试图将自己的政权宣称是"社会主义"性质的,其实质是披着国家社会主义的伪装镇压革命力量。德国俾斯麦政府在1878年制定了《镇压社会民主党企图危害社会治安的法令》,该法令实施后德国资产阶级军队披着维护社会治安的幌子暴力镇压无产阶级运动。其三,他们试图通过实施一系列国有化的措施和社会立法的方式去确立社会保障制度,以期缓和阶级矛盾。一大批资产阶级讲坛社会主义者开始为俾斯麦的政策背书,认为这是国家的胜利,也是社会主义的胜利。与此同时,一大批庸俗经济学家开始鼓吹私有制的永恒性,认为私有财产是人类社会存在的永恒基础,英国经济学家罗·托伦斯在《论财富的生产》一书中就认为野蛮人觅食的行为也可以被看作取得私有财产的行为,早在这时就形成了资本。[①] 于是,在资产阶级经济学家看来,私有制的存在是人类历史存在的前提,财产私有是天赋的人权,是社会得以正常运行的条件。但讽刺的是,启蒙运动时期的资产阶级思想家们就曾借助社会契约论来阐述社会群体从自然状态缔结契约形成国家的过程,两相对比之下,资产阶级的虚伪和反动的本性暴露无遗。

在这种思想的影响之下,工人阶级政党内部也掀起了一股机会主义的浪潮,工人运动的快速发展导致无产阶级政党内部成分复杂化,非无产阶级思想开始在党内大范围流行起来。早在1875年,党内的机会主义

[①] 参见《马克思恩格斯全集》第47卷,人民出版社1979年版,第170页。

拉萨尔派就在《哥达纲领》中提出了借助资产阶级国家的力量发展合作社从而步入社会主义的改良说辞,马克思曾专门对这一空想予以批判,认为合作社"只是在工人自己独立创办,既不受政府保护,也不受资产者保护的情况下,才有价值"①。但机会主义思潮并没有消失,后在1891年的《爱尔福特纲领》中提出了"和平长入社会主义"的观点,这反映资产阶级意识形态对无产阶级政党的侵蚀。

因此,鉴于增强无产阶级政治工作和思想工作的斗争需要,恩格斯撰写《起源》一书科学分析史前社会各阶段结构特点,通过系统阐述家庭、私有制和国家从无到有、从萌芽到成熟的发展过程,并对它们的未来趋势作出了科学的预测,不仅揭露它们的历史性范畴,更在理论上有力回击了资产阶级的虚伪说辞,揭示了其反动面孔,为推进工人运动提供了深刻的思想批判武器。

3. 批判资产阶级理论曲解和谬论的必要性

资本主义国家自19世纪70年代起逐渐进入从自由资本主义向帝国主义发展过渡的历史时期。在这个过渡期内,资本主义尖锐的阶级矛盾和其他各种矛盾逐渐凸显,国际无产阶级革命运动新问题频频发生,阶级关系和阶级斗争新特点频频显现,机会主义、修正主义频频冒头,无产阶级革命发展面临新形势和新挑战。面对无产阶级革命运动的失利,马克思恩格斯分析历史和现实原因,总结理论和实践经验,紧抓无产阶级革命发展中的理论工作,把厘清国家起源问题、揭示资产阶级国家本质和科学系统地阐发马克思主义的国家理论这一理论任务视为重中之重。

深入考察近代资产阶级学者在有关家庭、私有制和国家起源问题上的诸多论述和相关论著,不难发现他们是站在自身阶级立场并带着学术派别印记进行相关研究并传播错误观点,他们的研究结果是缺乏翔实历史实证材料佐证的主观臆断。因此批判资产阶级学者主张的有关家庭、私有制和国家起源问题的唯心主义谬论成为无产阶级发展理论、揭示资产阶级国家本质的首要迫切任务。

首先,关于私有制的起源问题上,在诸多资产阶级学者的谬论中,首屈一指的是英国学者约翰·洛克创立的私有制的"劳动起源论"。在恩

---

① 《马克思恩格斯选集》第3卷,人民出版社2012年版,第372页。

格斯看来，洛克的这一论断完全脱离历史现实，充满了唯心主义色彩；没有经过历史实证考察，完全根据自己的主观臆断设定前提，不了解人类最初是以血缘关系为纽带进行集体共同劳动这一历史事实，也不了解私有制、阶级和阶级剥削产生于社会分工分解原始协作劳动和生产力水平提升这一历史事实。他忽略了人们总是在一定的生产关系中进行劳动和占有的事实，从而歪曲了人类产生贫富两极分化的原因，掩盖了阶级剥削的关系，其实质是为资本剥削辩护。英国人罗·托伦斯进一步延展了洛克的论点，他提出："在野蛮人用来投掷他所追逐的野兽的第一块石头上，在他用来打落他用手摘不到的果实的第一根棍子上，我们看到占有一物以取得另一物的情形，这样我们就发现了资本的起源。"① 罗·托伦斯把"资本"概括为人和物的相互关系，掩盖了"资本"逻辑背后人剥削人的真实关系，合理化"资本"的真正来源，以实现维护资本主义制度永恒发展的企图。再后来，德国反动经济学家威廉·罗雪尔又宣称："私有财产的合理性，是根据每个工人可以把他的劳动果实或者消费掉或者储蓄起来这个天赋权利而发生的。"② 这一论断试图完全掩盖劳动工人被资本家残酷剥削的事实，合理化资产阶级剥削工人劳动的私有制的存在。

其次，在解释国家的起源和消亡问题上，较有影响力的主要观点有社会契约论、暴力论和理性的现实论。荷兰的格劳秀斯、英国的霍布斯、洛克和法国的卢梭等学者主张国家起源于社会契约。社会契约论在反封建的斗争中起过巨大的进步作用，但不能忽视社会契约论完全是唯心主义的。奥地利学者巩普洛维奇、德国的杜林则认为国家起源于暴力征服。巩普洛维奇将国家的出现归结于一个部落与另一个部落暴力斗争的结果。杜林则宣称：对人的统治、奴役等都"必须从直接的政治暴力中去寻找，而不是从间接的经济力量中去寻找"③。德国的唯心主义哲学家黑格尔站在理性的现实论立场上论述国家起源。黑格尔认为国家是"道德观念的现实""理性的形象和现实"。正如恩格斯所言："在德国，来自哲学对国

---

① 《马克思恩格斯全集》第 32 卷，人民出版社 1998 年版，第 172 页。
② 季陶达主编：《资产阶级庸俗政治经济学选辑》，商务印书馆 1963 年版，第 334 页。
③ 《马克思恩格斯全集》第 26 卷，人民出版社 2014 年版，第 166 页。

家的迷信,已经进入到资产阶级甚至很多工人的一般意识之中。"① 而这种来自哲学对国家的迷信将会掩盖甚至否认国家的阶级本质,给无产阶级的解放事业带来阻碍。

为了捍卫马克思主义的国家学说,提高各国无产阶级政党的马克思主义理论水平,就需要进一步揭示私有制的起源、形成以及国家的本质、起源与消亡的历史必然性。恩格斯的《家庭、私有制和国家的起源》便责无旁贷地发挥着重要作用,从而为驳斥资产阶级学者、机会主义者等站在唯心主义立场所鼓吹的私有制和国家的永恒论等谬论提供理论批判武器。

4. 恩格斯为完成马克思未竟遗愿事业而作

马克思早在1878年至1880年就对摩尔根撰写的《古代社会》产生了兴趣,对该书做出了较为详尽的摘要和理解,并在后期曾向恩格斯推荐这本书。马克思关注到《古代社会》一书中对于原始社会状况的分析和述评,是对于社会进化分析较为全面和准确的著作,对此书给予高度评价,称其为与达尔文学说在人类进化发展史有同等地位的社会发展进程分析的学说,具有重大的意义。但当时恩格斯对于摩尔根的思想不甚了解,并没有过多关注。由于这本书是在美国出版,以当时的通信和交流水平,信息流通相对闭塞,欧洲人对此学说的思想并不知晓,更难深入了解,马克思的想法是将此书的思想引入欧洲,为更多人所了解。

一方面,马克思恩格斯晚年都对人类学和社会起源共同探讨过。得益于晚年马克思对于人类社会起源产生巨大的兴趣,在与恩格斯共同对于人类和社会起源的研究过程中,恩格斯挖掘出摩尔根思想中深层次价值和意义,"摩尔根在他自己的研究领域内独立地重新发现了马克思的唯物主义历史观,并且最后还对现代社会提出了直接的共产主义的要求。他根据蒙昧人的、尤其是美洲印第安人的氏族组织,第一次充分地阐明了罗马人和希腊人的氏族,从而为上古史奠定了牢固的基础"②。摩尔根的思想直接指向当时社会在生产力发展过程中一些社会发展与制度不相匹配所导致的错误的资产阶级理论的矛盾源头,即关于家庭、社会、私

---

① 《马克思恩格斯全集》第29卷,人民出版社2020年版,第238页。
② 《马克思恩格斯全集》第36卷,人民出版社1975年版,第113页。

有制的思想矛盾愈演愈烈。然而马克思和恩格斯虽重视家庭、社会和私有制这三方面思想的重要性，但在当时并没有做出系统的归纳与总结。故社会现实需要和召唤一个理论来清除资本主义社会中的错误思想，因而当务之急是揭示国家的本质，即从国家的起源——家庭和社会，衍生出对私有制度的剖析。

另一方面，恩格斯需要完成马克思未完成的遗志。马克思在此前还对其他社会史和原始文化史思想做了细致的研究和摘录，打算完成以唯物史观角度来研读摩尔根的思想，但未将计划付诸实施便与世长辞了。所以在马克思去世后，恩格斯便肩负起了对《家庭、私有制和国家的起源》一书的撰写工作，以实现马克思最后的遗愿。于是，恩格斯将马克思生前留下的关于社会思想的批语，加之自己后期对于原始社会的研究和理解，并结合当时社会发展的政治现实需要，最终完成了《起源》这一光辉的重要著作。

5. 《古代社会》对唯物史观阐发的重要性

如前撰述，《起源》是在摩尔根研究的成果案例基础之上，对马克思主义唯物史观的一次验证与拓展。在这部著作中，恩格斯惊奇地发现运用马克思主义唯物史观方法论同样可以阐明原始社会时期人类社会进步发展规律。这不仅将马克思主义唯物史观的理论延伸至原始社会，更进一步证明了马克思主义唯物史观的普遍性、科学性。

恩格斯批判地吸收了摩尔根《古代社会》的研究成果，将摩尔根所研究的历史资料中的具体例证与马克思的唯物史观相结合，既吸收又批判地对原始社会时期人类由野蛮时代向文明时代生产发展过程加以阐释并做出系统且全面的论述，从而验证了人类社会的整个历史经历了从幼稚到成熟、由简单到复杂的演进过程，形成了波浪式前进、螺旋式上升的人类社会历史演进的客观规律。这些原始社会时期人类社会发展进步所经历的过程，更加充分地印证了马克思主义的历史唯物主义的科学性。生产力的发展程度是衡量人类社会发展进步的标准，这是不以人的意志为转移的，是人类社会的客观历史规律。即使从短时间来看，人类社会发展过程呈现曲折而又复杂的趋势，但从历史长河中进行观察，我们依然可以看到人类社会总的发展规律是前进、上升的。

《起源》中，恩格斯将原始社会时期的人类社会由野蛮社会向文明社会转变的发展归纳为两种形式的社会制度。一种形式是血族关系占支配地位的氏族社会制度。在整个人类历史发展进程中，原始社会时期的人类社会即野蛮时代处于低弱状态的幼年时期，人类是依靠彼此间的共同劳动来维持生命的延续及自身的发展。也就是说，低弱的人类的劳动能力生产出的劳动产品的数量是少之又少，社会财富的积累能力就会受到限制，人类社会也就相应地受到血族关系的支配。因此，我们可以看到人类处于低弱的野蛮社会，由于生产能力和社会财富积累能力的十分低下，导致人类社会只能受制于以血族关系占主要支配地位的氏族社会制度形式之中。伴随着人类生产能力的逐渐提高，人类社会向野蛮时代的高级阶段迈进，这一时期人类受制于血族关系支配的社会组织机构遭到严重破坏，以此为基础，人类社会开始迈入文明时代。

另一种是阶级冲突矛盾基础上的国家社会制度。恩格斯通过论述雅典、罗马、德意志等氏族制度及其国家制度逐步形成的原因过程中，深刻揭示了隐藏其中的生产力因素和私有制因素，总结了雅典的国家形式与德意志的国家形式这两种国家产生的形式。且从这两种国家产生的形式中我们可以看出，虽然由原始社会氏族制度向阶级社会制度过渡的形式不同，但其本质都是生产力和生产关系发展引发社会冲突并产生阶级矛盾所致，两种国家形式的相似之处就在于在此基础之上还需借助第三种力量来维持社会秩序。因此，二者的国家的本质是一致的，即有产者为控制阶级对立的需要而建立的政治机构，其根本目的是镇压和剥削无产者，以维持社会秩序。

恩格斯认可摩尔根关于未来社会发展趋势的观点，也就是说人类社会最终将必然走向自由、民主、博爱、平等，并向着更高的发展阶段而发展，而这样的社会是在生产力高度发达的基础上的对原始氏族社会中的自由、平等和博爱的社会制度形式的再现，这将会是文明的国家社会制度形式的终结。这样理想的社会形式就是共产主义社会，共产主义社会是没有私有财产和阶级对立的高级社会形态，是人类社会历史发展的高级社会制度形式。

因此，摩尔根的《古代社会》对恩格斯《起源》的完成和写作发挥了关键性基础作用，它不是对摩尔根研究成果的转述，而是对马克思的历史唯物主义基本原理逻辑的展开和运用，传递的都是按照马克思所说的历史唯物主义理论所揭示的人类社会发展的普遍的、科学的规律演进发展的。摩尔根以其自身方式得到了与马克思相同的研究成果，为证明马克思的唯物史观理论同样适用于原始社会发展进步的演进历程提供了很好的佐证材料。这也从另一个角度说明马克思所揭示的是具有真理意义的人类社会发展的普遍的科学的历史唯物主义理论。

二 《起源》的思想史线索依据

从思想史线索来看，《起源》在马克思主义思想史中的历史地位处于不可或缺的位置，它不仅是恩格斯将唯物史观运用到人类社会史前阶段的研究成果，即呈现了原始社会的基本概况、基本特征和基本结构，揭示了人类社会史前时期内在发展历史过程，科学阐释了家庭、私有制和国家的起源的历史条件，填补了唯物史观在史前社会研究时期的基本原理，从而创建了马克思主义原始社会理论；同时在其他著作思想中起到了延续性、发展性和引领性的作用。那么《起源》何以成为如此重要的光辉典范？这就需要深刻理解其中内在思想演进过程的深层次原因，从而也为人们正确把握和深刻理解《起源》的相关理论提供必要的思想条件。

（一）《起源》在马克思主义思想史中的历史地位

作为马克思主义经典文献之一的《起源》在马克思主义思想史上占据很高的地位。它所总结的人类社会史前时期内在运转及过渡条件，为厘清原始社会进步发展规律创造历史条件；它所揭示的家庭、私有制和国家起源的经济条件，为补充和丰富唯物史观的基本原理提供了经济论证；它所阐释的人类社会史前时期的客观规律，为推动人类社会的社会研究和历史研究奠定了行动指南。因此，《起源》对于指导无产阶级革命斗争、社会研究和当代实践都发挥着巨大贡献。

1. 首次总结原始社会及其向阶级社会过渡的历史过程

1877 年，美国原始社会史学家摩尔根出版了《古代社会》一书，该书通过对美印第安人易洛魁部落的调查研究，发现了原始社会时期的历史遗俗及其社会发展变迁的秘密，创建了关于人类社会史前时期理论话语体系，由此开启了原始社会史的重大时代。马克思恩格斯高度重视这一研究成果，且在有些问题上指出了部分不确切之处，由此用唯物史观"阐明摩尔根的研究成果"，同时恩格斯结合新发现的家庭史、原始社会史等大量资料，对摩尔根等人的研究成果作了全新的阐释和发挥，得以形成《起源》。

在恩格斯看来，人类社会的史前时期是依靠血缘关系为纽带，以土地、园圃等公共资源作为公有制经济进行原始分配，没有剥削和私有制，也没有阶级和国家。盛行其中的自由、平等和博爱是氏族社会遵循的基本原则。氏族社会是原始社会的最初阶段，在原始"杂乱性关系"的背景下，由于生产力的发展水平极为低下，男子从事打猎获取生活必需品不稳定，没有妇女从事农业获得生产所必需的生活资料那般稳定，因而女性地位在整个氏族中享有较高威望和尊严，奠定了母系氏族社会发展的第一个阶段，由此在原始社会中主导了相当漫长一段时间。由氏族、胞族、部落构成了原始社会发展较为完备的组织形式。这便是原始氏族社会的基本特征。

随着生产力的发展，男子生产所必需的劳动工具革新之后，个人劳动作用开始越来越大，其劳动成果从最开始能够维持生活所必需的基本要求，后来逐渐有了产品的剩余。原始社会内部结构逐渐开始自我进化、发展。

一方面，群婚制开始经由社会禁忌和规则限制增多而过渡到家庭。在原始社会的最初阶段，由于劳动生产力水平极其低下，无论是奔跑速度还是捕食能力，单个人的力量无法适应自然和适应严峻的自然环境考验，此时自然选择的作用在人们之间占据主导力，因而决定了人们选择依靠群的力量和群的生活来弥补个人生活的不足之处，因此，在两性关系上呈现出"杂乱性关系"的原始群特征。后来在自然选择机制的影响下，婚姻关系开始出现一些习俗限制和社会禁忌，因而群婚制开始逐渐缩小范围，为逐渐过渡到新的家庭制度创造了条件。之所以倾向于自然选择，是因为自然力量对不自觉的原始人类发生作用，不过这种作用是一种被动选择，不是主观选择和自觉选择或者调整的适应选择。起初群婚制的范围选择受限于血缘家庭范围，限制在同辈之间。这种原始群部落就转化为基于共同血缘家庭维持的氏族，这种转变过程被马克思称为第一个"有组织的社会形式"①。不过婚姻关系还是存在同辈之间互为夫妻的群婚制特征，兄弟姊妹通婚的事实也是存在的。这种情况在亲属制度的称谓中可以看到。后来随着人类家庭形式的进步，进一步增加了兄弟和姊妹之间通婚的限制。也就是说，本族内的男子只能同族外的女子为妻，但允许通婚范围内多妻的行为。同理，女子只能同族外的男子进行通婚。也就是马克思所说的："兄弟们也都共同占有姊妹们，姊妹们也都共同占有兄弟们。"②这种家庭组成伙婚制家庭，是比较接近个体婚制的过渡。

在群婚制度下，当婚姻关系中发生主夫或者主妻关系时，群婚便开始被"对偶家庭所排挤"及其后来的专偶制家庭所取代。当时婚姻和家庭形式发生变化，最主要的是妇女的要求增多，这种自然选择引起了群婚制向对偶制和专偶制家庭转变。对偶制和专偶制家庭的区别之处，在于对偶制家庭婚姻关系不稳定，容易破裂。婚姻关系可以根据夫妇任何一方的意愿而解除关系。而专偶制家庭，妇女不能随意解除婚姻关系，而男子则可以。这主要是因为男子的地位抬升而女子地位有所下降，妻子被贬低、被奴役、沦为传宗接代的工具。因此"母权制被推翻，乃是女性的具有世界历史意义的失败"③。在这个意义上，原始社会的婚姻制关系的演变很大程度上受到妇女地位及其要求完成的。巴霍芬指出的群婚制向个体婚制的转变历程是伴随着妇女的要求完成的，被恩格斯认为"这是绝对正确的"的论断。

另一方面，原始共产制的无阶级社会开始经由产品剩余和分工出现而过渡到有阶级社会。根据恩格斯的观点，原始社会的各个阶段上，人们的劳动生产都是一种共同的生产，以血缘关系而非物质生产资料为基础维持氏族社会的基本运转，其生活资料和消费资料不用于交换，而是归共同所有和支配。在这种情况下，人们的之间关系就表征为自由、平等和博爱的氏族共同体关系。他们不仅没有阶级剥削和奴役，也没有私有制和国家、法等。后来，由于生产力和社会经济发展，私有制和阶级

---

① 《马克思恩格斯全集》第 45 卷，人民出版社 1985 年版，第 348 页。
② 《马克思恩格斯全集》第 45 卷，人民出版社 1985 年版，第 350 页。
③ 《马克思恩格斯文集》第 4 卷，人民出版社 2009 年版，第 68 页。

才逐渐开始显现其历史效应。

总而言之,恩格斯在研究从无阶级社会向有阶级社会的过渡,其背后的起源的历史条件,可归纳为如下方面。

(1) 驯养牲畜的部落从野蛮人群中分离出来,且牲畜成为物质生活资料,这时原本部落的或氏族的共同占有就变成个人占有,引起了家庭形态的革命。畜群成为新的物质生产资料的工具,而驯养牲畜就成为男子谋取物质生活资料及其再生产的重要组成部分,这就为提高男子劳动所得的历史地位创造了可能。

(2) 频繁的交换活动成为不同部落之间的必需活动,且个人交换的优势越来越多,后成为唯一的形式。个人交换活动的频率和规模范围逐渐取代不同部落酋长之间的低频、小范围的交换活动。

(3) 货币商品的需要开始发挥作用,而牲畜则扮演着货币的职能。

(4) 耕地交给个人使用,且具有一定的使用权。

(5) 青铜,甚至冶铁技术的出现和发展使人类自身的劳动力所得超过劳动力所需的产品,产品开始出现剩余。

经过以上诸多因素的作用,整个社会发生巨大的变革。当人们所从事的一切部门——畜牧业、农业和种植业——所生产的物质生活资料极大增加,就为超过维持劳动力所需的产品提供了可能,这也给公社或者个体家庭中的每个成员增加了工作量,吸收劳动力来源就成为自然而然的事实。最初的分工是自然而然的性别分工,家庭内的分工决定了男女之间的地位,妇女的劳动所得逐渐让位于涨幅的劳动所得,因而成为从属于男子的支配和附属。后来部落战争的胜利掠夺提供了大量奴隶,在既定财富不断增加的历史条件下,促进了社会大分工。恩格斯将其划分为三次社会大分工。而第一次社会大分工就带来了两个阶级:主人和奴隶、剥削者和被剥削者。这种男性对女性的家庭支配和主人对奴隶的剥削压迫就成为阶级社会最明显的剥削形式。

因此,从原始共产制的无阶级社会到有私有制和阶级剥削压迫的阶级社会,便是经过相当漫长的历史过程,这都是野蛮时代向文明时代过渡发展的必经之路。在这个阶段,恩格斯重点突出了"分工"和"分工产生的个人之间的交换"及其"商品生产"的作用逐渐侵蚀和瓦解了先前阶段的共同生产过程,它破坏了生产和占有的共同性,将其置换为私人性和私有制。这就告诉我们，分工及其物质生产过程逐渐瓦解了原始氏族制度，产生了社会分裂，带来了阶级分化。正如恩格斯所说："随着新的社会分工，社会又有了新的阶级划分。"① 正是得益于这一深刻思想，中国无产阶级革命家蔡和森指出，以前阶段的生产是直接为消费而生产，现在却是为交换而生产。这种新的分工带来的结果，就又会惹起新社会阶级的分裂。② 这种阶级分析思想为鼓舞无产阶级废除私有制和消灭剥削奠定了思想解放和政治动员作用。

2. 初步揭露私有制及其国家产生的社会经济根源过程

《起源》是用马克思主义观点研究人类社会史的典范，它不仅阐明原始社会的各阶段界限分期和奴隶制发展阶段及其国家起源问题等，对古代史的研究起到奠基石的指导意义，还深入浅出地阐明私有制、阶级和国家起源问题及其实质，表征出私有制、国家是一种历史范畴，并非如资产阶级学者所言明的永恒性存在。

恩格斯以《古代社会》为依据，结合大量的史料，指出原始社会的人类过着采集狩猎的生活，分工最初只存在于性别之间。随着社会发展，在野蛮时代的低级阶段，人们开始驯养家畜，私人产品产生；中级阶段，生产力进一步提高，个体劳动趋势进一步增强；高级阶段，社会分工和交换产生，剩余产品增加，为私有制的产生创造了必要前提。

第一次社会分工，人们掌握了对禽兽的繁殖及驯养，使得游牧民族与野蛮人群分离，于是开始出现部落之间的交换，经常地交换成为可能。社会分工发展，私人生产成分出现之后促使个人之间的交换。私人产品的交换产生和发展，无论间接的或直接的都使私有制逐渐普遍化。同时，私有制的扩大也促进贫富差距的拉大，从而成为刺激阶级分化的主要因素。第二次社会分工，生产效率大幅提升，出现了商品贸易，随着规模和范围的扩大，统治阶级与被统治阶级也随即产生。第三次社会分工，依靠商品交换产生了生产者之间的中介——商人阶级，一个不从事生产而只从事商品交换的阶级。这个阶段，私有制已经成为占统治地位的生产关系了。

---

① 《马克思恩格斯文集》第4卷，人民出版社2009年版，第183页。
② 参见蔡和森《蔡和森文集》（上），人民出版社2013年版，第624页。

恩格斯指出要认清国家的本质，前提是了解国家起源。根据国家产生的过程和途径的不同，有三种主要形式。第一种是雅典式。这是一种非常典型的形式，没有受到任何内外暴力干涉，具有很高的发展形态，在三次重大的改革后，使得氏族组织和制度才完全消灭。第二种是罗马式。这种国家的起源是平民与贵族之间斗争的结果。起初这种形式以氏族组织存在，而后随着经济的发展，私有制产生并发展，氏族内部分化严重，矛盾持续深化，在公元前6世纪，迎来了改革。平民组织战胜了贵族，摧毁旧的不合理制度，罗马国家由此产生。第三种是德意志式。这个国家抢夺了罗马人2/3的土地在自己人中进行分配，属于征服外部领土。罗马实行奴隶制度，为适应新占有的罗马领土，德意志必须瓦解旧的制度。这个国家在阶级对立中产生，奴隶制的衰落加上封建因素产生，德意志占领了罗马之后，从氏族制度转变成了封建制度。

通过分析国家的三种起源，恩格斯不仅阐明了三者之间的不同特征，同时总结出三者之间的共性特征，形成了系统的国家起源学说。恩格斯深刻指出，国家是经济发展到一定阶段的产物，它既不是自古有之，也不会永恒存在，其本质是统治阶级压迫、剥削被统治阶级的工具，是私有制和阶级斗争发展的结果。因此，恩格斯的国家起源观具有高度的科学性，因为它阐明了私有制和国家等都只是一个历史范畴，都是生产发展到特定阶段的产物，因而驳斥了那种认为国家永恒论观点。通过揭示国家起源问题的本质原因，也就抓住了最根本的原因，从而同其他非本质因素学说区别开来。通过回答这个本质原因，使得国家问题的起源、发展变化及其终将消亡的基本规律将建立在生产力的提高，直至生产力高度发达的基础之上。

3. 首部推动唯物史观研究人类社会发展规律的光辉著作

《起源》的完成得益于人类民族学和家庭史的研究成果，尤其是摩尔根的《古代社会》。恩格斯详细具体地研究了他们的相关著作，分析了巴霍芬、麦克伦南和摩尔根等人在家庭、氏族、国家等核心概念所作的研究，不仅肯定了他们的有益成果，还指出他们各自的不足，尤其对"摩尔根的伟大功绩"给予了高度关注和充分肯定。由于恩格斯研究的结果与马克思所发现的唯物主义历史观，在主要观点上具有一致性，因此《起源》的完成宣告着人类社会及其历史发展学说面貌有了清晰可见的科学印记，成为有规律可循的社会科学。

从理论维度来看，《起源》为人类社会科学的理论发展提供世界观和方法论来源。恩格斯立足马克思主义立场，运用历史唯物主义基本原理，对人类社会历史进程进行详细考察。《起源》重点考察了原始社会氏族制度的基本概况，回答了家庭、私有制、阶级和国家等核心概念和基本主题的起源问题，揭示了国家发展变化及其终将消亡的基本规律，从而得出：马克思历史唯物主义所揭示的科学规律仍然适用于解释人类社会史前阶段的发展，从而为人们研究政治学、社会学、民族学、人类学和历史学等社会科学的领域发展奠定世界观和方法论。

从实践维度来看，《起源》为当代实践的生活世界提供行动指南。《起源》论述了原始社会的婚姻制度、氏族制度、亲属制度等问题，揭示了原始民主制度的最初美好形式，似乎与当下实践问题并无关联，但它早已融入人类社会发展史的重要组成部分，同现实问题紧密连接，不可分割。原始氏族制度所蕴藏着的自由、平等、博爱精神及其价值情怀仍然延续至今，成为闪耀人类智慧的思想结晶，为化解当代矛盾双方的利益问题及其迫切问题提供价值先导和行动指南。在《起源》问世之前，人们对人类社会的萌芽、发展、变化充斥着唯心主义的主观臆断，成为宗教神学藏污纳垢的庇护之地。在《起源》科学阐释一系列问题的起源及其本质问题之后，不仅在人们头脑中澄清了混淆视听的谬论，有利于人们更好地改造人类社会及其历史学说的面貌，更为人类社会面临的迫切问题即"改造世界"提供必要的行动指南。

因此，《起源》在人类社会发展史上起着革命性和科学性的历史功能，"对于我们共同的观点，将有特殊的重要性"[①]。之所以对人类社会科学产生深远的科学价值，是因为"其中每一句话都是可以相信的，每一句话都不是凭空说的，而是根据大量的史料和政治材料写成的"[②]。因此，《起源》本身蕴含着科学性和革命性的统一，是历史唯物主义基本原理运用的成功典范，为人类社会历史发展及其历史研究树立了光辉榜样；贯彻《起源》中的理论论断以及立场、观点和方法，也就成为推动唯物史

---

① 《马克思恩格斯文集》第 10 卷，人民出版社 2009 年版，第 516 页。
② 《列宁专题文集 论辩证唯物主义和历史唯物主义》，人民出版社 2009 年版，第 284 页。

观研究人类社会发展的光辉指南。

（二）《起源》与其他相关著作之间的逻辑关系

根据大量历史和政治材料写成的《起源》一经问世，就在欧洲广泛传播，成为指导无产阶级和工人运动的理论武器。如果站在马克思主义思想史角度来看，《起源》处在历史唯物主义的科学体系基本形成，但对人类社会发展原始形态及其解体过程尚未形成完整的系统理论这一时期。受到当时所掌握的资料限制，尽管当时提出一些很好的见解或者推论，马克思恩格斯对人类社会发展形态有了初步的清晰可见的轮廓，但无法解决人类社会史前阶段及其解体过程的唯物史观体系，尚有一些问题悬而未决。因此，有必要梳理和阐释它与其他著作的思想理论的延续性和发展性，这有利于领悟和理解这本经典书籍的历史价值和科学价值。

1. 《起源》进一步完善了《德意志意识形态》中的原始社会结构问题

1845年，马克思和恩格斯在其合著的《德意志意识形态》一书中，就原始社会结构、所有制形式等问题展开探讨。马克思恩格斯指出原始社会是建立在集体所有制和血缘关系的基础之上的社会组织形式，主要进行物质生活资料生产和人口增殖两种生产活动，并确认原始社会的所有制形式是"部落所有制"。但由于19世纪中叶以前，民族学、考古学等学科尚处于萌芽阶段，记载原始社会的实证材料和文献资料还十分贫乏，人们无法对人类社会的史前史、成文史以前的社会组织进行深入研究。受困于以上种种原因，马克思恩格斯对原始社会的探讨仅仅局限于父权制氏族社会，其对氏族制度的起源与发展，以及母权制氏族社会先于父权制存在等一系列问题，他们只能通过解剖分析资本主义社会这一较为发达的人类社会形态进而去推演和总结原始社会的一些显著特征。显而易见，这种缺乏实证资料支撑的推演方法有很大的局限性，它无法勾勒原始社会的真实发展状况和历史演变过程。

在唯物史观的视域中，物质生活资料的生产和再生产是决定人类社会历史进程的重要因素，但是恩格斯在研究过程中发现，原始社会中的社会生产力水平极为低下，导致无法依据原始社会的物质资料的生产和再生产状况来论证推演原始社会的基本特征，使得关于原始社会的研究陷入困境当中。由此，恩格斯在《起源》中提出"人类自身的生产"这一生产活动，将其与物质生活资料的生产一起确立为人类的两种基本的生产活动，进而形成了"两种生产"理论。一方面它坚持了物质生活资料生产的基础地位的唯物史观原理，另一方面通过"人类自身的生产"，即表征家庭和血缘关系的人类繁衍自身的活动来揭示原始社会的基本结构和特殊发展规律。因此，"两种生产"理论为科学研究原始社会的结构、特征以及发展规律提供了强有力的理论支撑和指导原则。

恩格斯在《起源》中阐释了原始氏族制度的历史演化进程和一般特征，指出氏族制度主要经历了建立在群婚制（普那路亚家庭）基础上母系氏族阶段和建立在个体婚制基础之上的父系氏族阶段这两个发展阶段。母系氏族阶段中主要依靠女性系统来确定延续和确证人们的世系关系，母亲在家庭中处于核心地位，享有较高统治权。而在父系氏族阶段中主要依靠男性系统延续和确证人们的世系关系，父亲在家庭中拥有较高统治权。恩格斯在对原始氏族制度以及"两种生产"理论的深入分析研究过程中，发现在不同的社会历史发展条件下，物质生活资料生产和人自身的生产对社会制度的制约程度有所差异，具体表现为随着社会历史形态从原始社会发展阶段过渡到文明社会发展阶段，物质生活资料的生产在这一演变进程中逐步占据主导地位，其对社会制度的制约作用不断增强，而人类自身的生产，即血缘关系和家庭关系对社会制度的制约作用不断削弱。与此相适应，以私有制、阶级对立和国家统治为主要特征的政治社会逐渐取代了以血缘家庭关系为基础的氏族社会制度，人类也逐渐从没有阶级存在的原始公有制社会步入了以私有制为基础的阶级社会。

在这个思想发展史上，《起源》以"两种生产"理论为指导原则，深入剖析并揭示了原始社会的基本结构和发展演变规律，进一步完善了《德意志意识形态》中的原始社会结构问题，从而弥补了马克思主义在史前阶段历史研究方面的不足，从而对于从原始社会直至共产主义社会的历史发展过程有了一个全方位的科学认识，进一步丰富和发展了唯物史观理论内涵。

2. 《起源》进一步深化了《共产党宣言》中阶级斗争和无阶级社会问题

《共产党宣言》见证科学共产主义的诞生，初步建立起历史唯物主义的科学体系。关于人类社会发展形态的认识，受当时所掌握的资料限制，马克思和恩格斯尚未形成一个较为完整的科学体系。也就是说，《共产党宣言》所阐释的理论形态是文明时代以来的阶级斗争的历史，认为人类社会的发展就是一部阶级斗争的发展史。因而马克思恩格斯强调，一切社会斗争的历史都是阶级斗争的历史，并指出阶级斗争是推动阶级社会前进的动力。此时的马克思恩格斯尚未意识到原始形态及内在的基本规律。同时他们指出，资本主义最初在反对封建制度的斗争中，对社会起进步作用，但是在历史长久发展过程中，终将成为社会发展的阻碍。随着资本主义工商业的发展，无产阶级也会迅速成长，阶级矛盾将越发尖锐，无产阶级必将成为资产阶级的掘墓人，过渡到没有阶级剥削和压迫的共产主义社会。

《共产党宣言》不仅明确了文明时代以来的阶级斗争的历史，还公开指出消灭私有制。资本主义自17世纪确立资本主义制度以来，资产阶级就千方百计维护资产阶级私有制，发展到19世纪中叶，资产阶级为蛊惑和对抗工人阶级及其社会主义思想，就鼓吹资本主义私有制自古有之，并力图证明私有制是永恒存在的。卡尔·海因岑便极力宣扬资产阶级统治是历史最后的产物。因此，维护资产阶级统治，他们不仅会加大对群众和社会主义者的镇压，而且会制造"国家社会主义"骗局，鼓吹"讲坛社会主义"，企图将社会主义的运动纳入资本主义的轨道之中。同时，他们拉拢社会主义者中的机会主义者，反对国家阶级的本质，鼓吹改良、反对革命。这些机会主义者主张将国家视作民主。于是，马克思恩格斯在《共产党宣言》中公开指出："共产党人可以把自己的理论概括为一句话：消灭私有制。"[1]

随后发生的1848年的欧洲革命和工人运动，首次为废除资产阶级私有制而战斗。与此同时，资产阶级便极力捏造各种理论，肆意散布各种谬论，将家庭、私有制、财产和国家宣称为永恒。为了消除上述的错误

---

[1]《马克思恩格斯文集》第2卷，人民出版社2009年版，第45页。

思潮的影响，揭示人类客观规律，用以指导无产阶级革命，成为《起源》写作的迫切任务。

《起源》通过对国家历史的论述，指出国家、私有制是一种历史范畴。国家的产生是阶级斗争不可调和的产物，是经济中占据主导地位的阶级对劳动人民剥削和压迫的工具。它以代表公众的面貌，实施对公共利益的剥削。随着社会的发展，社会终将分裂为两个对立且不可调和的阶级，为将这种冲突和矛盾控制在秩序的外衣之下，国家应运而生。因此国家设有特殊公共权力，实施统治与缓和的多重职能。但是随着生产力的不断发展，阶级会逐步瓦解，随着阶级瓦解，国家也终将瓦解。在生产者自由平等的共产主义社会，国家将不复存在，但是其消亡的前提是生产力的高度发展。

在这个意义上，《起源》从国家、私有制的起源、发展及终将趋于灭亡的历史趋势，驳斥了资产阶级学者所推崇的私有制的永恒论，给予了私有制以彻底的死刑预判，揭露了资产阶级国家统治的"虚伪"和"伪善"性。同时向无产阶级及其政党灌输正确的国家观，清理了工人中存在的各种错误观念，使工人明白了国家的本质及作用，明白资本主义民主的虚伪隐蔽性质，懂得如何捍卫无产阶级新国家，从而激发了建设社会主义新国家的力量。

3. 《起源》进一步抬升了《资本论》中关于"两种生产"的历史作用

恩格斯写作《起源》很大程度上是沿着马克思对摩尔根的《古代社会》所作的摘要框架作为致思路径的。它之所以能够成为"现代社会主义的主要著作之一"，是因为恩格斯不但采取了科学的唯物辩证法的分析研究方法，还在占据大量新材料基础上遵循用辩证唯物主义的历史观点考察社会历史。恩格斯除了用自身严密的逻辑论证和真实的历史事实考据作为理论说服力，还沿着马克思思想体系来一脉相承和发展。恩格斯在《起源》里强调指出："马克思的《资本论》对我们来说是和摩尔根的著作同样必要的。"[①] 我们在翻阅《起源》第九章不难发现：恩格斯沿用了马克思的商品、交换、分工、货币职能、私有制和物质生产资料等

[①] 《马克思恩格斯文集》第 4 卷，人民出版社 2009 年版，第 177 页。

分析，清晰地透视了原始社会基本结构下的生产力及其生产关系，形成了马克思主义原始社会史理论。

如果深入思考《起源》在马克思主义理论体系中的历史地位，尤其是考察其与《资本论》的关联性，不仅有助于我们准确理解马克思主义思想体系的完整性，还能够理解马克思恩格斯思想的一致性。那么如何看待《起源》与《资本论》的关系呢？总体上看，《起源》进一步抬升了《资本论》中关于"两种生产"的地位。

一方面，《起源》进一步承认"物质生产"的历史决定性作用。物质生产是构成人类社会赖以生存的物质前提。生活在社会中的人们首先是现实的个人要解决生存问题，而要解决这个问题，就会同自然和社会建立联系。在过去的历史时代，鲁滨孙式的自然生活在自然选择环境中建立了天然的联系，是自然主义倾向的美学假象。殊不知单个人的劳动在进入文明时代后就摆脱了自然联系的附属物，而参与社会发展和进行生产的个人是走向市民社会的出发点，是依靠物质生产摆脱自然联系参与自由竞争的历史选择。马克思在《1857—1858年经济学手稿摘选》里强调："摆在面前的对象，首先是物质生产。"[1] 这种生产，它是现实的个人的生产，是个人在一定社会发展阶段上和社会形式中且借助这种社会形式进行的对自然的占有。占有就意味着产生私有财产，而历史表明共同财产是最初的原始形式，且这种形式是以公社财产形式长期占据主导地位。这就说明，占有的实质是个人或者所属共同体通过社会形式实现的对自然物质资料的拥有，是适应自然和征服自然能力的外化。同时，马克思也认识到群的"协作"的重要性，毕竟最初的共同财产是依靠诸多现实的个人共同协作完成的对自然资源的共同占有。也是在这个意义上，马克思认识到共同财产形式作为最初的形式，是作为一个群或者部落的物质生产的力量，它能够支撑起家庭和整个氏族的"人类的再生产"。

基于此，恩格斯在《起源》中承认且延续了"物质生产"的关键因素。在研究和阐释了血缘关系、婚姻关系和家庭关系之后，提出了"直接生活的生产和再生产"扮演的历史决定性的地位。接着又继续阐发了生产的两种表现：生活资料以及所必需的工具的生产和人自身的生产。

---

[1] 《马克思恩格斯文集》第8卷，人民出版社2009年版，第5页。

一定社会历史时代和一定地区内的人们不是随心所欲地改造自然的过程，而是受到"两种生产"的制约。一种是劳动发展阶段，劳动越发达，就意味着劳动产品的数量越多，劳动产品剩余也就越多；另一种是受家庭发展阶段的制约。家庭发展阶段越高，也充分说明个人婚姻及其个体家庭突显出一种独立性的社会关系。而个体家庭更是作为社会基本细胞的相对独立性，意味着个人劳动所得超过维持生活必需的产品量越多，占有的劳动生产资料也相对越多。其中生活资料的生产是人类生存的物质条件。人类区别于动物本能的最大之处在于人们能够在劳动中能动创造出一个新的世界来，不是完全被动的适应过程。如果人类不进行任何生产劳动，人类社会将失去自我存在的根基，进而丧失人之为人的资格。因此，生活资料生产突显了对人类社会存在的重要影响作用。

另一方面，《起源》进一步强调"人口生产"的特殊历史性作用。恩格斯在认识到物质生产资料及其再生产的历史作用的同时，认识到人类自身的生产。马克思在《资本论》谈到劳动力的再生产，就是这个个人的再生产或者维持。任何一个人想要维持自己，都需要一定的生活资料，而消耗生活资料的总和应该足以维持劳动者个人在正常生活状况下维持自己，进而推动人类社会生产力的革新。在马克思看来，市场中的劳动者个人的价值包含着一个历史和道德的要素，若是维持劳动者个人的再生产，就需要劳动力的卖者必须"像任何活的个体一样，依靠繁殖使自己永远延续下去"[1]。之所以如此，是因为劳动者作为一种特殊的商品，他的劳动力价值可以归纳为一定量的生活资料的价值，而这种价值的总和是涵盖着工人自身的补充者，如工人子女的生活资料。但是在马克思看来，资本家对工人劳动者所能提供的生活资料仅仅能够维持最低的生活保障，这样一来，劳动力就会在萎缩状态下维持和发挥。这是马克思所深恶痛绝的。

如果追溯劳动者的个人历史，就会发现：劳动者的个人在最初的形态下是进行生产的个人，不是抽象存在的个人。它越是独立，就越是反映过去的人们是从属于所属的整体或者群的力量中。马克思反对蒲鲁东等人用自然编造的神话转化为现实的想法，因为人"不仅是合群的动物，

---

[1] 《马克思恩格斯文集》第5卷，人民出版社2009年版，第199页。

而且是只有在社会中才能独立的动物",这种个人不是独立的一个人游离于社会之外,其"最初还是十分自然地在家庭和扩大成为氏族的家庭中;后来是在由氏族间的冲突和融合而产生的各种形式的公社中"①。但马克思没有认识到维持史前时期最初人口生产及其再生产的最重要的因素不是物质生产资料,而是恩格斯所强调的基于血缘关系所维持的氏族或者部落共同体。在《起源》中,恩格斯重点突出了原始社会阶段血缘关系对于维持家庭、氏族制度和婚姻制度的重要地位,富有针对性抬升了人类再生产在史前阶段的特殊性作用,这也反映出恩格斯遵循着历史唯物主义的观点,坚持大量客观历史事实基础上的具体问题具体分析方法,从而肯定人类社会存在和发展中人类自身生产及其再生产的重要性。从这个意义上看,恩格斯将多年来的历史唯物主义的研究成果,"两种生产"理论中有联系的婚姻、家庭、氏族等纳入唯物史观体系中,从而为全面分析私有制、家庭和国家起源及其发展动力问题提供了思想条件。

一言以蔽之,《起源》中的"两种生产"不仅肯定了人的主体地位,突出了人类自身生产的历史性作用。同时肯定和深化拓展了物质生产资料等客观条件对人类社会生存和发展的制约性。这就启示我们,无论我们研究社会科学和重大的理论问题,还是研究时代性主题性下的重大现实问题,都需要我们高度重视人类自身及其主体的研究,不仅要遵循人生产所需的外在的客观环境及其外部世界的发展规律,还要充分尊重人的主体性地位和人的主体能动性的发挥。

(三)《起源》思想发展和演进的深层次理论原因

《起源》的发表在马克思主义思想史上具有深刻的历史意义,它不仅吸收了摩尔根发现的原始社会史前时期关于没有私有制和阶级的公有制社会,更是深刻论证了原始社会内在发展变化所彰显的经济原因和结构转变的历史规律;不仅揭示了家庭、私有制和国家的起源,更是深刻分析了原始社会起源及其灭亡的历史条件,从而填补了历史唯物主义关于"至今一切社会的历史都是阶级斗争的历史"的理论空白。如果要进一步

---

① 《马克思恩格斯文集》第 8 卷,人民出版社 2009 年版,第 6 页。

思考《起源》何以取得如此巨大的历史贡献？其内在的致思路径和逻辑层次的内在原因是什么？这些问题需要我们进一步明示，阐明马克思主义原始社会理论演进过程的深层次原因。

1. 为历史唯物主义理论观奠定思想基础

恩格斯根据摩尔根的最新关于原始社会的研究成果，结合搜集到当时民族学、人类学和历史学等可靠资料，第一次系统地探讨了原始社会的起源及其灭亡的发展过程，重点剖析了家庭、私有制和国家的起源，并对它们的未来发展态势作了科学的预测。因此，从时间跨度上看，《起源》的思想研究始于原始社会，终于对共产主义的未来轮廓的预测，涵盖了马克思对于人类社会发展阶段的全过程。之所以有如此安排，是因为《起源》遵循了历史唯物主义基本原理，使用了唯物史观的研究方法，从而为《起源》的思想发展和发展转变奠定了思想基础。

针对摩尔根的《古代社会》中所描述的原始社会，恩格斯认为它在某种程度上证实了马克思主义的唯物史观，尽管摩尔根的研究成果受到西方学者的冷漠对待，但恩格斯还是对摩尔根关于原始社会的研究成果给予了很高的评判。与此同时，在充分吸收当时新发现的家庭史和原始社会史等资料前提下，恩格斯用历史唯物主义的基本原理对摩尔根的相关研究成果进行了批判性审视。

贯穿本书主题线索的"两种生产"理论是《起源》承继马克思恩格斯历史唯物主义观点的运用，是透视原始社会家庭、私有制和国家生成的历史钥匙。马克思恩格斯早在1845年合著的《德意志意识形态》中便探讨过原始社会的社会结构问题。根据当时所能掌握的资料提出"部落所有制"是原始时代的所有制形式，初步认识到原始社会是依赖公有制和血缘关系来维系。此外提出"生产自己的生活资料"和"人口的增长"观点。当人们开始生产自己的生活资料时，就意味着自己开始同动物区别开来，这是表征他们自己生命的一定方式和生活方式。"人们生产自己的生活资料，同时间接地生产着自己的物质生活本身。"[①] 而个人是什么样的，很大程度上取决于他怎样生产，取决于进行生产的物质条件。因此，物质生产资料是构成人类生存发展的先决条件，是维持人类社会赖

[①] 《马克思恩格斯文集》第1卷，人民出版社2009年版，第519页。

以生存的物质基础。而人口数量也是伴随着生产的不断发展而不断增长。

在这个思路启示下，《起源》将这种观点运用到原始社会结构中，并重点阐释原始社会的起源及其灭亡的转变动力。恩格斯从生活资料的生产和人自身的生产的双重维度上阐发了其他主题生成的历史之谜。处在原始社会阶段的人们在狭窄的生存空间下集体协作的必然性推动了人类劳动的社会性的生成，而社会性反映在人类自身生产及其再生产上最初演化为一种杂乱的性关系，后来随着人们劳动生产能力的增强和生产方式的复杂化，人们的婚姻制度也逐渐过渡到群婚制，并伴随自然选择基础上社会禁忌和习俗规定的增多，婚姻制度也相应地经历了血婚制、群婚制、对偶制和专偶制的变革过程，"被共同的婚姻纽带所联结的范围，起初是很广泛的，后来越来越缩小，直到最后只留下现在占主要地位的成对配偶为止"①。一夫一妻制的生成与分工的深化发展和畜群、奴隶和土地的私有过程密不可分。而私有制的逐渐确立导致氏族因内部冲突而趋于瓦解并形成奴隶制国家。这也标志了人类社会从蒙昧时代向野蛮时代并最终步入文明时代。

由此一来，恩格斯便根据唯物史观的基本原理，从"两种生产"理论出发，将史前社会的人类发展进度奠基于物质生产之上，同时厘清"两种生产"的不同历史情境下作用的差异性，完善了人类社会发展的唯物史理论体系，拓宽了马克思主义对资本主义批判的解释力。

但是"两种生产"理论在国内外受到一些学者的质疑或者歪曲。如俄国民粹派首领米海洛夫斯基指责恩格斯的"人自身的生产"，即子女生产有点可笑。②后来这种观点被列宁所批判。列宁认为，子女属于经济因素，"而物质的社会关系是不以人的意志和意识为转移而形成的，是人维持生存的活动的（结果）形式"③。国内部分学者也有人认为"两种生产"理论特指用于原始社会，而人类自身的生产在阶级社会便失去了作用。不过人们在深入研究和探讨《起源》的原始社会发展过程及其规律的历史条件下，在结合社会主义实践活动的客观成就基础上逐渐认识到

---

① 《马克思恩格斯选集》第4卷，人民出版社2012年版，第38页。
② 参见《列宁全集》第1卷，人民出版社2013年版，第120页。
③ 《列宁全集》第1卷，人民出版社2013年版，第121页。

"两种生产"理论的科学性及其价值性。在这个意义上,《起源》能够取得如此历史地位,离不开历史唯物主义理论根基的根本性和发展性,离不开辩证唯物主义研究方法的运用。这也验证了恩格斯所说的"马克思的整个世界观不是教义,而是方法"①的真理力量的运用。这就启示了我们:首先,物质生产资料的生产进步是维持人类社会前进发展的动力,决定了社会的发展性质和发展面貌,因而一个国家或民族政策的制定和规划的实施不能超越所属的物质资料生产的阶段,因为"直接的物质的生活资料的生产,从而一个民族或一个时代的一定的经济发展阶段,便构成基础"②。其次,马克思主义不是一种机械的教条,他所认识的真理绝不是终点,而是为我们"开辟了通向真理的道路"③;马克思主义研究不能搞形式主义和机械主义的理论研究,需要进一步研究和使用这种方法。最后,无论是社会学、人类学、民族学等研究,还是重大的现实问题和决策咨询,都需要遵循历史发展的客观规律,发挥人类自身主体性和创造性作用,同时对发展过程中的时代问题进行理论上的突破和实践上的大胆探索。

2. 为原始社会史相关理论提供历史基础

贯穿全文的原始社会是构成《起源》逻辑线索的历史基础。19世纪40年代,人类社会的历史学、民族学等刚刚开始处于起步阶段。史学的研究范围最早局限于古希腊、罗马的历史,"而再远古的历史,由于缺乏文字记载,并没有作为历史学家们的研究对象"④。此时的原始社会史处于萌芽发展阶段。马克思依据以往学者的种种描述,借助逻辑手段归纳人类社会历史发展初级阶段的所有制形式是"部落所有制",这与不发达的生产相适应。人们劳动生产依靠采摘、狩猎、捕鱼,或者畜牧,部分依靠种植活动,且这种种植活动是以有大量未开垦的土地为前提。在生产力不发达阶段,人口的增长是从家庭扩展到父权制的酋长、部落成员及其奴隶,于是潜藏的私有制和奴隶制便是随着人口和需求的增长、人

---

① 《马克思恩格斯文集》第10卷,人民出版社2009年版,第691页。
② 《马克思恩格斯全集》第25卷,人民出版社2001年版,第594页。
③ 《习近平谈治国理政》第2卷,外文出版社2017年版,第33页。
④ 刘启良:《马克思东方社会理论》,学林出版社1994年版,第71页。

们之间的交换活动越来越多以及同外界交流越来越多情况下逐渐发展起来的。因此，在马克思看来，人类社会的原初阶段是存在奴隶制、父权制和一夫一妻制等阶级差别，因而在《共产党宣言》里强调"至今的一切社会的历史都是在阶级对立中运动的，而这种对立在不同的时代具有不同的形式"①。不过这种分析"由于这时人类对史前社会的认识基本上是一个空白，因此马克思借助于逻辑手段对社会发展过程的把握，必然存在着局限性"②。

19世纪50—70年代，关于原始社会史形成时期的研究。考古学、人类学家等对原始社会的考察有所进展，但整体上体系庞杂、不具体、不完备和不系统。马克思为继续关注原始社会，整理出来一些来自英国官方的文献及其同时代的东方世界的社会状况，如印度和土耳其等国家在私有制、生产力、生产方式、社会制度等方面较同欧洲存在较大差距，发现东方社会部分民族存在大量原始遗俗，比如马克思在《不列颠在印度的统治》写道："从远古的时候起，在印度便产生了一种特殊的社会制度，即所谓村社制度，这种制度使每一个这样的小结合体都成为独立的组织，过着自己独特的生活。"③ 因此，马克思根据印度等落后民族国家的文献资料，尤其从印度的公社所有制的形式中推断出所有制形式的演变历程，即亚细亚的、古代的、封建的、资本主义和共产主义的生产方式。因此，在马克思看来，原始社会最初的生产方式是亚细亚的生产方式，其特征是集体协作的公有制，且是规模较小的公社经济。他们生产劳动的目的不是用于商品交换而生产，而是用于公社的直接需要而生产。从这个角度来看，这种结论远比之前的逻辑推断和猜测性描述是一种认识论上的进步。但是这种基于印度公社模型来推断出原始社会的真正形态还远远不够，充其量是"古代形态的最后阶段或者最后时期"，而且原始社会在全世界各地都有痕迹，并不只是起源于印度，将亚细亚的生产方式作为唯物史观的开端，仍然是一种逻辑推断。

---

① 《马克思恩格斯文集》第2卷，人民出版社2009年版，第51页。
② 鲁越、孙麾、江丹林：《马克思晚年的创造性探索——"人类学笔记"研究》，河南人民出版社1992年版，第37页。
③ 《马克思恩格斯文集》第2卷，人民出版社2009年版，第681页。

19世纪70—80年代，欧洲世界步入相对稳定的发展时期，此时人类学、历史学等理论研究成果出现繁荣发展。对诸多学者取得的研究成果汇总，尤以摩尔根的《古代社会》对马克思影响巨大，因其在印第安人的易洛魁人部落调查研究中发现了原始社会史的遗俗痕迹，"在主要特点上发现和恢复了我们成文历史的这种史前的基础"①，从而为晚年马克思研究原始社会提供了关键性的原始史料。

首先，摩尔根等人类学家所研究的原始社会生产生活、发展历程、转变原因等观点，为马克思恩格斯系统全面把握原始社会的起源过程、基本结构、基本特征奠定了基础。摩尔根描述阿兹特克联盟内人们的土地是公有的，过着群居的大家庭生活，其中大家庭涵盖着许多个有亲属关系的小家庭，这种家庭生活具有原始的"实行共产主义"②特征。后来恩格斯提出"一切文明民族都是从土地公有制开始的"③这一论断。摩尔根基于希腊人、罗马人、印第安人等不同的调查研究，看到原始公社的原始遗俗在世界各地，间接言说了原始公社的多种形式。后来马克思强调"并不是所有的原始公社都是按照同一形式建立起来的。相反，从整体上看，它们是一系列社会组织，这些组织的类型、生存的年代彼此都不相同，标志着依次进化的各个阶段"④。古代土地公有制的残余，如波兰和罗马尼亚则保留下来。这部分的"土地一部分属于单个农民，由他们独立耕种。另一部分则共同耕种，形成剩余产品，一部分用于公社的开支，一部分用作备荒的储存等等"⑤。

其次，摩尔根所描绘的氏族团体为马克思恩格斯透视国家组织的起源提供了生成路径。摩尔根在《古代社会》中描绘了希腊人的氏族社会生活形态，认为氏族是社会制度的基础，是社会势力和宗教势力的核心。人与人之间的关系是自由平等的，制度是民主的。后来在进步观念和需要的双重影响下，氏族形态便进入最后形态，转变为不同的部落。每一

---

① 《马克思恩格斯全集》第21卷，人民出版社1965年版，第30页。
② [美] 路易斯·亨利·摩尔根：《古代社会》，杨东莼、马雍、马巨译，中央编译出版社2007年版，第136页。
③ 《马克思恩格斯全集》第26卷，人民出版社2014年版，第146页。
④ 《马克思恩格斯文集》第3卷，人民出版社2009年版，第584页。
⑤ 《马克思恩格斯全集》第46卷，人民出版社2003年版，第908页。

个部落都是由血缘和方言的联系结合而成，由若干个胞族组成。这些部落内部禁止族内通婚、世系由男性下传、允许收养外人、拥有选举和罢免酋长权利。当社会需要臻于复杂时，原本氏族或者部落所主导的行政权力无法解决内部的冲突和矛盾，"从而产生一种运动来取缔氏族、胞族和部落原有的一切行政权力，把这些权力重新交给新的选民团体"[①]。为确保社会的福利和安全，新的选民团体前后历经酋长会议、两权政府、三权政府等政府体制。这一过程经历漫长时间，克服了许多困难。出现以地域和财产为基础的国家观念，社会治理模式也将以乡区和市区代替氏族或部落，这时"地域制"结构将真正取代"氏族制"结构。这也是进入文明社会与野蛮社会的分水岭。这些阐释都为马克思主义原始社会理论关于国家的起源提供了生成路径的判断。

最后，摩尔根所阐释的生存技术的阶段划分为"两种生产"理论注入了丰富的史料基础。在摩尔根看来，人类社会的发展阶段呈现出"阶梯"规律性，即从底层出发，向高级阶段上升。而这种上升阶段可以通过人类顺序相承的生存技术的发展来参考。在蒙昧阶段，面临严峻环境挑战的人们所需生活资料较为简单，主要是通过肉体劳动获得的简单的食物作为维持自身生产。妇女采摘植物的根和果实，男子从事捕鱼、打猎等。在野蛮时代，那些脱离蒙昧时代的部落进入低级野蛮时代，开始出现种植活动获得淀粉食物，并因饲养牲畜而获得较多的肉类和乳类食物。因此，通过考察上述不同阶段下人们生产和生活状况所获得的理性认识，与马克思关于物质生产资料是维持人类社会生存发展的先决条件的观点不谋而合。恩格斯在此基础上，通过阐释原始社会阶段人们在严峻环境下集体协作的必然性析出人类自身生产及其再生产在血族团体中发挥的社会性作用，成为揭露家庭史和婚姻史关系的发展变迁的"活化石"。

综上所述，马克思主义原始社会理论的形成离不开对摩尔根等人的研究成果及其对人类历史发展新变化的智慧的全面把握，使得唯物史观在新的历史条件下趋于成熟和完善，这不仅有效填补了关于原始社会的

---

① [美] 路易斯·亨利·摩尔根：《古代社会》，杨东莼、马雍、马巨译，中央编译出版社2007年版，第185页。

唯物史料，修正了唯物史观部分的话语转述和理论表达，还深化了对西方资本主义社会发展的深刻认识，为东方社会步入发展本民族的现代化建设提供价值先导，为激发世界无产阶级革命斗争和坚定共产主义理想信念注入源源不断的动力。

3. 对资本主义生产方式的经济论证趋向成熟

《起源》问世前，马克思主义的唯物史观的话语叙述及其理论表达便趋于成熟，其中关于私有制、阶级等产生的历史条件都做了相关的经济论证。这些经济论证不仅透视了资本主义发展变化的进步意义及其时代局限性，也为科学阐释和分析原始社会中氏族制度起源及其解体过程提供了方法论根基和世界观基础。

马克思恩格斯在辩证看待资产阶级的历史地位时，不断深入资本主义私有制的内在基本矛盾，进而追本溯源至私有制的起源。文明时代的私有制为阶级和国家的产生奠定了物质基础，构成了人类社会历史新发展新变化新阶段的经济基础。在《共产党宣言》里，马克思恩格斯共同认识到，资本主义私有制的确立，确保了"资产阶级在它的不到一百年的阶级统治中所创造的生产力，比过去一切世代创造的全部生产力还要多，还要大"①。从这个方面来看，私有制的历史性出现是一种历史性进步，它不仅加速了资本主义社会财产及其社会财力、物力的积累积聚，更为全体社会成员快速实现整体福利的提高改善奠定了快速发展的动力。但它的出现也产生一些负面效应。它将社会成员分裂为不同的阶级或者阶层，将原始共产制下没有阶级分层和奴役压迫的共同体社会抛入阶级斗争和文明冲突中，因而国家应运而生。因此，人类原始社会也就意味着发展到最后的阶段，即将步入文明时代。

文明时代之前的原始社会的论证，摩尔根也给出一些经济论证，得出了与马克思唯物史观相同的结论。不过恩格斯成熟运用了历史唯物主义基本原理，对摩尔根相关不恰当之处给予了经济论证的修正和完善，从而奠定了《起源》的深刻性、科学性和历史性。这一切努力都离不开马克思主义经济论证的成熟运用。

早在1845—1846年，马克思恩格斯在合著的《德意志意识形态》一

---

① 《马克思恩格斯文集》第2卷，人民出版社2009年版，第36页。

书中就曾深刻强调"分工"的历史性地位,认为在分工发展的各个阶段里,分工涵盖着劳动及其产品分配的不平等,因而产生了所有制,阶级便是从分工基础上分离出来的。1847 年,马克思在《哲学的贫困》一书中继续指出,社会作为一个整体和工厂内部结构一样,都有其内在的分工。而整个社会的分工不是由某个立法者制定出来的,而是最初来自物质生产条件,按照一定的规则进行的,而后上升为某种法律或者权力。人们所从事的不同形式、分布的不同行业都是基于"分工的这些不同形式正是这样才成为同样多的社会组织的基础"①进行的社会选择,因而这些社会形式带有阶级和等级划分的制度。在《共产主义原理》一书中,恩格斯进一步研究出阶级之所以得以产生并存续至今是因为分工引起的。为捍卫这一观点,恩格斯批判了杜林关于暴力是产生私有制和阶级存在的谬论。资本主义生产方式自出现以来,社会开始占有全部生产资料,但这种历史"只有在实现它的物质条件已经具备的时候,才能成为可能,才能成为历史的必然性"②。也就是说,如果社会总劳动所提供的产品除去满足社会全体成员最起码的生活需要还有少量剩余,社会就必须出现阶级,形成了一个专门脱离生产劳动的阶级来管理社会的共同事务。这就意味着分工的出现是阶级产生的基础。

从前文所述,我们可以看到,马克思恩格斯对分工、私有制和阶级等主题的探讨的前后立场是一致的,自始至终贯穿着唯物史观论证方式。虽然前后侧重不同,但经过后续发展和完善阐释,已经形成了较为充实和系统的理论根基。不过由于受历史知识的局限,恩格斯还尚未对原始社会的历史进程作以系统性梳理。直到《起源》的完成,恩格斯才得以将唯物史观体系推进到新境界,对私有制、分工、阶级等进行了更为深刻性的生成原因的探讨。在《起源》的第九章中,恩格斯认为,原始社会后期经由生产方式的发展和经济发展,生产的共同性的必然性就会让位于个体性,劳动个体性的增强就会驱使劳动分工细密化。"分工慢慢地侵入了这种生产过程。它破坏生产和占有的共同性,它使个人占有成为

---

① 《马克思恩格斯文集》第 1 卷,人民出版社 2009 年版,第 624 页。
② 《马克思恩格斯文集》第 9 卷,人民出版社 2009 年版,第 298 页。

占优势的规则,从而产生了个人之间的交换。"① 随着交换活动日趋频繁,引发了以交换为目的的商品生产。而货币和贸易的发展,进一步催生了个人占有创造财富的欲望,这种"鄙俗的欲望"被恩格斯视为推动文明社会唯一的且最具有决定意义的目的的灵魂。由此,私有制便逐渐开始,起初是畜群、奴隶的私有,而后推广到土地、货币财富的私有。私有财产的扩大,意味着分工及其引起的交换活动更加发展,意味着整个社会日益分裂为不同的阶级或者不同阶层,社会财富集中于很少的阶级手中,从而加剧人民大众生活的贫困化,由此奴隶制度便会大大增加,"奴隶的强制性劳动构成了整个社会的上层建筑所赖以建立的基础"②。

综上所述,贯穿《起源》全书的唯物史观及其经济论证方式,与马克思恩格斯对私有制、分工和阶级等较为成熟的思想理论有关。不同于此前对资本主义生产方式及其社会发展形态规律的论证方式,恩格斯在《起源》中成熟地运用历史唯物主义基本原理,结合丰富的原始社会史料,对私有制、分工、阶级和国家起源进行了科学的阐释,并进行了深刻的经济论证加以辅助,使上述思想进一步得到了自我确证,不仅宣告了资本主义制度所标榜的私有制的永恒性的唯心史观的破产,而且为透视人类社会发展的内在规律和鼓舞无产阶级争取革命斗争求解放而注入思想引领和批判武器。

三 《起源》的核心思想

《起源》运用了大量的经济和政治材料,着重研究了人类社会史前阶段的发展轨迹、发展阶段和走向解体的基本规律,揭示了国家、私有制和阶级的历史范畴,驳斥了资产阶级私有制及其阶级剥削的唯心史观;承认母权制先于父权制的存在并给予了崇高地位的赞誉,揭露社会制度男尊女卑的社会根源。同时着重强调了"历史的决定因素归根结底是直接生活的生产和再生产"的历史唯物主义基本原理,从而为清除工人阶级头脑中各种错误的唯心史观提供了强大思想武器。因此,《起源》本身

---

① 《马克思恩格斯文集》第 4 卷,人民出版社 2009 年版,第 194 页。
② 《马克思恩格斯文集》第 4 卷,人民出版社 2009 年版,第 187 页。

蕴含着十分丰富的思想理论，不仅包含直接的思想，同时囊括间接的隐含思想之义。这就需要我们充分挖掘出其中的理论资源，以便于更好地展现和传播马克思主义的真理力量。

（一）直接的思想

《起源》直接阐释的核心概念范畴有很多，而本书摘录其中最主要的核心思想范畴，力图展现恩格斯所要阐释的核心概念和基本逻辑的面貌。"两种生产"理论是贯穿全书的最根本的历史唯物主义基本原理，构成研究原始社会史和家庭发展史的奠基之石，其他核心概念范畴从属于该理论。私有制、阶级和国家的起源及其实质是《起源》最想直接回答的问题，通过历史唯物主义基本原理的运用，揭示了它们的历史范畴及其必然消亡的发展规律，展现了未来社会发展将是"古代氏族"更高形式上的复活的伟大崇高理想，从而为我们坚定共产主义理想信念和为实现这一伟大崇高目标而奋斗提供了强大的思想武器。

1. 唯物史观中"两种生产"的确立

在唯物史观的创立过程中，马克思恩格斯已经开始关注"两种生产"的前提性，尤其是生产中的人类自身生产。在《德意志意识形态》（以下简称《形态》）中，马克思恩格斯对于"两种生产"进行初步阐释，构成了唯物史观基本原理的基础。"生命的生产，无论是通过劳动而生产自己的生命，还是通过生育而生产他人的生命，就立即表现为双重关系：一方面是自然关系，另一方面是社会关系"[①]。通过和《起源》序言中的相关表述对比分析，可知《形态》中所提及的通过劳动而实现的对于"自己生命的生产"和"他人生命的生产"与《起源》中所述的通过劳动而实现的对于"生活资料及生产资料的生产"和通过种的繁衍而实现的"人自身的生产"是一致的。因此，《形态》中关于"两种生产"相关理论的表述是《起源》中"两种生产"理论的初始状态。

在《1857—1858年经济学手稿》（以下简称《手稿》）中，马克思主要研究了"两种生产"中的第一种生产，即生活资料和生产资料的生产。但在《手稿》中论述资本主义生产以前的各种形式时，马克思也稍稍提

[①] 《马克思恩格斯选集》第1卷，人民出版社2012年版，第160页。

及第二种生产,即"生产本身,人口的增长"①。可见,在《形态》和《手稿》中都有关于"两种生产"的论述,但对于第二种生产的描述较少,尚未形成"两种生产"的理论体系,唯物史观有待进一步发展和完善,《起源》则很好地完成了这一历史任务。在《起源》对于"两种生产"进行系统性研究前,已经具备两大有利的研究前置条件。一是马克思恩格斯的唯物史观研究已经达到了一定深度,为恩格斯以原始社会为背景研究"两种生产"的决定作用提供有利的条件;二是原始社会史学家的研究相继出现,丰富了原始社会的研究资料。

在这种情况下,恩格斯开始对原始社会及其中的血缘关系、婚姻、家庭进行深入、系统的研究,在《起源》中第一次精辟地阐明了"两种生产"内涵。我们可以从以下三个方面窥探其思想面貌。

一是直接生活的生产和再生产是历史的决定性因素,生产本身可分为物质资料生产和人类自身的生产,这"两种生产"内涵是恩格斯关于物质生产是社会发展决定性因素原理的进一步阐释。二是社会制度受着"两种生产"的制约,生活于其中的人们的社会制度"一方面受劳动的发展阶段的制约,另一方面受家庭的发展阶段的制约"②。"两种生产"对社会制度的制约,根据不同的历史阶段呈现不同的主次交错特征:在人类历史的早期发展时期,只存在简单和朴素的劳动方式,生活资料和生产资料的生产不发达,因此社会制度主要受人自身生产的制约,而人类自身的生产受家庭发展阶段的制约;随着人类社会的发展,劳动逐渐精细化,劳动生产率的提高推动了私有制发展,在以私有制和阶级为基础产生的国家中,社会制度极大地受到生活资料和生产资料生产的制约,即越来越受到劳动发展阶段的制约。三是在原始社会向阶级社会过渡时期,血族关系、家庭形态的演进与变化,同私有制和国家起源是并行演进而变化的。以血族关系为基础的社会在人类社会历史发展早期起着重要作用,后随着私有制和阶级的产生,被建立在地域关系和财富关系基础之上的政治国家取而代之,此时物质生产资料成为社会发展依存的重心,因而成为社会发展的决定性因素。

---

① 《马克思恩格斯文集》第8卷,人民出版社2009年版,第136页。
② 《马克思恩格斯文集》第4卷,人民出版社2009年版,第16页。

因此,"两种生产"的确立深刻地诠释了历史唯物主义关于物质生产的基本原理,彰显生产的逻辑在人类社会制度发展过程中的主导性作用,突显人类社会不断取得文明进程的进步痕迹,传递出马克思主义的科学性和真理性特质。由此,"两种生产"的确立是马克思恩格斯研究和创立唯物史观并进一步完善的重要标志。

2. 剩余产品、私人占有到私有制的发展

在马克思恩格斯看来,私有制是一种历史范畴,是人类社会一定历史阶段的产物,是与生产力发展到一定阶段相关联的。而剩余产品的增加是私有制得以产生的物质前提。剩余产品的数量伴随着社会生产力发展水平提高而不断增多。私人占有制的出现又是商品交换得以实现的前提条件,而商品交换一经出现,又反过来极大地促使私人占有的发展,使得私人占有现象逐渐普遍化。

在原始社会早期发展阶段,整个社会的生产力水平极其低下,人们只能借助集体力量通过采集、渔猎等集体共同劳动来获得维持自身生命生存的基本物质产品,以维持人类种族的繁衍生息,因而很少有产品剩余。这也就意味着人们在这个阶段无法去占有别人的劳动和社会剩余产品,故而氏族社会内部呈现出氏族共同占有所有的生产资料和劳动产品,与之相伴生的经济所有制形式是原始共产制经济,即生产资料公有制。

到了原始社会发展后期,伴随着生产力的进一步发展,劳动工具的升级将人们从集体劳动协作中解放出来,获得了进行个体化劳动的能力,整个社会生产力水平也得到了极大提高,剩余产品的数量也不断增多,为产品和财富的私人占有创造了可能。在这种条件下,氏族和家庭公社的首领凭借着自身的身份地位和特殊权力把畜群等公共财富变为私人占有物,这时能进行生产活动的劳动力便具有了较大的价值,占有劳动力也就意味着占有更多的物质财富,从而促使其他人开始纷纷占有剩余产品和劳动力。剩余产品数量的增多和财富的私人占有以及商品交换的不断发展不仅使劳动力成为占有的对象,而且带来氏族内部贫富两极分化的出现,使社会分裂为两大阶级集团,即剥削者和被剥削者。

与此同时,生产力发展带来的社会分工,将整个社会划分为不同职业利益集团,形成不同利益诉求的氏族、胞族、部落联盟等共同聚居地域关系,催生出氏族公共利益以外的特殊的利益。因此,不同生产者和占有者之间进行以私人占有为前提的产品交换日渐频繁并逐渐形成日常所需，使已经产生的私人占有现象更加普遍化，甚至渗透经济发展的各个领域中，并逐渐占据统治地位。

由此，以社会生产力水平的大幅度提高和剩余产品的不断增加为物质前提，以劳动的个体化和经济活动的家庭化为决定性因素，以交换的广泛发展为促进私人占有普遍化的巨大推动力，在以上综合因素的共同作用之下，生产资料私有制逐渐形成并最终确立起来。它的起源过程深刻表明，产品剩余到个人占有，然后过渡到私有制是一定历史条件下社会生产力发展和经济增长的必然后果，其最终必将会取代原始公有制。因此，在氏族制度的废墟上逐渐确立起来的私有制，是人类社会发展的必经阶段。

3. 分工、交换与阶级产生的根源

恩格斯对原始社会三次大分工的过程进行阐述，指出分工在各个历史时期的重要意义，揭示了阶级本质以及产生的根源。

在人类社会史前阶段，受制于生产力发展较低水平，分工是纯粹自然发生的，性别的分工是最初的分工形式：男子从事打鱼、捕猎和制造劳动所需的生产工具，女子从事采摘、原始农业和料理氏族内部事务工作。因此，原始的劳动方式属于简单协作，其分工也是自然性的，并未形成社会性质意义上的分工。生活于其中的人们没有职业区分，自由、平等和博爱是氏族生活的准则。随着同自然的抗争而逐步发展了生产工具，生产力也有所提升。随着社会生产材料增多，人的寿命得到延长，年长且经验丰富的人成为首领，集体活动按照年龄与两性分工的自然分工，劳动力的生产超过人自身生产需要之余出现了剩余产品，这又进一步地促进了分工和交换。

在野蛮时代，伴随着生产力的发展和劳动生产效率的提高迎来了三次社会大分工。第一次社会大分工指的是游牧部落从原始人群中分离。人们掌握了动物的繁育和驯养，有一部分部落专营家畜的饲养而放弃狩猎，他们来到草原河谷地带，在适合畜牧的地方开启了游牧生活。生产方式为饲养牲畜的畜牧方式。同时，在原始森林定居的农业种植部落也进行了发展，形成早期原始农业发源地。生产方式为以农业为主的农耕方式。第一次社会大分工促进了劳动生产力，丰富了劳动产品，与此同时男性逐步成为生产的主力，并逐渐超越女系世袭地位。此时女性家庭地位下降，母系制被打破，为财产私有提供了可能。第二次社会大分工指的是手工业与农业分离。当人类进入铁器时代，劳动生产率快速提高，农业出现剩余产品。个人同时从事农业与手工业变得困难，要求一部分人专门从事手工业活动。手工业及农业都开始细化，个人无法胜任从而产生分工。这一阶段发展出为交换进行的劳动。第三次社会大分工是指商业从生产过程中独立，商人成为分工产物。分工导致物物交换，使得劳动价值产生。与此同时市场、货币也逐步出现，推动了社会的变革发展。随着个人交换需求的增多，生产者之间、生产者与消费者之间需要专门经营的人来从事商业活动，于是商人便脱离生产而成为社会分工中新的职业者。随着氏族制度的瓦解，人类社会进入文明时代。

　　阶级产生的根本原因是生产力的发展，而阶级产生的直接原因则是社会分工。社会分工的不断扩大，使社会成员逐渐演化为不同的阶层工种、职业集团，且这些不同职业利益集团日渐蚕食氏族公共利益，迫使氏族制度走向解体。同时个体劳动化趋势强化了个体家庭成为社会经济单位，促使私有制和社会分层进一步确立和强化。因此，私有制带来了贫富差距，分裂了社会整体利益，出现了阶级这一在财产占有上的不平等现象，由此开启了整个社会趋于追求个人财富为唯一目的和动机的文明进程。

　　由此观之，恩格斯对阶级根源的探索过程，深刻揭露了资本主义私有制带来的"人与人之间""人与社会"之间的异化矛盾，瓦解了资本主义永恒存在的前提，为论证资本主义必然灭亡奠定了深厚的理论基础，同时进一步完善了唯物史观在人类社会史前阶级的基本规律。有力批驳了那些将资本主义生产方式仅仅看作人的自私性，并将之视为永恒自然形式的意识形态。

　　4. 阶级冲突、公共权力和国家的本质

　　随着社会三次大分工发展，"氏族制度已经过时了。它被分工及其后果即社会之分裂为阶级所炸毁"①。私有制度的产生使氏族在社会的历史洪流面前变得不堪一击，商人的出现使社会财富积聚到社会中的小部分人手中，造成社会生产的权力偏向于拥有财富的一方，而氏族生产落后

---

① 《马克思恩格斯文集》第 4 卷，人民出版社 2009 年版，第 188 页。

的一方就会在社会交换过程中承担更大的风险，具有更多的不确定性，沦为被剥削的奴役对象。商品生产上，土地不再作为氏族的财产，而是走向私有化，"完全的、自由的土地所有权，不仅意味着不折不扣和毫无限制地占有土地的可能性，而且也意味着把它出让的可能性"①。也就是说，从氏族权力中剥离出来的私有土地权力使氏族制度变得分崩离析，同时新旧利益的冲突也不断破坏氏族制度稳定的基础，消解着氏族存续发展的根基，动摇了先前氏族维系血缘关系的生存方式。

"以血族团体为基础的旧社会，由于新形成的各社会阶级的冲突而被炸毁；代之而起的是组成为国家的新社会。"② 马克思一语道破国家既有阶级属性又有社会属性。恩格斯在《起源》中继承了马克思的这一思想，从两个方面来论述国家的本质。

其一，国家是阶级矛盾不可调和的产物。随社会生产力水平的发展，社会中陈旧的氏族因素的存在和新型的私有制因素的兴起，整个社会陷入了不可调和的矛盾当中，这种对立矛盾既不能相互协调也不能相互转化，在斗争中趋向于毁灭。为了防止这两种力量进行永恒的无谓斗争，把斗争影响控制在可控的范围内，需要一种凌驾于两种力量之上的绝对权力来与之相抗衡，即这种力量产生于社会之中又凌驾于社会之上，这就是恩格斯所说的由阶级冲突而产生的国家权力。恩格斯以唯物史观为视角分析了古希腊罗马时代、封建国家和代议制国家，都是以此方式来解决社会阶级之间的矛盾冲突的，这就是国家的阶级性。

其二，公共权力是国家本质特征的表征。在《起源》当中，公共权力的发展是由人类的史前社会到文明社会发展的必然产物，公共权力以统治手段和管理职能为基础，随着国家发展日益扩充其内容。整个社会的平稳发展需要公共权力的合理构建，所以统治阶级需要公共权力来对国家和社会进行有效的统治，以便更好地平衡社会中陈旧因素和新兴因素之间的矛盾，处理新旧势力之间的矛盾双方利益冲突，缓解国家发展过程当中社会和全体成员利益的平衡，维持整个社会的正常秩序和合理运行的保障。

---

① 《马克思恩格斯文集》第4卷，人民出版社2009年版，第186页。
② 《马克思恩格斯文集》第4卷，人民出版社2009年版，第16页。

由此以来,《起源》直面阐释了国家产生于控制阶级对立和冲突的现实需要,具有凌驾于社会之上的绝对力量行使必要的公共职能,因而统治阶级常常将自己的统治宣称为"普遍利益"的代言人,实际上充当有产者和统治者维护私有制的辩护者角色,本质上是统治阶级维护阶级统治的工具。公共权力也是行使国家职能的外化手段,是有产者奴役无产者的统治工具。恩格斯同样指出,这种国家的阶级性存在也不是永恒性存在,未来终将伴随私有制和阶级的消失而趋于消亡,被自由人联合体的更高形式所取代。

(二) 隐含的思想

《起源》不仅直接阐释了私有制、阶级和国家的起源过程,还间接阐发了家庭史的未来走向、氏族历史分期的划分标准、氏族社会向文明时代过渡的动力思想和性爱思想等。这些间接思想案例窥探出原始社会史的发展全貌,构成了解氏族社会基本结构不可或缺的重要组成部分。

1. 从家庭发展史看家庭形式前途走向

恩格斯批判地吸收了摩尔根关于家庭发展史演进历程的观点,认为人类社会史前阶段有着不同于文明时代以来的、与物质生活资料相适应的家庭形式。结合摩尔根的研究成果,恩格斯详细论述了血缘家庭(家庭形式的初级阶段)、普那路亚家庭(近亲繁衍受到进一步限制)、对偶制家庭(女性社会地位受到威胁,男性社会地位得到提高)和专偶制家庭(标志着文明时代的开始)等家庭形式的产生原因、历史脉络和基本特征。

在古代社会,为了更好地抵御自然和外部侵略的危险,人类选择了群居和采取集体行动来获取生存生活的物质资料。在这样的背景下出现了人类社会最古老、最原始的家庭形式,也就是血缘家庭,摩尔根称之为血婚制家族。作为家庭形式发展的初级阶段,血缘家庭是由每一代人与自己的兄弟姐妹在自然选择的前提下以夫妻身份组成的家庭形式,但这仅阻止了隔代之间发生相互的性关系。随着生产力和人类脑力的不断发展,受制于自然选择的因素影响,血缘家庭繁衍的后代在体力和智力方面都不如非血缘关系繁衍的后代,于是开始出现禁止与同胞兄弟姐妹甚至是旁系兄弟姐妹发生性关系,由此就产生了普那路亚家庭,它是在氏族推动作用下产生的禁止近亲婚配的高级家庭形式。

血缘家庭和普那路亚家庭作为群婚制家庭发展的两个阶段，在演进过程中有其自身的驱动因素。其一，生产力的发展是公有制基础，它促使了血缘家庭向普那路亚家庭过渡。其二，在自然选择的作用下，家庭组成形式的进步意义表现在两个方面：一方面禁止了隔代间发生相互的性关系，另一方面在同族内禁止了同辈之间发生性关系，也就是禁止同族内年纪相近的人之间发生性交。第二次的家庭组织形式的变化是在自然选择原则下发挥作用的最好说明。恩格斯也认同摩尔根观点，"不容置疑，凡近亲繁殖因这一进步而受到限制的部落，其发展一定要比那些依然把兄弟姊妹婚姻当作惯例和规定的部落更加迅速，更加完全"①。在婚姻家庭形式演变进程中，依靠女性力量实现了由群婚制向个体婚制的转变。随着人类社会的不断发展进步，促使女性在两性关系中不断要求保持贞操，女性被要求与一个男人保持暂时或长久的婚姻关系成为一种选择，于是对偶制家庭应运而生。

野蛮时代的对偶制家庭中的夫妻关系只是一种暂时的松散的结合，不具有稳定性。因为当时男女双方缔结的婚姻关系并非由本人意愿所决定，而是由他们的母亲决定的。婚后双方可以随时解除婚姻关系并规定子女归女方所有。由此可见，女子在对偶制家庭中的地位仍然受到尊重。伴随财富的增加，在家庭财富中男子的地位不断提高，于是产生了把自己的私有财产留给自己子女的想法，提出了变革继承方式的要求，推动了历史进步，最终确立了按照父系血统计算的办法和父系继承权。恩格斯说："母权制被推翻，乃是女性的具有世界历史意义的失败。"② 家庭经济的发展和继承权的变革奠定了父权制家庭形成的物质基础和制度基础，但因没有形成相对应的亲属制度，导致它只是对偶制家庭向专偶制家庭过渡的形式。

文明时代的专偶制家庭是出于男子欲把私有财产留给自己子女而需要对女性方面的贞操要求，以确保男子将财产传给自己亲生的子女。专偶制家庭并非真正意义上的一夫一妻制家庭，而是权衡经济利弊的结果，

---

① 《马克思恩格斯文集》第 4 卷，人民出版社 2009 年版，第 49 页。
② 《马克思恩格斯文集》第 4 卷，人民出版社 2009 年版，第 68 页。

它不是现代人的性爱所导致的结果，而是私有制经济取代公有制经济基础在上层建筑的体现。因此，专偶制家庭只是针对女性的专偶制。恩格斯反对将婚姻当作由父母决定安排的及由当事人阶级地位决定的男女结合。真正的专偶制在无产阶级家庭中是真实存在的，因为只有在没有任何财产的无产阶级中间，男女双方才能保持最浓烈的爱情和最牢固的忠实，可以赋予妻子重新获得离婚自由的权利。从家庭演进历程来看未来家庭形式发展趋势，恩格斯认为专偶制是私有制产生的结果，只有消灭私有制实现公有制，个体家庭不再是社会经济单位时才可能真正实现一夫一妻制。

因此，恩格斯站在历史唯物主义的角度考察了家庭发展的演进历程，认为女性地位伴随家庭形式的变迁发生了相应的变化。群婚制相伴随的"母权制"是女性地位的黄金时代。当群婚制向对偶制转变的时候，女性在家庭中的地位也随之下降。伴随对偶制向专偶制的过渡以及专偶制的不断发展，以母权血统计算世系法和母权继承法被废除，最终确立了父权制，恩格斯说这是女性具有世界历史意义的失败。若要解放女性在家庭中的地位，实现两性在家庭中的平等地位，关键在于让女性重新回到社会生产中去。只有消灭私有制，使男女双方都成为家庭经济的贡献者，共同承担家务劳动，使之不再是束缚女性的私人服务劳动。在这种状态下，夫妻双方才有可能在家庭中真正实现两性平等，也只有建立在两性自由平等的基础上，真正的一夫一妻制家庭才能够和谐稳固。

2. 原始社会氏族阶段分期的划分标准

在探究《起源》的核心思想中，对于原始社会氏族问题的探索是研究《起源》的重要前提，亦是对于人类社会史前阶段发展总体状况的把握，为窥探古代社会的基本概况及其基本规律奠定了基础。摩尔根对原始社会阶段的历史分期，为恩格斯对史前阶段历史分期的审视和总结概括提供了理论参考。

恩格斯首先肯定摩尔根对于人类史前史的系统研究过程，延续了他的历史分期方法，并将人类史前史氏族阶段划分为蒙昧时代、野蛮时代和文明时代，其中每个时代又细致地划分为低级阶段、中级阶段和高级阶段。而摩尔根主要探讨了人类氏族社会的前两个阶段，恩格斯在此基础上，辩证扩充了摩尔根思想中的僵化部分，使原始社会氏族阶段分期的划分标准更加科学。在蒙昧时代的初级阶段，人类的生存空间不仅非常狭窄、食不果腹。还是语言和生存的蒙昧探索阶段，是意识萌生的初级阶段。在中级阶段，人类对于生存的探索更进一步，能够以鱼类为食并使用工具，如火和石器。蒙昧时代的高级阶段的标志，是弓箭的使用，促使人类能够在自然界有更广阔的生存空间和支配能力。食物的范围不仅仅限于鱼类，还包括动物的狩猎，这标志着人类的智慧已经达到新的高度。野蛮时代到来的标志，是制陶术的发明，昭示着人类文明向前进一步发展，"野蛮时代的特有标志，是动物的驯养、繁殖和植物的种植"[①]。所以野蛮时代的中级阶段便是从养殖家畜开始，当人类以动物为食补充更多的肉乳食品更加有利于人类的生存与发育。在野蛮的高级阶段，人类已彻底摆脱了蒙昧阶段的生存困难问题，铁器的使用为人类从野蛮时代向文明时代的过渡奠定了基础。

如果审视摩尔根与恩格斯的历史分期，并不像外界所说的"简单复述"关系。摩尔根的原始社会氏族阶段分期的划分是依据史前社会的事实来进行区别，是直观唯物主义自发性的生动写照。而恩格斯是基于历史唯物主义出发，从生产力的进步规律总结原始社会氏族阶段分期的划分。首先，摩尔根的分期方式存在着一定的局限性，其历史分期方法的划分标志过于模糊，并不能明确规定前一阶段与后一阶段的价值尺度，在各阶段划分上并不严谨。其次，摩尔根仅仅是用生产资料来进行历史分期，却忽略了生产的各个方面对整个原始社会氏族分期的影响。最后，也正是由于摩尔根在历史分期的过程中，没有从生产资料所掩盖下的生产关系出发。历史划分虽系统和细致却缺乏一定的全面性，导致无法窥探原始社会的全貌。而恩格斯通过历史唯物主义的基本原理在原始社会氏族阶段的具体运用，通过生产力与生产关系多维度的划分依据，不仅重视审查生产技术的发展，同时兼顾家庭、氏族、婚姻等全方位多维度审视各个历史阶段，弥补了摩尔根在历史分期中的不足，以更严谨和完善的马克思主义发展观点扩充了摩尔根的思想，把握住了史前史的社会发展的真正的逻辑，从而以唯物主义立场、观点拓展和深化了摩尔根的历史分期研究。

---

① 《马克思恩格斯文集》第4卷，人民出版社2009年版，第35页。

3. 从野蛮到文明时代过渡的动力机制

《起源》以史前社会的基本结构为历史考察对象,阐释和分析了原始社会的经济发展、社会关系的发展、历史分期划分及其动力发展等各个方面认识,为原始社会形态的形成和确立奠定了科学的基础。然而,发展至今,人们对史前社会的研究并未完结。《起源》并不是简单地叙述原始社会的生存样态,而是按照历史唯物主义基本原理,将私有制、分工、阶级、氏族、部落、家庭、国家等诸多主题纳入唯物史观视域体系中,从而揭示出原始社会的起源及其灭亡的历史发展规律,为总结和把握原始社会从无阶级社会向有阶级社会、野蛮时代到文明时代过渡的动力机制奠定科学的基础。

如果深入反思推动文明时代形成和发展的动力机制,不同的历史观会给出不同的答案。而《起源》中文明动力机制的核心思想在于"生产"决定论,即推动文明时代形成和发展的动力机制在于"直接生活的生产和再生产"。这种"生产"是唯物史观视域范畴下所发挥的历史作用,它在《起源》第一版序言中划分为两种,即物质生产资料的生产和人类自身的生产。恩格斯深刻阐释了"两种生产"理论在历史发展过程的动力作用。

(1) 物质生产发展的动力。物质生产资料是维持人类社会生存和发展的先决条件和物质基础。早在《〈政治经济学批判〉序言》里,马克思就曾深刻言明"物质生活的生产方式制约着整个社会生活、政治生活和精神生活的过程"①。这就深刻阐释了以生产为核心的思想是作为推动人类社会历史发展的文明动力观,凸显物质生产方式作为唯物史观基本原理在文明时代中的历史作用,决定着人类社会整个社会生活、政治生活和精神生活。与此相反的则是巴霍芬、杜林等人极力推崇宗教因素在历史发展中的推动作用,将某种观念论视为历史推动力,从而把全部人类社会发展的整个历史归结为精神史,这是典型的唯心主义历史观的生动写照。不仅如此,恩格斯在《反杜林论》中也批判过杜林的"暴力"仅仅是手段而非目的,经济利益才是人们依存的生存基础和目的。因此,在史前社会初期,由于生产力水平极度低下,仅依靠自身肉体的必然性

---

① 《马克思恩格斯文集》第2卷,人民出版社2009年版,第591页。

难以维持恶劣环境下生产资料及其生产所必需的工具的生产，这就催生出劳动社会性的必然性，依靠群的力量满足氏族或者部落的繁衍，即种的繁衍。这就势必引出人们自身的生产及其再生产在史前时期的社会发展中发挥的历史作用。

（2）人类自身生产的动力。人类自身的生产及其再生产关乎种的繁衍，涉及群的力量的延续性和发展性根基。他们的存在最初不是一夫一妻制那种制度存续至今的样态，而是呈现"杂乱性关系"的基本特征。巴霍芬在《母权论》中证明了母系氏族先于父系氏族的存在，但他用宗教观念的变化来阐释家庭的变化"必然导致纯粹的神秘主义"[①]倾向，于是，恩格斯批判道，人们的现实生活条件的变化"引起了男女两性相互的社会地位的历史性的变化"[②]。而原始杂乱性关系向血缘婚制的过渡是人类家庭关系史上的第一个历史性进步。而根据人类家庭发展阶段和婚姻关系出现的社会禁忌和限制程度的发展变化，先后演化出四种家庭形式。这四种家庭形式的发展变迁也概括出氏族不仅作为"构成地球上即使不是所有的也是大多数野蛮民族的社会制度的基础"[③]，也是作为以血缘关系为纽带维持史前社会时期发展变化的必要动力。摩尔根最大的贡献在于用自身的方式重新发现了40年前马克思所发现的唯物主义历史观，"首次描绘出家庭史的缩略图"，且用物质生产资料的标准作为历史分期的依据，并结合家庭和婚姻关系的变迁揭露出人自身的生产的历史作用，这种研究方法与马克思是一致的。

与此同时，恩格斯强调，维系氏族制度存在的前提是基于血缘关系的人自身的生产及其再生产，而促使氏族制度的解体、野蛮时代向文明时代过渡，其动力归根结底还是受到物质生活资料的生产所制约。《起源》在阐释"两种生产"在不同历史情境下发挥的历史作用有所不同。因为一定时代和一定地区内的人们生活于其下的社会制度受到劳动发展阶段和家庭发展阶段的制约。其中，劳动越是不发展，也就意味着劳动产品数量及其劳动所得财富越受限制，社会制度也就越受到血缘关系的

---

① 《马克思恩格斯文集》第4卷，人民出版社2009年版，第21页。
② 《马克思恩格斯文集》第4卷，人民出版社2009年版，第20页。
③ 《马克思恩格斯文集》第4卷，人民出版社2009年版，第49页。

制约，此时人自身的生产便占据主导作用；而发展起来的跨地域关系及其组成的部落共同体渐渐代替"血族团体"维系的旧制度，那么"在这种社会中，家庭制度完全受所有制的支配"①。

因此，原始社会氏族制度初期，人类社会历史发展完全受自然选择的支配，依靠肉体劳动的必然性无法对抗生产落后严峻形势下的人类生产及其再生产。但人类物质生产并不停留在这一阶段。随着生产力发展，家畜的驯养和繁殖，社会生产关系开始出现第一次社会大分工，使游牧民族从野蛮人群中分离出来，逐渐定居下来，由此而来种植和开垦活动，且随着生产的共同性逐渐变为个体性，土地发展为个人占有，开启了依靠个人劳动自主增加天然产物生产方法的时代，即"野蛮时代"。当人们的物质生产资料日益增长，交换活动逐渐频繁，人们的生产便不再为自身消费而生产，而是为交换而生产时，社会关系开始出现专门从事交换活动而不从事生产活动的商人阶级。此时，畜牧业、种植业和手工业生产完全分离出来，且劳动生产率日趋提高，创造的物质财富日趋增多，交换活动和私有制逐渐确立起来。当人的劳动力能够生产出超过维持自身劳动力所需的产品时，使用他人的劳动力便成为可能。此时，维系氏族制度基础的血缘关系不再适应全部社会经济生活条件而必然出现社会分裂的阶级时，氏族制度便发展到最后时刻，必然地被更高阶段的社会政治团体，即国家所取代。

由此，人类社会历史发展步入文明时代。而进入文明时代的标志是文字的发明和应用，家庭关系也从蒙昧时代的群婚制经由野蛮时代的对偶制转为文明时代的专偶制，这也是母权制的衰落和父权制的崛起的时代。在生产关系方面，社会关系出现私有制，整个社会分裂为对立的阶级。在上层建筑方面，氏族组织不再适应分裂的阶级对立，国家组织形式凌驾于社会组织之上，经济上占据主导地位的团体借助国家工具成为剥削阶级，获得镇压和剥削被统治阶级的新手段。正如恩格斯所说："根据以上所述，文明时代是社会发展的这样一个阶段，在这个阶段上，分工、由分工而产生的个人之间的交换，以及把这两者结合起来的商品生

---

① 《马克思恩格斯文集》第 4 卷，人民出版社 2009 年版，第 16 页。

产，得到了充分的发展，完全改变了先前的整个社会。"① 因此，《起源》通过梳理史前社会的起源发展阶段及向文明时代转变的过程，触及文明动力问题，即使我们探讨文明时代阶级社会的理论主题，这一思想仍然适用。只有我们坚持历史唯物主义立场、观点和方法，才能准确把握马克思主义的文明发展思想。

4. 性爱的社会功能及对婚姻关系导向

德语中的 Geschlechtsakt 一词译为"性爱"，包含着性欲与爱情的含义。中文里的性爱往往与"爱情"通用。但"性爱"更侧重"性"爱方面的感情。因此，性爱一般表示男女之间的一种非血缘关系的独特的社会关系。

性爱现象的产生绝非动物本能之间的自然现象，而是历史发展的产物。前文所述，在人类社会初级阶段，两性关系及其婚姻关系呈现出"杂乱性关系"特征，两性关系的自然结合并不充斥着道德伦理和社会习俗的规定，也不包含性爱因素，它只是单纯的性的冲动满足和维持"人类"存在的种的繁衍的自然选择。而性爱是一种社会关系发展的产物，是婚姻关系经由群婚制过渡到专偶制阶段才开始出现的一种社会现象。

在原始社会的早期阶段，由于生产力水平和文化发展水平极其有限，人类社会的两性关系的结合本能地受自然选择因素的影响而呈现出"杂乱性关系"特征，紧随其后的婚姻关系表现为群婚制的浓厚色彩。当生产力发展水平支撑其劳动个体的社会性逐渐超过肉体本能劳动所得且能够维持自身生产及其再生产所需的物质生产资料的满足时，原始社会公有制的生存空间逐渐压缩，剩余产品逐渐增多而私有制产生，反映在人类社会关系领域内表征为群婚制走向偶婚制，并经由"从夫居"的要求逐步过渡到专偶制。这种古典的一夫一妻制是适应于男子作为主要劳动所得对其劳动产品私有化及其确立子女为财产继承关系而产生的。正如希腊人承认男子在家中的统治地位及其生育为个体婚的唯一目的。② 因此，这种专偶制在希腊人那里并不是个人性爱的结果，也不是性爱关系的选择，而是建立在经济关系基础之上的一种权衡利害的社会选择。

---

① 《马克思恩格斯文集》第4卷，人民出版社2009年版，第193页。
② 参见《马克思恩格斯文集》第4卷，人民出版社2009年版，第78页。

恩格斯进一步指出，这种古典的一夫一妻制在希腊人那里是一种"负担"，不是出于性爱的自愿选择，而是出于履行对国家和对自己祖先延续性的最低限度的"婚姻义务"。女性在其中的地位是从属于男性财产且被男性奴役，是历史的进步夹杂着夫妻之间的对抗同时进行。在恩格斯看来，专偶制阶段的性关系的自由不是作为男女之间和好的最高形式而出现的，而是夹杂着对女性性关系的奴役压迫和痛苦而实现的相对自由，其自由的程度并没有因为"从夫居"的胜利实现而扩大。摩尔根根据大量的历史资料发现的"淫游制"遗俗痕迹正好得到了确证，这种盛行于文明时代且游离于婚姻关系之外的性关系日益变为公开的"卖淫"，且存续至今。恩格斯称这种现象为一种"社会制度"，目的是延续旧时男子对性的自由的支配，这无异于"再一次宣布男子对妇女的无条件统治乃是社会的根本法则"①。因此，在这一思想上，旧时的一夫一妻制婚姻关系并不是男女之间平等的性爱关系的结合，而是男子统治下的个体婚制的本质。

不过，性爱关系的社会发展也有其积极意义。一夫一妻制的性爱关系促使男女之间在家庭中趋于平等方向发展，这是性爱关系潜藏于家庭中且在得到婚姻关系的巩固后日渐显现出来的唯一形式，蕴含着男女之间作为夫妇相互的爱。恩格斯也指出，"专偶制是现代的性爱能在其中发展起来的唯一形式"②，潜藏着现代性爱关系的平等两性关系的结合。历史上萌芽阶段的第一个性爱关系外化为性的冲动结合，而中世纪的骑士之爱不是夫妻之爱，后来与婚姻关系的稳固发展相契合。也就是说，性爱关系的出现是与一夫一妻制的关系分不开的。

在资本主义制度下，不同的阶级对性爱关系和婚姻关系的表现是不同的。对于资产阶级而言，有产者阶级在选择自己配偶时大多从本阶级中进行选择，表现为"门当户对"的权衡选择，其婚姻关系的结合不是建立在自然关系而是经济关系的结合，而性爱关系在资产者婚姻关系中构成充分不必要条件。因此，这种婚姻的结合的实质不过是阶级关系范畴下有产者阶级承认阶级内部享有的一定程度上契约自由，这种婚姻缔

---

① 《马克思恩格斯文集》第4卷，人民出版社2009年版，第80页。
② 《马克思恩格斯文集》第4卷，人民出版社2009年版，第83页。

结良缘的自由多半是法律责任与义务上的平等自由，除少数真正缔结两性平等关系的性爱良缘的婚姻，绝大多数维系和支配婚姻关系的基础是财产关系。而对于无产阶级而言，由于无产阶级没有多少财产或者拥有极少量的财产，也就没有建立男子对女子统治和支配的必要了，因而建立和维系婚姻关系的基础是"性爱"。这时作为夫妇之间的性爱关系"才可能成为对妇女的关系的常规"[①]。此时，古典的传统的两性关系便失去了任何的基础，如此一来，在无产者的家庭中流露出两性关系的平等和自由关系；妻子在其中也重新获得了离婚自由的权利，当双方不能和睦相处时，双方可以协商离婚。这也是社会主义国家婚姻关系呈现出来的平等婚姻关系。这种婚姻关系的存续是以性爱为基础，是把恋爱、婚姻、家庭、伦理等都纳入真正社会平等和互爱基础之上缔结的婚姻关系，其社会关系具有鲜明的社会属性。关于性爱及不同社会属性的制度研究，成为社会主义条件下透视婚姻关系的基础课题。

既然无产者的性爱失去了阶级压迫的社会基础，那么性爱转化为婚姻关系的基础是否牢固？是否跳脱出阶级属性？是否实现了两性关系的平等和自由呢？古典的一夫一妻制的结合并不是作为夫妇之间的互爱为基础，即使是资产阶级制度下的一夫一妻制所实现的自由平等也只是纸面上法律层面的"弱平等"。之所以女性失去原始公社母系时期较高的社会地位，是因为料理家务活动不再成为如同男子获得食物同等重要的为社会公共福利和社会所需要的事业地位，而是沦为一种私人服务的性质，即妻子被排除在外而被限制在家庭结构之内，只有机器大工业的生产发展才为无产阶级的女性开辟了参加社会生产的渠道。恩格斯指出，如今资本主义制度下的性爱家庭大都建立在一种公开或者隐秘的妇女奴役之上，支撑家庭经济来源的也大都是丈夫，这就使得丈夫占据一种相当于资本家在家庭结构中享有足够的法律特权地位，而妻子则相当于无产阶级。因此，这种有"性"无"爱"存续的婚姻也不是真正的一夫一妻制。那怎么实现真正性爱基础上的一夫一妻制呢？恩格斯指出，只有在消灭了资本主义生产和它所造成的财产关系，同时消除那些选择配偶基于一切派生的经济考虑之后，才可能实现。"到那时，除了相互的爱慕以外，

[①]《马克思恩格斯文集》第4卷，人民出版社2009年版，第85页。

就再也不会有别的动机了。"① 这就意味着真正的性爱走向婚姻是建立在消灭资本主义生产关系及其财产关系的基础之上,这也就为以性爱为基础的婚姻发展指明了前进方向。

作为社会主义国家的中国,在社会主义初级阶段是否完全具备马克思恩格斯所言说的条件呢?从总体来说,当代中国社会主义婚姻条件具备了这样的社会条件。因为我们废除了阶级压迫,建立了人民民主专政的社会主义国家,人民当家作主。男女都是作为国家的主人,具备同等的社会地位、法律地位和政治地位。毛泽东曾深刻指出:"中国的妇女是一种伟大的人力资源。必须发掘这种资源,为了建设一个伟大的社会主义国家而奋斗。"② 由此而来的妇女运动在全国范围内、各个生产环节战线上都可以看到她们的身影,"顶着整个伟大事业半边天"。同时,在指导婚姻关系走向上,共产主义家庭及其无产阶级解放思想为建立新型婚姻关系提供价值指导和思想指导,已成为社会前进发展的普遍共识和发展趋势。当然,我们也要看到社会主义初级阶段发展不平衡不充分的基本国情,在两性关系上仍然有旧时一夫一妻制所维持的以经济关系考量为基础的婚姻关系,性爱关系只是充分条件,经济财产关系才是构成婚姻稳定和维持持久性关系的必要条件。这种将生活的一般条件作为维系婚姻关系的基础,在实践功能指向来看是十分有害的。它的动机是延续"以财产为中心"的私有逻辑,实质是在"以权衡利害"为选择标准的旧式婚姻意识的考量,为以后婚姻不稳定、不忠诚乃至悲剧埋下了隐患。而性爱本身是以夫妇之间的互爱关系为基础,随着一夫一妻制的社会属性的不断发展,夫妻之间的财产利害关系的考量将会不断被打破。因为性爱关系是作为利害关系发展的对立物。只有在社会主义条件下,性爱关系才会取代财产关系而成为婚姻存续的基础,这是性爱关系社会属性未来发展的必然走向,是建立真正的一夫一妻制婚姻关系的必由之路,也是制约婚姻关系不会随意性的关键性所在。这样一来,性爱关系便会充分发挥其社会平等和自由解放的属性功能,成为彼此相爱和排斥对婚

---

① 《马克思恩格斯文集》第4卷,人民出版社2009年版,第95页。
② 《毛泽东文集》第6卷,人民出版社1999年版,第458页。

姻不适当的外在干预，从而使"当事人双方的相互爱慕应当高于其他一切"① 的婚姻理念真正地落地生根。

四 《起源》回答和解决的问题

《起源》的诞生不仅揭示了原始社会制度基本结构、基本特征、历史规律、基本经验等相关科学理论，对指导社会和历史研究具有深刻的历史意义和实践意义，同时回答了史前社会时期发展的结构问题、一夫一妻制的婚姻关系问题，解决了无阶级社会向有阶级社会过渡的动力问题、私有制和国家的历史范畴问题和男尊女卑下妇女彻底解放问题，有助于建构私有制和阶级产生、发展和灭亡的科学社会主义理论体系，有助于形成比较系统的马克思主义原始社会理论。

1. 《起源》回答了人类社会史前发展的结构问题

在恩格斯结合摩尔根在《古代社会》一书中的调查材料对史前社会进行唯物史观分析之前，人们对于文明社会之前的认识尚处于一种宗教支配下的神学迷梦之中。恩格斯对史前社会形态与社会结构进行了全面论述，揭示了史前社会的发展脉络，发展和完善了马克思主义关于史前社会的理论。

摩尔根在《古代社会》一书中将文明时代之前的人类社会的演进过程概括为蒙昧时代、野蛮时代、文明时代，并按照生活资料生产方式的不同将其划分为低级阶段、中级阶段、高级阶段。恩格斯在《起源》一书中运用唯物史观来阐述摩尔根所作的历史分期意义和价值，从而对人类史前社会形态的演进进行了概括："蒙昧时代是以获取现成的天然产物为主的时期；人工产品主要是用做获取天然产物的辅助工具。野蛮时代是学会畜牧和农耕的时期，是学会靠人的活动来增加天然产物生产的方法的时期。"② 人类最初进入的社会形态是蒙昧时代，这一时代分别以分节语的使用、使用火和捕鱼、发明弓箭为标志划分低级、中级、高级阶段；随后的野蛮时代则以制陶术、铜器的使用和铁矿的冶炼为标志划分

---

① 《马克思恩格斯文集》第4卷，人民出版社2009年版，第93页。
② 《马克思恩格斯选集》第4卷，人民出版社2012年版，第35页。

低级、中级和高级阶段。恩格斯划分史前时期的标准具有鲜明的技术导向，以生产活动中的技术标准作为社会形态变革的依据体现出恩格斯将生产力状况作为评判一个时代先进与否的历史唯物主义观点。

除了在时间维度上对史前社会的形态演进进行分析，恩格斯还剖析了史前社会的横切面，着重探讨其主要社会结构。在马克思看来，社会结构是建立在实践基础上的"人与自然、人自身内部以及人与人之间社会关系总和"[①]，是社会成员之间相对稳定的互动模式，涉及政治经济文化各方面。史前社会就是建立在氏族团体的基础上共同生产并有一整套特有的政治结构与文化结构的社会形态。氏族社会是人类原始群体状态后生成的第一个社会形式，是普那路亚家庭发展的直接结果。这种群婚制区别于局限在血缘团体中的原始群居状态，其排除了同系兄弟姐妹之间的婚姻，使得以女性为中心的母系氏族社会得以建立。

首先，在经济结构方面，受限于有限的人口与落后的生产力，所有的氏族成员都采取共同生产、平等互助的经济形式，"先前的一切社会发展阶段上的生产在本质上是共同的生产，同样，消费也是在较大或较小的共产制共同体内部直接分配产品"[②]，所有的氏族成员的遗产在死后都归氏族所有，"夫妇不能彼此继承，子女也不得继承父亲"[③]。这种集体的生产方式在生产力水平极端低下的情况下维持了氏族的存续。但是随着生产力的逐步发展，剩余产品的增加，男性因在生产活动中的主体地位使得其在氏族中的地位逐步提高，传承剩余产品的需要以及分工导致的贫富分化的加深逐步地摧毁了氏族社会存在的公有经济基础。

其次，在政治结构方面，史前社会并没有产生国家这一政治上层建筑，但是氏族作为社会统一体也存在着独特的社会管理机制。"氏族有议事会，它是氏族的一切成年男女享有平等表决权的民主集会。"[④] 议事会作为整个氏族的最高权力机关，决定着氏族内部所有的重要事务。氏族秉承着原始的民主平等的观点，允许每一个成年的氏族成员参与到议事

[①] 杜玉华：《回到马克思：西方社会结构理论的比较与反思》，人民出版社 2020 年版，第 37 页。
[②] 《马克思恩格斯选集》第 4 卷，人民出版社 2012 年版，第 191 页。
[③] 《马克思恩格斯选集》第 4 卷，人民出版社 2012 年版，第 98 页。
[④] 《马克思恩格斯选集》第 4 卷，人民出版社 2012 年版，第 100 页。

会中，共同商议决策。氏族的首脑由"酋长"和"酋帅"组成，前者负责日常事务，后者负责军事。酋长和酋帅都是氏族选举产生，议事会可以随时罢免酋长。酋长必须是本氏族的成员，其权力并没有强制性的色彩，"是父亲般的、纯粹道义性质的"①。酋帅可以不是本氏族成员，仅仅在处理战事时具有权力。伴随着氏族人口的增加，在氏族框架的基础上逐渐形成了胞族、部落和部落联盟，用来处理各氏族间的事项。胞族是氏族的延伸，是氏族向部落转变的中介形式。部落是多个氏族组成的社会组织，是氏族血缘关系的扩展形式。往往有自己独特的语言和各氏族酋长和军事首领组成的部落议事会。部落之上还存在着各部落的联盟，联盟的权力机关是联盟议事会，不存在联盟议事会的首脑，由大会推荐产生两个具有平等权力的军事首长。由此可见，氏族向着部落联盟的历史演进，其血缘性质逐渐衰减；公共权力的扩大也使得氏族组织的作用日渐衰弱，"部落联盟的建立就已经标志着这种组织开始崩溃"②。

最后，在社会交往方面，氏族成员之间保持着平等的地位，不存在阶级压迫与奴役统治，成员共同管理氏族事务，实行一种原始的民主制度，这种平等还表现在氏族成员间墓地空间的共享上。在强调成员间完全平等的同时，氏族个体还承担着互相帮助的责任，"凡伤害个人，便是伤害了整个氏族"③，这种血族复仇的模式维持了氏族成员之间的凝聚力，有利于氏族在恶劣环境中的生存。宗教活动在氏族公共生活中占有重要的地位，有固定的举行时间与负责人员，早期氏族中盛行一种原始的图腾崇拜，后来伴随着雅典时期父系氏族的崛起，祖先崇拜就逐渐取代了早先的崇拜形式。

综上所述，《起源》重点考察了史前时期人类社会基本结构的横切面，回答了人类社会史前发展的基本结构问题，形成了一个基本完整的原始社会史的科学体系。每个结构都有相关典型历史案例和概论阐释，彼此相互联系、相互影响，从而清晰地勾勒人类社会史前时期的发展图景。

---

① 《马克思恩格斯选集》第 4 卷，人民出版社 2012 年版，第 97 页。
② 《马克思恩格斯选集》第 4 卷，人民出版社 2012 年版，第 110 页。
③ 《马克思恩格斯选集》第 4 卷，人民出版社 2012 年版，第 98 页。

2. 《起源》解决了无阶级向阶级社会过渡的动力

前阶级社会到阶级社会形态演进的历史光谱，是渐进转变的。根据摩尔根最新研究成果，先于父系氏族公社的母系氏族公社，是人类社会最初维系氏族共同体的纽带；而统一的血缘关系是维系同一血族团体建立政治、经济、文化和思想意识统一的纽带。氏族内部成员都是女祖先的后裔所结成的氏族共同体，盛行淳朴的民主制；彼此共同劳动，实行原始共产主义分配方式。因此，母系氏族公社内没有私有制，没有阶级奴役，也没有阶级压迫的工具；氏族内部有其管理自己的一套组织，一切争端都是由全体氏族内部及其部落来解决。而父系家庭公社"乃是一个由群婚中产生并以母权制为基础的家庭到现代世界的个体家庭的过渡阶段"①，经历了较为漫长的历史过程。恩格斯正视摩尔根对原始社会研究的价值，也注意到摩尔根没有彻底摆脱唯心主义束缚的历史观。据此，恩格斯对原始社会史补充了大量政治和历史材料，同时对历史转变定性把握又是严谨克制的，体现尊重历史动力的科学唯物主义历史观的研究方法。

在恩格斯看来，阶级社会的产生是"两种生产"理论中的物质资料生产方式开始超过人类自身生产方式并对社会发展起支配作用。"两种生产"理论在不同历史时期发挥的作用不同。根据前文所述，原始社会氏族制度初期，人类社会历史发展完全受自然选择的支配，依靠肉体劳动的必然性无法对抗生产落后严峻形势下的人类生产及其再生产，此时维系氏族存续发展的纽带在于血族关系，依靠氏族这一群的力量来弥补单个劳动生产不足的不利局面。此时人类自身生产及其再生产的历史作用尤为重要。当生产力向前推进发展，生产工具的革新促使个体劳动战胜自然能力的显著增强，当劳动所得逐渐超过人类自身所需的物质生产资料时，产品剩余开始出现，导致劳动分工精细化和私人占有出现，造成整个社会开始出现财富分化和社会分裂为剥削阶级和被剥削阶级。

关于阶级关系的起源，恩格斯作了两个论述，其一为"阶级的起源是和私有制的起源联系在一起的"；其二是"阶级的起源是在原始社会氏

---

① 蒋国维等编著：《〈家庭、私有制和国家的起源〉释要与新论》，贵州师大学报编辑部1988年版，第198页。

族制度解体的废墟上建立的"。这说明从无阶级社会向有阶级社会的转变潜藏于原始社会氏族制度解体的社会经济大革命中。导致原始社会氏族公有制衰落、阶级社会产生的动力机制在于社会生产力的发展和生产关系中私有化趋势的增强。

恩格斯重点考察母系氏族公社向父系氏族公社转变中人口和财产的私有化转变。

（1）史前时期人类自身生产方式的动力机制

在描述希腊历史运动的决定性机制要素上，摩尔根总结道，"财产已经成为逐渐改造希腊制度而为政治社会开辟途径的新要素，这个要素既是政治社会的基础，也是它的主要动力"[①]。在摩尔根看来，女性世系是原始的，是早于男性世系的先前阶段。当社会发生女性世系转变为男性世系，就需要一种强有力的动力，这种动力便是财产的大量积蓄占有且具有永久性。当牲畜和耕地占有属于私人占有生产资料之后，伴随着这种私有比例持续扩大，女性世系必然会瓦解，男性世系便取而代之。关于转变背后的动力机制要素上，恩格斯则提出"两种生产"理论，物质资料的生产和人类自身的生产。一方面是生活资料即食物、衣服、住房以及为此所必需的工具的生产；另一方面是人类自身的生产即种的繁衍。前者的生产形式是劳动的形态，后者的生产形式是家庭的形态。物质资料生产方式的变革形成劳动发展的不同阶段，人类自身生产方式的变革形成家庭发展的不同阶段。物质生产资料在社会性上表现为一种生产关系和经济关系，核心是私有制关系；人类自身生产方式在社会性上表现为一种亲属关系和血缘关系，核心是血族关系。"两种生产"都是一切社会依存和发展的必要基础，但是"两种生产"制约社会制度的作用在不同历史时代有所不同。"劳动越不发展，劳动产品的数量，从而社会的财富越受限制，社会制度就越在较大程度上受血族关系的支配"[②]。这种影响是重要的但不意味着决定和支配。对于原始社会而言，人类自身生产是主要方面，在生产劳动还不充分发展的原始时代，社会制度主要受人

[①] [美]路易斯·亨利·摩尔根：《古代社会》，杨东莼、马雍、马巨译，中央编译出版社2007年版，第158页。

[②] 《马克思恩格斯文集》第4卷，人民出版社2009年版，第16页。

类自身生产方式的制约，主要受血族关系的支配，但这并不意味着物质生产方式在此阶段完全失效，不能据此完全否定物质资料生产对原始社会发展的影响。

（2）史前社会时期的两种占有动力机制

恩格斯还提出两种占有理论来表征私有制的两种内涵，即生活资料的私有和生产资料的私有。前者是满足自身生产及其再生产所需为生产动机，这个阶段生产资料的财富归氏族或部落集体所有；后者是满足生产交换活动所需而生产大量剩余产品，旨在满足占有劳动剩余产品数量和增加私有财产的数量为动机。这种"以自己劳动为基础的私有制"和"剥削他人的劳动私有制"私有成分开始在独立生产形态中占主要地位，且随着生产力发展和劳动分工的出现，个体劳动的社会性逐渐超越肉体劳动的必然性，劳动生产率的提高加速劳动产品的交换活动，促使个人占有现象越加频繁，生产资料占有表征为生产劳动为私人劳动、土地为私人使用、产品归私人所有，这正是私有制度出现的表现。此外，劳动产品私有加上土地这种生产资料私有，二者结合起来，构成了大体完备的私有的独立生产形态。与此同时，掌管氏族和部落公共事务权力成了统治者维护和巩固私人财产的工具和手段。伴随着财产差别、使用他人劳动力发展起来，新的生产关系和私有关系竭力使旧的社会制度适应新的条件，直到被新形成的各个阶级的冲突炸毁，取而代之的则是国家新的管理机构。

另一方面，恩格斯对血亲关系维系的氏族共同生产走向瓦解的解释指向于"以自己劳动为基础的"私人财产占有和私人劳动生产。在生产力发展基础上，原始社会的农业、畜牧业、手工业等方面不断发展，劳动生产领域的分工逐渐增多，出现例如男子专门从事畜牧等分工，继而在社会生产领域出现了"以自己劳动为基础的"的私人占有和私人劳动。这时原本生活资料的财产转化为生产资料的特殊财产。恩格斯此时重点把握一个关键概念——特殊财产，即畜群，它不仅具有共有且私有的双重性质状态。例如野生的水牛，在驯服之后可以繁殖，进而促使游牧民族从其余的野蛮人中间分离出来，这也是第一次社会大分工。这种特殊财产现象的出现就证明，在原始共产制依然占据主要地位的母系氏族公社中，开始出现财产私人占有的成分。与此同时，在婚姻制度和家庭形式上也出现了契合于男性掌握人口和财产的改变，例如婚姻制度中"从夫居"和家庭制度中的"家长制"家庭，无不强化了男子劳动的支配地位。而妇女之前从事的公共的、为满足社会所必需的家务劳动如今失去了公共性质，沦为一种私人服务性质，标志着女性氏族团体的瓦解和衰落，也是造成男尊女卑地位历史现状的重要原因。这种母权制衰落的历史进程被恩格斯称为"女性的具有世界历史意义的失败"[①]。

因此，《起源》重点考察了史前社会时期无阶级社会的历史转变动力问题，通过两种生产和两种占有机制解决了无阶级社会向有阶级社会过渡的动力机制问题，从而确证了历史唯物主义基本规律在史前社会的适用性，建立了阶级、私有制和国家从起源、发展到灭亡这一系列的科学系统理论，为透视原始社会制度的社会生产、思想文化、阶级分化等相关问题提供思想批判的武器。

3. 《起源》解决了私有制和国家的历史范畴问题

私有制和国家是与意识、阶级相关联的历史范畴，都与人类社会一定历史发展阶段相联系，在不同的历史时期有着不同的概念内涵和存在形态。《起源》第一次结合翔实的实证资料用唯物史观的观点去分析考察私有制、阶级和国家的起源、本质和消亡等一系列问题，阐明了私有制和国家的历史范畴问题。

恩格斯在《起源》中指出，私有制和阶级是在人类不同历史发展阶段的三次大分工中逐渐形成的。其一，第一次社会大分工出现在野蛮时代的中级发展阶段，在这一历史时期，畜牧业逐渐从原始农业中脱离出来，游牧部落也逐渐从野蛮人群体中脱离出来，原始氏族社会逐渐从统一走向分裂，出现财产私人占有现象，为私有制的确立和阶级的产生创造了条件。其二，第二次社会大分工出现在野蛮时代的高级发展阶段，在此阶段，手工业和农业逐渐分离，商品生产和海外贸易出现，个人之间的交换逐渐频繁，促使私有财产进一步发展，使得个人占有成为一种优势准则，造成阶级分化与对立日益尖锐。原始氏族的首领或者酋长通过个人权威或者地位逐渐获得较多私有财产。其三，第三次社会大分工出现在文明时代诞生初期，商业同生产部门相分离，出现了一种新型阶

[①] 《马克思恩格斯文集》第4卷，人民出版社2009年版，第68页。

层，商人成为商品生产者和劳动者的支配者。此时商品生产和交换迅猛发展，促使货币和私人占有更加普遍化，由此贫富两极分化进一步加大。贵族制逐渐取代氏族内部的民主制，原本为氏族所有成员服务的氏族机关演化为少数贵族和奴隶主阶层为自己牟利的统治工具。因而产生的新型政治组织最终取代了氏族组织。经过三次社会大分工，私有制逐渐在社会所有主要领域全面确立，氏族共同体被分化为不同利益集团和个体家庭。在私有制和分工及其后果的影响下，整个社会集团被分裂为两大对立阶级，阶级社会彻底取代氏族社会，国家也伴随着氏族制度的彻底解体而在控制阶级对立的实际需要中产生。第三次社会大分工标志着原始时代的终结，开启了一个以私有制和阶级存在为主要标志的文明时代。

国家同私有制和阶级一样，不是从来就有的，是社会在一定历史发展阶段上的产物，是一个历史范畴。回顾人类发展史，人们在蒙昧时代和野蛮时代生活在没有国家存在的血缘氏族制度中。后随着社会生产力水平的提高，社会分工的出现，出现分工不同的职业集团，各种胞族、部落及其部落联盟成员彼此杂居在一起，使得氏族社会内部矛盾斗争越发频繁，外部力量冲击越发激烈，最终难逃解体消亡的命运。国家是在社会分裂为无法调和的对立面且又无法调和这些对立面的情况下出现的，其作为统治阶级维护自身统治的工具，与氏族制度有着本质的区别。国家主要的社会功能是缓解阶级对立和矛盾冲突，维护统治阶级的社会地位，使社会生活正常有序开展。国家具有阶级性、历史性，是社会阶级矛盾无法调和的产物，是经济上和政治上占统治地位的阶级压迫剥削被统治阶级的机器。恩格斯在《起源》中阐述了三种典型国家类型，包括雅典国家、罗马国家、德意志国家三种国家形式。其一，雅典国家是最纯粹、最典型的国家形式，它是氏族社会由于自身内部矛盾斗争走向解体和私有制与阶级对立发展的结果。其二，罗马国家是在氏族贵族同氏族外部力量进行激烈对抗冲突的情况下建立起来的。其三，德意志国家是一个民族征服另一个民族之后，在两个民族的相互作用下逐渐产生的。

国家作为一个历史范畴，并不会永久性存在。伴随着社会生产力水平的不断提高和阶级、私有制这一基础的消失，最终必然会走向消亡。恩格斯在《起源》中就论证了国家消亡的历史必然性，指出国家最终不会被外在力量消灭，而是以自行消亡的形式退出历史舞台。恩格斯所说的"自行消亡"特指取代了资产阶级国家存在的无产阶级专政国家的消亡途径,对于那种执行剥削和压迫功能的国家机器,只能通过暴力手段来消灭。而恩格斯在《起源》中指出建立在生产资料私有制基础上、作为阶级统治工具的国家消亡之后,取而代之的社会组织将是"生产者自由平等的联合体"。那时,一个阶级对另一个阶级的剥削将不复存在,阶级和国家将走向消亡,迎接的将是每个人自由全面地发展的共产主义社会。

由此观之,《起源》关于原始社会结构的科学审视,证明了私有制、阶级和国家的存在同一定的社会经济发展水平和历史发展阶段相联系,是与意识、阶级相关联的历史范畴,正如私有制、阶级和国家在一定历史现实条件下必然产生一样,它们在一定的历史现实条件下也必然会走向消亡,被更高形式的共产主义社会制度所取代。由此,《起源》关于原始社会的科学研究为完善和发展阶级斗争理论和国家理论奠定了坚实的理论基础,也有利于坚定人们对实现共产主义的理想信念。

4. 《起源》回答了真正的一夫一妻制的婚姻关系

在《起源》中,恩格斯以唯物史观的视野对女性在人类社会中的地位演变和婚姻形式的演进进行解读,以揭示女性被剥削和压迫的根源,并探析实现女性彻底解放的科学路径。

恩格斯按照摩尔根的研究,将家庭形式分为四个发展阶段,即血缘家庭、普那路亚家庭、对偶制家庭、专偶制家庭。与四种家庭发展形式相伴而生的是三种婚姻模式:在生产力水平低下的蒙昧时代,血缘家庭和普那路亚家庭是群婚制;在野蛮时代的对偶家庭是对偶婚制;在文明时代的专偶制家庭是专偶婚制,即现代社会的一夫一妻制。恩格斯在《起源》中指出,伴随家庭形式和婚姻模式的不断变革,女性的社会地位也相应发生改变。

一是在血缘家庭中女性的地位。在此家庭形式中,"婚姻集团是按照辈分来划分的"[①],意味着在一个家庭范围内的祖父祖母都互为夫妻,以此类推,其子女即父亲母亲同样互为夫妻,构成以辈分为分界的婚姻圈。恩格斯指出,"这一家庭形式中,仅仅排斥了祖先和子孙之间、双亲和子

---

① 《马克思恩格斯文集》第4卷,人民出版社2009年版,第47页。

女之间互为夫妻的权利和义务（用现代的说法）"①。同一个家族中的每一代互为兄弟姐妹，也同时互为夫妻。在蒙昧时代，一方面，由于社会的生产力水平低下，"两种生产"中的"人本身的生产"居于主导地位，社会制度的产生及发展由此决定。女性作为"人本身的生产"的历史承担者，具有生育地位的优势。另一方面，在"两种生产"之一的"生产资料的生产"中，女性具有烹饪、纺织等天然优势，使得家庭中的生产资料得以保障，具有生产地位的优势。因此，在血缘家庭的发展阶段，女性颇受尊重，地位较高，是母权制时代的辉煌时期。

二是在普那路亚家庭中女性的地位。在与血缘家庭同属群婚制的这一家庭形式中，其进步性"就在于对于姊妹和兄弟也排除了这种关系"②。恩格斯在《起源》中提出，普那路亚家庭的每一个家庭严禁同辈之间结婚，但仍然可以在家庭范围内共夫共妻。"只要存在着群婚，那么世系就只能从母亲方面来确定，因此，也只承认女系。"③ 这种说法体现了母系社会的特征，女性在族内享有较高的地位和颇高的威望。

三是在对偶制家庭中女性的地位。恩格斯在《起源》中提出"对偶制家庭产生于蒙昧时代和野蛮时代交替的时期，大部分是在蒙昧时代高级阶段，有些地方刚刚到达野蛮时代低级阶段"④。随着生产力的发展和个体劳动效率的提高，氏族人口逐渐增加，使得个体婚制逐渐成为社会的基本单位。"在成对配偶制中，群已经减缩到它的最后单位，仅由两个原子组成的分子，即一男和一女。"⑤ 但是值得我们注意的是，这种"一男一女"的模式并不是真正的一夫一妻制，而是丈夫在多位妻子中只能有一位主妻，同时妻子在多位丈夫中只能有一位主夫，即"主夫主妻"模式。恩格斯在《起源》中阐明，"在旧大陆，家畜的驯养和畜群的繁殖，开发出前所未有的财富的来源，并创造了全新的社会关系"⑥，这意在说明，财富的积累和家庭私有制的日益膨胀，给了对偶制婚姻形式和

---

① 《马克思恩格斯文集》第4卷，人民出版社2009年版，第48页。
② 《马克思恩格斯文集》第4卷，人民出版社2009年版，第49页。
③ 《马克思恩格斯文集》第4卷，人民出版社2009年版，第53页。
④ 《马克思恩格斯文集》第4卷，人民出版社2009年版，第64页。
⑤ 《马克思恩格斯文集》第4卷，人民出版社2009年版，第64页。
⑥ 《马克思恩格斯文集》第4卷，人民出版社2009年版，第65页。

母系社会一个有力的打击。在这样的社会发展阶段,男性既是家畜的所有者,又是奴隶的所有者,同时在家庭中"父亲"的角色也被确立。因此对偶制家庭在一定程度上使得母系社会的主导地位受到冲击,此时女性地位趋于下降。

四是在专偶制家庭中女性的地位。恩格斯在《起源》中如此评价专偶制家庭:"它是在野蛮时代的中级阶段和高级阶段交替的时期从对偶制家庭中产生的;它的最后胜利乃是文明时代开始的标志之一。"① 专偶制婚姻存在于父系社会的家庭形式下,是男子私有财产继承给自己子女的客观发展需要,也是"从妻居"过渡到"从夫居"的发展要求。与对偶制婚姻制度相比,专偶制婚姻更为坚固,因为在专偶婚制下夫妻均不可随意解除婚姻关系。但这种专偶制并不是建立在恋爱感情基础之上,而是建立在经济关系和阶级地位之上的权衡利害的婚配选择。因而,这种专偶制废除了群婚制时代女子的性关系的自由,实现了个体婚制的"从夫居",却保留了男子的群婚制的性关系的自由。"以通奸和卖淫为补充的专偶制是与文明时代相适应的。"② 随着家长制家庭的形成,女性对于家庭的贡献被视为属于家庭内部和丈夫个人的私人服务,而并非社会生产。由此可知,女性群体逐渐被社会边缘化,女性地位断崖式下降,沦为丈夫支配和奴役的对象。

通过透视女性地位的变化,可知在私有制与阶级的产生过程中,母系社会逐步被父系社会取代,女性丧失了财产继承等权利,而且其劳动也同样不被认可而只能沦为"人本身生产的工具"。反映在家庭关系中,古典的一夫一妻制夹杂着奴隶制,表征为丈夫对妻子的支配和奴役形式。恩格斯看到了妇女地位的下降和被奴役、被压迫的婚姻形式,揭露了资产阶级一夫一妻制的虚伪自由和伪善形式。同时,恩格斯在《起源》里给出了真正的一夫一妻制。即建立在彼此相互倾慕和恋爱感情基础之上的婚姻缔结,而这种一夫一妻制存在于无产阶级婚姻家庭中。那么真正的一夫一妻制如何实现呢?恩格斯在《起源》中给出了明确答案:"结婚的充分自由,只有在消灭了资本主义生产和它所造成的财产关系,从而

---

① 《马克思恩格斯文集》第 4 卷,人民出版社 2009 年版,第 73 页。
② 《马克思恩格斯文集》第 4 卷,人民出版社 2009 年版,第 88 页。

把今日对选择配偶还有巨大影响的一切附加的经济考虑消除以后,才能普遍实现。"①

5. 《起源》解决了男尊女卑下妇女彻底解放问题

恩格斯在《起源》中梳理了家庭关系及婚姻制度经历的四种不同形式,发现了原始社会各个阶段的人类进步的同时,女系地位也发生地位偏转,由此展开了妇女地位的下降和妇女解放问题的唯物史观的探讨,并将其置于历史唯物主义的框架内,从另外一个角度透视和揭露资产阶级一夫一妻制的本来面目,为驳斥维系资产阶级专偶制婚姻基础的物质财富关系提供批判的武器。

关于家庭形式的发展历程,首先是血缘家庭。受制于生产力发展水平低下,面对生存资源短缺,原始社会的人们彼此集体协作,共同劳动生产。反映在婚姻家庭关系,维系氏族关系纽带的基础是血缘关系。同一血缘关系和同一血族关系成为维续和发展壮大本氏族的关键因素。这时女系地位较高,因为妇女提供的具有公共性质的家务劳动能够满足本氏族的物质资料生产的需要,因而成为历史的承担者。这时同辈分间的兄弟姐妹都属于夫妻关系。男女处于原始平等关系。其次是普那路亚家庭,资源仍旧匮乏,家族内部禁止成婚。妇女不仅从事物质资料的生产,还肩负着人的再生产,其重要性显现出来。此时男性与女性之间仍然是平等的状态。再次是对偶制家庭,建立在原始群婚制基础上,每个人拥有唯一的主妻或者主夫,成为较为原始的"一对一婚姻"制度。两性之间仍处于平等状态。随着生产力的提升,宗教观念的产生,共产制的经济体系逐渐遭到瓦解。男性出现了体力上的优势,部分氏族占有的财产分配给男性,女性的家务劳动此刻显得微不足道,逐渐建立起以个体家庭为单位的男性主导的私有制。同时"主夫"的建立,使得子女的氏族父亲也可以确定,此时女性开始丧失较高的社会地位。最后是专偶制家庭。个体劳动趋势增强逐渐确立起以男性为中心和以家长制家庭为特征的父权制。父权制背景下的两性关系地位发生偏转。由于"物质资料的生产"的地位在社会历史发展中逐渐超过人类自身生产的作用,成为社会依存的重心,因而男子成为社会历史的主要承担者。从婚姻角度来看,

---

① 《马克思恩格斯文集》第4卷,人民出版社2009年版,第95页。

专偶制剥夺了女子的群婚制的性的关系自由，这是人类社会历史发展的进步，但保留了男子的群婚的性的关系自由。这也就是说，专偶制是女子的专偶制，并未对男子形成有效制约。《拿破仑法典》中指出，只要不将情妇带入家中，丈夫可以对婚姻不忠。女性已经丧失与男性平等的地位，其从事的家务劳动在个体婚制家庭中具有私人性质，渐渐失去了对财产、地位的掌控而致使地位下降，沦为男子支配和附属物。这也是造成男尊女卑社会现象的根源。

面对男尊女卑的不平等社会现象，恩格斯深入分析其根源，并指出实现妇女解放的途径，首先是要求妇女投身到公共事业中。恩格斯指出，妇女所从事的都是家庭内部的劳动，但在不同的社会性质下，劳动被赋予的性质也不同。公有制氏族社会中，家务劳动被视为必需的事业，所以具有较高的社会地位。而在私有制的家户经济条件下，家务劳动变成了私人的服务，并且不能创造社会财富，于是妇女在经济角度上处于弱势，逐渐受到压迫。因此，妇女解放的第一个要素就是回到公共事业当中。资本主义大工业的发展，需要越来越多的劳动力，为妇女走出家庭提供了条件。妇女投身于公共事务，不仅可以增长见识，扩展人际，得到社会肯定，也可以改变因没有社会财富导致的地位低下的现象。其次是促使家务劳动变成社会公共劳动。在妇女进入公共事业的同时，家务问题及分配问题也随之而来。家务劳动是维持一个家庭的必要，在原始分工中，女性承担了大量的家务劳动，但是地位却由平等尊重变为家庭中的奴隶，原因在于家务劳动由公共所有变为家庭私有。因此，要把家务劳动定位为公共劳动，变成社会的事业，并且肯定其社会价值。政府可以大力支持托幼所、家政服务等行业，大幅提高家务劳动的社会价值。最后，促使婚姻缔结要以平等的两性关系为先决条件的爱情为基础。古典一夫一妻制的婚姻缔结由父母决定或者基于阶级地位和财产关系的权衡利害的考虑，婚姻没有自主选择权。在恩格斯看来，这种婚姻绝不是两性追求爱情的彼此结合，是一种私有制基础上的同阶级的结合。因此，只有在消灭资本主义私有制，生产资料转归为社会所有，届时妇女为金钱献身的必要性也会趋于消亡，从而"这一代妇女除了真正的爱情以外，也永远不会再出于其他某种考虑而委身于男子，或者由于担心经济后果而拒绝委身于她所爱的男子"①。这时专偶制就成为男子的专偶制，婚姻和家庭也都置于社会平等和互爱基础之上。

五 《起源》在马克思主义思想史中的地位

《起源》经过一百多年的历史考验，这本著作的各个基本观点仍然闪烁着真理的光芒，成为国际无产阶级革命运动和广大人民群众为争取自由解放的行动指南。同时，对于中国特色社会主义建设来说，它的伟大思想对开启中国式现代化事业和人类文明新形态都具有直接的指导意义。因此，分析《起源》在马克思主义思想史中的地位，对于马克思主义理论教学研究和准确理解马克思主义理论，具有深远的历史价值和现实意义。

1. 经由批判《古代社会》成果基础上首次建立原始社会史的科学体系

恩格斯在《起源》的第一章中，基本延续了摩尔根的原始社会氏族分期的方法。摩尔根《古代社会》一书克服了问世以前考古学的石器时代、青铜器时代和铁器时代的划分方法，根据不同时代人类的生产技术为划分依据，将人类史前氏族阶段划分为蒙昧时代、野蛮时代和文明时代，其中每个时代又细致地划分为低级阶段、中级阶段和高级阶段。摩尔根主要的研究对象是人类社会原始时期的前两个阶段，史前社会也正是前两个阶段。对于摩尔根《古代社会》的研究成果，恩格斯给予了较高的评判。恩格斯认为，摩尔根的研究成果填补了原始社会氏族史研究的空白，首次通过易洛魁人亲属关系的调查研究作出了系统的分析，由此揭开了希腊、罗马和德意志上古时期的氏族制度的神秘面纱，成了古代氏族社会研究的引路人，为后人指明了方向。鉴于此成果，恩格斯在继承了《古代社会》研究成果的基础之上，对此进行了批判革新，补充了摩尔根在论述希腊和罗马史部分中残缺的历史史实，使研究更具有现实性的历史价值，并且增加了柯尔特和德意志人的研究资料部分，使史前社会研究的氏族社会论证更为丰富，增添了氏族社会研究的科学性。

---

① 《马克思恩格斯全集》第 28 卷，人民出版社 2018 年版，第 101 页。

最重要的是恩格斯创新了史前氏族社会史的科学分期方法，摒弃了摩尔根在氏族社会分期方法中界限模糊不清的地方。摩尔根在研究中没有深入生产资料和社会关系之间复杂的关系，只是停留于表面的生产资料角度来分期，所以摩尔根的划分标准没有触及古代氏族社会史变化发展的核心，没有触碰到人类社会发展的矛盾本质。于是，恩格斯在经济方面对摩尔根的有关结论进行了全新的改写。首先，在研究的起点上更加科学。恩格斯利用历史唯物主义的方法对史前氏族社会的发展做了系统的划分，以生产力和生产关系的矛盾关系为综合考察对象，把蒙昧时代和野蛮时代的初级、中级和高级阶段进行总体概况，不再出现摩尔根的研究中生产工具和生产资料重叠导致的各阶段分期模糊的问题。同时强调了人的能动作用，注重将生产技术和社会制度的发展统筹起来勘察。其次，在研究的内容上更加丰富。恩格斯掌握了更多关于希腊、德意志等区域史前氏族、部落社会的规律，使对原始社会的研究更为全面和具体，论据更为丰富。最后，在研究的体系上更加严谨。《起源》的每个部分之间前后逻辑更为紧密，在结构上大体包括四个方面：生产力、经济；家庭婚姻变化；社会发展；国家制度发展。尤其是经济方面的部分当中由恩格斯全部改写，摒弃摩尔根在论述当中不严谨的部分。"四个方面"按照时间发展的顺序和由浅入深的方法来进行论述，并结合马克思历史唯物主义的观点，构成了一个完整严谨的原始社会史的科学体系，是历史上第一部对于原始社会基本概况进行系统科学的归纳和总结的光辉著作。

2. 经由大量史料和政治材料总结基础上完善了唯物史观的"史前基础"

史前社会作为一种独立的历史形态的确立，《起源》发挥着十分重要的历史地位。摩尔根基于易洛魁部落的调查研究获得大量的一手资料，完成《古代社会》一书，为研究人类社会史前时期社会经济发展奠定科学基础和历史基础。恩格斯一方面承认摩尔根取得的历史性贡献，强调他给原始社会的历史研究确定的系统，在没有大量增加资料以前仍然是有效的；另一方面，摩尔根之后的历史学、考古学、人类学资料提出的新观点和新见解，甚至推翻摩尔根的某些假说。在恩格斯看来，"新搜集的资料，不论在什么地方，都没有导致必须用其他的观点来代替他的卓越的基本观点"①。不过，摩尔根的研究成果也不是铁板一块，恩格斯在批判吸收其基础上，结合新搜集的其他材料，从生产工具、历史发展动力上、劳动获取生活资料状况上进一步考察史前社会的唯物史系统，以进一步确证和完善历史唯物主义在原始社会时期的唯物史基础。

（1）从生产工具上考察史前社会的状态

摩尔根通过调研考察易洛魁人部落的生活状况的基础上，根据人类征服地球的"生存技术"的演进脉络，发现了人类社会的发展呈现"阶梯"式上升状态。在摩尔根看来，人类社会的存续发展，显露于各种人类生存技术的发展水平，其发展程度取决于"生存技术之巧拙"。生产技术工具越发达，人们劳动所获得的生活空间也就越大，生活资料的基础也就越多。因此，摩尔根这里所特指的生存技术特指生产工具，且以此为依据，将人类社会史前发展阶段进行了历史分期的划分，毕竟顺序相承的生存技术每隔一段时间都会对人类生产生活状况产生很大影响。恩格斯总体上承认摩尔根基于生产工具的划分标准，保留了其历史分期的概括体系。由于考古学、历史学的新发展，摩尔根将人类史的分期划分为蒙昧时代、野蛮时代和文明时代，并将每个发展阶段又分为低、中、高层次。但人类社会发展证明，这些生产的代表性标志已经有所过时。这也说明，无论哪一种生产上的发现发明，都不能作为绝对的划分标志，应当遵循实事求是，具体情况具体分析提出各自的特点。

由此，恩格斯概括了摩尔根的历史分期：蒙昧时代主要是以采摘天然现成的食物为特征，制造的工具简单便捷便于采集工作；野蛮时代主要是驯养牲畜和耕作活动，初步学会依靠人类活动来增加生活资料所需产品；文明时代则是学会对天然产物进一步加工创造，进入了工业和艺术创造时期。从这三个时代来看，恩格斯集中概括了半个世纪的考古学成果，使得史前史的分期可能集中表现为"食物采集者"和"食物生产者"两大阶段，从而为农业革命概念的提出创造条件。在马克思、恩格斯看来，生产工具是劳动者在改造自然过程中形成的社会生产力的外化和手段，是生产力发展水平高低的外在表现。以生产工具作为历史分期的标准来考察史前社会，这就充分肯定了生产力发展对推动人类社会发

---

① 《马克思恩格斯文集》第4卷，人民出版社2009年版，第30页。

展的决定意义。不过，恩格斯将史前社会的历史分期进行综合研究，同样强调"两种生产"对历史分期的重要影响，家庭发展阶段和劳动发展阶段对社会制度的制约仍然是不容忽视的重要因素，它们彼此之间相互联系、相互作用，共同将史前社会分为若干阶段，这便是《起源》对史前社会时期所作的历史分期的概括考量，彰显了马克思主义的系统性、整体性、联系性和辩证性的理论特点。

（2）从唯物发展动力上考察史前史的发展

在《古代社会》全文中，摩尔根声称人类的进步遵循"阶梯"的发展路径，从发展阶梯的底层向上开展，而这一驱动力在于"各种发明和发现"。人们沿着发明和发现的向上路径所获得的知识经过缓慢发展和积累而逐渐进化，并演化为人类的某些观念、情感和愿望。在恩格斯看来，这种将史前史视为某种"发现"和"发明"的观念的发展，显然具有某种历史唯心主义色彩，于是从唯物史观视域下纠正了这种话语叙述方式。恩格斯将摩尔根的"发明和发现"线索透视原始社会的话语系统置换为"两种生产"理论的线索观察原始社会。恩格斯强调唯物史观范畴下的"两种生产"是一种生产关系的经济论证，是基于人类生产生活演进过程中凸显出来的历史作用，并通过劳动的个体性和社会性延伸出家庭发展阶段和劳动发展阶段，继而阐释和分析出财产和私有制的产生，从而为氏族、阶级和国家的起源、发展、灭亡等提供了科学系统的历史理论。

（3）从劳动获取生活资料状况透视史前史

以生产工具作为观察史前社会的基础，的确可以做到透视原始社会生产发展水平和人们的生活状态，但不同时代范围内的人们所使用的劳动工具存在交叉和重叠，这就需要其他观察要素作为考察基础。生活资料作为人类社会最基本的需要，人类所能掌握的生活资料将随着生活方式的改变和生产工具的改进而增加。这也是摩尔根所强调的："一切生物之中，只有人类可以说达到了绝对控制食物生产的地步。人类进步的一切伟大时代，是跟生存资源扩充的各时代多少直接相符合的。"[①] 恩格斯对此表示认同，不过从经济方面对摩尔根的考察方式进行了补充和完善。按照劳动获取生活资料的生活状况来看，史前时期可划分为蒙昧时代和

---

① 《马克思恩格斯全集》第45卷，人民出版社1985年版，第332页。

野蛮时代。前者主要是依靠采摘天然自然物为生活资料来源，如果实、坚果和根茎等；后者凭借人的肉体劳动学会了捕鱼、打猎，学会制造简单的石器、棍棒、标枪等工具，后来又学会制陶术和使用金属工具，增加了天然产物作为补充生活资料来源。对于任何一种社会形态来讲，生产力要素在其中发挥着制约作用，但对其中某一种社会形态来讲，生产关系并未发生质变，这时就需要通过生产关系、经济关系等视角来考察，作为对考察原始社会整体样貌的补充。

需要注意的是，以生产关系和生产力的视角作为考察原始社会的依据并不意味着唯一和标准，因为社会形态涵盖着社会方方面面，是一个系统工程。它的发展变化除了纵切面的剖析，还包括横切面的考察，如上层建筑，包含婚姻关系、家庭形态、氏族结构。恩格斯在第一版序言也强调了"劳动发展阶段"和"家庭发展阶段"对社会制度的制约作用。因此，我们需要有通观全文的视角和整体性的思维审视史前社会的基本结构、基本制度、基本规律等。在这个意义上，《起源》就为研究社会理论和历史研究提供了宝贵的思想武器。

3. 经由澄清私有制起源基础上为重建个人劳动所有制提供理论指导

私有制和国家的"源"并不是从来就有的，也不是像某些人认为的是"暴力""权力"等，它的出现是一定历史时期生产力发展的必然结果。《共产党宣言》阐释消灭的"私有制"是生产资料的"私有制"，要求重建个人所有制。而《起源》则是揭示和阐释私有制的起源。在马克思主义思想发展史上，关于私有制的逻辑是前后呼应的，马克思、恩格斯对待私有制的态度也是一以贯之的。部分学者和苏联在私有制产生和消灭立场问题上，存在背离马克思主义的基本谬论，需要对此予以澄清，从而有助于科学阐明阶级、国家起源等诸多课题线索的发展。

首先，生产力的发展带来物质产品的增加，为私人占有提供物质前提。致使私人占有现象的发生，一定离不开生产力这一最活跃的因素，或者说生产力的必然性推动了私人占有的必然性形成。在人类史初期，生产力水平极其低下，严峻的自然条件下单个肉体劳动所得无法满足维持人自身生产及其再生产，只能依靠群体的力量来弥补和维持种族的存续发展，因此很难有多余的劳动产品用来分配。早期生活于其中的群体成员并没有形成国家或城邦那样的管理机构，社会关系表现为血族关系，核心是血缘关系，分配方式是原始共产主义分配，没有剥削，不存在私人占有的物质条件。而生存资料是人类生存最基本的需要，它与财产关系密切相连。摩尔根指出，人所掌握的物品将随着生活方式所依赖的技术的增加而增加。恩格斯进一步论证到，适应生产需要的实践发展的趋势，人们改造自然的能力随着生产技术革新和工具的改进，生产力水平逐步提高，尽管速度很缓慢，但从未停止。从最初学会制造棍棒、打磨粗制石器，到后来学会制造陶器、金属工具甚至学会冶铁技术，使得劳动生产的物质资料极大增加，超过劳动力自身生产及其再生产所需，便开始出现大量剩余产品，这就为私人占有现象的产生奠定物质基础。

其次，对财产观念的占有是诱使私有的重要因素。当生产力发展水平极其低下时，人们很少有剩余产品的出现，即使偶尔有少量的剩余物，也是"偶然留下的剩余物"，且还不是经常发生的现象。在这种情况下，人们很难有财产的观念。摩尔根也谈到，由于蒙昧时代的人的财产微不足道，因而对财产的价值和财产的继承观念很淡薄。随着生产技术的发展，人们劳动获得的产品增加，伴随而来的剩余物也逐渐增多，并成为一种普遍现象。于是出现对剩余物的占有问题。摩尔根提到，财产种类的增加与发明和发现的进步并驾齐驱，而且"财产种类的增加，必然促进有关它的所有权和继承权的某些规则的发展"[①]。前期财产种类较为粗糙，多为个人劳动生产工具和个人的装饰品，此时财产的占有欲尚未在头脑中形成。在蒙昧时代，那些进步先导的一部分人进入了氏族社会，并结成了以母系氏族为共同体特征的群体力量来保卫集体所有财产。在这个阶段，原始共产主义分配制占据主导地位，任何私有财产不归个人所有。后来在剩余物中出现一种"特殊财产"，即对畜群的私人占有。这里的"特殊财产"不仅是氏族共有经济中的公有状态，还具有一些私有的成分，因而被恩格斯称为"私有财产"。这显然是私有财产的萌芽期。为保护自己财产，母系氏族财产继承按照母系世系继承制，若男子死后而遗有妻子和子女，其财产归氏族成员所有。这种现状逐渐被男子劳动所得较多且剩余物增加而改变，并逐渐确立起父系世系制。原本氏族关

[①] [美]路易斯·亨利·摩尔根：《古代社会》，杨东莼、马雍、马巨译，中央编译出版社2007年版，第385页。

系中的血婚制和伙婚制也逐渐过渡到偶婚制和专偶制家庭。此时的个人财产已大幅增加且土地所有权部分归个人占有和使用，金属制品和制陶术的发明和使用，逐渐创造出质地精美的工艺品，使得私人占有之物从自然之物开始扩展为人类劳动创造之物，由此而来的财富欲望和占有欲望在头脑中成型，并转而对人类劳动创造产生了强大的刺激作用，从而对私有制产生巨大的推动力。

再次，分工的出现及其发展是私有制产生的推动力。生产力的发展催生了社会分工现象。原本在生产力低下之际，严峻的自然条件迫使个体力量无法满足维持自身生产及其再生产，只能依靠群体的力量。捕鱼、打猎等都是依靠集体力量来进行。这种共同体的力量潜藏着一种分工协作和集体与部分配合的巨大力量。后来随着生产力的发展，人们开始从游牧中逐渐脱离出野蛮人状态，并进而过渡到定居生存状态，完成了从饲养家畜到锄耕作业的转变，实现了畜牧业与农业之间的分离。这种分工迫使集体力量成为多余，依靠少数人力量的生产成为一种必然性和趋势性。在这种"农业和手工业、商业和航海业之间的分工的进一步发展，氏族、胞族和部落的成员，很快就都杂居起来"[1]，原本血缘团体的血缘关系便很快打破，取而代之的则是市民和地域维系起来的新的管理机构，使得雅典氏族制度走向解体，并逐渐产生私有制和阶级。

最后，生产和劳动的私有化趋势使私有制成为必然。根据前文所述，在分工产生之前，原本的生产和劳动是共同性的生产和劳动，具有公共属性；生产和劳动所得皆归属群体成员共同所有，没有贫富分化和私人占有现象发生。母系氏族时期内的妇女从事的家务劳动具有公共性质，承担着较多的公共利益，因而享有较高地位和威望。当生产力发展和产生分工以后，原本一些部门依靠群体力量生产就成为一种多余，只靠少数人的生产和劳动就足够了。这时劳动个体性在劳动所得作用中越来越显著，且这种趋势将随着生产技术的增强而强化，如此一来，它就同"生产的共同性"占有发生冲突，且生产的共同性逐渐因分工出现而转向"个体性生产"，因而渐渐失去其存在的根基。这时社会发展就要求建立与其相适应的占有关系，这便是生产和劳动的私有化趋势导致个人占有

---

[1] 《马克思恩格斯文集》第4卷，人民出版社2009年版，第126页。

趋势成为一种进步趋势，促使个人占有逐渐"成为一种优势"。

综上，私有现象的发生绝不是从来就有，而是生产力发展所带来的必然结果，由此而来的分工、生产和劳动的私有化趋势成为一种历史发展的进步趋势。在此基础上萌芽产生的财富观念和占有欲望成为激发提高劳动生产效率和少数人不断开发市场的强大推动力。这就从历史客观发展趋势批判和否定了那些将少数人的私有财产占有现象归结为"特殊权力""暴力"等观念。"掠夺者能够占有他人的财物以前，私有财产的制度必须是已经存在了。"[①] 此后人类的私有制开始出现"以自己的劳动为基础的"私有制和"剥削他人的劳动"[②]为基础的私有制。而马克思反对的和废除的私有制不是全部，而是消灭后者，即废除剥削他人劳动占有的私有制，以重建个人劳动所有制，从而真正实现人的自由和全面发展。

4. 经由吸收摩尔根最新成果基础上首次系统阐述生产方式的经济论证

众所周知，马克思主义通过批判和吸收前人研究的社会学和人类学成果，总结出人类社会发展循序渐进经过五种生产方式的基本历史发展规律。在《起源》诞生之前，后四种生产方式业已得到论证阐释，尚未就原始社会生产方式做出科学的经济论证。因此，《起源》便集中回答了这个问题。

虽然当时马克思主义的"五种生产方式"尚未集中概括和阐释，但恩格斯还是重点突出了循序渐进的五种社会形态的演进，肯定了原始社会解体后出现的"奴隶制""中世纪的农奴制和近代的雇佣劳动制"。继而在废除阶级和私有制基础上必然走向共产主义制度。在《起源》中，恩格斯重点强调"两种生产"理论的经济论证，并且与家庭、婚姻、国家的演变过程等相关问题关联，整个过程突出了这五种顺序相承的生产方式作为阐释逻辑内容。这种人类社会发展循序渐进的总过程和历史规律，对于人们树立共产主义理想信念和坚定历史唯物主义的观点、方法，并对透视有关国家历史发展作历史特殊性理解提供思想武器。

---

① 《马克思恩格斯选集》第3卷，人民出版社2012年版，第542页。
② 《马克思恩格斯全集》第19卷，人民出版社1963年版，第268页。

"两种生产"理论是恩格斯运用历史唯物主义基本原理在摩尔根研究成果的基础上所作的集中概括。这种观点是马克思主义一以贯之的唯物史观,早在其他著作中得到显现。在《德意志意识形态》一文中,马克思恩格斯就提出"生产物质生活本身"和"生产另外一些人,即增殖"思想观点。恩格斯结合新的研究材料做出了更精确的诠释。

（1）原始社会生产方式是共同的劳动和集体的占有

恩格斯的《起源》重点探讨了原始社会时期内的人们生产生活状况及其起源、发展和解体的内在规律问题,并从中揭示:"两种生产"制约着一定历史时期和一定地区的人们生活于其中的社会制度。根据马克思主义观点,原始社会早期阶段生产力水平低下,严峻的自然环境迫使人们必然依靠群体力量维持自身生产及其再生产,在生产劳动上表征为共同的生产。也就是说,人类社会原始阶段的生产方式采取集体劳动或共同劳动方式,"在较古的公社中,生产是共同进行的"。这种集体生产的公共性不是生产社会化趋势造成的,而是受到"两种生产"方式的制约,即物质资料的生产和人类自身生产的制约。"这种原始类型的合作生产或集体生产显然是单个人的力量太小的结果,而不是生产资料社会化的结果。"[①] 这两种生产的制约作用在不同历史环境和时代所发挥的作用是不同的。"两种生产"的生产方式分别表现为劳动形态和家庭形态。在劳动还未充分发展阶段,社会制度主要受到人类自身生产及其再生产的制约和影响,也就是说维持原始社会存续发展的是血族关系。在整个血族关系支配下,人们普遍采用原始共产主义分配方式,共同体内成员之间没有私人占有,没有阶级压迫。

（2）文明社会的生产方式是私有的生产资料和部门的分工

生产力的发展带来了分工,而分工程度水平表现了生产力的发展程度,反映在劳动发展过程中对群体依赖作用减弱而个人劳动力量作用增强,尤其是在畜养牲畜、耕作农业中凸显出来。原本畜养牲畜和打猎是集体作用,但现在却完全可能依靠少数人完成,且牲畜具有了私有成分；原始农业借助锄耕生产工具而仅需要少数人即可完成。因此,肉体劳动获得的劳动产品数量将伴随着人们改造自然能力和劳动能力的提升而增

[①] 《马克思恩格斯选集》第3卷,人民出版社2012年版,第824页。

加。这就意味着劳动个体化的趋势增强带动了劳动个体私有化的趋势的增强。恩格斯强调:"分工慢慢地侵入了这种生产过程。它破坏生产和占有的共同性,它使个人占有成为占优势的规则。"①

但需要注意的是,个人占有和资本主义私有制并不完全等同。马克思在分析资本主义生产起源时曾谈到,资本主义生产过程的全部基础实质是生产者和生产资料的彻底分离。这种分离是把人们最基本的生产劳动窄化为那种一些人对另一些人的剥削和产品占有上的生产资料私有制。马克思在《共产党宣言》里论述废除私有制,不是废除一般的所有制,而是要废除资产阶级的所有制。② 在这个意义上,共产党所要建立的共产主义不是废除个人生产劳动所得的生产正义,而是要废除剥削他人劳动占有社会产品的权力的私有制,从而重新建立新的个人所有制,以代替阶级和阶级对立的资产阶级私有制。

(3) 生产的社会化蕴藏着共产主义

生产的社会化蕴藏着共产主义所需的全部生产资料的物质基础和经济基础。在资本主义私有制生产条件下,推进工业化和市场化同时带来了"人与人""人与社会""人与自然"之间的巨大矛盾张力,致使广大劳动者沦为生产某一种物品的附属物,即不仅成为自己生产资料的奴隶,还造成城乡对立、脑体对立等社会矛盾现象,表现为人的劳动不是实现自身价值和解放的目的,而仅仅是谋生的手段。而只有当生产力水平发展到较高阶段,脑力劳动和体力劳动之间的差别逐渐缩小,且社会大工业生产带来的"劳动的变换、职能的更动和工人的全面流动性"③,而且未来的生产消除了资本主义生产的无序性,此时的生产不再成为奴役人的手段,反而成为人全面发展和解放人的手段;此外,社会占有生产资料,"成为全部生产资料的主人"④ 时,才可以消灭生产资料的私有属性及其对人的异化占有,从而为消灭旧的生产方式和旧的分工继而实现人的自由解放奠定物质基础。

---

① 《马克思恩格斯选集》第 4 卷,人民出版社 2012 年版,第 191 页。
② 《马克思恩格斯文集》第 2 卷,人民出版社 2009 年版,第 45 页。
③ 《马克思恩格斯选集》第 3 卷,人民出版社 2012 年版,第 682 页。
④ 《马克思恩格斯选集》第 3 卷,人民出版社 2012 年版,第 681 页。

在这样的生产条件下，工人、农民及其他生产者已经掌握了最先进的生产工具和科学技术，生产社会化趋势进一步增强，才可能在生产中建立起互助合作的平等关系，为构成社会主义公有制的生产关系和经济关系创造条件。在生产力发展达到较高阶段时，人的生产劳动不再是奴役人的手段，而是实现自身全面发展和表现自身全部能力的手段，是解放自身手段，是实现人"不只是手段，而是目的"的劳动价值和劳动幸福感的外化。因此，生产的社会化不但能够打破技术上的时空限制，还蕴含着将无序的资本生产置于一个统一的大的计划协调配置自己生产力的社会，从而使化解和消灭城乡对立、劳资对立和脑体对立成为一种可能。处于劳动中的个体便能在"那种把不同社会职能当做互相交替的活动方式的全面发展的个人，来代替只是承担一种社会局部职能的局部个人"[1]。

综上所述，《起源》经由吸收摩尔根最新成果基础上首次系统阐述私有制起源等重大问题，并以经济论证的方式予以确证，考察了劳动生产形态的变迁及其生产占有者的变化，勾勒出原始社会经济方面和生产方面的基本形态。因此，《起源》重点考察了私有制、生产资料、分工和劳动等不同主题线索关系，贯穿着原始共同劳动如何沦为个体化劳动趋势，且生产资料如何从公有制沦为私有制的主轴线索展开的。这些经济论证都极大地补充和完善了摩尔根的研究成果，从而为科学研究、历史研究和人类学研究提供了思想武器。

---

[1] 《马克思恩格斯选集》第 2 卷，人民出版社 2012 年版，第 232 页。

第 四 章

《起源》核心概念通释

作为科学社会主义的经典著作之一,《起源》在被时代化和主题化传承和解读时,对其中的相关核心概念、范畴的阐述和理解存在混淆视听和个体偏好曲解,如在一夫一妻制、家庭、国家、私有制等概念的理解和把握上,存在断章取义之嫌疑。我们在学习、研究恩格斯《起源》这一经典著作的同时,也要认真准确理解和澄清相关概念并作出通释,有助于科学把握和弄懂它们的概念及其相关问题。

一 概念一：一夫一妻制

《起源》对一夫一妻制的历史渊源及其未来发展趋势作了科学的阐释,但是没有以结论性词语对一夫一妻制下一个定义。但我们可以尝试根据马克思、恩格斯相关的阐述,深刻体会、领悟其中具有概念和范畴的意义,把握文明社会制度成果范畴下两性关系结合的历史组织形式之一,其内在包含着丰富的内涵及其特定性质,为我们更好地理解原始社会两性关系和文明社会之间的关系提供必要的思想理论武器。

（一）词源学考证

一夫一妻制在《起源》中也被视为专偶制婚姻。专偶制婚姻或者一夫一妻制的出现不是从来就有的,而是与文明社会中两性关系的结合发展到特定阶段所出现的社会组织形式。它本身涵盖着十分丰富的历史特质及其内涵。

1. 一夫一妻制的概念

从婚姻学角度看，一夫一妻制是婚姻关系发展到只有两个个体婚姻的婚姻制度，它是人类文明制度史和婚姻史中普遍存在的婚姻关系。如果回溯整个婚姻结构发展史，还囊括多偶制，包括一妻多夫制和一夫多妻制。前者是一个女性与多个男性的婚姻结合，后者是一个男性与多个女性联姻。除此之外，还包括多夫多妻制或者共夫共妻制（群体婚姻），主要指多个丈夫和多个妻子组成的家庭。① 那么一夫一妻制从以上婚姻关系中脱颖而出并不是偶然事件，而是历史发展的必然结果。古时人们允许一夫多妻制，男子纳妾是享有合法性的，直到法律出现废除纳妾之事，一夫一妻制制度才得以正式成立。日本学者福泽谕吉在《明六杂志》中记载纳妾是可耻的陋习之事。为消除这种野蛮之风，明治政府明确废除男子纳妾和妻妾同居的法令，且于明治十五年即 1882 年 1 月实施取消纳妾的新法令。②

从词源学角度来看，英语"monogamy"译为"一夫一妻制"，而英语词根"mono"表示"单，单数"之意，而"gamy"则是与婚姻有关的单词，与"polygamy"一夫多妻制相对。"一夫一妻制"涵盖着"夫"和"妻"。《说文解字》中的"夫"阐释为"夫，丈夫也。周制以八寸为尺，十尺为丈。人长八尺，故曰丈夫"。通俗理解为，"夫"特指成年男子。古时的男子一般成长到二十岁，身长八尺，已至成年，需要行冠礼。《春秋穀梁传》中记载："男子二十而冠，冠而列丈夫，三十而娶。"③ 而"妻"在甲骨文中是个会意字，从又侍女发，是从"每"和"又"组合而成，从抢夺女为妻之意。《说文解字》中"妻"指"妇与夫齐者也。从女，从中，从又"④。《礼记·曲礼》中记载"庶人曰妻"；《春秋繁露》中记载"妻者夫之合"⑤。这就说明，"妻"字反映了古代社会婚姻制度

---

① 参见［美］埃伦·伯斯奇德、［美］帕梅拉·丽甘《人际关系心理学》，李小平、李智勇译，上海教育出版社 2019 年版，第 374 页。
② ［日］茂吕美耶：《明治：含苞待放的新时代、新女性》，四川文艺出版社 2018 年版，第 28 页。
③ 《十三经注疏》整理委员会整理，李学勤主编：《十三经注疏·春秋穀梁传注疏》，北京大学出版社 1999 年版，第 175 页。
④ 苏宝荣：《〈说文解字〉今注》，陕西人民出版社 2000 年版，第 405 页。
⑤ （汉）董仲舒撰：《春秋繁露》，张祖伟点校，山东人民出版社 2018 年版，第 119 页。

存在抢婚风俗。那么"一夫一妻制"便是指一成年男子和一女子结为夫妻互为配偶的婚姻制度。

根据概念内涵,一夫一妻制包含着如下含义:其一,一夫一妻制规定了互为配偶的强制性要求,禁止两个或者两个以上的配偶;其二,一夫一妻制具有一定法权范畴上的规定性,保护着婚姻双方的合法权益;其三,已婚者在其配偶一方死亡或者离婚,可以再婚。但在此之前不得再婚;其四,一夫一妻制双方需为公开的,任何隐秘的一夫多妻或者一妻多夫关系都是违法的。最早出现的一夫一妻制婚姻且通过法律予以确认的国家是古埃及和古代欧洲。

一般来说,国外受到宗教影响,妇女在社会婚姻生活史中的地位并不低。伴随着生产力的发展,人口生产方式的转变,使得"两种生产"的物质生产资料的比重逐渐占据主导地位,使得父权制逐渐超越母权制而成为历史发展的必然,导致妇女的地位逐渐成为男子的附属和依附的对象。古代巴比伦的夫妻关系是不平等的,古埃及的《汉谟拉比法典》第143条规定,"倘她不贞洁而常他往,使其家破产,其夫蒙羞,则此妇应投于水"。古罗马法学家莫迪斯蒂努斯也将婚姻视为"一夫一妻的终身结合,共同发生神事和人事的关系"[1]。中世纪的英国,夫处于主导地位,妻处于从属地位,夫妻关系实行"夫妻一体"的制度,"为妇者应甘受委屈,而让夫做主"[2]。反观国内妇女地位,古代中国封建社会奉行的则是一夫一妻多妾制度,即一名男子只能有一个妻子,且称为正妻;皇室或者贵族身份的男子可纳妾,其身份和地位低于正妻。

2. 一夫一妻制的起源及其确立

一夫一妻制家庭在家庭发展史上具有十分重要的历史地位。它的产生不是自然选择的结果,而是人类社会历史发展的必然。此过程历经原始社会的野蛮时代、蒙昧时代,逐步迈向文明时代,其根本动力在于生产力发展和私有生产关系经济基础的推动。在摩尔根看来,人类社会的婚姻关系最初是"杂乱性关系",后经由社会禁忌和婚姻习俗的限制增多而历经血缘群婚、族外群婚和对偶婚和专偶婚姻,而专偶制的产生与生

---

[1] 孙晓编著:《中国婚姻史》,中国书籍出版社2020年版,第319页。
[2] [英]屈勒味林:《英国史》,钱端升译,商务印书馆1933年版,第323页。

产活动中的男女地位发生变化直接相关。随着男子在生产劳动中获得的生活资料及其财富所得在家庭中比重逐渐超过妻子,且占据主导地位时,原本母系氏族按照母系继承制度便不再适应男子对财产的保护欲望。同时,为确保亲生子女继承财产的强烈要求,就只有通过妻子的贞操得以确认。过去的血缘群婚、族外群婚和对偶婚不再适应家庭关系的发展,专偶制婚姻便呼之欲出。恩格斯指出:"为此,就需要妻子方面的专偶制,而不是丈夫方面的专偶制。"①

最终,在生产力的推动下,在分工影响性爱和个体化的劳动逐渐取代群体的集体力量驱使下,开始出现大量剩余产品,进而引起贫富差距,催生了私有制的出现。社会财富开始大量"集中于一人之手,也就是男子之手,而且这种财富必须传给这一男子的子女"②,这时专偶制在综合因素的作用下逐渐确立起来,日渐成为人类文明社会最基本的生产单位,并在培养人类自身生产及其在生产素质中起到十分重要的现实价值。

随着人类社会现代化的发展,人类婚姻关系发展到"一夫一妻制"具有了新的时代特质。它不再机械地要求独占或者独有,而是在特定阶段下对彼此的忠诚与忠贞不渝。旧的一夫一妻制的结合与爱情的自由结合关系截然不同。婚姻中的独占或者排他性问题一般来说具有三种内涵。第一种是将女人视为男人的附属品或者被支配者的从属地位,男子对妻子的婚姻要求大都源自对男性财产继承关系机制的保护,要求妻子独守忠贞观念,并在婚姻中占据主导作用。在文明社会里,女子的出轨或者不忠则会受到残忍的暴力惩罚。第二种则是基于经济合作关系的互为独占的合作关系,此时二者关系的合作源自对经济利益的考量而结合成一种类似契约关系。出于对利益最大化的要求而采取一些对彼此的限制手段,一旦违背了契约关系便会受到法律的惩罚。第三种是基于爱情基础上的互爱模式而结合成夫妻共同体,这种爱的排他性要求表现会形成一种较高的道德自我约束和觉悟式自觉性遵循,一般不会出现虐待伴侣或者压抑最强烈的本能情感。但是一旦出现彼此性爱关系和感情关系"已

---

① 《马克思恩格斯选集》第4卷,人民出版社2012年版,第86页。
② 《马克思恩格斯选集》第4卷,人民出版社2012年版,第86页。

经消失或者已经被新的热烈的爱情所排挤"①，那么离婚对双方来说就变得自然而然了。因此，这就需要对一夫一妻制的特定用法作特定说明，以免对此产生混淆。

（二）用法说明

一夫一妻制在古今不同阶段具有不同的内涵，其未来的发展趋势就蕴含在特定的历史起源之中。不论是原始社会的"从妻居"或是"从夫居"发展要求，还是现在的法权范畴上的男女平等的婚姻关系，我们需要一种历史的动态发展眼光，并坚持唯物辩证法的原则，以防陷入机械主义和形而上学的窠臼之中。

传统狭义上的一夫一妻制指两个异性人在一生中只有一个性伴侣，且共同生活在一起，以夫妻公开身份履行相应权利和义务。如《葡萄牙民法典》第1577条就已经公开声明"婚姻是两个异性的人之间根据本法典的规定，意在以完全共同生活的方式建立家庭而订立的合同"。而广义上的内涵理解为特定婚姻阶段只和自己唯一配偶发生关系，不管这个女人经历结婚、离婚等先后几次恋情关系，但在这个存续期间只有一个性伴侣为夫妻公开身份。而同性恋者或者单复式婚姻不在此理解范畴内。虽然人们对现在的婚姻状态的理解较为宽松和包容，但一夫一妻制的根本原则并未改变。现在就一夫一妻制概念的历史内涵作详细说明。

1. 古典的一夫一妻制

自一夫一妻制从原始社会的群婚制中演化而来，伴随着私有制和阶级的出现，在生产资料私有制社会条件下，大量社会财富逐渐积聚于男子之手，致使男系氏族日渐取代女系世袭地位，同时造成女子从属于男子财富的附属物。为确保男子的财产和地位必须传给该男子的子女，对妻子提出忠贞和贞洁要求，从而在习俗上、法律上、思想上确立了古典的一夫一妻制的制度。但这种一夫一妻制存在历史的局限性。

首先，它只能单方面限制和要求女性保持忠贞和贞操，并未对男子的婚姻关系形成有效制约。虽说原始社会后期社会分工出现以后，女子

---

① 《马克思恩格斯文集》第4卷，人民出版社2009年版，第96页。

的劳动范围便从社会公共性转移到家庭劳动中,专心致志于养育子女和操持家务,而男子在获得生产资料上的优势进一步增强。随着"从夫居"的要求,一男一女便组成一夫一妻制的个体小家庭。虽说一夫一妻制是一男一女互为配偶的婚姻制度,但是原始社会晚期和文明社会初期的婚姻制度非常片面,实质上是父系世袭制的自我确证表现,是服务于男子的财产和社会地位的继承和私人占有的制度保证。也就是说,男子可以凭借经济地位和劳动优势超脱于一夫一妻制的约束,占有其他女子,过着多妻生活。古代社会的皇权或者王室贵族身份成员等剥削阶级一般享有这些专权,过着一妻多妾制生活。而对于广大底层群众来说都是奉行一夫一妻制的结合。

其次,它的产生夹杂着奴隶制的旧痕迹。专偶制的"最后胜利乃是文明时代开始的标志之一"[1]。傅立叶认为,现代家庭的孕育萌芽包含着奴隶制,而且也包含着农奴制,因为它跟田间耕作的奴役劳动有关,从而便以缩影形式涵盖着以后一切社会及其国家广泛建立起来的阶级对抗。恩格斯进一步指出,在专偶制阶段,旧有的群婚残余,如性交关系的相对自由并未完全消除,而后演化为"公开的卖淫"。随着社会财富分配不均,反映到劳动领域便出现雇佣劳动。而作为它的必然伴侣,就出现了"与女奴隶的强制献身并存的自由妇女的职业卖淫"[2],从而构成文明社会中出现剥削阶级的个体婚制和杂婚制残留的卖淫形式的矛盾。但这种矛盾贯穿于文明社会的始终,被恩格斯称为"自文明时代开始分裂为阶级的社会在其中运动的、既不能解决又不能克服的那些对立和矛盾的一幅缩图"[3]。

最后,一夫一妻制的结合是建立在经济关系的基础上的。阶级社会中的专偶制的缔结是建立在经济关系的私有制基础之上,以强化不同家族之间的联系为前提。男子和女子分别来自不同的家族组织,分属于不同家族共同体。为强化不同家族之间的联系,将两种不同家族势力结合起来,以获得较高的社会地位和经济地位。因此,古代社会的一夫一妻

---

[1] 《马克思恩格斯文集》第4卷,人民出版社2009年版,第73页。
[2] 《马克思恩格斯文集》第4卷,人民出版社2009年版,第79页。
[3] 《马克思恩格斯文集》第4卷,人民出版社2009年版,第80—81页。

制结合首先考虑的是"门当户对",将对方的经济关系作为主要考虑基础。在这种情况下,婚姻排斥情爱,而自由恋爱则不被阶级或者世俗所接纳。过去情爱违抗家庭或者媒妁之言的约定造成的历史悲剧反复上演。西方有罗密欧和朱丽叶,中国有梁山伯与祝英台等爱情的经典故事。

因此,从这里可以看出,古典的一夫一妻制不仅夹杂着奴隶制痕迹,还充斥着爱情与婚姻的矛盾,致使一夫一妻制婚姻关系在男权影响下排斥性爱,本质上仍然是一种阶级社会权衡利害的产物,严重束缚着妇女的解放和自主权的获得。资产阶级所倡导的一夫一妻制家庭同样无法解决这个问题。恩格斯指出,只有在被压迫阶级中间,亦即无产阶级中间,性爱才可能成为且确实成为对妇女关系的常规。妇女在其中享有和男子同等的平等关系,杂婚和卖淫制在其中也便渐渐失去了作用,从而使男子的统治失去了任何基础。

2. 真正的一夫一妻制

既然旧有的一夫一妻制建立在经济关系和生产关系之上,且充斥着不可解决的矛盾,那么更高阶段的婚姻形式便将取而代之。根据黑格尔的"分娩论","以自我实现的方式来自我毁灭,用产生新事物的自我毁灭的过程来自我实现"[①]。我们得知,真正的一夫一妻制将从古典一夫一妻制中孕育而出。

首先,古典一夫一妻制的结合形式为真正一夫一妻制的孕育延续基础。一夫一妻制的缔结形式从多偶制形式中演化而来。恩格斯将从偶婚制演化而来的一夫一妻制视为"古典的一夫一妻制"。它是建立在私有财产基础上,并延续至今,成为一夫一妻制家庭形态的基本细胞。在这个发展过程中,尤其进入资本主义社会之后,古典的一夫一妻制便开始有了新变化。资产阶级凭借生产资料及其财富的占有造成对无产阶级劳动者的剥削和压迫,从而构成社会的基本矛盾。资本家为扩大生产而不断引进新技术,提高资本有机构成,进而促使资本主义私有制下的家庭中妇女广泛参与劳动,致使资本主义基本矛盾反映到家庭内部来也是矛盾重重。妇女运动、女权运动等有所兴起,很大程度上带来离婚率的上升。

---

① [英] G. A. 柯亨:《如果你是平等主义者,为何如此富有?》,霍政欣译,北京大学出版社 2009 年版,第 59 页。

离婚在西方社会已成为与吸毒、犯罪、自杀等同样严重的社会病。因此，真正的一夫一妻制便是在延续古典一夫一妻制的形式上，对古典一夫一妻制的私有制基础进行扬弃，"我们现在关于资本主义生产行将消灭以后的两性关系的秩序所能推想的，主要是否定性质的，大都限于将要消失的东西"①。而真正的一夫一妻制不仅不会消失，而且对于男女平等来说也将成为现实。

其次，现代性爱关系的产生为真正的一夫一妻制奠定情爱基础。一夫一妻制的结合为夫妻双方产生情爱提供条件。过去古典的一男一女婚姻结合离不开经济关系的考量，情爱基础几乎不被纳入接纳范围。但欧洲中世纪部分出现"现代的个人性爱"，这也是对女性的尊重和自由的宗教习俗发展而来的。恩格斯指出，这种性爱关系归功于对偶制的道德进步，致使妇女地位从古代中获得了从未有过的尊敬和自由地位，从而为夫妻之间的情爱提供了必要的基础，届时"妇女除了真正的爱情以外，也永远不会再出于其他某种考虑而委身于男子，或者由于担心经济后果而拒绝委身于她所爱的男子"②。

最后，一夫一妻制为妇女解放和个体解放创造条件。在恩格斯看来，真正的一夫一妻制将伴随着私有制的消灭和公有制的建立而充分地实现。尽管资产阶级的一夫一妻制废除了王权等级制，思想上启蒙了人生而平等的理念，颁发了法权范畴上的人人平等法案。但机器大生产扩大的市场需求使雇佣劳动和生产资料逐渐转移到少数人手中，使得资产阶级与无产阶级的阶级矛盾反映到家庭劳动中表现为男女之间的平权矛盾和婚姻关系的平等抗争。这些矛盾反复叠加，迫使无产阶级中的妇女群体不断为平等正义、个体自由同资本共同体、阶级压迫抗争。为此，首先，妇女将通过参加公共生产劳动而获得同男子的同等权利。"妇女的解放，只有在妇女可以大量地、社会规模地参加生产，而家务劳动只占她们极少的工夫的时候，才有可能。"③ 其次，两性关系的结合不再局限于金钱关系的支配。女子不再为金钱而献身于男子的支配地位，而是基于彼此

---

① 《马克思恩格斯文集》第4卷，人民出版社2009年版，第96页。
② 《马克思恩格斯文集》第4卷，人民出版社2009年版，第96—97页。
③ 《马克思恩格斯文集》第4卷，人民出版社2009年版，第180—181页。

相互的爱慕而结合起来。最后，妇女的家务劳动将被社会大众广泛接纳、认可并给予尊重。起初妇女在家庭劳动中发挥着巨大的作用，但其价值并不被看好，这时就需要社会承认家务劳动的社会价值化，并根据不同国情给予社会化。例如，列宁就曾将"琐碎的家务"普遍融入社会主义经济活动中，如加强公共食堂、托儿所和幼儿园等，以减少和消除占用她们在社会生产和社会生活中同男子的不平等，如此一来"才会开始有真正的妇女解放，真正的共产主义"[1]。

一夫一妻制发展至今，尚未具备马克思主义和列宁主义所预设的共产主义环境和必需条件，因而呈现新的发展状态。随着人类现代化建设和理性启蒙主义的影响持续扩大，世界上诸多地方的婚姻习俗已经悄然发生改变。不论是强调集体主义或者是尊崇个体自由主义的文化思潮中，都开始强调爱情是婚姻的必要前提和基础。例如克弗特（Kephart，1967）调查的部分青年男女婚姻观：20世纪80年代中期以来，大量数据证明爱情被他们视为婚姻的先决条件；辛普森、坎贝尔和伯斯奇德也做了相关调研，数据中86%的男性和80%的女性认为爱情是婚姻存续发展的基础。[2] 而生活在印度和巴基斯坦等集体主义文化中的人也将爱情视为婚姻伴侣选择的一个必要条件。在如此的一夫一妻制观念影响下，带来了一系列相关结果。它不仅促进了个体择偶观更加自由化和个体偏好化倾向，致使传统的包办婚姻数量趋于减少。有关数据显示，婚姻以爱情为基础的个体择偶选择的结果数量增长速度非常快，熊谷（Kumagai，1995）认为日本的包办婚姻向自由恋爱的婚姻转变速度惊人。从"二战"期间的70%的包办婚姻比例降低到23%，直至1991年数据显示比例降至12.7%。[3] 同时带来了择偶候选人来源渠道及其考察的多样化。历史上潜在的配偶考察主要基于经济考量和父母亲戚朋友的介绍，重经济条件轻自由恋爱。现在寻求潜在配偶渠道不再局限于父母亲戚朋友，更多是从

---

[1]　《列宁选集》第4卷，人民出版社2012年版，第19页。

[2]　参见 Simpson, J. A., Campbell, B., & Berscheid, E., "The Association Between Romantic Love and Marriage: Kephart (1967) twice revisited", *Personality and Psychology Bulletin*, No. 12, 1986, pp. 363–372。

[3]　参见 Kumagai, F., "Families in Japan: Belief and realities", *Journal of Comparative Family Studies*, Vol. 26, No. 20, 1995, pp. 135–163。

同事、同学、合作伙伴和闺蜜或者某爱好共同体成员中选择，而考察对象则更多看重对方的社会地位、教育背景、外表和宗教信仰等。从这个角度来讲，一夫一妻制的未来发展趋势将更加趋向于个体化和偏好化特质。

（三）内涵辨析

关于一夫一妻制的早期文献学研究，他们假设人类社会早期阶段的两性关系并不是遵循一种合乎道德或者伦理习俗的现代社会的安排，而是自然选择的"杂乱性关系"特征或者"乱交制"。如摩尔根（Morgan，1878）、麦克伦南（McLennan，1865）、罗伯克（Lubbock，1870）等都曾提出原始时代并不存在多偶制和专偶制等两性婚姻关系的结合，而在群体生活中个体可以自由选择性交对象。[①] 还有一种观点不同于以上观点，如达尔文认为，远古时代的婚姻制度不是杂乱性交关系，而是多偶制或者一夫一妻制。男性原始人最初居住在小的群落里，每个人都尽自己所能地得到和养活更多的妻子，他们嫉妒地守护着她们，防止其他男性的入侵。[②]

那么，如何回答"一夫一妻制是不是远古时代最初的婚姻关系结合"，就可能陷入思想混乱或者断章取义。根据社会人类学数据而言，达尔文的观点部分是正确的，参考比较权威的《人种图册》数据来看，它包含了超过1100种人类社会家庭和社会生活的多种信息。表4-1显示出一夫多妻制和一夫一妻制所占比例分别为82.7%和15.9%。[③] 数据表明，人类文明社会容许绝大多数男性有多个妻子，而绝大多数女性会选择和一个男性结婚。但绝大多数男性最终都会趋于选择一夫一妻制，一夫多妻制在现实生活中很少被真正实践。这种观点在费希特那里得到了确证。

[①] 参见 McLennan, J. F., *Primitive Marriage*, Edinburgh, UK: A. &C. black, 1865. Lubbock, J., *The Origin of Civilisation and the Primitive Condition of Man*, Mental and Social Condition of Savages, New York: D, Appleton。

[②] 参见 Darwin. C., *The Descent of Man, and Selection in Relation to Sex*, London: J. Murray (Original work published 1871), 1981, p. 362。

[③] 参见 Regan, "The Mating Game: A Primer on Lone, Sex, and Marriage", *Thousand Oaks*, CA: sage, 2003, p. 180。

之所以一夫一妻制得到了自然选择，是因为它是"保证核心家庭最高产的人类婚配形式"①。

表 4-1　　　　　人类社会婚姻家庭形态分布占比简表

婚配制度	在现实社会中的总数和百分比
一夫多妻制	713 个（82.7%）
普遍存在，在大家庭中	202 个（23.4%）
普遍存在，在独立的核心家庭中	177 个（20.5%）
偶尔受限，在独立的核心家庭中	174 个（20.2%）
偶尔或受限，在大家庭中	160 个（18.6%）
一夫一妻制	137 个（15.9%）
在独立的核心家庭中	72 个（8.4%）
在大家庭中	65 个（7.5%）
一妻多夫制	4 个（0.5%）
在独立的核心家庭中	3 个（0.3%）
在大家庭中	1 个（0.1%）
未分类的	8 个（0.9%）

资料来源：Regan,"The Mating Game: A Primer on Lone, Sex, and Marriage"（2003），Table 13.1, p. 180.

在摩尔根看来，无论是杂乱性关系，还是群婚制到多偶制和专偶制，都是基于自然选择的结果。这里面吸收了进化论思想，有其合理性方面，但却揭示不出背后内在的深层次原因。一夫一妻制的形成，被恩格斯所完善和补充。在恩格斯看来，一夫一妻制的形成是人类婚姻制度史上发生的一次深刻的革命，为人类文明社会婚姻家庭的形态提供了最佳的选择。从前文所述，我们不难发现：

（1）远古时代下的杂乱性关系并未产生婚姻制度；

（2）原始社会下的群婚制大多是基于严峻自然生存环境所迫的被迫

---

① Daly, M, & Wilson, M. Sex, *Evolution, and Behavior*（2nd），Belmont, CA: Wadsworth, 1983, p. 321.

性选择；

（3）原始社会下的伙婚制和多偶制等呈现婚姻关系的松散性和集体性减弱，而专偶制婚姻则表现为婚姻关系的稳定性和个体性增强；

（4）专偶制的出现与男性劳动所得的重要性增强并超过女系世袭作用有关；

（5）专偶制婚姻关系的发生伴随着男女之间不平等、母系向父系转变，彼此相互作用，相互关联，相辅相成。

从以上的分析得出，一夫一妻制的确立并发展至今，具有十分重大的意义。它不仅战胜了血婚制的地域性限制和血族关系的狭隘束缚，最大限度地限制了人类婚姻关系的社会禁忌，从而为人类文明社会的存续发展和健康进步创造了必要的条件。同时对人类自身生产及其再生产的创造性具有深远的现实意义，进一步促进了人类婚姻关系的稳定性发展和男女之间的分工合作，并为夫妻共同劳动的最大资源配置的提高创造了良好条件。一夫一妻制的生产及其再生产是人类社会主要的生产单位，为后来的现代化生产和开创理性启蒙文化作出了卓越贡献。虽然机器大工业生产逐渐取代一夫一妻制的生产单位，但是不能否认一夫一妻制是古代、近代乃至现代培养人类自身素质提高不可或缺的必然环节，是人类文明社会最基本的单位。

随着社会文明和启蒙理性的推进，人们头脑中一夫一妻制的婚姻关系的认识渐渐具有"容涵性"。所谓容涵性特指在特定时代特定地区的人们容许接纳女子经历不同婚姻关系的伦理涵养。造成这种婚姻认识变化的社会现象与男多女少的人口结构变化有关。现代社会的婚姻结构发生了翻天覆地的变化，出现了单身母亲、养父母、同性恋婚姻和未婚同居的情侣，甚至出现丁克家庭。现在的一夫一妻制婚姻关系越来越脆弱，其稳定关系也深受各种各样的现实考验而变得疲惫不堪，离婚情况屡见不鲜。这种时代变迁被鲍勃·迪伦称为"变革的时代"。这种变革的时代使得坚守一夫一妻制变得不易，且代价很大。巴西学者米歇尔·施可曼（Michele Scheinkman）指出："美国文化对离婚很宽容——两人的感情完全破裂，给整个家庭带来令人痛苦的影响——但是这个文化却不能容忍对'性事'的不忠贞。"①

不管怎样，目前一夫一妻制的婚姻关系仍然占据主导地位，且坚定地保持性伴侣的排他性。现实生活中出现的"包二奶"及其"有配偶者与他人同居"被视为"杂婚制"旧痕迹的遗存，都是对一夫一妻制的严重破坏。人类的理性文明将禁止其发生或者依法解除其夫妻关系。而针对那些同性恋婚姻情况，西方社会部分国家基于"凡是存在的即为合理的"理念，允许其行为存在。但在我国还是不被允许的存在；而未婚同居的行为，法律禁止有配偶者与他人同居，禁止重婚行为。如果一方要求离婚，法律准予离婚，且规定无过错方有权请求损害补偿。这些法律或者习俗的规定，无不反映出一夫一妻制理念深入人心，且被各国所接纳和延续至今。但离婚率的居高不下也从另外一个侧面反映出男女平等地位提升到历史的新高位。若从根本上来说，妇女地位的提升与否不是男子地位的下降或者让渡，而是由社会生产关系及其在社会经济生活中所起的作用来决定的。生产资料的私有制和阶级压迫是造成男女不平等和男尊女卑境地的社会根源。随着妇女地位的提升，一夫一妻制的未来将为男女平等注入强大动力和制度保障。

二 概念二：家庭

"家庭"在《起源》全书中所占比重较高，凸显恩格斯对其十分重视。之所以如此，是因为家庭关系是见证人类原始时期生活存续状态的缩影，是直到现在仍然延续"以家庭为基础的社会"结构框架体系。关于家庭史的科学研究，在马克思主义经典作家看来，始于摩尔根进入印第安人的亲属制度的调查研究，从而成为窥探"我们自己的原始时代的钥匙"②。

（一）词源学考证

"家庭"是一个历史概念，它根植于婚姻、社会和整体结构的深厚传

---

① [比]埃丝特·佩瑞尔：《亲密陷阱：爱、欲望与平衡艺术》，若水译，上海社会科学院出版社2019年版，第215页。

② 《马克思恩格斯文集》第4卷，人民出版社2009年版，第82页。

统之中，并持续对现代社会的家庭产生深远影响。我们将其视为长时段结构影响力的实体。"家庭"不是变动不居的事件流，而是有着持续扩大影响力的社会制度缩影。我们考察"家庭"的来龙去脉，检视它的代表性概念，以深刻体会其缓慢发展的变化流。

从词源学角度来看，"家庭"是涵盖"家"和"庭"之词。而"家"在《说文解字》中寓为"家，居也。从宀"①，也有新说为养猪者，即"家从豕者，人家皆有畜豕也"[（清）徐灏《说文解字注笺》]；亥古作豕。亥下云：一人男一人女。……亥为一男一女而生子，非家而何？（《集韵》）。同理。"庭"寓为"宫中也。从广，廷声"②。宫者，室也。室之中曰庭。又指"厅堂"和"堂前地"。古人有"堂下谓之庭"之意。因此，"家"和"庭"字面的结合寓意为一男子和一女人在一居住处的结合，且具备了一定的谋生手段。

英文的"家庭"翻译为"family"。"familia"一词是从拉丁文"famulua"（译为仆人）派生而来，特指依附一个主人、一户人家的全体仆役，不涵盖任何亲属关系。③从中我们看出，"familia"一词暗含着一种人身依附关系或者奴役关系。后来7世纪末开始，在西哥特人用于父母对家庭成员的子女拥有体罚权；从8世纪意大利开始，"familia"一词"便专指狭义的家庭（一夫一妻及其子女）这一意义而出现了"④。

有学者认为家是一种人与人之间的生理结合，奥地利心理学家 S. 弗洛伊德认为家庭是"肉体生活同社会机体生活之间的联系环节"⑤。美国社会学家 E. W. 伯吉斯和 H. J. 洛克在《家庭》一书中提出："家庭是被婚姻、血缘或收养的纽带联合起来的人的群体，各人以其作为父母、夫妻或兄弟姐妹的社会身份相互作用和交往，创造一个共同的文化。"⑥

---

① 苏宝荣：《〈说文解字〉今注》，陕西人民出版社2000年版，第259页。
② 苏宝荣：《〈说文解字〉今注》，陕西人民出版社2000年版，第329页。
③ 参见[法]安德烈·比尔基埃等主编《家庭史 二卷：遥远的世界．古老的世界》，袁树仁等译，生活·读书·新知三联书店1998年版，第420页。
④ TOUBERT P., *Les Structures du Latium medieval*, 2 vol., Rome, 1973, p. 709.
⑤ 潘允康：《社会变迁中的家庭：家庭社会学》，天津社会科学院出版社2002年版，第45页。原文出自考茨基《唯物主义历史观》，第262页。
⑥ 中国大百科全书总编委会：《中国大百科全书》，中国大百科全书出版社1991年版，第102页。

有学者将婚姻与家庭关系相互关联阐释"家庭"。中国社会学家孙本文认为家庭是一个社会，由家庭间的各分子——父母夫妇子女兄弟姊妹——都有交互行为，而共同生活①。马克思恩格斯认为："每日都在重新生产自己生命的人们开始生产另外一些人，即繁殖。这就是夫妻之间的关系，父母和子女之间的关系，也就是家庭。"②

后来"家庭"逐渐引申为以婚姻关系和血统关系为基础的社会单位，其成员包括父母、子女和其他共同生活的亲属，也包括因收养关系建立的准血亲家庭。家庭，有广义和狭义之分，狭义的家庭指一夫一妻制的个体家庭的经济单元，至少由一对或者多对父母及其孩子组成，其家庭成员拥有某些互惠性的权利和义务。广义上泛指那种人类社会进化到不同阶段上的各种家庭形式。

综合来看，一夫一妻制是文明社会以来绝大多数集团或者经济单位呈现的基本经济单位。而绝大多数家庭大都是一夫一妻制。但家庭是一个历史范畴和社会范畴概念，是人类经济社会发展的产物。早期的摩门教徒盛行一种一夫多妻制，这种习俗一直延续到现代的一些阿拉伯国家现存的家庭模式。后来为保障和继承男子的家庭财产，一夫一妻制逐渐适应且成为社会制度和经济单位的主要模式。随着文化人类学、法学和考古学等学科的持续发展，摩尔根和恩格斯笔下的一夫一妻制也开始出现各种形态，需要结合时代作出具体分析和阐释。

（二）用法说明

一夫一妻制在不同时代和不同阶段呈现不同的特征，需要针对不同情况作出详细说明。原始社会初期阶段，人类社会并无一夫一妻制家庭可言。那么原始婚姻关系是什么状态呢？这在当时早已经成为最新前沿的人类学和婚姻史未知领域。美国社会学者摩尔根为解决这一问题，根据美国印第安人亲属制度的调查研究，考证了过去的家庭史和婚姻史，发现了历史上曾经出现的家庭关系和婚姻关系的"社会的化石"③。摩尔

---

① 参见孙本文《北新文选》，北新书局1931年版，第2页。
② 《马克思恩格斯文集》第1卷，人民出版社2009年版，第159页。
③ 《马克思恩格斯文集》第4卷，人民出版社2009年版，第42页。

根发现，在印第安人部落中，子女不仅称呼自己的亲生父母为父母，也称呼父亲的兄弟或者母亲的姊妹为父母。反之亦然。这种亲属制度的称谓绝不是历史的偶然现象，而是人类社会生存发展的"遗俗"缩影的生动写照，折射出人类社会原始时期的婚姻和家庭关系。

1. 个体家庭的出现与社会禁忌的关联

在摩尔根看来，人类社会初期的两性关系的结合并不是一夫一妻制，而是呈现"杂乱性关系"特征，但遗憾的是并未给出其背后根源。对此，恩格斯给予了完善和补充。家庭不是从来就有的，原始两性关系的结合状态也不是家庭。只有那种社会出现社会禁忌和一定的社会规范或者某种习俗规定，并在此基础上建立的两性关系，才得以构成家庭。而考茨基将人类的"嫉妒心理"视为排斥和拒绝群婚和原始两性关系出现的缘由，显然是违背和漠视人类社会发展的客观过程。"嫉妒心理"是在私有制产生之后而出现的一种人类情感。从本质来说，它是一种心理因素，不可能对人类两性关系的结合发展过程起支配和决定作用。同样，人们也不能用道德说教心态指责那些亵渎人的尊严相关性的观点。"只要还带着妓院眼镜去观察原始状态，便永远不可能对它有任何理解。"[①]

古罗马人对原始社会两性关系的认识有一定的合理性。罗马人将"原始状态"的两性关系称为"conjugium"，特指男女的结合；而将按照社会规范建立的两性关系称为"connublum"，特指男子的"婚配"。从这里可以看出，最初的婚姻关系源自两性关系的结合经由社会禁忌而脱离杂乱性关系进入人类社会的规范时期。而社会禁忌的出现也是从蒙昧时代的中级阶段而后逐渐扩大范围。个体家庭的出现与人类社会禁忌和习俗规定限制增多有关联。这说明人类社会开始摆脱杂乱状态，为两性关系的结合奠定了基础。随着自然选择的进化和人类心智和经验的总结，人类两性关系结合的社会禁忌越来越多，限制也越来越多，经过漫长过程，经由野蛮时代和即将步入文明时代，在男子劳动个体化趋势不断增强下，最后产生了个体家庭。这便是家庭发展的历史过程。

2. 基于社会禁忌的程度形成不同家庭形态

婚姻关系经由社会禁忌的出现而进入群婚时代。摩尔根认为，人类

[①] 《马克思恩格斯文集》第4卷，人民出版社2009年版，第47页。

社会禁忌呈现由简单到复杂的阶梯状上升发展空间，反映到婚姻关系就表征为群婚制的衰减和个体婚制的兴起。恩格斯对此总结道："被共同的婚姻纽带所联结的范围，起初是很广泛的，后来越来越小，直到最后只留下现在占主要地位的成对配偶为止。"① 根据摩尔根的婚姻史的最新成果，恩格斯总结了人类婚姻纽带关系历经群婚制到个体婚制阶段，反映到家庭关系上表现为四类形态。

（1）血婚制家庭

这是原始社会两性关系在最初的社会禁忌出现以后形成的家庭形态。这种家庭禁止父母和子女发生两性关系，婚姻关系只能按照血缘辈分建立，进而形成同辈层次的婚姻集团。此时兄弟姊妹之间的婚姻结合是最自然不过的事。巴霍芬的重大功绩在于发现和承认群婚制这种原始形态，但从宗教幻想中找寻它的原始状态的最初痕迹，却陷入了唯心主义窠臼。两性关系从群婚制走向家庭这种社会组织，可以说是群婚制最初出现这种排斥父母与子女之间的两性关系的结合所建立的最原始的婚姻关系和家庭关系。这是人类婚姻关系和家庭关系发展史上的巨大进步，它不仅摆脱了杂乱性关系的原始状态，为改善和提高人类自身及其再生产的素质开辟了新阶段；同时排斥了基于年龄差异和生理因素的两性结合的社会禁忌，逐渐形成一种社会习俗的规范限制，为后来的社会良俗和自然法则的文明发展迈出了坚实的一步。

（2）伙婚制家庭

伙婚制家庭是社会出现禁止兄弟姊妹之间形成婚姻关系。最初是排除同胞兄弟姊妹之间的婚姻关系，后来扩展到旁系兄弟姊妹之间的婚姻关系。这一社会禁忌现象经历了漫长过程，且比之前的社会限制的确立艰难得多。由于年龄相仿，且血缘关系很近，排除这种婚姻关系十分不易。此时社会出现了一些兄弟和非属血缘关系的女子发生婚姻关系，共妻或者共夫之间不再是姊妹和兄弟，而是互称亲密的伙伴。在这个阶段，子女只知其母而不知其父。此时女系地位和声望较高，因而一个共同的女祖先和若干辈分的子女构成集团，在这个集团内，不仅禁止上下辈分之间通婚，还不准同辈分的兄弟姊妹之间结婚，只能与另一个集团的同

---

① 《马克思恩格斯文集》第 4 卷，人民出版社 2009 年版，第 42 页。

辈子女发生婚姻关系。这就为后来的氏族制度的萌芽产生奠定了社会基础。

（3）偶婚制家庭和专偶制家庭

此时亲属之间发生婚姻关系的禁忌范围越来越大，也说明群婚制的历史作用逐渐弱化并被其他形式的家庭所代替。随着社会禁忌越来越复杂，逐渐形成新的婚姻关系。两性关系的婚姻结合逐渐形成一个"主妻"或者"主夫"地位，然后过渡为一个男子和一个女子过着不稳定的配偶生活。此时，偶婚制婚姻关系和家庭关系十分不稳定，还保留着群婚制的遗俗痕迹。有的地方还保留着姊妹共夫或者享有对新娘初夜权的共享等遗风，但子女关系仍属女系世袭，社会关系仍然实行共产制家庭经济。不过婚姻关系增添了新的因素，便是子女可能确定生身父亲。直到后来男子地位随着社会财富增多而成为主导地位，与其相适应的家庭是一夫一妻制的个体婚制。这主要是家庭分工出现，男子为获得足够的生产资料而取得对劳动工具的所有权。随着获得的生活资料和财富日渐超过基本生活所必需，丈夫在家庭中地位逐渐超越妻子地位，从而对女系氏族制地位构成了挑战。为解决这一矛盾，社会制度只能按照父系制原则。后来确立的父权制和家长制家庭，被恩格斯称为"人类所经历过的最深刻的革命之一"[①]。

一夫一妻的个体婚制，绝不是建立在男女之间相互爱慕基础上发生的婚姻关系，也不意味着婚姻关系和家庭关系发展到最高阶段。它的出现伴随着奴隶制和农奴制的占有产生。最初的家庭分工是男女之间为了自身生产及其再生产之间而发生分工，此时的女性成为男子的生育机器，以便其财产为亲生子女所继承。个体婚制夹杂着男子对女子的奴役，这也是阶级对抗的最初形态。不过一夫一妻制的个体婚制绝不是一无是处，"在这个时代中，任何进步同时也是相对的退步"[②]，它开辟了一个直至今日仍然延续的家庭形式，同时也孕育着现代的个人性爱基础，为真正一夫一妻制的性爱形式提供了可能。

综上所述，一夫一妻的个体婚制是一个历史范畴和社会范畴，其发

[①] 《马克思恩格斯文集》第4卷，人民出版社2009年版，第67页。
[②] 《马克思恩格斯文集》第4卷，人民出版社2009年版，第78页。

展变迁绝不是仅仅自然选择的结果,还包括"新的、社会的动力发生作用",使得人类社会婚姻关系的社会禁忌开始出现进而形成新的家庭形式。因此,由自然选择机制孕育并形成的社会禁忌的习俗,表明开始被人们所意识并被接纳认可遵循,因而完成了自己的使命。而后不断缩小范围的两性关系的婚姻结合从另一个侧面反映了生产力水平的不断提升和人类自身生产及其再生产的自身素质不断获得发展,这又反过来促进经济社会发展,并不断巩固和改善人类社会的自然进化的客观效果。

(三) 内涵辨析

关于一夫一妻制的内涵,存在诸多学科的差异性和层次性理解。学者基于不同学科对其核心概念进行概括。不同学科的发展对家庭史和婚姻史的科学研究提供更多资料来源。或许是摩尔根对专偶制婚姻的理解更多地侧重于自然选择机制下的两性关系的婚姻从群婚制过渡到个体婚制,而忽略了与之相对应的社会经济发展因素。这也使得不同学者的理解陷入唯心主义窠臼。为此,我们需要回到经典文本中来,需要在社会经济发展基础上,对家庭关系和婚姻关系增添的新因素进行特定分析,以便于读者区别历史意义上的一夫一妻制和历史唯物主义范畴下的一夫一妻制的深刻内涵。

众所周知,家庭存续于人类文明史较长时间,而人们对其思考和研究也孜孜不倦,从未停息。或许它和我们日常生活息息相关。无论是中国的"无父何怙,无母何恃"的伦理道德规范化,还是西方国家的《出埃及记》及其古罗马人都有对其相关阐释。而关于家庭史的研究,恩格斯认为始于巴霍芬的《母权论》一书的出版,他最大的功绩在于提出了母权制家庭先于父权制家庭存在的思想,认为人类原始社会存在妇女统治社会的母系氏族时期。遗憾的是,巴霍芬对其原始状态作了宗教式的神秘感阐释,从而为家庭史的研究披上了神圣的外衣。后来1865年,继任者麦克伦南将其思想观点整理出来,发表了《原始婚姻》,也认可了母权制家庭在先的思想观点。

亨利·萨姆奈·梅因则站在思想的对立面,他凭借《古代法》一书提出"从地位到契约"的思想,认为父权制是家庭的原始状态,完全否定母权制家庭的历史性存在;血缘关系构成了社会组织的基本准则;群的关系和传统决定了人们组织成员的权利和义务。随着城市化推进,血缘关系纽带作用减弱,并逐渐让位于个体家庭。发展至今,古代社会与现代社会最大的区别在于,社会基本单位从家庭范围缩小到个体。[①]

美国学者摩尔根则在易洛魁人部落和美洲印第安人群体中的调查研究中发现了人类社会进化的痕迹,并根据人们生存的发明和发现的发展模式,把整个人类社会划分为蒙昧时代、野蛮时代、文明时代。他发现人类家庭是一个历史范畴,历经了群婚制时代到个体婚时代,经历了母权制氏族到父权制氏族,其家庭形态历经血婚家庭、普那路亚家庭、对偶家庭和专偶家庭。之所以家庭发展形态各异,归根结底"大概多少都与生活资源的扩大有着相应一致的关系"[②]。马克思、恩格斯对摩尔根的最新研究成果赞不绝口,不但认为摩尔根对家庭史所作的缩略图至少在目前已有的资料前提下是有效的,而且把人类社会发展阶段确立下来,尝试为人类史前史建立了一套确定的系统。[③]

后来伴随着西方国家工业化和城市化进程,西方国家为积累资本财富和垄断而加大海外市场的开拓,向外输出西方民主制度和生活方式,从而导致人们对家庭史的谈论也开始充斥着文化殖民主义痕迹。因此,对家庭史的理解存在多学科、多文化、多领域的广泛研究。无论是从种类上还是差异性上都超乎人们想象。如今人们对一夫一妻制的个体婚制的理解也不同于往日。关于家庭史的研究,到了19世纪末便沉寂下来。或许是因为之前掌握的史前资料随着印第安人部落逐渐衰落,以及当地人受到现代化和城市化的新观念的渗透,从他们身上获得原始资料的可能性趋于减少。同时,他们的文化历史资料不断受到新文化的同质化而不能复原。因此,人们对家庭史的史前研究也开始趋于转向对家庭现实问题的研究。

在不同的社会中,家庭的形态各异。最初的美国的易洛魁部落及其埃魁多的杰瓦罗部落中,家庭是由多个小家庭组成,而每个小家庭都有

---

① 参见[美]马克·赫特尔《变动中的家庭——跨文化的透视》,宋践、李茹等译,浙江人民出版社1988年版,第14页。

② [美]路易斯·亨利·摩尔根:《古代社会》,杨东莼、马雍、马巨译,中央编译出版社2007年版,第14页。

③ 参见《马克思恩格斯文集》第4卷,人民出版社2009年版,第32页。

自己单独的住房；婚姻状态呈现为群婚制，男子可与几个女人结婚，没有固定的配偶。因纽特人的柯亚克部落存在比较少见的共妻制。那种一夫一妻制是从多偶制家庭中脱离出来，并逐渐形成一种个体婚制的基本单位。这种社会结构不仅是个体劳动增强生产单位的标志，也是迄今为止承担最基本消费单位的角色。毕竟个体家庭是从群的力量中脱离出来，但一男一女及其子女所组成的最初级群体，仍然发挥着类似"群"的力量和作用。中国社会学家孙本文认为家庭是讲究合作关系的场所。"家庭中的一切活动，莫不寓合作的精神"，"无合作，则家庭即行解体。"① 这也是一夫一妻制内涵所暗含的自由平等合作精神，是立足男女平等之上的互助合作精神，是超脱于过去建立在经济关系的权衡利弊的理性选择，是基于男女之间的相互爱慕和一男一女之间的情爱基础上的自由平等选择。在这个意义上，过去旧有的一夫一妻制的个体家庭建立在经济条件基础之上的历史形态将被真正的一夫一妻制的家庭形式所取代。这也是新型的一夫一妻制，它的产生必将随着社会私有制的消灭而迎来质的变革。

但是需要强调的是，古典的一夫一妻制包含着奴隶制，它在自然选择规律下发挥着重要作用，进而形成推动婚姻关系的变迁和家庭形态各异的动力。但是随着经济社会发展，尤其社会分工和产品出现剩余之后，出现新的社会增长动力。这主要是由于恩格斯认识到背后"新的、社会的动力发生作用"②，得以使群的自然选择作用缩减到个体婚制的原子单位，即一男和一女。原本依靠自然选择推动力嬗变为生产资料的私有和产品私有制。社会关系开始由原始共产制家庭转向私有制家庭；分配关系也由氏族公社转为个体私人占有。这种趋势也主要是由劳动个体化趋势增强的必然性带来社会财富集聚于男子劳动在财富中的主导和支配地位，因而奠定了以男性为计算世系的父权制家庭。在这个意义上，旧有的一夫一妻制是建立在私有制对公有制的胜利基础上的家庭形态，是伴随着男性的财富积累和劳动个体趋势增强的经济地位而形成的最初的家庭形态。它的产生意味着生产发展到一定阶段，生活社会制度之下的人们受到家庭和劳动发展阶段的制约，表明它们在不同时代和阶段下发挥

---

① 孙本文：《社会学原理》（下），《民国丛书》第 2 编，上海书店 1990 年版，第 52 页。
② 《马克思恩格斯文集》第 4 卷，人民出版社 2009 年版，第 65 页。

着不同历史作用。这也验证着主导原始氏族社会时期内的人类自身生产及其再生产的历史角色在人类社会变迁中逐渐让位于"生活资料的生产"的历史角色。但并不是说人类自身生产及其再生产不发挥其作用，而是在归根结蒂意义上，直接生活的生产及其再生产构成了历史发展的决定性因素。

综上所述，建立在经济关系条件基础上的家庭形态，在其发展过程中夹杂着父权制和奴隶制的历史残余，这也是造成长期以来男尊女卑的社会根源。恩格斯指出："当父权制和专偶制随着私有财产的分量超过共同财产以及随着对继承权的关切而占了统治地位的时候，结婚便更加依经济上的考虑为转移了。"[1] 它蕴藏着真正的一夫一妻制家庭形式及其夫妻之间自由平等合作精神，然而，这种专偶制会随着私有制的消灭而发生质变，这正是建立在社会主义公有制基础上的专偶制家庭。这种一夫一妻制是基于男女之间相互的爱慕基础上发生的婚姻关系，是基于情爱基础之上的性爱关系的结合，是通向新型婚姻和男女平等意义上的自由解放之路。

三 概念三：国家

（一）词源学考证

在汉语中，"国家"是由"国"和"家"两个字组成。在许氏的《说文解字》中，"国"理解为"邦也。从口，从或"，即作封地之意。"国之初字，从口，一为地区之通象，合之为有疆界之地区之意。"[2] 而"家"作"家，居也"。从宀，豭省声。即作居住的地方，引申为住宅、房屋。而周代，"国"被视为分封的领地，士大夫的领地称之为"家"。秦国统一天下后，实行中央集权制，将君主统治的范围称为"国家"。此后"国家"指占有一定空间领域范围的政治组织。

在西方，英文 state 一词最初源自古希腊城邦的核心概念"polis"，主要指通过构筑城墙而围起来的地方，对于生活在其中的人们，该空间内

---

[1] 《马克思恩格斯文集》第 4 卷，人民出版社 2009 年版，第 92 页。
[2] （东汉）许慎：《〈说文解字〉今释》，汤可敬撰，岳麓书社 1997 年版，第 844—845 页。

的资源是共享的，且所有人都会受到保护。① 在西方话语语境下，最初的国家形态在古希腊被称为"城邦"，古罗马人称之为"共和国"。中世纪则称国家为"王国"。而"国家"一词最早在16世纪马基雅维利的《君主论》著作中出现，表示政治上建立起来的社会。

那么，国家到底为何物？对此，存在以下主要观点。

第一，阶级说。有学者从阶级意义上讲，"国家"被视为统治者对被统治者的阶级统治的工具。如国家在《中国市场经济学大辞典》诠释为"阶级矛盾不可调和的产物和表现。它是阶级统治的机关，是经济上占统治地位的阶级为了维护本阶级的利益，对被统治阶级实行专政的工具"②。

第二，地域政治实体说。有学者从政治地理意义上讲，国家指在独立主权政府领导下，占有一定领土，拥有一定人口的地域政治实体。他们认为国家由人民、领土、政府和主权四个部分组成，缺一不可。③ 也有人认为国家是人们生活在由单一的政治结构、政府、主权组成部分之下的有组织的社区。④

第三，民族国家说。有学者从民族学意义上讲，依据西方学者的观点，形成民族和形成国家是彼此独立的过程，且民族的形成一般先于国家建立之前。但也有许多民族地区是被塞进一个地域政治实体内而称为国家。如前殖民地非洲国家在独立时，他们本该作为一个民族的象征，却因为人群之间没有共同的价值观、信仰和待人接物的态度而造成他们的国家是先于民族而存在。⑤

第四，人性说。有学者是从人类性格或者人性视域研究国家的，如斯宾诺莎认为研究一个国家应当考虑人类的基本性格。他设定人类自然状态是野蛮的，在没有任何法律约束下，人们生活在"罪恶之园"中，毫无对错可言，因为没有道德戒规以遵循。当人们野性改变时，也就意

---

① 参见孙关宏、胡雨春主编《政治学》，复旦大学出版社2002年版，第30—31页。
② 赵林如主编：《中国市场经济学大辞典》，中国经济出版社2019年版，第672页。
③ 参见《国家版图知识读本》编撰委员会编著《国家版图知识读本》，中国地图出版社2018年版，第2页。
④ 参见李安山《非洲现代史》（上），江苏人民出版社2021年版，第218页。
⑤ 参见［肯尼亚］马兹鲁伊主编《非洲通史.第8卷.1935年以后的非洲》，屠尔康等译，中国对外翻译出版公司2003年版，第316页。

味着人们生活在某种社会团体中。

第五，氏族说。有学者从氏族组织内部分离出国家机构来。摩尔根在谈到原始社会阶段，国家尚未形成，此时最初的政治组织形式是氏族，后来是部落联盟，这是当时氏族制度所能达到的最高水平。而维系氏族社会的血亲团体的核心是血缘纽带，历经胞族、部落、民族。人们逐渐在一个共同领域内联合诸部落而结合成一个集团，集团规模逐渐扩大，在政治社会尚未形成之前，一切民族都生活在氏族社会中。氏族构成原始社会最基本的组织体系，实行民主平等的基本准则。后来随着人们的进步发展由低级状态发展为高级状态。氏族组织源于蒙昧时代，持续于野蛮时代，后止步于文明时代初期，因为当人们大量增加财产之后，社会开始受到财产的影响，奴隶制便开始出现。奴隶制开始侵蚀破坏氏族内部的平等权利和个人自由等根本原则。"在相对说来为时较短的文明社会中，财产因素已大大地控制了社会，给人类带来了独裁制、帝制、君主制，特权阶级，最后带来了代议制的民主政治。"① 此时，在人们负担不断加重之下，氏族内部出现混乱，或由于争夺奴隶，或争夺财富，或滥用职权，这时就需要对政府的权力进行更广泛的分配，尤其需要强有力的权威人士制定成文法来对个人进行严格限制。原本氏族内部的生活环境，也在财富的力量影响下，人口不断增多聚居于城郭之内，此时政治社会就开始出现以地域和财产为基础的国家观念诞生。在这种观念影响下，氏族和部落联盟逐渐趋于消亡。此时，地域制取代了氏族制。这也就意味着野蛮时代和文明时代的分水岭，也是史前社会和古代社会的分界线。近代中国的梁启超也是氏族说的代表。在他看来，国家起源于氏族，其族长既是一族之主祭者，也是一族之政治首领。②

第六，政治共同体说。将国家视为一种政治共同体，是古希腊惯有的思维和文化传统。亚里士多德最初在《政治学》中将国家视为一种更大规模家族或者村落的团体，为达到完美的和自治的生活而行使共同的善所结合起来的团体。这一思想启蒙了后来的思想家。西塞罗也提出国

---

① ［美］路易斯·亨利·摩尔根：《古代社会》，杨东莼、马雍、马巨译，中央编译出版社2007年版，第243页。

② 参见梁启超《历史上中国民族之观察》，《新民丛报》第六十五号。

家是许多人基于共同的权利意识及其对利益互享观念的一致而结成的组织体。后来这种共同体一直受到诟病，直到康德深刻指出："国家是许多人依据法律组织起来的联合体。"① 而国家的存在是为了限制人们在自然状态下个人自由的滥用而受到侵害。根据每个人相互影响，需要一个法律的社会组织，以联合起来组成一个可供每个人服从的意志。从这个角度来看，这种政治共同体的观点是一种古典传统的保守观念，它揭示国家的起源及其本源意义，提出美好理想观念得以观照现实的国家形态。

以上种种观点或者论证，都是特定时代的思想和智慧的结晶，彰显了一种政治共同体的意义。它们在思想史上闪闪发光，在传承思想智慧和经验总结上具有重要意义。但这些论述未能充分揭示国家的起源及其本质内涵。两相比较下，马克思主义国家观显得更加科学和深刻。在《起源》中，恩格斯根据生产力发展和分工出现带来私有制，致使社会各部落之间的矛盾冲突不可调和。为控制这种矛盾，将矛盾冲突限制在"秩序"范围内，就需要一种表面上凌驾于社会之上的力量，这种力量日渐脱离于社会，便是国家。为进一步补充完善论证，恩格斯故而提出"私有制说"。

对于原始社会的民主制，恩格斯给予了高度赞扬，这从未来社会主义和共产主义的价值预设可看出这一点。氏族社会的"一切都是有条有理的。一切争端和纠纷，都由当事人的全体即氏族或部落来解决，或者由各个氏族相互解决；血族复仇仅仅当做一种极端的、很少应用的威胁手段"②。然而，恩格斯深刻指出，这种组织注定会灭亡的。为何如此呢？恩格斯认为，私有制催生了国家的产生。

原始社会阶段的生产关系是和氏族公有制基础相适应，而随着社会发展的变迁，在生产力推进基础上，社会出现产品剩余，进而滋生私有制。尤其人类社会进入父权制之后，原本公社时期的生产关系和经济基础便被较为先进的生产工具（铁器时代）所炸毁，男子劳动个体化趋势显著增强并成为个体家庭满足生活资料供给所需的主要方式，这时原始

---

① [德]康德：《法的形而上学原理——权利的科学》，沈叔平译，商务印书馆1991年版，第136—139页。

② 《马克思恩格斯文集》第4卷，人民出版社2009年版，第111页。

生产资料共同占有制便过渡到同等条件下个体劳动的生产资料私有制。随之，生产资料的私有方式便成为瓦解旧氏族公社经济进入文明时代的最大动力。

在恩格斯看来，生产的不断增长带来劳动生产效率的极大提高，进而促进了产品剩余的产生，从而使产品交换成为日常生活的可能，也为占有奴隶奠定了物质条件。恩格斯强调："生产的不断增长以及随之而来的劳动生产率的不断增长，提高了人的劳动力的价值；在前一阶段上刚刚产生并且是零散现象的奴隶制，现在成为社会制度的一个根本的组成部分。"① 不仅如此，整个社会发展因为私有制带来了贫富不均现象，导致社会分裂为经济利益对立的阶级，如自由人和奴隶、富人和穷人之间的差别。后来随着新的分工影响，社会又带来了新的阶级划分。正是这种贫富差距的持续扩大，使得整个社会最终分裂为两大对抗阶级——奴隶主阶级和奴隶阶级或者剥削阶级和被剥削阶级。于是社会陷入了不可调和的矛盾斗争之中。为限制这种矛盾，国家便从这种斗争需要中产生。可以说，国家的产生源自社会内部阶级对立冲突对抗。当这种对立达到不可调和，剥削阶级一般采取暴力形式来维护自身利益。恩格斯在《反杜林论》的准备材料过程中，强调国家并不是人们在摆脱最野蛮状态下就产生了，其一切社会形式都会在保存自己实力前提下通过暴力建立起某种制度形式，而这种国家形式和暴力是一切社会形式所共有的。无论是东方专制制度，还是西方古代罗马帝国、中世纪的封建制度都是如此。因此，国家产生的社会基础在于阶级对立和阶级斗争，根源在于私有制。离开私有制和阶级斗争，是无法对国家作出科学解释的。

（二）用法说明

国家是一个历史范畴概念，既不是从来就有的，也不会一直存在，最终将随着剥削阶级的彻底废除而自行消亡。而最初的国家形态也是从氏族到部落再到集团或者联盟演化而来。无论是最初的氏族群体还是国家集团组织，其共同点都是借助群体力量或者共同体力量的管理方式来处理内部成员之间的冲突或者矛盾，起着协调和平衡各方势力的"稳定

---

① 《马克思恩格斯文集》第 4 卷，人民出版社 2009 年版，第 182 页。

器"作用。尽管规模上存在大小之别,组织程度有高低之分。在这个意义上,一种产生于社会力量之上且为了控制这种矛盾的专门机构渐渐发展为国家。国家的客观存在往往伴随着暴力形式,不但是一切社会形式所共有的,而且延续着氏族制度机关的"权威"作用。

1. 对国家起源的认识应置于唯物史观中

关于国家起源之前人们的生存状态,霍布斯在其《利维坦》中给出相关描绘的自然状态:人们彼此不仅是平等的,而且是完全自由的,拥有同等的自然权利。[1]但他同时强调,人具有趋乐避苦、自私自利和损人利己的天性,这一"人性公理"是"所有人根据经验都知道的,没有人能够否认的原则"[2],由此导致了"一切人反对一切人的战争"。而为了摆脱"人人互相为战的状态"[3],就需要赋予一些人最高主权以制定与执行法律,授予他们管理公众事务的最高权力,政治权力和国家由此诞生。这与荀子基于人性恶而行严法以确保组织运行规则正常运转的看法是一致的。由于"人之欲而不得"和无边界的人侵犯性冲突,导致"先王恶其乱也",而后以"礼仪以分之"[4],从而达至一种养育天下之根本。

在摩尔根看来,国家产生之前,人们基于统一的血缘家族而结合成统一的血缘团体或部落集团,且因母系氏族先于父系氏族,便有同一个共同的女祖先,因而血缘纽带成为维系女系氏族团体的关键因素。在这个氏族内,成员之间自由平等,实行自己管理自己,此时"凡在氏族制度流行而政治社会尚未建立的地方,一切民族均处在氏族社会中,无一超越此范围者。国家是不存在的"[5]。因此,氏族出现的时候,还不知国家为何物,更别提一夫一妻制的婚姻和家庭了。恩格斯和列宁都非常重视这一点,在原始社会阶段,暂时看不到国家存在的痕迹,也看不出那些特殊等级的人分化出来为了管理社会成员而"系统地一贯地掌握着某

---

[1] 参见史一棋《诸子的声音》,民主与建设出版社2019年版,第329页。
[2] 转引自王岩《西方政治哲学史》,世界知识出版社2009年版,第173页。
[3] [英]托马斯·霍布斯:《利维坦》,黎思复、黎廷弼译,商务印书馆1985年版,第96页。
[4] (战国)荀子:《荀子》,孙安邦、马银华译注,山西古籍出版社2003年版,第102页。
[5] [美]路易斯·亨利·摩尔根:《古代社会》,杨东莼、马雍、马巨译,中央编译出版社2007年版,第48页。

种强制机构即暴力机构"① 存在。而原始社会的氏族机构逐渐从氏族社会内部发展起来并在私有制侵蚀下分裂出阶级对立。基于社会财富和职业分工将人们划分为不同的社会集团或者群体，又根据维护"秩序"的需要而设置了各种政治机关及其武装力量。恩格斯指出："国家怎样靠部分地改造氏族制度的机关，部分地用设置新机关来排挤掉它们，并且最后完全以真正的国家机关来取代它们而发展起来。"② 这种典型的国家形态以希腊为代表。在恩格斯看来，雅典国家的形成是从各个氏族内部发展起来的，经由氏族、胞族、部落及其联盟基础上演化而来的氏族机关也逐渐因新的矛盾和阶级对立而无法调解，逐渐被国家机关这一新的组织形式所取代。

氏族机关如何转化为国家机关呢？以德意志为代表的国家形态，在征服罗马国家广大领土基础背景下，原本的氏族组织便被扩张的地域组织和地区组织所代替。而对被统治者的管理，氏族机关无法调解和处理。由于德意志民族做了各行省的主人，血缘团体便在新的组织和集团中丧失了自己存在的历史意义，于是氏族制度便让位于地区制度，因此国家便代替氏族了。但氏族机关作为整个氏族制度所特有的民主制及其民主原则便成为后来人类历史蜕变中的基因延续。这种氏族机关的转变是唯物史观视域下生产力发展的驱动结果，是社会运动和社会发展阶段的历史必然性。

马克思主义强调，国家是一种客观存在，是从市民社会中产生且高于市民社会的特殊暴力机器。关于市民社会和国家分离出来的思想观点，在马克思头脑里不是一种逻辑矛盾的冲突产物，而是历史发展的必然性。它绝不是"绝对理念"或者"人的理性"下产生的上层建筑，而是不以人的意志为转移的社会客观关系。③ 也就是说，国家和市民社会的分离是一种历史和现实的过程，不是抽象范畴上的历史观，而是作为社会发展的产物。"家庭和市民社会本身把自己变成国家。它们才是原动力。"④ 如

---

① 《列宁选集》第4卷，人民出版社2012年版，第28页。
② 《马克思恩格斯文集》第4卷，人民出版社2009年版，第126页。
③ 参见王沪宁主编《政治的逻辑——马克思主义政治学原理》，上海人民出版社2004年版，第100页。
④ 《马克思恩格斯全集》第1卷，人民出版社1956年版，第251页。

此一来，马克思就在唯物史观视域中来审视国家和反思国家起源。恩格斯在此基础上，进一步继承和发展，将国家视为社会组织及其力量分离出的且超越于社会之上的力量。这种社会力量既不是源自社会外部环境，也不是从外部强加于社会之上的一种力量。这也就暗含着，恩格斯同样深刻认识到国家与社会二者分离出来的历史发展趋势，而不视为市民社会与国家发展的观念上的"特殊对象的特殊逻辑"的特殊意义。正如恩格斯指出："决不是国家制约和决定市民社会，而是市民社会制约和决定国家。"① 在这个意义上，我们对国家起源的认识应置于唯物史观视域中，强调国家在现实中是社会发展的产物。

2. 对国家本质的理解离不开阶级斗争

在漫长的中世纪，人们的思想一直受到神的意志或者上帝旨意的束缚，反映在国家起源及其实质上，就是将国家视为一种神秘的力量，一种神的意志的产物。自启蒙运动以来，人们的思想逐渐摆脱神学的束缚，开始以人的价值及其本性来看待世界。无论是马基雅维利、霍布斯、斯宾诺莎，还是卢梭、费希特、黑格尔等，他们都是以"抽象的人"眼光来看待国家的本质，对国家本质的看法充斥着浓厚的人性色彩。

马克思主义创始人早期对国家本质的认识也尚未脱离唯心主义窠臼。最初谈到《评普鲁士最近的书报检查令》中就提出"国家应该是政治的和法的理性的实现"②。而后又提出"国家的真正的'社会教育作用'就在于它的合乎理性的社会的存在"③。简言之，马克思将国家看成建立在人的自由理性之上。

直到遇到费尔巴哈，马克思主义创始人对国家的看法才发生质的飞跃。受《基督教的本质》一书的影响，马克思接受了唯物主义观点，认为自然界是人们生存的基础和前提，而人们头脑中的宗教幻想及其最高的思考存在物不过是人们本身所固有的本质的虚幻的反映。马克思主义对国家本质看法是依据对阶级的探究开始的，认为国家是社会出现阶级及其阶级对抗之后的历史产物。因而阶级是理解国家本质的关键因素。

---

① 《马克思恩格斯文集》第 4 卷，人民出版社 2009 年版，第 232 页。
② 《马克思恩格斯全集》第 1 卷，人民出版社 1956 年版，第 14 页。
③ 《马克思恩格斯全集》第 1 卷，人民出版社 1956 年版，第 118 页。

阶级及其阶级对抗不是从来就有的，而是经济社会发展到一定阶段的产物。在马克思之前，不少思想家对此作出相关阐释。由于种种阶级、时代和思想的局限性，他们尚未对社会各阶级的社会地位及其政体的选择作出有说服力的理论解释力。空想社会主义者虽然站在无产阶级立场上对资本主义社会暴露出来的贫富两极分化现象作出了激烈的抨击，但对未来的美好变革寄托于统治阶级身上，寄托于阶级对立双方的妥协，注定是一场一相情愿的幻想。在马克思、恩格斯看来，要认识到国家起源及其本质，就需要认识阶级和阶级斗争。而阶级分析法则是透视和分析诸多复杂社会现象的科学方法。列宁也充分认识到这一点，在《卡尔·马克思》一书中谈道："马克思主义给我们指出了一条指导性的线索，使我们能在这种看来迷离混沌的状态中发现规律性。这条线索就是阶级斗争的理论。"[①] 后来的马克思主义者都把这一理论和方法作为分析社会发展和进行政治斗争的必要工具。

在这一唯物主义世界观和方法论前提下，恩格斯结合自己渊博的历史知识，结合搜索到最新的历史学和人类学资料，创作出经典的诠释马克思主义国家观的著作，即《家庭、私有制和国家的起源》。在恩格斯看来，从起源的角度来看，国家的产生及其形式部分是由氏族机关内部演化而来，是从氏族社会内部斗争和阶级对抗中而产生的政治机构，本质上是阶级统治的工具。

恩格斯在《起源》中最大的历史功绩在于，在梳理各氏族发展的历史资料中发现了阶级与国家的起源及其二者的关联，从而有效地填补了唯物史观中关于阶级和国家起源这一客观存在的事实。恩格斯认为，国家起源之前，经历了较为漫长的过程。维系血缘关系纽带作用的氏族团体在较为狭小的生活空间内生存发展，反映在婚姻关系的结合也是历经血缘群婚、族外婚、对偶婚和专偶婚。生产力发展推动生产关系发生着变化。随着社会分工的产生，出现了产品剩余和商品交换，在交换的影响下，推动人们向更广阔的天地谋求生存空间发展，从而冲破氏族集体聚居和共同分配方式。随着分工和产品交换程度的加深，按照地域聚居的人们之间的联系日益紧密。各种氏族、胞族成员相互杂居在一起，从

[①]《列宁选集》第2卷，人民出版社1972年版，第587页。

而促使血缘关系向地域关系转变，氏族团体向职业集团的演变。"居民现在依其职业分成了相当稳定的集团；其中每个集团都有好多新的共同的利益，这种利益在氏族或胞族内是没有存在的余地的，因而就需要创设新的公职来处理这种利益。"①

此时，氏族时代已经开始敲响自己末世的警钟。在生产力的发展推动下，氏族逐渐瓦解并且迫使氏族机关向职业集团或者国家机构转变。这是一场深刻的社会革命，它不仅破坏了氏族制度，瓦解了维系氏族公社的血缘关系纽带，打碎了氏族公有制经济赖以存在的生产关系，开始形成以私人占有为基础的社会制度和以地域关系和财产关系为基础的政治社会。

罗马便是典型代表。它根据财产多少来划分阶级；同时以"百人团大会"取代了所有氏族成员协商的民主决策，从而导致社会内部分裂为不同阶级。之前的氏族酋长、统率的部落首领便被一种处在社会之外且凌驾于社会之上的力量所取代。此后它作为一种处于社会之上的力量存在着，不再属于全社会成员，从而获得以"公正"身份实现对反对者的阶级统治。因此，国家的产生反映了整个社会内部之间的利益冲突及其不同阶级之间的斗争。而这些斗争都是理解国家本质的核心要素。没有家庭的天然基础及其社会的人为基础，国家不可能存在；而没有社会分工和商品交换，阶级差别及其阶级对抗难以形成。可以说，国家是适应于家庭对氏族产生分离的力量以及私有财产关系对氏族制度产生对立的作用这一必然趋势下，在控制阶级对立和阶级对抗过程中最终形成并逐步展现其职能。

3. 对国家问题的剖析离不开经济社会

国家问题在马克思主义国家观中占据重要地位。是"关系全部政治的主要的和根本的问题"②。因为它比其他问题更直接涉及统治阶级的利益，以致"被资产阶级的科学家、哲学家、法学家、政治经济学家和政论家有意无意地弄得这样混乱不堪"③。对此，我们需要正本清源，使马

---

① 《马克思恩格斯文集》第 4 卷，人民出版社 2009 年版，第 130—131 页。
② 《列宁选集》第 4 卷，人民出版社 1972 年版，第 42 页。
③ 《列宁选集》第 4 卷，人民出版社 1972 年版，第 42 页。

克思主义国家观念在时代化中继续发挥其强大的判断力和解释力。

前文说到，国家是在野蛮时代转向文明时代的过程中，为控制不同阶级利益冲突并将冲突纳入"秩序"范围之内而形成的政治组织，是凌驾于社会之上的一种力量。这种力量不再代表氏族全体成员，而是统治阶级剥削压迫被统治阶级的工具。这是恩格斯补充和完善摩尔根最新研究成果基础上取得的重大成果。但怎样从事物的根源上探讨国家问题呢？马克思主义认为，在市民社会物质生活的诸多方面，经济生活占据主要地位，而物质生产方式和交往方式对社会制度及其政治组织生活起着支配性和先导作用。

为何马克思主义者要从经济生活来看待和剖析国家性质呢？一方面，马克思在任《莱茵报》主编时，曾对林木占有者的占有现象进行关注和研究，发现国家总是和富有的林木占有者站在同一立场，并揭示了林木占有者的雇主身份转变为国家权威代表的现实逻辑。后来的自由贸易和保护关税的官方辩论，是促使马克思去研究和观照经济问题的最初动因。通过考察大量现实问题及其立场分析，揭示现代国家与现代私有制二者存在重大关联，为促使马克思从法哲学批判研究重心转向经济问题的研究提供了现实条件。另一方面，马克思、恩格斯集中阐释了唯物史观，从而为审视和反思国家问题提供了科学的世界观和价值观。在《德意志意识形态》中，马克思、恩格斯共同将物质资料的生产置于人类历史活动的首位，并视为市民社会中最基本的关系。"受到迄今为止一切历史阶段的生产力制约同时又反过来制约生产力的交往形式，就是市民社会。"[1] 而过去的部落制度极其简单的和复杂的家庭制度莫不以此作为自己的前提和基础。在文明时代，由于私有制和分工逐渐摆脱了氏族共同体的力量，在生产和交往中发展起来的社会组织构成了国家存在的基础及其上层建筑的基础。此时国家获得了一种与市民社会并行且超脱于市民社会之外的力量存在着。而它不过是"资产者为了在国内外相互保障各自的财产和利益所必然要采取的一种组织形式"[2]。后来恩格斯再次运用物质生产是社会发展的决定性因素这一基本原理和基本逻辑阐释国家起源问

---

[1] 《马克思恩格斯文集》第1卷，人民出版社2009年版，第540页。
[2] 《马克思恩格斯文集》第1卷，人民出版社2009年版，第584页。

题时,不仅将"直接生活的生产和再生产"置于历史中的首要因素,更强调的是国家不是从外部强加于社会之上的一种力量,而是从社会中产生且凌驾于社会之上的力量。这种力量与社会并行不悖并且日益同社会相异化,它存在的意义在于缓和冲突并保持在"秩序"范围内,从而成为剥削和压迫被统治阶级的专政工具。正如恩格斯指出:"它照例是最强大的、在经济上占统治地位的阶级的国家,这个阶级借助于国家而在政治上也成为占统治地位的阶级,因而获得了镇压和剥削被压迫阶级的新手段。"①

由此,从经济社会发展范畴来谈国家问题,就已经远离了黑格尔所断言的"伦理观念的现实"的抽象思辨。国家的产生及其存在是一定历史发展阶段的产物,它的存在意味着这个社会分裂为不可调和的对立面而又无法摆脱这些对立面。而这些对立面的产生又与私有制的产生相关联。氏族社会从不知国家、阶级、剥削为何物,它是自适应于氏族公有制经济发展的产物。由于生产的发展导致谋生条件的变革,引起了经济生活条件的变化,使社会分裂为"自由人和奴隶,剥削的富者和被剥削的贫者"。原本封闭的氏族制度和原始的民主制不再适应和容纳这种双方的对立冲突。在持续的阶级斗争中,就需要第三种力量站在矛盾双方的阶级之上来压制它们的冲突。此时的氏族机关及其管理机构也开始变质,在经济上占据统治地位的领导者们不再属于社会全体人员。从"人民的代表"变成了"人民的统治者",从全体人员受监督的机关变成了受少数贵族控制的机关了。恩格斯指出,氏族制度的机关从人民、氏族、胞族和部落中的根子中脱离出来之后,它就发生变质了:"它从一个自由处理自己事务的部落组织转变为掠夺和压迫邻近部落的组织,而它的各机关也相应地从人民意志的工具转变为独立的、压迫和统治自己人民的机关了。"② 如此一来,氏族制度便走到了历史尽头,最终便被国家取代了。

综上,在全面考察国家问题过程中,起决定性作用的直接生活的生产和再生产引发的经济生活的变革,特别是私有制的产生,使得国家成

---

① 《马克思恩格斯文集》第4卷,人民出版社2009年版,第191页。
② 《马克思恩格斯文集》第4卷,人民出版社2009年版,第184页。

为经济上占统治地位的最大的政治集团组织，从而使马克思主义经典作家对国家问题的审视获得了历史的根据。

（三）内涵辨析

国家问题是贯穿《起源》一书中重点阐释的主题核心线索之一，是马克思主义国家观的经典文献。有学者将国家组织和氏族组织混淆开来，没分清国家与氏族组织之间的根本区别，更不必说弄懂国家的本质内涵了。也有学者认为国家是一种新的契约关系，一种从全社会人民手中部分让渡出来的公共权力给某种强大的组织，以期化解冲突和保障自身财产安全，等等，不一而足。如前文所述，我们得知，国家形成于全体社会成员分裂为阶级的一种平衡和协调矛盾双方势力于"秩序"范围内的过程。它表面上凌驾于社会之上，但实质是代表少数贵族和富人阶级的一种力量，以便以"公正"身份实现对被统治者的专政。因此，我们需要对国家的内涵做一深刻阐释。

根据国家的定义，恩格斯指出了国家客观存在的历史意义及其政治意义。一方面，国家产生于社会，代表一种"全社会"力量，实质上是经济上占统治地位阶级的国家，是作为控制阶级对立的需要而产生的，由此揭示国家存在的本性，即阶级本质。另一方面，国家作为一种暴力统治的工具，其目的在于化解冲突、缓和矛盾、维持秩序，"这种具有组织形式的暴力叫做国家"①。在阶级社会，阶级冲突和阶级对抗是全方位的，最基本的对抗产生于经济地位和经济利益的冲突，因而经济领域的斗争贯穿阶级斗争的全过程。

国家组织具有显著的阶级性，处在其中的每个人都被打上了阶级性的时代烙印。因为国家组织从氏族组织转化而来，而氏族组织作为氏族成员自愿参加、民主决策，代表全社会成员，维护每个氏族成员的利益。反观国家是从阶级冲突和控制阶级对立的现实需要中产生，是经济上占统治地位的阶级对被统治阶级的剥削和压迫，代表的则是少数贵族和有产者的阶级利益，人民在其中从"监督者"蜕化为"被剥削者"。国家的权威不是来自人民，而是"公共权力"。通过这一权威，国家以调停者的

---

① 《马克思恩格斯全集》第 20 卷，人民出版社 1971 年版，第 681 页。

公开身份出现在被统治阶级面前。如法兰西第一、第二帝国便是努力平衡无产阶级与资产阶级的阶级冲突,封建专制国家也是平衡封建贵族和市民等级的冲突,从而使"国家权力作为表面上的调停人而暂时得到了对于两个阶级的某种独立性"①。

国家政权始终是经济上占统治地位的政治集团所掌握的统治工具。国家的产生是经济上最强大的那个阶级意志的产物,其目的在于把阶级对抗和阶级冲突控制在一定的秩序之内,但这种维护秩序并不是基于所有人的利益,而是为了维护统治者在政治斗争过程中所塑造的有利的社会秩序,并以法律形式加以固定下来。在文明时代或者阶级社会里,国家政权的目的不是全体人民的幸福,归根结底是利用政权为本阶级谋利益。在马克思主义看来,国家在被剥夺阶级的性质之前,始终是为了少数人谋私利的工具。由此可见,这种政权是少数人对多数人的统治,仅仅对少数贵族群体或者有产者有利,而对广大穷人和被统治者而言却是一种压迫和异化力量;这种政权将社会开始出现的分裂现象固化为阶级对立,并确保统治阶级对被统治阶级的统治永久化。

国家力量是从社会中产生但又独立于社会之外的一种力量。恩格斯指出,氏族组织蕴含着后来社会发展的原始活力。在私有制产生之后,社会出现了贫富不均现象,反映在政治领域上表现为不同的阶级差别,除了自由人和奴隶之间的差别,还有富人和穷人之间的差别。随着这种差别逐渐深化,促使社会日渐分裂为两大对抗阶级。原始社会的氏族机关威严在个体家庭成为基本单位后变得弱化不堪,导致其无法处理和应对对抗阶级之间的矛盾,反而激化了矛盾升级。这时就产生一种站在相互斗争之上的第三种力量以平衡双方之间的冲突。而这种力量不是从社会外部环境强加的,而是从社会之中产生,并与社会形成并行不悖状态。这种力量是在化解和解决阶级冲突而不至于在无谓的挣扎中把自己和社会消灭的客观要求下产生,是由原来氏族成员内部表达人民意志的工具嬗变为旨在压迫自己人民的一个独立的强制力量。

由此可见,国家并不是代表全社会成员的一种力量,尽管它采取一种社会共同体的外观形式来维护自己的统治利益,但实质是通过政府管

---

① 《马克思恩格斯文集》第4卷,人民出版社2009年版,第191页。

理机构和官吏来对社会进行统治和管理,在经济、政治、思想、军事和意识形态等方面传递出强烈的统治阶级的意志力量。恩格斯由此总结道:"国家是文明社会的概括,它在一切典型的时期毫无例外地都是统治阶级的国家,并且在一切场合在本质上都是镇压被压迫被剥削阶级的机器。"[①]

四 概念四:文明时代

文明时代是人类社会历经蒙昧时代和野蛮时代之后步入的新阶段,它的产生离不开生产技术的发展和人类自身生产及其再生产的推动。关于文明时代的起源、内涵、特征及其标志等深刻特质,都隐藏在原始社会的各个阶段上,它们所遗留的文化遗产和历史功绩都为文明时代的开启奠定了开端式发展前景。在《起源》第九章,恩格斯不但非常重视阶级社会之前的各个时代,而且对文明时代的相关核心概念给予了深刻的阐释,重点探讨了野蛮时代与文明时代之间的对比,凸显出文明时代范畴下家庭、私有制和国家等核心主题概念的起源、发展和灭亡的动态发展过程,彰显了文明时代不过是社会发展的其中一个阶段,与之相伴的则是阶级社会的历史线索。无论是奴隶制社会、封建社会还是资本主义社会,无一不贯穿其中。而如今文明时代的发展进入以各种高新技术为特质的科技时代和信息时代,尤其以材料和信息为载体的时代承载着新型工业化的进程,给人类社会带来生活方式和思维方式变革的同时,却给自然环境带来了全球性的生态破坏。以中国为代表的社会主义国家大力推崇"生态文明",以新发展理念为指导,以高质量发展为途径,通过走中国式现代化道路,开创了人类文明新形态,这就为人类社会进入"文明时代2.0"提供了价值先导和思想引领。

(一) 词源学考证

根据摩尔根的历史分期,文明时代是人类社会自蒙昧时代、野蛮时代之后的第三个时代。处在不同的时代,人类社会的生活轨迹及其存续

[①] 《马克思恩格斯文集》第4卷,人民出版社2009年版,第195页。

发展的基本结构显然不同。不同时代、不同地区为何表现出各自的差异性，需要我们具体问题具体分析。但文明时代留给我们自己的文化思想遗产及其社会反思，为人类社会的美好未来提供了精神动力和历史素材。如何理解文明时代？它是如何演化而来的？对此，我们不妨做一个探索。

英文中的"civilization"译作"文明时代"。"civil"在英语中有"city"之意，即"城市"。在西方文明初期语境下，政治、社会制度都与城市或者城邦息息相关。柏拉图的《理想国》便多次提及城邦。而词根"civilis"源自拉丁文，是指罗马的城市公民身份；因此，"civilization"暗指城市中获得市民身份参与城邦事务的状态就是"文明"，后来引申为表示国家和社会的进步状态。

中文里的"文明时代"包含"文明"和"时代"两个词。前者"文明"指的是人类改造世界的物质和精神成果的总和，表示人类社会的进步和思维开化状态，以区别于人类未开化的原始状态。中国历史典籍中多次谈到文明：最早的描述在《周易·乾·文言》中载有"见龙在田，天下文明"之说，特指阳气在田，始生万物，从而天下有文章而光明也。[1] 在《尚书·舜典》中提出"濬哲文明，温恭允塞"之说。张居正对"文明"作如下注解：经纬天地曰文，照临四方曰明。[2] 而后者"时代"不同于年代，它与人们生活在其中的社会制度以及与之相伴的时空概念相关，影响我们人类思维方式和意识形态的所有外在客观环境。因此，"时代"一般指的是依据经济、政治、文化等状况而划分的某个时期，如冰河时代、石器时代等；有时也指人一生中的某个时期，如青年时代、老年时代等。

不难看出，文明时代本身涵盖着丰富的历史内涵，包含了生活于其下的人们的思想状态及其国家和社会状态。关于文明时代的历史标志，存在诸多方面的争议。

第一，摩尔根的"文字说"。在《古代社会》中，摩尔根基于生存技

---

[1] 参见（魏）王弼、（晋）韩康伯注，（唐）陆德明音义，孔颖达疏《周易注疏》，中央编译出版社2012年版，第35页。
[2] 参见陈生玺等译解《张居正讲评〈尚书〉》（上），上海辞书出版社2013年版，第10页。

术的发明和发现，将人类社会的发展划分为蒙昧时代、野蛮时代和文明时代，而蒙昧时代为人类社会的原始状态时期，以采集天然食物为主，弓箭的发明使用是进入高级阶段的标志。野蛮时代以制陶技术的发明为历史标志，止步于文明时代的文字出现。文明时代"始于标音字母的使用和文字记载出现"①，据此又可分为古代文明社会和近代文明社会。以上各个阶段都有不同的文化，呈现独具一格的文化遗产和生活方式。在摩尔根看来，人类进入文明社会以来，对财富的增长及其追求的欲望已经成为人们不可把控的危险因素，使得人类的自我理性及其智慧变得迷茫和彷徨。而文明时代在整个人类社会发展过程中也只是人类目前经历过的生存时间的一小部分，其中蕴含着自我否定的因素，届时未来社会将迎来"政治上的民主、社会中的博爱、权利的平等和普及的教育"②这一更高阶段的景象。

第二，傅立叶的大规模生产说。空想社会主义者傅立叶根据社会生产状况把人类社会的历史划分为四个阶段：蒙昧、野蛮、宗法和文明时代。而文明时代的起点相当于资产阶级社会。③ 在他看来，原始时期以渔猎为主，没有商品交换。野蛮时代以畜牧为主，有直接的交换。宗法时期出现小规模的生产，能够进行间接交换。文明时代出现了大规模生产，采取普遍的交换方式。在他看来，文明时代以专偶制和土地私有制为特征，充斥着社会贫困和贫富差距现象，各种虚伪的丑恶的罪恶都在"恶性循环"中不断运动，距离原始时代纯粹的平等、自由等思想文化遗产相距甚远。因为文明制度创造了大规模的工业生产及其高度发达的科学技术，但却未能给予劳动人民以体面劳动和面包，是少数人对多数人的剥削制度，是富人对穷人的战争。

第三，恩格斯的"工业和艺术说"。摩尔根根据人们使用的生存技术为标志，将铁器的应用看成野蛮社会进入文明时代不可或缺的重要条件。"想要突破通向高级野蛮社会的障碍，锋利的金属工具是必不可少的。铁

---

① [美] 路易斯·亨利·摩尔根：《古代社会》，杨东莼、马雍、马巨译，中央编译出版社2007年版，第8页。
② [美] 路易斯·亨利·摩尔根：《古代社会》，杨东莼、马雍、马巨译，中央编译出版社2007年版，第402页。
③ 参见《马克思恩格斯文集》第9卷，人民出版社2009年版，第276页。

是能够满足这种要求的唯一金属。"① 而在此之前，马克思就曾深刻认识到历史更迭的内在规律与生产力有关，"历史不外是各个世代的依次交替。每一代都利用以前各代遗留下来的材料、资金和生产力"②。恩格斯在摩尔根研究成果的基础上进一步补充和完善，对文明社会的历史标志作出了概括性阐释："文明时代是学会对天然产物进一步加工的时期，是真正的工业和艺术产生的时期。"换句话说，在恩格斯看来，摩尔根的三大时代缺乏本质特征的揭示。对此，恩格斯进行了相应的补充和完善，指出蒙昧时代是采集天然产物为食的阶段，野蛮时代是学会经营畜牧和农业来增加天然产物的时期，而文明时代是能够对天然产物进行加工和创造来获得物质生活资料，从而迎来了工业和艺术的发展时期。也就是说，在前文明时期，人们对改造世界的程度局限于天然产物，受限于外在的客观环境制约。而进入文明时代后，人类自身劳动能力的增强，才开始逐渐摆脱自然条件的严重制约，能够对自然产物发挥自身优势和自我创造性创造出一个"人化自然"状态，从而区别于"自在世界"。

综上，不难发现，"文明时代"的不同标志学说彰显了不同的立场及其分析方法的巨大差异。傅立叶和摩尔根强调了人们的生产技术或者生产活动的历史作用，但仅仅局限于生产技术在文明开创和文明进程中的历史决定性作用，忽略了生产力与生产关系、经济基础和上层建筑的辩证关系，忽略了人类活动的自身主体及其交往方式的作用。因此，只有马克思恩格斯统筹生产力与生产关系的辩证关系，在强调生产力这一最活跃的因素之外，还非常重视与此相关联的人类自身生产及其再生产以及交往方式，通过人们生活资料来源和获得手段的不同来作出的历史分期，恩格斯的历史分期更具有重大的现实意义和历史意义；通过对文明时代与家庭、私有制和阶级相关联的阐释，才能够正确认识原始时代的生产发展和文明时代阶级社会的生产发展的区别，从而揭示区别于摩尔根所描绘的发展图景。历史唯物主义中的文明时代是生产力与生产关系

---

① ［美］路易斯·亨利·摩尔根：《古代社会》，杨东莼、马雍、马巨译，中央编译出版社2007年版，第390页。

② 《马克思恩格斯文集》第1卷，人民出版社2009年版，第540页。

的辩证统一，也只有在这一视域下，才能真正揭示文明时代的起源、发展、灭亡及其向更高社会形态过渡的基本规律。唯有如此，展现在我们面前的世界图景才不会像摩尔根那般"显得暗淡和可怜"[1]。

（二）用法说明

人类社会自从走进文明时代，就意味着人们开始对氏族社会所流传的神话朦胧传说逐渐变得清晰起来，开始了重视人类个体劳动及其财富增长的积累过程。这是生产发展的必然结果。氏族时代，总体来说是关于群体的部落时代，讲究依靠群的力量集体劳作和共同分配；而文明时代是百姓生存发展的时代，是注重个体劳动及其自我财富的积累，讲究依靠生产资料的占有进行社会分配，进而造成劳动占有和分配不均，最终导致以阶级对抗为主要矛盾的社会矛盾。这便是文明时代的显著特征。

如何理解文明时代起源的节点？又该如何正确看待文明时代至今的发展趋势？对于文明时代的理论研究，不同学者对此持有分歧。我们又该如何正确看待不同学者的不同用法？这些问题，需要我们继续进行探索。

1. 文明时代起始于资本主义社会

前文所述，以傅立叶为代表的空想社会主义者认为文明时代始于近代资产阶级社会。他根据社会生产状况对人类社会历史划分为四个阶段：蒙昧、野蛮、宗法和文明时代。而文明时代的起点相当于资产阶级社会。[2] 在文明时代阶段，社会出现了大规模生产，采取普遍的交换方式；在政治上，资产阶级取得革命胜利并建立政权；在文化上，创造了大规模的工业生产活动及其高度发达的科学和艺术。在这个意义上，傅立叶笔下的文明时代始于资本主义社会，对此，恩格斯最初在《反杜林论》中也肯定了傅立叶这种观点，认为文明时代起始于16世纪以来的资本主义社会，并对傅立叶关于人类社会进行的四个阶段的划分高度赞扬，进而在《社会主义从空想到科学的发展》中进一步对文明时代予以完善和

---

[1] 《马克思恩格斯文集》第4卷，人民出版社2009年版，第38页。
[2] 参见《马克思恩格斯文集》第9卷，人民出版社2009年版，第276页。

补充道:"从16世纪发展起来的社会制度"①。直到1884年恩格斯首次出版《起源》,恩格斯对此给予了修正。

2. 文明时代起始于标音字母的发明和文字的使用

以摩尔根为代表的西方民族学者在《古代社会》一书中根据"人类生存技术"标准把人类社会划分为七个阶段:蒙昧阶段的初期、中期和晚期,野蛮阶段的初期、中期和晚期,文明社会。而文明社会阶段始于标音字母的使用和文献记载的出现。刻在石头上的象形文字也被摩尔根视为等同标音字母的标准。在文明时代,人们经历漫长的岁月,通过顺序相承的生存技术和各种发明和发现,逐渐在人类头脑中有所形成相关概念,如政治观念、家族观念、财产观念的发展,都彰显出人类文明的进步线索。尤其"对财产的欲望超乎其他一切欲望之上"②,被摩尔根视为文明伊始的标志。

3. 文明时代起始于奴隶社会

在《起源》之前,起初受当时历史学和民族学资料的限制,恩格斯将文明时代的起点视为资本主义社会,这种观点主要集中反映在《反杜林论》中。在这里,恩格斯高度赞扬了傅立叶对社会历史的看法,并明确了傅立叶的"文明阶段"即为现在所谓的资产阶级社会。后来遇到摩尔根的《古代社会》之后,恩格斯对文明时代的看法进行了修正。在《起源》中,恩格斯发现,《德意志意识形态》《反杜林论》中所强调的家庭、社会分工早在人类社会的原始阶段就已经出现,而在前文明时代向文明时代转变过程中,在社会分工和商品交换影响下,社会结构开始出现分裂。此时,人不仅是劳动者,还可以作为商品形态存在。奴隶制是古罗马时代最早的剥削形式。在此基础上发展而来的中世纪的农奴制和近代的雇佣劳动制,"构成文明时代的三大时期所特有的三大奴役形式",因而得出"文明时代的基础是一个阶级对另一个阶级的剥削"的重要论断。在这个意义上,恩格斯将奴隶社会视为文明时代的起点,反映了恩格斯对国际共产主义运动的认识的持续深化,是"在历史唯物主义

---

① 《马克思恩格斯文集》第9卷,人民出版社2009年版,第392页。
② [美]路易斯·亨利·摩尔根:《古代社会》,杨东莼、马雍、马巨译,中央编译出版社2007年版,第5页。

指导下对共产主义运动条件认识发展的结果"①。

由此可见，在文明时代的起点问题上，不同学者的认识存在较大差异。而恩格斯关于文明时代起点的理论展现了认识论上的螺旋式上升和深化的方法论。恩格斯通过批判吸收和借鉴傅立叶、摩尔根等人的最新研究成果，在分析和梳理原始社会走向文明时代转变历程中，发现贯穿阶级社会的三大奴役形式；通过描述氏族制度的起源、发展、灭亡揭示阶级社会的历史发展命运，终将向"古代氏族的自由、平等和博爱"的更高阶段上的复活。因此，恩格斯将文明时代定位于奴隶社会，不仅是区别于原始社会时期氏族时代的时代特征，更是深刻揭露出生产力发展与生产关系的变革打破了维系氏族社会的血缘关系纽带，意味着氏族制度机关所承担的历史使命，终将被更高阶段的奴隶社会所取代。从另一个侧面，氏族社会所彰显的原始民主制与阶级社会所暴露出来的欺诈、虚伪和剥削形成鲜明对比。虽然氏族公社建立在不发达的生产力水平之上，但马克思、恩格斯从情感上和价值上对原始社会所实行的公有制、民主制和美好生活方式给予肯定，坚定地认为"资本主义必然灭亡"和"社会主义必然胜利"是符合人类社会发展规律的科学性真理。

如果说摩尔根的历史功绩之一在于凭借生存技术的空间变革而将人类社会划分为蒙昧时代、野蛮时代和文明时代，那么文明时代的到来之际，也就是耕作技术和冶铁技术的出现和发展，进而过渡到工业和艺术发展时期。从原始的刀耕火种演化到冶铁技术和工艺技术，是人类劳动技术的革新和经验的累积，更是生产资料从集体占有发展到少数人私有的过程。文字的发明和广泛使用，奴隶社会的到来，不仅在生产力上极大地提高了人们改造世界的能力，更使人们追求美好生活的愿望得以从理念变成现实；不仅激发了人们改造物质世界及其精神世界的兴趣，更是形成了某种深刻的思想理论或者文化遗产；不仅引发了人们思维方式的变革和思想文化上的创造，更是反过来基于现实的客观需要而促使生产力的进一步发展。如今中国特色社会主义进入新时代，面对世界百年未有之大变局，只有立足马克思主义文明观，不断从文明时代的标志及

---

① 李艳艳：《恩格斯文明时代起点观的发展辨析与当代启示》，《湖南师范大学社会科学学报》2013 年第 5 期。

其起点的历史研究中汲取养料，以助力建设人类文明新形态。

（三）内涵辨析

《起源》中的"文明"是与历史分期中的时代相关联，且被置于人类历史野蛮时代之后的发展结构的"时代"概念范畴中。而贯穿文明时代的"文明国家""文明社会""文明时期"等都是其概念系统，无不反映出"文明时代"语境下的阶级内涵及其进步表现，对于理解和指导"人类文明新形态"具有非常重要的现实意义。

1. 对文明时代的起始理解不能局限于狭义的文字出现及其应用上

文明时代是摩尔根在《古代社会》中基于生产技术和生产工具的发明和发现为标志所划分的其中一个历史阶段，强调文明时代始于标音字母的发明和文字的使用，这显然不同于蒙昧时代和野蛮时代。摩尔根或许意识到它们之间的最大区别不仅是生产工具和生存技术的差异，而是人们在满足物质需要之上的精神诉求；意味着人们借助语言文字的使用促使普通大众的思想上开化和祛魅状态，从而一定程度上摆脱原始盲目本能的原始状态。摩尔根不是没有意识到生产力要素在社会发展中的重要地位，尤其对弓箭、铁器和火器的历史作用给予了较高的评价："弓箭必然对古代社会起过强有力的推进作用，它对蒙昧阶段的影响正有如铁制刀剑之于野蛮阶段、有如火器之于文明时代。"[①] 但摩尔根又深刻指出上述每一期都有各自特定的文化和生活方式，与其重点揭示它的时代内容，倒不如重点叙述和探讨人类顺序相承的诸阶段内的社会状态。也就是说，研究文明时代不是我们的目的，重点在于研究文明时代阶段内的相对进步状态并进而构成一个独立的研究项目。恩格斯在谈到野蛮时代的高级阶段时，认为文明时代始于文字的发明及其应用。在《起源》一书中，恩格斯深入剖析了文字的发明及其应用于文献记录而过渡到文明时代。这就说明恩格斯也基本认可摩尔根的研究成果。

但不同于摩尔根细致研究的是，恩格斯并不拘泥于文字及其文献记录带来的社会发展的变革，而是洞察到了与之相关的系统性工程。如分

[①] [美] 路易斯·亨利·摩尔根：《古代社会》，杨东莼、马雍、马巨译，中央编译出版社2007年版，第15页。

工、商品交换、阶级和国家等诸多核心概念彼此相互关联、相互作用，共同推动文明时代的到来。在恩格斯看来，文明时代是这样一个系统性的社会阶段，"在这个阶段上，分工、由分工而产生的个人之间的交换，以及把这两者结合起来的商品生产，得到了充分的发展，完全改变了先前的整个社会"[1]。这就说明了文明时代的到来绝不是简单标音字母和文字的使用及其应用作为动力，而是诸多方面的共同要素的推动。在这些要素中，分工所带来的推动和主导作用逐渐被显现出来。由此，恩格斯指出，文明时代始于商业分工。在野蛮时代的低级阶段，人们生产的劳动产品剩余物出现小规模范围的交换；到中级阶段，已经出现游牧民族和一些落后部落之间的分工，催生出产品大范围交换的条件；至高级阶段，农业和手工业的分工促使劳动个体化趋势增强，使得单个生产之间的交换成为生活必需的日常需要。由此，人类社会在商业上完成的"有决定意义的重要分工"巩固并强化了城乡之间的对立，标志着人类正式进入文明时代。[2]

2. 对文明时代的特征理解要置于唯物史观范畴

唯物史观是马克思主义基本理论的最重要的理论特征，是贯穿《起源》全文的主题灵魂，也是区别于其他唯心主义思想家的理论基石。在恩格斯看来，文明时代在生产力发展阶段上出现了产品剩余，进而催生了商品交换。起初这种交换限制在物品阶段，后来在分工和交换成为日常生活的必需时，进入以消费、交换为目的的商品生产阶段，造成人充当特殊的商品现象而被剥削占有，呈现在经济上有如下特征。

（1）出现商品交换的金属货币，便利了商品交换的条件，为交换成为日常生活必需创造了条件；人在金属货币关系下，导致财富成为任何人追求的唯一目的，造成资本役使下的劳动成为异化劳动，"特别是积累起来的劳动即资本的统治"[3]。所以，文明时代是金属货币成为神话的时代，使得资本拜物教和货币拜物教成为现实可能。

（2）出现了新的阶级，即不从事生产但支配生产的新型阶级——商

---

[1]《马克思恩格斯文集》第4卷，人民出版社2009年版，第193页。
[2] 参见夏泽宏《马克思恩格斯的文明思想研究》，湖南大学出版社2017年版，第141页。
[3]《马克思恩格斯选集》第1卷，人民出版社2012年版，第183页。

人。商人的出现是随着货币的出现而获得的非生产者身份，介于生产者和消费者之间的中间阶级。他们是文明时代发展的历史进步表现，瓦解了原始社会公社所有制，加速了私有制的确立；同时他们还催生出异化条件的土壤，因为它们的存在不从事生产但支配生产，使得任何从事劳动和生产的人都成为财富目的的支配手段。

（3）出现了土地私有制和抵押现象。在氏族社会里，土地具有双重属性，不仅归属于氏族公社所共有，也属于耕作者的劳动私有。早在野蛮时代，就出现个别劳动资料私有化现象，但当时土地作为社会赖以生存的物质生产资料基础，在大规模占有土地时，此时土地成为游牧民族实现定居状态的主要生产资料来源。当它同其他劳动产品一样构成商品交换时，就开始出现土地抵押现象。

（4）出现了占有奴隶化且将奴隶劳动作为主要的统治形式。文明时代最典型的时代特征是阶级分裂，它的出现与"分工"和"私有制"相关，以"奴役形式"为表现形式。当个体劳动获得的生产资料超过维持生活所必需时，就出现产品剩余，私有化现象开始出现。当通过部落战争获得更大规模的财富私有时，掠夺奴隶便成为财富积累最为便利的手段，这导致氏族制度逐渐被奴隶制取代。当社会分工日渐普遍，整个社会分裂为两大对立阶级——剥削阶级和被剥削阶级，因而"文明时代的基础是一个阶级对另一个阶级"[①]的剥削和压迫，"它几乎把一切权利赋予"[②]统治阶级，而几乎把一切义务推给被剥削阶级，从而造成原始平等的民主关系被炸毁，形成以奴役形式和剥削形式为特征的奴隶制社会。

（5）出现了超脱社会之外的政治组织力量——国家。它的出现构成了文明时代典型阶级社会的开启。国家是作为统治阶级的历史身份出现，且在一切场合都是作为镇压被剥削阶级的机器和手段。它开辟了以地域和财产关系为基础的社会制度，引领了带来的政治社会发展，取代了原始社会长期以来以血缘关系为纽带的氏族制度，因而被赋予了文明时代的镇压被统治阶级的历史使命，在经济、政治、文化上巩固统治阶级的地位，实现统治阶级的利益最大化。

---

① 《马克思恩格斯文集》第 4 卷，人民出版社 2009 年版，第 196 页。
② 《马克思恩格斯文集》第 4 卷，人民出版社 2009 年版，第 197 页。

（6）城乡对立作为整个社会分工的基础固定了下来。原始时代，整个氏族是以共同的女系祖先为特征构成的血缘团体，其生活空间限制在血缘关系团体里，尚未出现城乡地域关系，体现了人与自然天然合一的"自在世界"。在文明时代，人类自我生存技术的变革促进了改造世界能力的增强，农业、畜牧业、手工业、商业等行业的分离突破了地域关系，逐渐形成了城乡两大生产生活聚居区。同时，在生产分工基础上又带来了两大劳动类别：一部分直接从事体力劳动，另一部分直接从事脑力劳动，并最终演化为脑体分工和城乡对立。

（7）出现所有者能够处理自己财产的遗嘱制度。在原始社会里，任何一切社会财富归属氏族成员共同所有，实行普遍的原始共产制，不存在真正意义上的财产所有权。氏族成员死后，其财产转归氏族公有，因而遗嘱制度并无产生的历史条件。在文明时代，建立在生产资料私有制基础上的社会制度及其父权制家庭制度确立了财产个人私有制，明确要求财产继承关系的唯一合法继承人只能是其子女。而这种制度在德意志人群中是由教士传入的，目的是使得其财产捐赠给教会，从而进一步巩固了私有制的确立。

因此，从《起源》看文明时代的本质性特征十分丰富，相关核心概念无不折射出以物质生产资料为基础的社会制度在其中发挥的唯物史观内蕴，反映出整个文明时代的经济社会发展是一个复杂的系统性工程，这对于我们理解和透视文明时代具有重要的指导意义。

3. 对文明时代的内涵理解需坚持辩证法的批判立场

在《起源》中，相较于原始社会的公有制和民主制，没有剥削、没有贫富差距，自由、平等构成原始氏族制度的根本原则。恩格斯对文明时代是批判对待的。

（1）对阶级压迫持有批判性。构成文明时代的阶级基础是一个阶级对另一个阶级的剥削，是充斥着奴役形式和剥削形式的阶级统治时期，代表着生产技术进步下生产资料私有制带来的少数人对多数人的生活状态的统治。在文明时代，一切已有的简单的罪恶在文明时代语境下变成极其复杂和虚伪形式。

（2）对剥削阶级的统治持有批判性。从历史发展阶段来看，原始社会进入文明时代是生产发展和历史进步的必然产物，但对于阶级社会的奴役形式及其剥削形式构成人们自由解放的障碍，造成生产的发展受限持续的矛盾中。"生产的每一进步，同时也就是被压迫阶级即大多数人的生活状况的一个退步。"①

（3）对文明时代历史进步动力持有批判性。血缘关系构成氏族社会内部发展的纽带作用。尽管文明时代带来了氏族社会所不能取得的经济社会发展，但它用"财富"形式激起了社会发展的贪欲，使得一切社会中的人无不受到财富的支配和控制。"如果说在文明时代的怀抱中科学曾经日益发展，艺术高度繁荣的时期一再出现，那也不过是因为现代的一切积聚财富的成就不这样就不可能获得罢了。"②

文明时代的最终历史命运将被"共产主义时代"所取代。既然文明时代是继野蛮时代之后历史的特定阶段，那么文明时代自然不会止步于此。文明时代的瓦解也就意味着以追求财富为积累形式的最终目的的历史的终结，意味着人与人、人与社会、人与自然之间的关系将处于更加和谐共存状态。届时"管理上的民主、社会中的博爱、权利的平等和教育的普及"将会成为主要的特征。而这是氏族公社的自由、平等和博爱的更高形式的复活，从而推动人类社会发展进入全新的更高级的"共产主义时代"。

综上所述，文明时代是人类社会历史分期的其中一个发展阶段，是人类自我适应于自然世界且在此过程中不断改进生产技术而增强改造世界力量的特定历史阶段。对文明时代特征及其内涵的科学性理解，将有助于我们正确看待和审视氏族公社这一特定历史时期所展现的人类社会。尽管文明时代国家的出现代替了氏族公社，但原始社会遗留的文化遗产中蕴含着十分丰富的文明思想，仍然值得我们不断研究，为人类文明新形态的构建提供思想性和价值性引领。

五　概念五：私有制

私有制是贯穿《起源》全文主题思想的重要核心概念之一，对于我

---

① 《马克思恩格斯文集》第 4 卷，人民出版社 2009 年版，第 197 页。
② 《马克思恩格斯文集》第 4 卷，人民出版社 2009 年版，第 196 页。

们正确理解原始氏族社会的起源、发展及其灭亡起到至关重要的推动作用;私有制并不是天然存在,而是社会历史发展的必然产物,它的出现不仅意味着野蛮时代开始向文明时代的过渡,同时文明制度的基础及其统治工具的出现都与其有着内在的关联性。尽管《起源》并未直接给出关于私有制的定义,但是我们可以根据相关概念和意义来厘清私有制的科学内涵及其历史形态。

(一) 词源学考证

私有制不是从来就有的社会制度,而是社会发展到一定阶段出现的历史产物。理解私有制的关键是"私有"。但何为"私有"呢?英文单词"private"译为"私有的、私人的、非公开的、隐秘的、非国有的、独立的"等之意。而中文中的"私"源自"厶",为假借字。韩非曰:"仓颉作字,自营为厶。凡厶之属皆从厶。"[1] 也就是说自己劳动的或者自己经营的为"私",其出发点为"己"而非"公"。那么,从字面之意义上讲,"私有"指的是以个人为出发点,通过劳动或者经营获得的所有物。私有之物的对立面是公有之物。这就在中西文字语言的词源学语境下揭示了"私有"所蕴含着的历史特征,即私人的、私有的、独立的、隐秘非公开的特征,为我们理解私有制提供了合理性的历史语境素材。

那么,私有制又该作如何理解?在《世界历史大百科全书》中,认为私有制的确立是社会生产力发展到一定历史阶段的产物,是从原始公有制演化而来,是伟大的历史进步。[2] 有的学者认为,从严格意义上来说,私有制应该是个体家庭所有制。这个概念成立的必要条件是以生产力的发展和本体家庭成为基本生产单位为基础。[3] 有的学者从生产和家庭发展史角度,认为私有制是随着社会生产力的发展和本体家庭成为基本生产单位而形成的。[4] 还有的学者则从生产力和生产资料角度来谈,认为

---

[1] 殷寄明:《〈说文解字〉精读》,复旦大学出版社2006年版,第168页。
[2] 参见记忆经典丛书编委会编著《世界历史大百科全书01》,中国青年出版社2018年版,第13—14页。
[3] 参见陈宣良《中国文明的本质》第5卷,上海人民出版社2016年版,第111页。
[4] 参见崔立莉编著《人类早期历史的科学审视:〈家庭、私有制和国家的起源〉解读》,现代出版社2016年版,第92页。

私有制是生产力发展到劳动者生产的产品除维持自身劳动力再生产所必需的消费还有剩余产品①，而这些剩余产品便为私有之物的存在提供了物质条件。

为了认清私有制的本质特征，我们尝试从马克思主义语境下来审视该概念，以透视和把握《起源》中隐藏的私有制内涵。

关于私有制的经典阐释，马克思最初在《黑格尔法哲学批判》中曾提出"私有财产权"概念。所谓私有财产权是"随心所欲处理事务的权利"，它的基础是"占有"。而这种占有是基于一个不可解释的事实，即"由于社会赋予实际占有以法律规定，实际占有才具有合法占有的性质，才具有私有财产的性质"②。后来马克思在《资本论》中谈到《资本主义积累的历史趋势》问题时再次指出："私有制作为社会的、集体的所有制的对立物，只是在劳动资料和劳动的外部条件属于私人的地方才存在。"③如果根据这个来推演，马克思主义笔下的私有制蕴含着十分丰富的内涵。

（1）它是劳动者或非劳动者通过某种方式获得的自由意志支配的所有物，享有自由支配和占有的权利，这是私有制最为突出的内涵。它是基于自己某种动机或者计划为出发点，而后归于自己的实际效果或者意图的独立自由状态。恩格斯在《起源》中指出，在生产力及其劳动谋生手段的变革下，个体劳动获得的产品逐渐满足日常所需的生活资料时，开始出现劳动剩余。在分工及交换影响下，个体劳动开始追求更多的物质财富，从而瓦解了原始氏族制度存在的根基。进入文明时代以来，追求财富成为社会发展的唯一目的和动机。不管是社会财富还是个人财富，使得统治阶级为维护自己私有财产权利而"实行流俗的伪善，这种伪善，无论在较早的那些社会形式下还是在文明时代初期阶段都是没有的"④。

（2）它是劳动资料和劳动的外部条件归属于自己而存在的一种私有状态。原初状态下的劳动者自我进行的生产性劳动所得的劳动成果及其所需的劳动工具皆归属于劳动者本人，是为满足人类自身生产及其再生

---

① 参见唐坚《制度学导论》，国家行政学院出版社2017年版，第84页。
② 《马克思恩格斯全集》第3卷，人民出版社2002年版，第137页。
③ 《马克思恩格斯全集》第44卷，人民出版社2001年版，第872页。
④ 《马克思恩格斯文集》第4卷，人民出版社2009年版，第197页。

产而生产。在分工和交换影响下，劳动资料及其劳动外部条件皆发生变化：生产劳动不再满足于维持日常所需求，而是为交换和消费而生产。此时劳动者所生产的生产性劳动成果不再归属于劳动者本人，而是转移到消费者身上。这就为劳动者因买卖、占有、剥夺而失去生产资料或劳动外部条件，进而沦为被剥削者或者无产者埋下了贫困的种子。

（3）它是相较于公有制而存在，是作为集体所有制的对立物而存在。私有制的出现是进入文明时代的重要标志之一，是推动文明时代乃至迄今为止人类文明进步和科技进步的重要动力，其本质在于实现和维护个体利益最大化。与此相反的是，公有制则是基于维护集体利益而获得一定量的可供集体自由支配的为公状态，实质上是实现集体利益或者公共利益最大化。在《起源》中，恩格斯发现原始时代社会内部实行氏族公有制，即原始共产主义分配制；氏族内部保留原始的民主制作风，自由、平等和博爱成为氏族社会隐秘非公开的根本原则；各个成员劳动所得皆归属于公社共同所有，因而没有剥削、不存在私有制。这种原始状态彰显出一种纯粹美好生活状态，被恩格斯所高度赞扬，视其为阶级社会下一个更高形式上努力"复活"的目标。

需要注意的是，马克思并未完全否定私有制。针对那种个人的、以自己劳动为基础的个人所有制，马克思肯定其存在的价值。马克思反对和废除的私有制是那种剥削和占有他人劳动成果或者劳动资料而役使他人劳动或者自由意志的私有制。在资本主义社会，资产阶级私有制的剥夺是在资本生产的内在规律下进行的，并且在世界市场的影响下席卷到整个世界范围内。为此，马克思重置了个人所有制，"这种否定不是重新建立私有制，而是在资本主义时代的成就的基础上，也就是说，在协作和对土地及靠劳动本身生产的生产资料的共同占有的基础上，重新建立个人所有制"[①]。而实现这种个人所有制过程无疑是一个漫长的、艰苦的过程。

由此，马克思主义笔下的私有制是唯物史观视域下的核心概念，在不同著作和不同历史时期具有丰富的历史内涵。而《起源》视域下的私有制核心概念重点阐明了私有制的起源过程，有助于我们进一步把握文

---

① 《马克思恩格斯文集》第5卷，人民出版社2009年版，第874页。

明时代下私有制的历史定位及其历史意义，为我们正确看待私有制的历史功能提供了思想引领和价值引领。

充斥着巨大贫困差距和不公正的私有制并不意味着是一种社会的倒退性现象，而是人类社会历史由原始社会向阶级社会转变进程中必然出现的一种社会现象。我们不能因为极端私有制带来的社会剥削而完全否定私有制出现的历史意义，也不能因为私有制激发了人类社会取得文明进步和神话般的成果而迷之"崇拜"，而是要坚持唯物辩证法和唯物史观，正确看待私有制的历史性、规律性和功能性，为废除资产阶级私有制及其资本主义生产方式提供批判武器和前进动力。

（二）用法说明

私有制作为一种反映经济关系的外在形式，在它发展还不是很充分时，表现为氏族公社的土地开始允许买卖交易。只有在本地卖不掉时，才可将土地卖给其他人。《起源》还谈到其他形式，如租赁、抵押、遗赠等问题。起初买卖双方局限在土地、牲畜，后来扩展到一定的物品、劳动力、某种技能等。一旦劳动生产资料允许买卖，就丧失了对这些物品的私有权，也就意味着占有和剥削几乎是同时发生的事情。但值得注意的是，《起源》所谈的私有制具有几种范畴，其社会存在不单单以个体占有和劳动私有制为自我确证方式。

其一，私有制是一个普遍范畴。谈到私有制，首先就涉及私有制性质问题。一方面，私有制的性质需要区分劳动者和非劳动者。马克思指出，"但是私有制的性质，却依这些私人是劳动者还是非劳动者而有所不同"[①]。起初劳动者本人的私有性质彰显的是自己使用的劳动本质力量，贯穿在文明时代以来的一切生产发展过程中。不过这种生产方式是以土地和分散的其他生产资料为前提，排斥社会联合和协作，排斥社会生产的自由发展。如氏族公社内土地和牲畜等生产资料为氏族公社全体成员所有，不允许个体私人占有，劳动的外部条件也不属于私人的地方。后来分工和交换的出现，打破了这种狭隘状态，致使私有权日渐扩大，劳动个体化趋势逐渐增强，逐渐形成劳动资料和劳动外部条件渐渐归属私

---

① 《马克思恩格斯文集》第5卷，人民出版社2009年版，第872页。

人性质。商人阶层的出现意味着直接生产者的自由占有角色开始被剥夺，以追求个人的财富成为文明时代以来唯一的目的。另一方面，私有制外在表现形式的不同范畴。它不仅可以表现为生活资料的私有，如工艺品、牛乳、肉类、山羊毛和纺织品等的私有，还可以表现为生产资料的私有。如牲畜和土地，原本归属于氏族公社所有的土地变成私有，同时可以表现为其他方面的私有，如财产、妻子、奴隶等方面私有。这些私人占有表明私有制是一个普遍的范畴，其私有权的扩大与劳动者在改造世界资源过程中所获得自由个性相辅相成。

其二，私有制在不同时期的自我确证。史前阶段与文明时代以来的私有制的自我确证有所不同。原始社会的私有制是一种"共同的私有制"，而进入文明时代以来确立了"个人私有制"。资产阶级私有制是以剥夺他人但形式上是自由劳动为基础的私有制。私有制和分工本身都是原始社会阶段的生产范畴和历史范畴的核心概念。人类在史前的原初状态下并不知私有制为何物，公社成员在血缘纽带下采取"集体协作"的生产方式和"原始共产主义"的分配方式，其所有权特点是共同占有公社内的一切劳动成果。如果从私有制角度来看，氏族公社集体所有制便是早期私有制的原始形态，即"共同的私有制"。在这种所有制下，人们彼此之间平等、公正、自由，并无阶级和剥削、奴役关系。而最初的分工也是自然而然地源自男女之间的自发性质。男子捕鱼、狩猎和制造工具，而女子采摘和料理其他公共事务。此时劳动方式和生产方式并无私有成分，共有经济及其公社集体所有成为原始社会的自我确证。后随着"生产效率的提高，需要的增长以及二者基础的人口的增多"[1]，分工得以发展起来。分工的出现是从农业分离出畜牧业和手工业，这是对农业劳动、畜牧劳动和手工业劳动精细化发展的自然肯定。从生产力角度来看，分工的出现是对原始社会晚期发展阶段的"非分工"的否定，是对自发性质而非自愿性质的生产关系及其交互关系的确证。而私有制是同分工相等的表达方式，只是前者更加强调其"活动的产品"，而后者强调其"活动"而言。在分工发展越发充分时，反映在家庭上就出现了自然分工和社会分工的互相对立。从生产方式角度来看，个体劳动在外部劳动条

---

[1] 《马克思恩格斯文集》第 1 卷，人民出版社 2009 年版，第 534 页。

件、劳动工具和劳动产品上渐渐具有个体占有和私有属性。同时分配发展必然催生与自己相适应的生产关系。不平等和剥削、奴役关系的萌芽最初从家庭关系的幕后走向台前，后来表现为父权制、奴隶制、等级制和阶级对抗，这显然是对"共同的私有制"发展规模的缩小，也是劳动个体化趋势增强的历史见证。

综上所述，马克思所言的私有制包含着其根源的生产力、生产方式的自我确证，涵盖着分工和私有制综合关系的唯物史观阐释。"分工和私有制的关系，构成了作为过程的一部分存在的人类史前时期的历史，它们不过是从经济基础（生产力、生产方式、生产关系）和上层建筑（财产关系）这两个不同角度观察时，历史在这个时期所呈现出来的两种特殊的面貌。"[①] 恩格斯在《起源》中进一步强化和完善史前阶段在私有制范畴上的自我确证，从分工和私有制的起源关系及其交换关系，重点挖掘了生产资料与劳动形态、生产形态要素关联的考察，具体表现为从公共占有到私人占有，公共劳动转向个体劳动的私有化。而我们如果割裂其中的关系，只是单纯地从私有制唯一要素分析，难免会割裂分工和私有制关系，进而将整个社会历史的前进动力肢解为机械僵硬的东西，从而对《起源》中原始社会的起源、发展、灭亡的认识曲解为形而上学，这是我们需要注意的地方。

（三）内涵辨析

私有制并不是从来就有的社会现象，而是在特定历史时代社会经济关系的权利和制度的概念内容，其基本概念在社会实践中日渐变得复杂。经过对《起源》一书的梳理和研究，《起源》所谈的"私有制"概念不仅涵盖着不同的范畴，还囊括了最基本、最基础的内涵，因而有必要对"私有制"概念进行内涵辨析。

一方面，《起源》中所谈的"私有制"概念涵盖着"生产"的基本逻辑，突出了"生产"的私有地位，对于把握和理解私有制内涵起到重要的核心作用。

---

① 刘昱、陈海丰：《马克思主义文本视域下的社会主义政治经济学卷》，中央编译出版社2019年版，第213页。

1. 生活资料属于私人所有。《起源》中谈到游牧部落在生产资料方面优于野蛮人，如"乳、乳制品和肉类"及其兽皮、绵羊毛、山羊毛等皆归属于个人所有。原本野蛮人共同劳动所形成的"房屋、园圃、小船"后来在第一次分工之后分离出游牧部落，在获得较多的生活资料的同时，为偶然交换和经常交换奠定了基础。

2. 生产资料属于私人所有并用于私人的生产。《起源》中谈到"畜群"原本是氏族公社集体公有财产，但后来劳动所得在生产力发展带动下有了产品剩余。原本属于生活资料的牲畜开始成为人们早期驯养、繁殖甚至谋取新的生活资料的工具。这时原始社会氏族的"生产是共同的生产"性质就开始转变为私人的生产。后来公社的土地也开始由"家庭公社使用，最后交给个人使用"①。此后部分生活资料化为生产资料，尤其那种完全自由使用的土地所有权，也就具备了自由买卖和占有土地及出让土地的可能，为私人占有并用于扩大生产谋求财富积累而剥削奴役他人提供了可能。

3. 生产的共同经营过渡为个人经营。《起源》中谈到德意志人从罗马人那里夺得的土地居住区并组成了大家庭公社共同体居住区。当家庭成员人数较少时，共同经营的土地自然没有任何地产纠纷。一旦家庭成员人数过多，上一年度的休耕或者未开垦的土地都会成为历史，造成以前公有的耕地和草地就会在各个用户之间实现分配。这时共同经营的生产历史条件成为不可能，并逐渐过渡为个体经营，尤其是对畜群和奢侈品的占有，在交换机制作用下，逐渐转化为商品。在商品生产影响下，出现了个人单独经营的土地，不久以后又出现个人的土地所有制。令原始人类意想不到的是，他们竟创造出一种新的力量，并且这种力量成为足以让整个社会向它屈膝折腰的普遍力量。这就意味着古老的氏族制度再也无法在私有制的结构中找到立足之地了。

4. 生产过程的支配权属于私人。《起源》中谈到随着商品生产不再是为了自己消费而是为了交换目的的生产出现时，产品的所有权不可避免地发生了转移。先前原始阶段的生产过程是在共同体内部直接分配，且在狭小的空间范围内实现。后来分工逐渐侵入这种生产过程，破坏了生

---

① 《马克思恩格斯文集》第4卷，人民出版社2009年版，第180页。

产的共同性，使得生产者对自己的生产过程及其产品的支配权发生转移，且越出生产者的支配范围。此时，个人占有成为一种优势，且商品生产逐渐演变为主导支配地位的形式。这也导致商品交换及其货币买卖变得更加频繁。

另一方面，"生产资料"私有制与生产的私有制不可等同。马克思主义基本原理认为"人们在生产中不仅仅影响自然界，而且也互相影响。他们只有以一定的方式共同活动和互相交换其活动，才能进行生产"[①]。《起源》再次强调"直接生活的生产和再生产"是历史发展过程中的决定性因素。这种生产活动是人类最基本的实践活动，决定着其他一切东西。人们在改造自然过程中同时改造着自己。正是因为这种主导和支配地位，苏联教科书体系在转述《起源》相关理论时，将"个体生产"代替《起源》的"分工"，将"生产资料私有制"代替《起源》的"生产"的私有制，使得《起源》的生产逻辑被任意曲解，造成"生产"逻辑被狭隘地缩小为"生产资料"的逻辑，从而对理解《起源》关于生产的私有制起源问题造成混淆和曲解。苏联广泛传播的谬论在我们广大教科书中仍然残留不少痕迹，进而对私有制的起源及其灭亡的审视问题上容易违背唯物史观基本原理。如果用这些谬论指导实践，未有不造成革命运动和建设运动不失败的。

由此观之，《起源》中所阐释的"私有制"囊括丰富的历史内涵，不仅需要我们纵观全文来审视，还需要我们在马克思主义思想史中进行系统性审视。《起源》所谈的私有制概念应该指的是生产的私有制概念体系，而《宣言》中所阐释的消灭"生产"的私有制，正与此逻辑前后吻合。针对以往的谬论传播，我们应当及时批判并作出澄清，以避免这些谬论误导实践而带来严重危害。

---

① 《马克思恩格斯文集》第4卷，人民出版社2009年版，第724页。

第 五 章

《起源》重要论断通释

《起源》的第一版问世以后,在欧洲广受传播,特别是在社会主义者团体中产生深远影响,成为捍卫历史唯物主义立场、培养无产阶级和广大群众树立共产主义世界观的光辉典范,为"马克思学说获得了完全的胜利,并且广泛传播开来"[1]发挥了不可取代的作用。之所以取得巨大成功,不仅是因为恩格斯详细地揭示了原始社会史到文明社会史的经济发展过渡,阐释了私有制、家庭和国家的起源及其发展历程,更重要的是对国家、女性解放、生产和革命等作出了经典论断。恩格斯站在社会主义和共产主义的前沿阵地上,"一面研究未来的战场,一面向我们的部队指明前进的道路"[2],成为指导无产阶级革命和研究原始社会史的思想基础。

一 论断一:国家决不是从外部强加于社会的一种力量

国家不是从来就有的,而是特定历史阶段出现的历史必然性。国家源自氏族制度的内部转化而来,分工和交换的出现使氏族内部及其部落成员杂居起来,因而原本的氏族民主制度及其组织形式不再适应和不能处理彼此之间的冲突和矛盾,氏族制度越来越衰微,国家便不知不觉间

---

[1] 《列宁全集》第 23 卷,人民出版社 2017 年版,第 3 页。
[2] [苏 德] 马列主义研究院合编:《恩格斯逝世之际》,斯人译,北京出版社 1985 年版,第 256 页。

发展起来。国家的产生有三种形式，尤以雅典最为纯粹和最为典型，它能反映出国家的本质及其作用。有人认为国家是一种外部暴力手段产生的一种奴役的结果；也有人认为国家源自人们伦理观念的现实，是符合伦理共同体的"道德"理性形象；等等。这些论断都未能鲜明指出国家机器的历史功能。因此，为更好理解恩格斯的这一论断，我们拟从其产生的语境、批判的向度和学理内涵尝试做出阐释。

1. 提出语境

恩格斯关于国家问题的阐释，集中在《起源》的第九章部分。"国家决不是从外部强加于社会的一种力量"，这是在什么语境下提出的？为何提出这一论断？提出这一论断有何目的？恩格斯在梳理考察国家起源的形式时，发现雅典是最为纯粹的国家形式，即直接从氏族社会的阶级对立矛盾中产生。而罗马是在氏族社会内部的民主制转化为封闭的贵族制，生产力的发展得以确立起个人劳动所得占有为优势的社会规则，那些占有较多财富的部落成员在血族制度的废墟上转化为贵族团体。德意志国家则直接从外邦地域抢夺中产生，掠夺而来的大量奴隶及其国土面积的扩大，突破了氏族制度的管理边界，也无法应对被征服者与征服者之间的相互联系及其冲突形式，尽管采取诸如"马尔克制度的形式"，也只是在削弱自我中实现的短暂复兴。

恩格斯在梳理以上三种国家产生的形式中，得出"国家决不是从外部强加于社会的一种力量"的论断。透过这一论断，我们发现国家蕴含着如下内涵特征。

（1）国家是从氏族社会瓦解的阶级对立中产生

国家的出现与阶级及其矛盾对立有必然联系。原始社会阶段，那时的人们根本不知国家权力为何物，它是如何产生的呢？恩格斯认为，国家是在整个社会出现一种分裂而出现阶级对立，且这种阶级对立斗争达到不可调和的统治秩序之下，原始的氏族制度无法调解和处理这些矛盾。这就意味着，阶级的出现是国家产生的阶级前提，而阶级对立是在社会出现一种分裂力量，即城乡对立、富人与穷人对立、"自由民和奴隶对立""高利贷者和债务人"等对立力量。之所以如此，是"由于谋生条件的变革及其所引起的社会结构的变化，又产生了新的需要和利益"①，这些新的需要和利益就会同旧有的氏族制度相冲突。加之经由分工产生的手工业集团利益和城乡对立的特殊需要而要求建立一种新的机构来管理，以适用于不同氏族、胞族及不同部落组成的杂居群体。正是在这种环境下，氏族团体再也无法接纳和应对日渐复杂的如此庞大的群体冲突，在无任何强制手段条件下，整个社会达到一种最尖锐的地步。在这种条件下，国家便从如此公开的氏族、胞族和部落斗争中产生。

(2) 国家不是黑格尔所言的一种观念外化

根据国家产生的三种形式来看，无论哪一种产生形式，国家始终不是一种观念，不是理性的外化，而是一种从氏族制度的瓦解中产生出的"第三种力量"，这种力量是一种站在相互斗争的各阶级之上的实体组织，在经济领域、政治领域、思想领域和社会领域采取合法方式以压制不可调和的公开斗争。之所以说国家不是一种观念的现实，而是国家承认了这样一种客观现实："这个社会陷入了不可解决的自我矛盾，分裂为不可调和的对立面而又无力摆脱这些对立面。"这种客观现实是不以人的主观意志为转移的，更不是能够依靠主观美好意念或者理性力量来给予缓和冲突的物质力量。早在《黑格尔法哲学批判》导言中，马克思就曾深刻指出"批判的武器当然不能代替武器的批判，物质力量只能用物质力量来摧毁"②，黑格尔所代表的历史哲学或者国家观只是承认精神的动力，却忽视了隐藏在背后的动力；其不彻底性是不在历史本身中寻找，却从哲学的意识形态中找寻这种历史动力。恩格斯沿着马克思的遗志和革命立场，在梳理三种国家形式时发现了源自社会内部但又居于社会之上并且同社会相异化的力量，这种客观存在的力量致力于缓和和处理各个阶级的阶级斗争，将冲突保持在一定"秩序"之内。氏族社会的某些公共职能就在简单分工的办法下转换为特殊的机关，原本的氏族酋长及其最高的军事首长权力，在父权制确立之后，就沦为世袭制。于是这些机关从以往的"社会公仆"角色转换为"社会的主人"③角色，造成"机关"

---

① 《马克思恩格斯选集》第 4 卷，人民出版社 2012 年版，第 185 页。
② 《马克思恩格斯文集》第 1 卷，人民出版社 2009 年版，第 11 页。
③ 《马克思恩格斯文集》第 3 卷，人民出版社 2009 年版，第 110 页。

越来越远离"人民",且与"人民"对立,导致"社会的主人"和国家的诞生。显然,国家是一种从氏族制度的机关演化而来,国家实体的出现就意味着它从一个代表全体成员的共同体组织转变为代表少数贵族和剥削者的私有制组织,而它的机关也转变为独立的奴役人民意志的统治工具。

(3) 国家是社会发展到一定阶段上的产物

国家是如何产生的?恩格斯指出,在经济发展到一定阶段,社会在分工产生的手工业集团的利益驱使下必然分裂为阶级,国家就是在这种阶级分裂语境下成为必要的存在。这是在希腊、罗马和德意志国家考察中阐明的共同性本质。虽然三种国家形式各有其特点,但国家产生的本质原因在于社会发展到阶级出现阶段,这是三种国家形式的本质共性。这一科学观点不仅突出了国家和阶级一样,是社会生产发展到一定阶段的产物,还从国家起源的多种原因和因素中抓住了最主要、最根本的原因,其他因素都是从属于该根本原因。这就为科学揭示国家起源、发展和未来消亡的内在规律性奠定了基础。

于是,《起源》从国家起源的复杂因素中科学地揭示其起源及其历史变迁的内在规律性。国家的产生决不是从外部强加于社会的一种力量,更不是一种思想或者理性观念的外化,而是从社会中产生且居于社会之上的"第三种力量"。分工和私有制带来的阶级对立炸毁了以血族团体为基础的旧制度和旧机关,代之以"新的社会成分"的组织,即国家机关。这便是辩证唯物主义的基本原理在原始社会和走向文明社会过渡阶段的精辟论断,完善了历史唯物主义中"五种生产方式"的经典内容,对于科学说明和阐释人类社会循序发展一般经历的总过程奠定了思想基础。

2. 批判向度

《起源》的第九章对三种国家存在样态的形成原因作出一番考察之后,得出如下结论:国家决不是外部强加给社会的一种力量,也不像是黑格尔所断言的是"伦理观念的现实"。恩格斯在此语境下批判了以下两种国家起源观点。

第一种是批判国家起源暴力的外部力量。在《反杜林论》中,恩格斯指出,杜林将国家的产生定位为外部暴力导致的奴役结果。殊不知,杜林尚未认识到,暴力本身的"本原的东西"是何物?恩格斯指出,是经济力量。而暴力仅仅是一种手段，经济利益才是经济社会发展的最终目的。如果从手段来审视国家起源，杜林将暴力视为"历史上基础性的东西"，而"目的比用来达到目的的手段要具有大得多的'基础性'"①。

第二种是批判"理性"主导的国家和社会。在马克思看来，黑格尔的错误根源在于其世界观发生了"颠倒"。他将世界万物的本源看成绝对精神的外化和表现，承认绝对理念为世界本原，物质世界不过是绝对精神的产物和外化表现。由于承认精神第一性，物质第二性，因而指导认识世界和改造世界过程中就尤为凸显其唯心主义世界观的历史总特点，那么反映在国家起源问题上，黑格尔则承认理性的价值作用，将国家的起源视为一种符合道德和"理性"的产物。之所以如此，是因为黑格尔所代表的普鲁士王国需要进一步获得合法性席位，但黑格尔的国家观充满着复杂的矛盾，充斥着革命精神和保守主义的张力。他不仅承认法国大革命是"现实的"，"君主制是不现实的"②，还承认社会在那个时代和那种环境来说都有存在的理由。这就意味着国家的存在是特定那个时代和那种环境获得的合理性，这就为国家的起源及其存续发展披上了合理性外衣和道德的外衣。

恩格斯进一步对18世纪的法国哲学家的理性做出批判，他们将理性作为评判一切现存事物的尺度，并以此为标准，将一切同永恒理性相矛盾的东西铲除。恩格斯批判道，所谓的理性不过是资产阶级正发展为资产者的中等市民的理想化的头脑观念而已，法国大革命的成果案例就已经表明旧制度决不是永恒存在的事物了，业已宣告理性学者所推崇的理性的国家已经破产。社会上富人与穷人的对立并未转化为代表普通人的公共利益。理性所允许的自由、平等和博爱也破产为无休止的战争，因而"由'理性的胜利'建立起来的社会制度和政治制度竟是一幅令人极度失望的讽刺画"③。在《起源》中，恩格斯指出，国家机器的产生是社会发展到一定阶段的必然产物，是部分依靠改造氏族机关和设置新机关而逐步形成的，是在阶级对立中产生的"第三种力量"，以经济上占统治

---

① 《马克思恩格斯文集》第9卷，人民出版社2009年版，第167页。
② 《马克思恩格斯文集》第4卷，人民出版社2009年版，第269页。
③ 《马克思恩格斯文集》第9卷，人民出版社2009年版，第273页。

地位的阶级由此执行某些公共职能所组成的"新部门"。由此，恩格斯的国家起源观符合历史唯物主义观点，具有辩证性、历史性和发展性。

如上所述，恩格斯在梳理考察国家形式的产生过程中，详细论述了不同国家产生的不同形式，无论是雅典历史经过改革建立起国家的最初企图，还是罗马国家的机关及其公共职能，或者是德意志国家在氏族制度机关废墟上建立了一种代替罗马国家的代替物，达至国家不是从外部力量演化而来的，而是历史发展到特定历史阶段的产物的结论。如果进一步分析上述国家起源观，发现：恩格斯的国家起源观的批判向度蕴含着拒斥国家永恒论的辩证向度，传递出对国家起源问题的历史向度，为我们树立科学的国家起源观和追求更高形态的美好国家形态的发展规律奠定思想基础和价值基础。故《起源》对国家起源问题的梳理并不是全貌，若全面理解马克思主义国家观，还需要结合《德意志意识形态》《共产党宣言》《反杜林论》及其列宁的《国家与革命》等经典文献。《起源》所谈的国家起源问题是历史唯物主义基本原理在原始社会阶段国家起源问题上的具体运用，凸显出原始社会解体和过渡为文明时代过程中国家产生的那个阶段的特征。同时揭示国家的起源与分工、阶级、私有制等因素有重大关联性，反映出社会历史发展到原始社会晚期出现的"新的社会成分"如何引起国家产生的中间环节，更是对各种资产阶级美化国家形象和曲解国家起源的深刻批判，为正确理解国家起源观发挥着十分重要的指导作用。

3. 学理内涵

国家究竟是从何而来？又将向何处去？它的产生有何意义？如果对其进一步反思和追问，就需要对其做出学理论证。

国家为何不是从外部力量强加于社会之上的力量？恩格斯得出这一论断，并不是偶然理性所思考的判断，而是在遵循人类社会发展的规律基础上，运用历史唯物主义基本原理分析和阐释得出的结论。

首先，国家是产生于社会且凌驾于社会之上的"第三种力量"。马克思在《德意志意识形态》中曾经指出，历史不外乎是各个时代的依次交替，而每个时代都会继承发展以前各代遗留的生产力、生产资料等，在改造世界过程中同时也改变了人们的生产生活和环境。人们在认识世界和改造世界过程中逐渐形成占有现有生活资料的情况，而这种占有起初不是实现他们的自主活动，而是确保自己的生存。哲学家将人们身上的分工抽象分离出来，将整个社会历史的发展看成"人"的发展过程。当个人的财富关系逐渐从古典的共同体中脱离出来，并在生产力发展和一切物质交往形式中形成一种市民社会组织，这种组织即在一切文明时代构成国家的基础及其他观念上层建筑的基础。而市民社会的存在大都是为了保证自己的占有和劳动所得而设立一些管理机构，在其中都没有超出利己的人和市民社会成员的人的身份，即将个人的财产、家庭、劳动方式、阶级对立都上升为国家生活的要素，因此，"不是国家决定市民社会，而是市民社会决定国家"。恩格斯进一步完善指出，整个社会内部在分工基础上分裂为不可调和的对立面，这种状态陷入无休止的冲突和混乱之中，尤其在经济利益领域存在无法达成一致的阶级，此时强有力的"第三种力量"就成为一种时代发展的必然。这种力量从社会力量中产生，但这种力量需要作为相对客观公正的"第三种力量"，能够凌驾于社会之上的力量，便于自己在对立面斗争中不使自己和社会被消灭，从而将冲突控制在"秩序"范围之内，国家由此诞生。

其次，组成国家机关的基本内容。《起源》中谈到国家的产生有三种形式，即雅典模式、罗马模式和德意志模式。从以上三种国家模式中，能够梳理出组成国家的内容。其一，国家暴力权力机关，这是维护统治阶级统治、剥削、镇压被统治阶级的强制机关，如军队、警察、法庭及其附属的监狱等。其二，国家首脑机关，这是从氏族制度机关部分演化而来，原本的最高酋长和军事最高指挥机关演化为国家首脑机关，执行部分公共职能，发挥着国家的决策和执行职能。其三，维护国家存续基础的征税机关。马克思指出："国家存在的经济体现就是捐税。"[1] 恩格斯在《起源》中进一步强调："为了维持这种公共权力，就需要公民缴纳费用——捐税。"[2]

再次，国家的产生并不以消除阶级冲突而以维护"秩序"为目的。国家从氏族制度中发展而来，将原始社会制度内的原始民主制过渡为自由与枷锁并存的民主制；将代表全体人民意志的机关发展为少数人统治

---

[1] 《马克思恩格斯全集》第 4 卷，人民出版社 1958 年版，第 342 页。
[2] 《马克思恩格斯文集》第 4 卷，人民出版社 2009 年版，第 190 页。

多数人的阶级剥削和压迫工具。国家自诞生之日起，就担负着"缓和冲突"的公共职能，但实现这项职能需要强大的强制机关和执行机关的力量，这种力量从控制阶级对立的需要中产生，目的不是取消这种阶级冲突，而是将这种冲突控制在"秩序"范围内。国家无法彻底根除阶级对立面的冲突状态，但能将其控制在合理的"秩序"之内。那种认为"秩序正是阶级调和"的观点是"小资产阶级政治家"的思想观点。①

最后，国家终将被生产者自由平等的联合体所代替。《起源》从阶级基础、经济基础和政治基础等多角度阐明了国家的起源有其特定社会发展条件，但国家的存在发展并不意味永恒存在。恩格斯对国家的未来发展做出了伟大预判。当社会发展使得阶级存在成为非必要，并且成为生产发展的直接障碍时，阶级便不可避免地退出历史舞台。当阶级一消失，国家也就随之不复存在，届时阶级社会将被以生产者自由平等的联合体为基础的更高阶段的社会代替。这种联合体形式不再以经济目的，而是以对古代联合体、对共同的社会福利的关心为旨归。在这个意义上，恩格斯从国家的起源、发展及其消亡的发展历程进一步批判了资产阶级学者宣扬国家和私有制永恒论观点，彰显了历史唯物主义在国家问题上的具体阐释，是对摩尔根关于国家最终历史命运的进一步推进。故国家未来的发展趋势及其向共产主义过渡，不仅是人类社会发展的必然趋势，更是人类社会依次交替发展的总体过程的中间环节，对于我们研究国家问题具有重要的理论意义和现实意义。

二 论断二：任何进步同时也是相对的退步

针对"个体婚制"，恩格斯在《起源》中作出如下判断：任何进步同时也是相对的退步。这种观点不仅闪耀着辩证法的光芒，更是窥探出文明社会内部基本细胞的内在张力，反映出两性关系在文明社会直至今天时代存续发展的基本特征。恩格斯为何给出如此判断？它是在什么语境下提出的？它的提出意味着什么？有何内涵？发展至今有何变化？这些问题都会成为困扰读者的前进障碍，需要研究者予以澄清。

---

① 参见《列宁全集》第31卷，人民出版社2017年版，第6页。

1. 提出语境

恩格斯在评判个体婚制的历史作用时，认为任何进步同时也是相对的退步。为何恩格斯得出如此结论？他是在什么语境下得出的呢？循着《起源》的文本足迹，尝试作出回答。

个体婚制在历史上并不是与生俱来的，而是历史发展到特定阶段的产物。在原始社会最初阶段，恩格斯认为，由于个体的肉体劳动在生产力低下状态下不仅难以维持自身日常所需，更难以对抗严峻的自然环境，只能依靠群体力量谋求生存空间。反映在婚姻关系上，两性关系的结合不受道德伦理约束而呈现原始的"杂乱性关系"状态。后来随着生产力提高，个体劳动能力增强，进入"群婚"时代。当个体劳动所得日渐超过日常所需的物质生产资料并成为主要生活来源时，男子凭借劳动所得的财富地位提升、对女系氏族构成冲击，且男子在家庭里的地位逐渐超越女性，这时男子就要求其财产及其地位只能继承给属于该男子的子女，因而女系世袭制便被父系世袭制所取代。在婚姻关系上，当时社会就会产生一种与之相适应的个体婚制。

从群婚制发展到个体婚制，并不是个人性爱的结果，更不必说一夫一妻制的最初样态。个体婚制的发展，是对原本受人尊敬的女系氏族权威的挑战，是对男子个体劳动所得地位提升的自我确证。事实上，个体婚制的到来，有其双重历史作用。正是在此双重语境下，恩格斯才看到个体婚制进步的同时也透视到其负面效应，尤其对女性的奴役关系，为揭示真正的一夫一妻制的个体婚制创造可能。

一方面，个体婚制确立了个体劳动脱离群体力量而获得生产力的巨大进步。根据马克思恩格斯观点，个体劳动趋势将伴随着生产力的发展而增强。在生产力发展处于较低水平时，个体肉体劳动所得无法满足日常物质生产资料的诉求，必然要求依靠群体力量获得生存空间；在生产力进一步发展、个体劳动及其制造工具能力不断增强时，个体劳动趋势逐渐成为一种显著力量，使得群体必要性逐步下降到最低程度，反映在婚姻关系上，表现为群婚制、血婚制、族外婚，最终过渡为个体婚制。从规模上看，两性关系的结合逐渐从"杂""多"的对象缩小为"一"的对象过程。从婚姻关系的明确性来看，两性关系的结合是从"模糊"走向"清晰"的过程，从群婚时代的"不知其父知其母"发展为"知其父且知其母"的过程。从婚姻关系的稳定性来看,婚姻关系也逐渐由不稳定、不牢固发展为稳定牢固的关系。如果透视这些特征,就不难发现,婚姻关系的发展与劳动个体化增强有其内在关联。当劳动个体化尚未形成时,也就是最初群体力量成为必须依靠对象时,婚姻关系呈现为"杂"和"多"特征,且以女系世袭制为公社存续发展的特征。此时女性地位享有较高声望和受较多人的尊敬。男子劳动所得及其本身皆从属于女方所在氏族所有。当制造谋生工具不断变革,男子劳动所得日渐超过女子劳动所得,且满足家庭日常生活所需时,男子地位大幅提升。为获得较多的私人占有及较多财富,原本共同劳动、共同分配财富的模式逐渐被个体劳动所带来的占有剩余产品所取代,此时家长制逐渐代替公社制,掌管整个家庭和一切财务活动,从而促进了家庭关系和婚姻关系的变迁过程;而个体劳动趋势的增强反过来又会对现实的生产力形成积极的反馈,进一步激发生产力的潜力和活力。

另一方面,个体婚制的到来裹挟着奴役制的痕迹而向前发展,并持续至今。随着母权制世袭制规则的覆灭而迅速发展起来的是父权制的确立,婚姻关系的发展夹带着奴役制的历史痕迹。而这种历史遗留不过是群婚制的历史残余。当婚姻关系过渡到具有个体性质时,就已经开始脱离群婚观念了。伴随着"从夫居"要求,原本"缺乏独占的同居"的对偶婚便不再适应于个体劳动的显著趋势。虽然有的家庭还实行"从妻居"要求,但渐渐失去普遍地位。而男子地位的增强,就使得婚姻关系的发展也走向个体性质和独占性质。由于母权制的覆灭,必然引起新旧传统和势力的对抗。新的制度便在一定斗争和一定条件下获得某种胜利。

婚姻的个体性质是突出婚姻关系在私有制原则下发展为承认父权制为核心的优势地位,逐渐确立起一男一女结合的个体婚制家庭。这是一种劳动生产的进步表现,是维持个体家庭存续发展的关键,但这种进步的同时夹杂着奴役制。巴霍芬最大的贡献在于,承认群婚制向个体婚制的过渡,妇女的地位及其作用发挥着至关重要的作用。恩格斯对此表示"绝对正确"。但这种婚姻进步的代价是"失去素朴的原始的性质",变得"愈来愈感到屈辱和难堪"。由于经历抢夺婚、买卖婚等习俗,使得妻子成为男子缔结婚姻关系中最在意的事情;由于男子在财产、权力、地位的积累越来越集中,女子渐渐失去对财富、事务管理的支配权,从而从公共劳动中退居到狭窄的家务劳动空间而成为男子的依附者。

婚姻的占有性质是突出男子在父权制背景下专享婚姻自由的权利。个体婚制的到来，确立了以男子世袭制为核心的社会结构，也推动形成"父亲们和他们的子女共同为争取新继承制而奋斗"①的强大动力。但这种进步表现对于妇女来说就是一种退步。妇女不仅失去了广泛的婚姻自由，而且失去了广泛参与公共劳动获得独立自我的机会。她们的存在被男子劳动生存空间所挤压，成为最初的阶级压迫的来源。男性对女性的性别压迫与个体婚制夫妻之间的对抗同时发生，它以某种缩影形式包含了其他国家乃至今天文明时代广泛发展而来的对抗，更是成为男尊女卑境地的社会根源。

由此，个体婚制的进步发展，相对于男子或者丈夫来说是一种文明时代的进步，"是一个伟大的历史的进步，但同时它同奴隶制和私有制一起，却开辟了一个一直继续到今天的时代"②。在这种历史语境下，恩格斯一语道破个体婚制的历史定位，"任何进步同时也是相对的退步"，因为这种文明社会的进步是建立在另一些人的痛苦和依靠奴役关系来实现的。

2. 批判向度

"任何进步同时也是相对的退步"蕴含着深刻的批判性的哲学韵味。

从辩证方式来看，这是一种辩证法思维方式具体运用到个体婚制的发展。关于个体婚制，恩格斯秉承了辩证唯物主义立场，指出从整个史前阶段到文明时代阶段的发展总过程，两性关系的结合及其缔结婚姻关系和家庭关系的发展是作为两性关系的矛盾对抗或者冲突而出现的。考察婚姻关系的自由，发现个体婚制的自由逐渐从盲从、蒙昧状态中脱离出来，逐渐过渡为对自己和祖先乃至国家必须履行的义务。古典的专偶制并不是作为个人性爱的双方自愿选择的结果，而是权衡利害的婚姻，是建立在经济条件为基础缔结的婚姻状态，这种状态是私有制对原始公有制、父权制对母权制的胜利的宣告。从是否促进生产力发展状态的标

---

① [美]路易斯·亨利·摩尔根：《古代社会》，杨东莼、马雍、马巨译，中央编译出版社2007年版，第246页。

② 《马克思恩格斯文集》第4卷，人民出版社2009年版，第78页。

准来说，它是一种伟大的历史进步。它遵循了男子个体劳动趋势增强的必然趋势，不断维护男子在财富、地位等的私有制及其继承制权力，确保了专偶制家庭能够独立地、孤立地存在。这种婚姻状态被恩格斯称为"最后胜利乃是文明时代开始的标志之一"①，这是辩证法所赞扬的一面。

然而，个体婚制的发展并未真正带来性关系的自由及其婚姻关系的自由。在群婚制阶段，社会发展按照女系世袭制为核心原则向前缓慢地发展着。当时两性的结合呈现血婚制、族外婚、男子或者女子过着群婚制的生活。当进入多偶制家庭时，男子在家庭中占据较高地位，过着一夫多妻制生活。不过这种生活伴随着奴隶制形式，通过战争和掠夺获得大量奴隶，因而女奴隶也成为多妻的来源。恩格斯指出，从整个东方来看，多妻制生活是富人和显贵人物的特权，主要是购买女奴隶获得的；大部分普通大众过着专偶制生活。有些地区的多夫制是例外，是群婚制的一种特殊变迁的形式。进入专偶制家庭时，婚姻自由才开始进入新的发展阶段。男子凭借其劳动财富、地位专享婚姻自由特权，而妇女却因为失去对财富和事务的管理地位而处于卑微地位和从属地位，成为男子的附属物。"丈夫从事竞技运动和公共事业，而妻子不许参加；此外，丈夫还常常有女奴隶供他支配，而在雅典的全盛时期，则广泛盛行至少是受国家保护的卖淫。"② 私有制原则驱使着男子要求妇女守护忠贞观念，以确保男子继承权的专享特权。而对于广大的妇女来说，不仅无法像男子那般专享婚姻自由，更无法基于男女之间的性关系而自由和好地缔结婚姻关系。个体婚制的到来，虽然使性关系迎来了一定程度上的相对自由，但因为裹挟着的奴隶制及夫妻之间的对抗而使得性关系的自由选择程度相对较弱，无法突破奴隶制及男性对女性的阶级压迫牢笼而自由选择。这就造成一些人的幸福——男子——是另一些人——妇女——的痛苦和受压抑的畸形结果，从而为摩尔根所说的"淫游制及其公开的卖淫"这些群婚制的历史残留提供了生存的土壤。正如恩格斯所说，"文明时代所产生的一切都是两重的、双面的、分裂为二的、对立的一样"③。

---

① 《马克思恩格斯文集》第 4 卷，人民出版社 2009 年版，第 73 页。
② 《马克思恩格斯文集》第 4 卷，人民出版社 2009 年版，第 77 页。
③ 《马克思恩格斯文集》第 4 卷，人民出版社 2009 年版，第 79 页。

从辩证法的本质来看，辩证法本身具有一种革命性特征，辩证法拒斥一切事物静止不变，接纳一切事物不断运动变化发展；事物前进的动力是通过矛盾内部或者双方的阶级对抗获得的，其发展变化则通过自身扬弃的方式获得飞跃。如果反映在人类婚制问题上，专偶制的个体婚制历经群婚制、血婚制、多偶婚制、专偶婚制。而专偶婚制的到来伴随着大量的社会财富为家庭所有，且集中于男子所有。这种私有制就要求丈夫方面的专偶婚制而非妻子方面的专偶婚制。这种状态是一种男女不平等的两性对抗。之所以是两性关系的对抗，是因为男女之间的结合并不是性爱的结果，更不是作为男女之间和好的最高形式出现，是在最初的分工下男性对女性的压迫，是个体婚制下夫妻之间的对抗的发展。即使发展到资本主义私有制的顶峰，仍然未摆脱个体婚制在私有制原则下的阶级压迫。

妇女地位的下降及其解放是恩格斯在《起源》中重点阐述的问题之一，而18世纪资产阶级革命也只是为私有制展开的自我革命，尚未批判和废除封建时代以来的父权制理论。而男女之间的不平等问题，并不是与生俱来的。那种认为妇女是男子的奴隶或者附庸物的特权存在，是18世纪启蒙时代以来的最荒谬的观念之一，是恩格斯重点批判的对象，而妇女的彻底解放问题蕴含在对私有制的批判及其扬弃过程中。伴随古典的个体婚制基础的消除，卖淫存在的基础也将瓦解崩塌，从而夫妻之间的对抗也化解为两个人相互的爱慕而促进男子的真正的一夫一妻制的到来。也只有在消灭资本主义生产方式及其所依赖的财产所有制，才有可能十足地实现对"遗产的关切减少到最低限度"，从而迎来两性关系基于性爱和情感基础发挥作用的个体婚制的实现。恩格斯同样强调指出，建立在爱情基础上的一夫一妻制的婚姻是合乎道德的，那么只有继续保持这份动机的婚姻才是合乎道德的。一旦感情消失或者转移到新的对象上，那么离婚对于双方或者社会来说都将成为幸事。[①]

综上来看，恩格斯将个体婚制事物视为二重性的审视和批判，这主要是私有制原则下所产生的一切都是两重的、对立的。他不仅批判了那种一夫一妻制的个体婚制是人类社会婚姻关系的起源的错误观点，更批

---

① 参见《马克思恩格斯文集》第4卷，人民出版社2009年版，第96页。

判了资产阶级学者所推崇的一夫一妻制的个体婚制将会永恒存在的机械主义观点。对于未来两性关系发展状态如何，恩格斯给予了严谨科学的审视态度，认为未来社会两性关系的发展趋势，由未来一代的社会实践来决定。而男子再也无法用金钱或者社会地位、权力手段谋得妇女的献身；对于女子来说，除了彼此相互爱慕的爱情，再没有其他因素或者担心经济后果而作为权衡利害的婚姻选择了。如此一来，真正的一夫一妻制的个体婚制终会实现。

3. 学理内涵

专偶制的一夫一妻制既是进步又是一种退步。而专偶制的一夫一妻制，在恩格斯那里分为两种内涵，一种是古典的一夫一妻制，另一种则是真正的一夫一妻制。

从两性关系角度来看，个体婚制的出现及其发展是进步，但同时也是一种退步。在私有制原则的推动下，母权制时代覆灭就意味着社会依存的重心发生偏转，不仅两性关系发生偏转，使得女子从属于男子成为私有制的对象，也使得推动社会变革的普遍动力转化为物质资料生产为主导的直接生活的生产及其再生产。同时，从群婚时代到专偶制的个体婚制的转变，在摩尔根看来，是社会制度的产物，是人类社会发展的进步标志之一，是文明时代以来推动两性关系权利趋于完全平等的必然导向。这是对专偶制的未来发展做出的预言，至少表明当前这一目标尚未达到。在恩格斯看来，母权制时代下的人们彼此是共同占有财产及其剩余产品，女性对公共事务管理享有较高威望，男子从属于女系氏族所有。但由于素朴的风俗和共产制经济上的民主性质，使得男女两性关系并无明显对抗矛盾形式。随着生产资料、财富、地位日益集中于男子，且这种财富必须传给男子的子女，于是形成对妻子方面的专偶制。如此一来，妇女就沦为男子的附属物和可支配、奴役的对象，这是其退步性。

从性爱自由度来看，妇女被剥夺了群婚的性自由而保留男子的特权。这既是婚姻形式的进步性，同时也是性关系上的一种退步。根据《起源》对婚姻家庭关系的梳理，群婚时代适应于蒙昧时代，对偶婚制则与野蛮时代相适应，而保留通奸和卖淫为补充形式的专偶制与文明时代相适应。

从性爱发展顺序所表现的进步特征来看，这是其进步性，即将妇女从群婚的性自由解脱出来，为个人性爱的专偶制奠定了可能。但个体婚制并没有废除和剥夺男子的群婚的性自由，使得在对偶制向专偶制过渡中，"插入了男子对女奴隶的统治和多妻制"①，并直至今天的时代仍然存在着这种客观事实。因此，这种古典的个体婚制决不是个人和好的结果，更不是作为和好的最高形式出现的，而是建立在公开的或者隐蔽的妇女的家务奴隶制之上的。性爱并未成为一男一女缔结婚姻关系的核心，尽管一定程度上的爱会成为男女和好成婚的基础，但连最热烈的爱情和最牢固的忠贞都未能如愿，反而成为男子独享群婚的性自由的私人服务特权。

从婚姻关系的法律平等程度来看，男女之间的法权上的平等虽然有所促进男女平等，但从过去社会关系中继承下来的两性法律传统并不平等。恩格斯指出，在婚姻问题上，即便是最进步的法律也未能确保双方出于自愿结合为一夫一妻制。因为男女成婚并不是基于相互的爱慕的性爱基础，而是经济基础之上的权衡利害的婚姻。双方当事人缔结婚姻是由当事人所在的阶级地位来决定，也就是如现代资产阶级家庭所讲的"门当户对"。一旦缔结婚姻，专偶制本身所固有的矛盾便多少符合新教伪善精神，男子的淫游和妻子的通奸并不那么厉害和不那么常见，但都会成为最粗鄙的卖淫。至于立法的进步，并未将妇女解放和自由发展纳入其中，不过是维护男子统治的法律。因此，婚姻关系的法律的形成及其完善使得妇女越来越失去申诉不平等的任何根据，它所实现的功能不过是一种双方自愿缔结的契约形式和实现形式上的平等权利及义务。

由此观之，从蒙昧时代的群婚制过渡到文明时代的专偶婚制，是婚姻关系走向个体性质发展的进步表现，反映出个体婚制的范围逐渐缩小，但两性关系却随着私有制程度和阶级对立深化而越发显著。妻子的家庭地位和社会声望在文明时代一落千丈，渐渐因为远离公共劳动而被排斥在社会生产之外，由此造成现代个体家庭无不是建立在隐蔽的妇女的家务奴隶制之上。同时，恩格斯对个体婚制的批判也为我们指明了妇女解放的路径。现代的大工业生产给妇女开辟了重新参加社会劳动生产的路径，只要他们愿意参加公共事业而获得独立的收入，就会渐渐远离家庭私人服务的义务，从而为实现夫妻双方的社会各方面平等创造了可能。

---

① 《马克思恩格斯文集》第 4 卷，人民出版社 2009 年版，第 88 页。

三 论断三：妇女解放的第一个先决条件就是一切女性重新回到公共的事业中去

个体婚制下的妇女从文明时代的中心实现了一定程度上的文明自由和道德伦理进步，废除了群婚的性的自由，但在私有制原则下渐渐丧失了原始状态下的地位和声望，从事的劳动生产空间压缩为家庭生活空间，沦为男子私人的服务场所。恩格斯在透视夫妻关系的阶级对抗中看到妇女地位下降的根源所在，因而挖掘出妇女解放的社会先决条件，便是让一切女性重新回到公共的事业中去。那么恩格斯为何对妇女解放问题情有独钟？该论断又是如何提出的？她们的地位又该如何得到恢复？若要回答这些问题，只能回到文本中并透过文本进行追问。

1. 提出语境

妇女解放问题是恩格斯在《起源》中考察婚姻家庭发展史过程中发现的重大理论问题，同时也是重大的现实问题。这个问题并不是从来就有的，而是在婚姻家庭发展过程中逐渐成为一种隐藏在私有制原则下夫妻对抗的阶级对立的外化。两性关系的结合及其彼此地位的变化，是见证社会所依存重心变迁和社会地位变迁的标志之一。

在原始社会蒙昧时代和野蛮时代阶段里，维持人类自身生产是当时特定阶段和特定环境下的工作重心。在早期氏族公社中，由于男子劳动所得无法满足氏族成员的物质资料，妇女作为人类自身生产及其再生产的主要承担者，从事的劳动便占据重要地位，享有较高声望；而婚姻关系处在群婚时代，子女只知其母不知其父，因而按照女系世袭制为核心原则。氏族成员共同占有和平均分配劳动所得及其剩余产品。此时妇女地位高于男子，无显著的男女阶级压迫现象。当人类社会发展到原始社会晚期，物质生产资料的历史作用逐渐显现，可以有效维持和保障氏族或部落共同体成员的存续发展。此时男子肉体劳动所得渐渐能够满足日常生活物质资料所需，产品开始出现剩余。随着人口密度和社会财富占有的增加，逐渐突破氏族共同体的繁衍边界，使群婚制家庭走向个体婚制成为必然。如此一来，社会依存的重心便从人类自身生产转移到物质资料生产。在这种背景下，妇女在氏族公社中发挥的历史承担者作用便让位于男子，呈现"男升女降"的社会局面。

由于这种社会依存重心发生偏转，造成衡量社会地位的标准发生变化，而两性关系的地位在进入文明时代伊始便发生变换。两性关系的婚姻结合所历经的群婚制、血婚制、偶婚制，都是在女系氏族享有较高威望时，两性关系的地位并未受到明显的破坏。进入文明时代，人们普遍感受到物质资料生产发挥主导作用，而男子凭借劳动个体化趋势及其生理优势成为占有物质资料生产和社会财富、地位以及军事权力的历史承担者。由此一来，女系氏族地位便被这种历史承担者拉下神坛，跌入谷底，取而代之的则是父权制。母权制的覆灭和随之快速而来的私有制不断冲击和瓦解女系氏族所建立的制度和传统，从妻居的社会要求便过渡为从夫居。在这种新旧传统转变所发生的剧烈革命过程中，曾经出现过抢婚、买卖婚姻等婚姻现象。直至专偶制家庭，男子要求缔结婚姻关系并巩固下来以确保个体家庭免受损失。但此时的婚姻是建立在丈夫对妻子的奴役之下，并对妇女提出忠贞要求。此时的婚姻对于男女两性关系来说，并不是建立在感情基础上的，婚姻对于妇女来说是无力挣脱的牢笼，是废除群婚的性的自由之后的性压迫。恩格斯指出，之所以造成这种婚姻家庭制度现象，完全是"所有制"因素的支配作用，使得一夫一妻制的个体婚制与奴隶制共存，造成一夫一妻制只是对妇女而不是对男子限制的特殊牢笼。

根据马克思主义观点，两性关系的冲突及其女性地位下降的根源，无疑是私有制和阶级的产生。正是私有制和阶级使得男女之间因自然分工所粘连的社会地位、财富和权力发生巨大翻转。"最初的分工是男女之间为了生育子女而发生的分工"[①]，原本的身份分工状态并未掺杂社会地位及其财富的身份对立，尽管妇女在氏族公社中享有较高的地位，但因其无私有制而无对立冲突局面。由于私有制的出现，社会发展出现新的动力因素。妻子在婚姻家庭中的地位降到奴隶地位，而夫妻关系成为最新的阶级关系；妻子的家务劳动由于失去公共事业性质而沦为私人的性质，此后渐渐失去对财富、地位和事务管理的支配权；妻子的性的关系的自由被限制在一夫一妻制框架之内，而男子未被剥夺群婚的性的关系

---

① 《马克思恩格斯文集》第 4 卷，人民出版社 2009 年版，第 78 页。

的自由，由此造成个体婚制与群婚残余并存的特殊状态。

如果说个体婚制完全受所有者的支配，那么专偶制无疑是私有制发展的产物。即使两性关系的结婚自由被现代个体家庭的法律所保护，但两性关系的冲突并未从根本上消除。这种法律的完善基本上是从以往的社会关系中继承下来的两性关系法律上的不平等。即使最健全的资产阶级法律也无法保证法律背后的两性关系的婚姻形态是否出于自愿。恩格斯认为，婚姻的缔结实质是由当事人所属的阶级地位决定的，法律上的婚姻缔结也是一种劳动契约，与其中的经济地位的平等权利与法律无关。

既然这种现代家庭成为丈夫对妻子的奴隶统治的独特性质，就必然会引起女性的觉醒和反抗。法律上规定的自由平等权利至少也成为女性追逐的奋斗目标。在如何争取妇女解放问题上，恩格斯给予了答案。其一，现代大工业的出现赋予妇女以生产劳动机会。资本主义生产方式需要无身份束缚的自由的雇佣劳动者，其中就包括女性。而妇女回到公共事业参与其中，就能获得一定的经济话语权，为摆脱家庭的私人服务劳动和丈夫的绝对控制创造了基础。其二，资产阶级在思想、政治上所倡导的"自由""平等""博爱"等个性解放思想为妇女个性解放提供了思想基础。其三，料理家务公共化、社会化。在恩格斯看来，料理家务的公共性变为私人附属服务是致使妇女地位下降的重要因素之一。在原始氏族公社内，妇女料理氏族一切事务，涵盖整个氏族家庭事务，因其具有公共事业性质而享有较高的社会威望和地位，也是获得女系世袭制的核心原则所在。在原始社会晚期，母权制衰落，父权制崛起并成为社会发展的统治形式，这主要是因为社会依存的重心偏转为物质资料生产。女子渐渐远离公共事业的生产劳动而退居到家庭事务中来，此时料理家务性质失去了公共性，沦为一种私人服务性质，不再是获得物质资料的主要来源，因此失去了财产、地位和声望的支配权，从而致使女性地位一落千丈。在这种语境下，恩格斯提出，妇女解放的第一个先决条件便是让一切女性重新回到公共事业中去，重新参与公共事业的生产，占有物质资料生产；而做到这一点，离不开废除个体家庭作为社会经济单位的性质。此时个体家庭的私人家务就转化为社会的事业。如此一来，"男子统治的最后残余也已失去了任何基础"①。

2. 批判向度

古典的专偶制背景下的妇女被剥夺了群婚的性自由而男性却没有，使得专偶制和奴隶制、多妻制并存；妇女在私人家务中占据较多精力而被排除在社会生产之外，失去了社会所必需的可获得独立的经济来源，从而造成专偶制个体家庭成为文明时代以来束缚和压迫女性的制度牢笼。恩格斯在个体婚制发展历程中挖掘出妇女解放这一关乎人类自身生产及其再生产的重大现实课题，是对资本主义现代个体家庭的制度批判，并且反思现代专偶制的婚姻根基，从而为无产阶级妇女实现自身解放提供思想基础和方法论基础。

两性关系的冲突及其表现的夫妻关系是阶级关系的有力见证，也是构成文明社会内部的基本细胞形态。但是，专偶制个体家庭粘连奴隶制的特殊性质，是阻碍妇女解放道路上的障碍。恩格斯提出，妇女解放的第一个先决条件是让一切女性重新回到公共的事业中去，这就表明恩格斯批判了阻碍妇女解放的一些要素。

（1）从政治向度上批判了男子对女奴隶和群婚性关系自由的专享特权

《起源》中曾谈到，在多偶制向专偶制过渡过程中，婚姻关系的进步发展表现便是剥夺了女性的群婚的性自由，但没有废除男性的性自由，结果专偶制的进步插入了男子对女奴隶的占有和多妻制。群婚对于女性来说可谓是要求严苛和禁忌颇多。但凡女性表现任何犯罪或者不忠贞、不忠诚，就会引起严重的法律后果。而对于男子来说却"可以欣然接受的道德上的小污点"。自古以来淫游制在资本主义商品生产影响下成为公开的卖淫，嫖宿成为男子专享群婚的性自由的特权。由于男女财产差别的产生，出现了女奴隶的被迫献身与自由妇女的职业卖淫并存现象。她们被剥夺权利，成为男子对妇女无条件的统治对象。恩格斯深刻地批判这种奴役制，揭示夫妻关系的冲突是阶级对抗的新表现。对于群婚制残余，即使法律加以禁止和严惩但终不能根除通奸行为，从而使个体婚制和淫游制如影随形。"由于丈夫的独占统治而出现的男女之间的冲突的场

---

① 《马克思恩格斯文集》第4卷，人民出版社2009年版，第85页。

合",成为文明时代整个社会分裂为对立阶级以来无法解决和无法克服的缩影。

（2）从劳动属性向度上批判了从事个体家庭劳动的非社会属性

当社会依存重心是人类自身生产及其再生产时,女性便成为获取物质生产资料的主要来源的历史承担者,因而女性料理家务具有公共性质,成为社会所必需的事业。随着专偶制个体家庭产生,社会依存重心转变为物质资料生产,男性成为占据物质资料生产主要来源的历史承担者,因而母权制被父权制所取代。妇女料理家务不再成为社会所必需的事业属性,成为一种"私人的服务";妻子成为个体家庭中的家庭女仆,其料理家务劳动被排斥在公共劳动生产属性之外,因而失去获得独立的经济来源的机会。恩格斯指出,现代的个体家庭是建立在公开或者隐蔽的妇女的家务奴隶制之上,丈夫成为养家糊口和赡养家庭的主要承担者,就"使丈夫占据一种无须任何特别的法律特权加以保证的统治地位"[①],从而造成"丈夫是资产者"和"妻子是无产者"的剥削和对抗局面。恩格斯深刻批判了资产阶级民主共和国及其法律并不能保证和废除两个阶级对立状态,但也由此提供了一个为解决这一对立和冲突的性别场域。

正是这一论断,不仅深刻揭露个体婚制下妇女处于被压迫和被奴役的卑微地位,同时指明了在个体家庭中实现妇女解放的前进方向。而妇女的彻底解放对象并不是一切妇女,而是那些无产阶级的妇女。她们背负着被资产阶级的丈夫奴役、统治的卑微地位和无产阶级革命的历史使命;妇女的解放还需要废除个体家庭作为社会的经济单位属性,也就是生产资料转归公有,私人的家务就转化为社会的事业,如此一来,个体婚制的"后果"被消除,就会促使男女之间的性爱情感和爱慕和好的形式作为缔结个体婚姻的基础,从而为两性平等权利的到来创造有利条件。

3. 学理内涵

妇女解放问题是潜藏在《起源》个体婚制家庭发展过程中的夫妻关系冲突的外化表现,是对偶制家庭向专偶制家庭转变过程中裹挟着新的经济因素所暴露出来的二重性弊端。妇女解放问题不是自然选择的结果,而是社会经济因素对妇女地位及其自由个体的改变所造成的。恩格斯提

[①] 《马克思恩格斯文集》第 4 卷,人民出版社 2009 年版,第 87 页。

出妇女解放跟个体婚制的奴役制以及与料理家务成为私人性质有所关联，其实现条件蕴含在现代的大工业生产中。

专偶制家庭的到来是文明时代开始的标志之一，但与它共存的还有私有制。傅立叶指出，现代家庭萌芽之初就已经包含农奴制和奴隶制，它一开始就是与田间耕地的劳役有关，是一切社会及其国家中广泛发展起来的对抗的一个缩影。摩尔根认为，当世系由女性转变为男性下传时，妻子或妇女的权利和地位遭受损失。女子的子女由她自己的氏族转移到她丈夫的氏族，使得自己失去了原本父方的权利，造成女性在丈夫的家庭中失去了所在氏族的社会地位而处于孤立的地位，这必然削弱母党的势力，并且阻碍她在社会地位方面取得的进展。[①] 马克思认为，专偶制家庭之所以能够独立、孤立地存在，是因为以仆役阶级的存在为前提条件，这种仆役阶级最初都是直接由奴隶组成的。可见，专偶制的个体家庭将妻子置于丈夫的控制之下，处于丈夫的夫权之下。恩格斯指出，在《荷马史诗》中，英雄时代下的妇女，便已经处于男子的统治和奴隶主的支配之下而降低了自身的地位。如此一来，一夫一妻制与奴隶制并存，成为男子父权制支配的象征。在这种语境下，妻子料理家务的劳动也据此失去了公共事业的性质。在女系世袭制时代里，妇女成为世袭制的核心地位，料理家务成为管理氏族共同体公共事业的必需，因而享有较高的社会地位；而进入父权制家庭，男性当家成为氏族世袭制的核心准则。此时妇女料理家务的性质就失去了公共事业的公共职能，从而被排斥在社会生产之外，由此造成妻子或者妇女失去了对财产、地位的支配权而下降到奴隶般地位。此时夫妻关系就成为个体家庭的阶级关系。

由此看来，阶级关系决定了两性关系。欲实现妇女解放，就需要废除这一阶级基础。而恩格斯提出妇女解放这一重大现实主题，不仅是对个体婚制的科学评判，更是对阶级关系在两性关系上既对立又无法克服的理论探索。按照马克思主义的理论观点，家庭关系的性质伴随着社会阶级关系的发展而发展，也必将随着阶级的废除而实现两性关系的和解。

在恩格斯看来，倘若实现妇女解放，就应鼓励一切女性回到公共事

---

① 参见［美］路易斯·亨利·摩尔根《古代社会》，杨东莼、马雍、马巨译，中央编译出版社 2007 年版，第 342 页。

业中去，重新承担公共事务中生产或者管理的历史角色，从而同男子一样获得"收入"和赡养家庭。恩格斯指出，"妇女的解放，只有在妇女可以大量地、社会规模地参加生产，而家务劳动只占她们极少的工夫的时候，才有可能"①。妇女只有广泛参与社会生产和公共事业，尽量减少料理家务所耗费的时间，才能有可能渐渐摆脱妇女家务奴隶制的可能。但这离不开现代大工业的广泛发展，它不仅为妇女参与这一生产提供了自由劳动的社会历史条件，还将私人的家务劳动逐渐消融于公共的事业中。

总之，恩格斯提出的"妇女解放的第一个先决条件就是一切女性重新回到公共的事业中去"蕴含了丰富的历史内涵，它不仅揭露出个体婚制家庭结构中妇女地位何以低下的一个缩影，更是指明了妇女的解放何以可能的前进方向。一旦将妇女的劳动从家务私人属性中解脱出来，就会逐渐废除男子家务奴隶制的最后障碍，在社会公共事业中，妇女地位的提升将伴随着获得物质资料生产的增多而增强，从而两性真正平等关系和真正的一夫一妻制才会充分表现出来。

四 论断四：历史中的决定性因素归根到底是现实生活的生产和再生产

《起源》是恩格斯阐发并具体运用历史唯物主义基本原理的代表作，是对人类社会早期阶段的历史考察，阐明了氏族社会内部的基本结构、基本特点和作用，同时揭示了家庭、婚姻的起源和发展，分析了私有制、阶级和国家的起源、发展和终将消亡的要点。之所以取得如此的辉煌成就，是恩格斯对马克思主义唯物史观的贯彻和发展，即对物质生产是社会发展决定性因素的基本原理的进一步阐发。因此，贯彻《起源》全文主题的一个基本线索是"历史中的决定性因素归根结底是直接生活的生产和再生产"。这个论断在《起源》中是在何种语境下提出的？提出该论断的动机为何？有什么具体内涵？围绕这些问题，需要结合摩尔根的研究成果加以说明。

---

① 《马克思恩格斯文集》第 4 卷，人民出版社 2009 年版，第 181 页。

1. 提出语境

《起源》的诞生离不开马克思主义创始人对摩尔根研究成果的重视，离不开历史唯物主义基本原理的具体运用。要说摩尔根的研究成果对于《起源》起到何种重要意义，也只有依靠"唯物主义的历史研究所得出的结论来阐述摩尔根的研究成果"，才能阐释其全部意义。贯穿摩尔根的基本立场是不自觉的唯物史观，是自发地在调研整理相关氏族社会的发明和发现轨迹，承认人类生存技术不断扩大人类生活资料的基础从而实现顺序相承的社会发展进步。马克思恩格斯在此语境基础上，进一步揭示和阐发以诠释摩尔根《古代社会》的历史意义。

关于社会历史发展的内在规律，摩尔根并未自觉地明示出来，但根据自主地调研易洛魁人等部落发现人类社会早期进步状况，呈现累进发展的顺序相承特征，以及贯通各代的突出地位的关键条件为生活资料。摩尔根根据顺序相承的各种人类生存技术看出，人类在适应自然和征服地球的过程中，逐渐学会以控制生活资料为先决条件，且呈现阶梯的底层向高级阶段上升特征。人们能否征服地球并实现繁殖至今，取决于他们生存技术之巧拙。根据顺序相承的生存技术，摩尔根划分了五种生活资料的来源：（1）天然食物；（2）鱼类食物；（3）淀粉食物；（4）肉类和乳类食物；（5）田野获得的无穷食物。摩尔根意识到，假若不掌握生存技术，不扩大生活资料的物质基础，人类就无法在不出产之地繁殖并扩展至全球。归根结底，人类不掌握对食物的品种和数量，就不可能实现人口稠密与繁衍存续。因此，摩尔根概述人类文明进步的每一个历史的新纪元多少都与生活资源的扩大有着相一致的关联。[①]

自马克思恩格斯有幸发现摩尔根这一自发的唯物史观，尤其是人类社会早期阶段的唯物史料正好弥补历史唯物主义在史前阶段的"空场"，他们随即对其展开科学研究。而在此之前，马克思恩格斯早已从唯心主义转向唯物主义，树立了科学的历史唯物主义基本立场。在《神圣家族》中，马克思主义的历史唯物主义强调，历史发展进程中起决定作用的是物质生产而不是自我意识。自我意识不是实体，是建立在物质生产资料

[①] 参见［美］路易斯·亨利·摩尔根《古代社会》，杨东莼、马雍、马巨译，中央编译出版社2007年版，第14页。

之上反映在人们头脑中的观念。观察历史发展进步的尺度也不能从观念出发，而应该从社会物质生产出发。这就表明，历史不是作为一种"源于精神的精神"消融在"自我意识"中，而现实的物质生活则是构成哲学家想象为"自我意识"或者"实体"的东西的现实基础，尽管遭到思辨哲学家们的反对，但是这种基础对人们的发展所起的作用丝毫不受干扰。因此，黑格尔的历史哲学或者鲍威尔和施蒂纳等人的哲学，他们观点陷入历史唯心主义陷阱而呈现为"空中楼阁"，造成历史与现实的对立。因此，马克思在《德意志意识形态》中强调，生活在自然界中的人们与从事物质活动密切关联，而"思想、观念、意识的生产最初是直接与人们的物质活动，与人们的物质交往，与现实生活的语言交织在一起的"[①]。

恩格斯在继承马克思的遗志基础之上，在《起源》中进一步阐释物质生产是社会发展的决定性因素这一原理。恩格斯在1884年第一版《起源》中所作的《序言》中指出，历史中的决定性因素，归根结底是直接生活的生产和再生产。在提出该论断和原理之前，1877年摩尔根《古代社会》一书出版，其研究成果与马克思恩格斯的历史唯物主义研究所得出的结论不谋而合。摩尔根所取得最大的历史贡献便是以他自身方式，"重新发现了40年前马克思所发现的唯物主义历史观"，使得马克思注意到该理论成果并作了《路易斯·亨·摩尔根〈古代社会〉一书摘要》。遗憾的是，马克思尚未完成此书稿而逝世，恩格斯说他完成《起源》"只能稍稍补偿我的亡友未能完成的工作"。

在这样语境下，恩格斯提出该论断，一方面旨在说明摩尔根与马克思的唯物史观在某些方面取得了重大的一致性；另一方面也说明马克思的唯物史观体系比摩尔根的研究成果更加系统和完善，是社会发展客观规律之上的能动性彰显。他不是盲目和自发地，而是自觉地、有为地揭示人类社会发展的内在规律，并用以指导人们的科学实践和现实生活。

恩格斯指出，摩尔根凭借"各种发明和发现"揭示人类社会顺序相承的各个阶段是依靠人们心智和智力的发展，这种历史逻辑显然带有自发的唯心主义色彩，且这个论点也无法真正认识到原始人类取得的已知

[①] 《马克思恩格斯文集》第1卷，人民出版社2009年版，第524页。

进展的根源，更无法透视人类的经历和不同半球处于同一个阶段背后的文化差异。于是，恩格斯对此进行"全新改写过"，并对生产本身作进一步完善。恩格斯根据不同历史境况和不同地区给出特殊的辩证的分析，得出著名的"两种生产"理论。

恩格斯"两种生产"理论在当今有很多解释版本，其真正内核会在下一节涉及。但恩格斯物质生产的论断则是重点强调整个历史宏观维度中，"直接生活的生产和再生产"所起到的历史作用，且这种历史作用并不以人的意志为转移，不会因为思辨哲学家们无休止地争辩而受到干扰。与此同时，恩格斯也揭示原始社会阶段，人类自身生产及其再生产起着主导作用。从原始社会所依赖的血族纽带作用到地域和财产关系为基础的政治社会的建立，无不体现着这种主导作用。由此，恩格斯提出该论断，不仅揭示决定历史发展的总逻辑，同时为后来一定时代和一定地区人们的社会制度受"两种生产"的历史制约以及私有制、阶级和国家起源的考究提供原理遵循。

2. 批判向度

关于推动历史发展进步的决定性因素，不同学者有不同答案。无论是"自我意识"还是"绝对精神"，抑或是"直接生活的生产和再生产"，因不同的考量标准和思维立场选择而有所分歧。上文已有所涉及，恩格斯对"直接生活的生产和再生产"给予了很高的历史地位评价。恩格斯之所以强调物质生活本身的生产的决定作用，重点在于批判那种将理性、观念、范畴等抽象思辨作为历史推动力并将某种历史存在的客观事物视为永恒性存在的错误倾向。

其一，批判理性、观念、范畴等抽象的历史哲学。根据社会存在决定社会意识的基本原理，人们现实生活所需的物质生产条件及其相关实践活动构成人类社会生存发展的物质基础和物质前提。人类历史的第一个前提是，人们为了能够"认识世界"和"改变世界"而创造历史，首先必须能够生活。[①] 人类历史的第一个活动是生活资料的生产，即物质生活本身的生产，因而人类生产物质生活本身就构成一切历史的基本条件，由此成为推动历史发展的决定性因素。虽然以往历史学家对整个社会生

---

① 参见《马克思恩格斯文集》第 1 卷，人民出版社 2009 年版，第 531 页。

活的基础了解得太少，但哲学、宗教、道德和法律等是可以通过现实经验来确认和审视的，是与物质前提相联系的必然升华物。它们充其量是"从对人类历史发展的考察中抽象出来的最一般的结果的概括"①，一旦离开现实的历史基础，任何抽象本身就变得毫无价值。这就批判了那种将"自我意识""绝对精神"等视为推动历史前进动力的观点，从而标志着马克思主义的历史唯物主义同历史唯心主义划清了界限，进一步明示和回答了历史唯物主义的物质基础问题。

其二，批判某一事物的"永恒性"错误倾向。物质生产方式及其所产生的交往方式构成了整个科学历史的前提和基础。若追溯事物的历史渊源，就只能从物质生产实践过程中而不是时代的各种理论中去寻找，它们"始终站在现实历史的基础上"② 进行生产活动，并根据"自己的物质生产率"创建出特定时代和特定环境下的社会制度及其社会关系，在这些社会关系身上形成一系列基本原理、观念和范畴。因此，这些事物不过是在物质生产方式及其所产生的交往方式下不断发生的交互运动和矛盾运动，由此推动社会历史的发展。在这个意义上来说，这些范畴、观念不是永恒存在的事物，而是历史的暂时的产物。相反，将某一事物视为"不死的死"的存在才是机械主义和形而上学的存在。在《起源》中，恩格斯重点批判了某些资产阶级学者将一夫一妻制视为人类社会早期阶段最初的形态，并将其视为永恒性存在的事物。这种"停滞不前"的倾向显然就具有形而上学的缺陷，是无法真正透视和掌握一夫一妻制的起源及其未来发展趋势的。

其三，批判机械理解直接生活的生产及其再生产的历史功能。在摩尔根的《古代社会》产生之前，马克思恩格斯所掌握的历史研究成果受到当时资料和史料的限制，并不能完全理解整个人类社会发展阶段的特征。从《共产党宣言》里认为的"至今一切社会的历史都是阶级社会斗争的历史"，到《德意志意识形态》里将"部落所有制"视为所有制的最初形式，这些观点都有所体现。但自摩尔根的研究成果以降，马克思、恩格斯便及时修正更新了部分观点，如1888年恩格斯在《共产党宣言》

---

① 《马克思恩格斯文集》第1卷，人民出版社2009年版，第526页。
② 《马克思恩格斯文集》第1卷，人民出版社2009年版，第544页。

英文版上加了一个附注：这是指有文字记载的全部历史。这种科学严谨的学术精神彰显了马克思主义的科学性和发展性。恩格斯在谈到直接生活的生产及其再生产的历史功能时，是从历史发展总体过程的总逻辑上讲的"共性"和"普遍性"特征，亦即"归根结底"性。但是在某一时代和一定地区的物质生产实践的功能会有"特殊性"和"个体性"。恩格斯在阐发和考察摩尔根的研究成果时意识到：维系原始社会早期阶段氏族社会内部的纽带和推动其生产发展的动力是血族关系，由此主导和支配原始社会时期人类自身生产。因此，恩格斯总结人类社会发展所建立的社会制度受"劳动发展阶段"和"家庭发展阶段"的制约，它们在不同历史时代所发挥的功能有所不同，需要坚持"共性"和"个性"的辩证统一。这就批判了那些机械坚持"物质生产决定论"或者"物质生产一元论"的形而上学倾向，为正确理解马克思主义"两种生产"理论奠定了思想基础和方法论基础。

由此观之，恩格斯强调，历史中的决定性因素是从总逻辑和总过程来阐发和理解的，"直接生活的生产和再生产"才是阐发《起源》中原始社会早期阶段中的发展逻辑和基本动力。在原始社会阶段，"以血族关系为基础的"社会结构构成人类社会早期阶段的基本特征。而随着私有制和阶级的产生，以血族关系为基础的社会就被私有制支配的社会所代替。私有制的出现主导了依靠物质资料生产占有支配的文明社会，是与生产力发展到特定阶段相适应的，由此揭示了原始社会向文明社会过渡的历史秘密。

3. 学理内涵

根据历史唯物主义观点，历史中的决定性因素，归根结底是直接生活的生产和再生产。《起源》这个论断不仅蕴藏着生产逻辑内涵，同时隐含着十分丰富的学理内涵。它不仅指出了贯彻历史发展进程中的生产逻辑，具有"普遍性"特征，同时指出了历史进程中决定历史发展的主导"因素"。

从矛盾学说来看，"决定性因素"一般指的是主要矛盾或者矛盾的主要方面，在事物发展中起着主导和支配作用，而次要矛盾或者矛盾的次要方面则处于从属地位。对于推动历史发展的多重矛盾来说，具有多种矛盾或者矛盾的诸多方面。抓住"决定性因素"意味着抓住了主要矛盾或者矛盾的主要方面，而"直接生活的生产和再生产"则是起着主导和支配地位。之所以如此，是因为它是构成人类社会生存发展的前提和基础，是创造历史的物质基础，是决定一切其他要素的关键所在。因此，"决定性因素"彰显着"直接生活的生产和再生产"的主导地位，诠释了历史发展中的历史功能和历史坐标，对于认识历史发展中起着主导和支配地位的因素则具有十分重要的现实意义。

从总体逻辑来看，"历史中"呈现了事物发展的总过程和总逻辑，蕴含着"普遍性"和"特殊性"统一特征，是历史发展过程中共性的揭示和运动发展过程中的规律的呈现。而"归根结底"则呈现了事物运动发展的本源，强调了事物的本质特征。推动历史发展的因素有很多，如黑格尔认为恶是历史发展的动力。马克思认为，自公社解体以来，每个社会的各个阶级之间的斗争是历史发展的伟大动力。[①] 同时，马克思也指出，历史发展进程中起决定作用的是物质生产而非自我意识。恩格斯在《起源》中进一步阐发物质生产的基本原理，即历史中的决定性因素，归根结底是直接生活的生产和再生产。这种历史观承认了物质生产在人类社会发展中所起到的物质基础作用，从物质生产角度阐发指出物质生活条件及其交往形式构成了科学历史观的前提。因此，"历史中"的视角是一种总体思维视角，是对整个人类社会文明的审视；而贯彻其中发挥决定性作用的则是总体逻辑视角，呈现了"特殊性"和"个性"特征。在《起源》中，恩格斯指出，在原始社会的特殊阶段，血族关系是支配氏族制度群婚和家庭存续的主导因素，曾是推动原始社会氏族制度发展的重要动力。这就意味着整个人类社会发展的总过程中允许出现一些偶然性和特殊性存在，但这些"偶然性"作用因素在整个总逻辑中占据很小一部分，我们不能因为这些偶然性因素而否认那些"必然性"因素，也不能因为凭借那些"必然性"而遮蔽"偶然性"因素的影响。

从本质内涵逻辑来看，历史的发展从本质上来说是直接生活的生产和再生产所推动的。这是恩格斯遵循马克思主义的唯物史观视角所进行的阐发。恩格斯认识到"生产"的历史地位及其历史功能，因而对生产进行了划分。一种是生活资料的生产，一种是人自身的生产，合称"两

[①] 参见《马克思恩格斯文集》第 4 卷，人民出版社 2009 年版，第 505 页。

种生产"内涵。生活在一定时代和一定地区的人们所建立的社会制度受到"两种生产"的制约,一方面来自家庭发展阶段的制约,另一方面来自劳动发展阶段的制约。这"两种生产"的历史地位是恩格斯从"物质生产"视角窥探了人们的现实生活过程,并根据不同时代和不同地区的人们的活动总结出历史发展的动力因素及其经济基础。其中突出了物质生产在人们现实生活的本质生产内涵,展现了从物质生产实践出发来解释人类社会生存发展的总逻辑过程。

总而言之,恩格斯对贯彻历史中的决定性因素,即"直接生活的生产和再生产"给予了很高的历史地位,并以此原理为准则作为窥探和透视原始社会氏族制度内部结构起源、发展和灭亡规律的方法论来源。这就为揭示和分析原始社会的家庭、私有制的起源、发展和灭亡过程及其国家的产生和未来趋势的规律提供了世界观和方法论基础。

五 论断五:迄今的一切革命,都是为了保护一种所有制而反对另一种所有制的革命

氏族是原始社会阶段的基本单位,起源于人类自身生产方式的变革。它以血缘亲属关系为基础,以共产制经济和淳朴的民主制为特征,这种氏族制度成为原始社会制度的基础。一旦氏族组织退化或者解体,那么原始社会制度的根基就会瓦解,就会被相应的其他类型的组织形式所代替。这种历史变迁的过程在原始社会制度范畴内是民主的,在文明社会里表现为所有制的革命。

1. 提出语境

恩格斯在谈到氏族制度走到尽头时,认为社会已经形成一种新的政治组织力量。国家在不知不觉间发展起来,而国家制度的形成标志着氏族制度内部走向解体,并以牺牲旧制度来增强国家的力量。从氏族制度走向政治国家过程中,所有制起到关键作用。恩格斯提出,迄今的一切革命,都是为了保护一种所有制而反对另一种所有制的革命。该论断的提出不仅形象强调了所有制的历史地位,更诠释出文明时代革命兴替的实质。

其一,前文明时代的历史兴替是一种民主情形的重演。在摩尔根看

来，在氏族或者部落群体中，他们的"政府"都是以氏族为基本单元组织，由此形成一个氏族社会或者氏族团体，因而不同于一个政治社会。氏族内部成员之间是自由民主的。"人民是自由的，制度是民主的"成为氏族制度"政府"最大的特征。而当社会历史条件不断发展，改善社会的要求成为不可抗拒的必然，驱使氏族制度不得不走向变革。起初氏族制度内部进行自我让步，进行一系列变革。当社会出现如下变化时：母权制被废除，世系开始以男性为中心，子女开始继承父亲的遗产，整个氏族社会开始因社会多重需要的复杂而越发显得格格不入。于是产生一种运动取缔氏族、胞族和部落的一切行政权力，并将这些权力转交给新的选民团体。此时，可以肯定的是当时旧政府体制已经走下神坛，趋于崩塌，并逐渐让位于新的政府体制。为应对复杂的社会需要和满足社会的福利和安全，社会就会对政府权力进行更广泛的分配，并由有能力的权威人士制定相关成文法代替传统习俗。因此，从氏族制度内部来说，氏族制度的变革或变更不可能自然产生一个王国来，即使出现所谓专制政体，也是靠篡夺政府建立起来的，但这种政府与"氏族社会的观念背道而驰"而不能获得合法性席位，自然不能为广大人民所认可和接受。"希腊的僭主统治是靠篡夺建立起来的专制政体，后来的王国就是从这种苗芽兴起的；但英雄时代的所谓王国只不过是军事民主制而已"[①]。

其二，财产力量的出现促使氏族制度无法掌控。进入原始社会晚期，业已出现对畜群和奢侈品的私人占有，从而引起单个人之间的产品交换，使产品变成商品。由此为社会全部变革提供了土壤萌芽。当生产者不再满足于消费自己产品而用于交换时，人们就失去了对自己产品的支配权。随着商品出现及其交换成为日常所需时，就出现了个人单独经营土地的耕作，后来变成土地所有制。这时土地不再仅仅是一种物质生产资料来源，而是变成积累财富和占有财富的结果。随着货币的发明和出现，人们未曾意料到由生产者和创造者所形成的社会竟被一种新的社会力量所屈膝和支配。这种新的力量"就以它那全部青春时代的粗暴性使雅典人

[①] ［美］路易斯·亨利·摩尔根：《古代社会》，杨东莼、马雍、马巨译，中央编译出版社2007年版，第88页。

感受到它的支配了"①。在恩格斯看来，这种新的社会力量使整个社会出现一系列变化：各种债权人和债务人，各种放贷和逼债，使得原本美好制度内的淳朴、虔诚和公正，都无力驱逐和应对这些新的社会成分，因而氏族制度再也无法找到自己的立足之地而趋于瓦解了。

其三，私有制的确立使文明时代的历史更替变成所有制的革命转换。当私人占有逐渐上升为私有制时，此时驱动社会历史发展的动力发生偏转。即由氏族制度的血缘关系转变为财产要素。当不同部落为抢夺更多的财产和物质资料时，彼此的冲突甚至演变成连年的战争就变成必然。"财产已经成为逐渐改造希腊制度而为政治社会开辟途径的新要素，这个要素既是政治社会的基础，也是它的主要动力。"②通过战争掠夺大量奴隶和土地资源，逐渐成为各个部落快速实现财富占有的共识。此时不同氏族、胞族和部落及其外族奴隶相互杂居，且一代比一代更加严重，在分工和交换的进一步发展下，一些部落形成若干个利益集团。且这种利益并不在本氏族或者胞族范围内持有，因而就需要一种新的政治公职机关来处理这些利益。于是国家潜滋暗长地发展起来，以保护新兴集团的利益及其安全。

但此时的国家不再是氏族制度内部的民主妥协，不再是为了全体成员的共同利益，而是出于对统治阶级利益群体的保护而牺牲或者反对被压迫阶级的群体利益。这注定不再是氏族财富的平均分配，而是一个阶级对另一个阶级的剥削和压迫。此时的改革或者革命都必须触碰到所有制及其背后利益群体的利益。

在种语境下，恩格斯指出，政治革命的发生都是以侵犯所有制来展开的，进而延伸到文明时代以来的一切革命，都是为了保护一种所有制而反对另一种所有制的革命。封建制度的确立是以牺牲奴隶所有制换来封建地主或者王权的所有制，而法国大革命是牺牲封建所有制以拯救资产阶级的所有制。因此，恩格斯通过所有制的出现促使国家新力量的出现，揭示"一切所谓政治革命，从头一个起到末一个止，都是为了保护

---

① 《马克思恩格斯文集》第4卷，人民出版社2009年版，第130页。
② ［美］路易斯·亨利·摩尔根：《古代社会》，杨东莼、马雍、马巨译，中央编译出版社2007年版，第158页。

某种财产而实行的，都是通过没收另一种财产而进行的"①。

2. 批判向度

原始社会晚期，财产的出现，驱使创造者和生产者为之屈膝，并且成为趋之若鹜的追逐力量；商品的出现和交换的频繁发生，使占有成为一种优势原则，因而对物质生产资料的广泛占有成为必然。私有制的确立都是为确保自身财产安全而逐渐形成的，但实现这一过程并不是在氏族制度内部产生，而是在文明时代框架内由新的组织力量完成的。恩格斯从所有制视角出发审视社会发展的更迭，指出迄今的一切革命，都是为了保护一种所有制而反对另一种所有制的革命。这种"所有制革命"蕴含着深刻的批判底蕴。

对于原始社会氏族制度的发展模式而言，恩格斯认为，氏族社会蕴含着自由、平等和博爱的准则，他们的氏族机关是为全体氏族成员服务而没有自己的特殊利益。经济上采取原始公社经济，集体劳作；分配上采取原始共产主义分配制，没有私有；政治上采取民主制，对公共利益和公共事务实行民主共同决策制，氏族成员彼此之间是自由平等的，没有压迫；军事上采取最高军事长官制，一般推选有威望的酋长或者首脑。而设立这些氏族机关是代表氏族公社共同体的公共利益和共同利益，用以维护集体利益。在恩格斯看来，这种原始氏族制度内部蕴含着共产主义的精神和价值理念，孕育着古代氏族的自由、平等和博爱的更高级形式上的复活的土壤。马克思恩格斯都从原始社会史中窥探到未来真正共同体的社会发展预期，其中暗含着马克思恩格斯对氏族社会准则的某种积极的肯定立场，这种积极肯定同对文明时代的深刻批判形成鲜明对比。

原始社会晚期氏族制度趋于解体并以新的政治力量代替之，由此开启所有制革命模式。对此，恩格斯认为，原始社会制度晚期，财富——不是社会的财富，而是单个人占有的财富成为这个时代唯一的、具有决定意义的目的。财产是创造者和生产者所创造的新的力量，这种力量成为他们为之屈膝和趋之若鹜的追逐动力。过去社会依存的重心是血缘关系，氏族民主制居于主导地位，人们彼此之间"都是平等、自由的，包

---

① 《马克思恩格斯文集》第 4 卷，人民出版社 2009 年版，第 132 页。

括妇女在内"①，不曾有奴隶和奴役异族部落的事情。只是这种氏族组织注定不会永恒存在下去，当社会依存重心转变为物质资料生产时，出现产品剩余和交换，使得占有商品和货币成为人们贪欲追逐的对象时，土地、奴隶和货币都会成为物质生产资料占有和私有的来源，氏族组织被国家取代。人们根据财产的多少来享受国家政治权力的大小。尽管国家模式的产生有多种形式，但大都与所有制革命有密切关联。

根据恩格斯的观点，国家的产生主要有三种模式，即雅典模式、罗马模式和德意志模式，但不代表只有这三种模式。在雅典国家形成过程中，恩格斯总结分析了古代雅典的三次社会改革，尤其是梭伦改革，实行一系列有利于工商业奴隶制经济发展的举措，触及以财产为基础的新兴阶级的利益；克里斯提尼按照地域划分公民，打破了血缘关系聚居的生存空间。罗马模式则是根据财产多少来划分阶级，取消了平民和贵族的限制，以新划分的阶级组成百人团人民大会取代氏族制度的人民大会。以上历史过程似乎"直接地宣告国家是有产阶级用来防御无产阶级的组织"，意味着国家的产生与统治阶级的利益有联系。

恩格斯认为，"文明时代以这种基本制度完成了古代氏族社会完全做不到的事情。但是，它是用激起人们的最卑劣的冲动和情欲，并且以损害人们的其他一切秉赋为代价而使之变本加厉的办法来完成这些事情的"②。对财产的占有和土地的所有制成为有产者阶级迅速成为经济上占据主导阶级的历史承担者角色，从这点来看，对财产差别的政治承认就意味着对所有制的历史功能的承认，对它与统治阶级的经济利益有一致性。但这种所有制并不是国家最本质的东西。虽然历史上的绝大多数国家中，公民权利大小是根据财产分级规定的，如雅典和罗马国家。这也由此决定了政治权力地位的排列。但"对财产差别的这种政治上的承认，绝不是本质的东西。相反地，它标志着国家发展的低级阶段"③。它并不是决定国家发展的全部。同时对财产差别的政治承认作为对公民权利的划分，只适用于大多数国家而非全部。如古代印度是根据种姓作为划分

---

① 《马克思恩格斯文集》第 4 卷，人民出版社 2009 年版，第 111 页。
② 《马克思恩格斯文集》第 4 卷，人民出版社 2009 年版，第 196 页。
③ 《马克思恩格斯文集》第 4 卷，人民出版社 2009 年版，第 192 页。

依据，依靠世袭的分工职业确定居民权利的。此外，所有制革命也并不是"最本质的东西"，国家的本质是"文明社会的概括，它在一切典型的时期毫无例外地都是统治阶级的国家，并且在一切场合在本质上都是镇压被压迫被剥削阶级的机器"①。

在这个意义上，恩格斯批判了伴随着文明时代而来对财富的贪欲，以及对财产差别作为划分公民等级和阶级层级标准的批判。这种"政治承认"是将原始公社时期代表全体公社成员共同利益缩减为"有产者阶级"的统治阶级群体利益。恩格斯深刻揭露国家的起源过程及其国家的本质特征，批判了国家依托所有制革命不过是一个阶级战胜另一个阶级的阶级统治而已，这些国家始终存在阶级压迫和奴役，而最终阶级将不可避免地归于消失，国家机器也将随之趋于消亡，最终代之以生产者自由平等的联合体——共产主义社会的到来。

3. 学理内涵

原始社会阶段的氏族是构成原始社会的基本单位，血缘关系是维系氏族公社存续发展的纽带。氏族内部的冲突和矛盾，基本依靠氏族内部民主解决。随着生产力发展和社会分工的细化，引起了社会生活的一系列重大变化。产品剩余的增加，出现以交换为目的的商品生产，使财富尤其是个人的财富随之增多。此时原始的共产制家庭共同耕作的土地完全交由个体家庭单独进行，以至于发展为完全的私有财产。私有制的进一步发展，使土地所有制逐渐成为普遍性。分工的进一步发展，产生了一个不从事生产只从事产品交换的商人阶级，由此夺得了生产的领导权，促使商品交换迅速发展和金属货币的出现。货币的出现就直接宣告着社会出现了一种非生产者统治生产者及其生产的新手段。谁掌握了货币财富，谁就统治了生产世界。

尽管文明时代创造了原始社会所不能完成的事情，但商品经济的发展和土地私有化的出现，使得私有制在所有领域全面确立，使得大量财富越发集中于少数奴隶主手中，而普通大众则陷入贫困化。因而整个社会按照财富多少将自由人划分为不同阶级，那些经济上占主导地位和支配地位的利益集团就成为统治阶级，而奴隶人数的增加和奴役他们的强

---

① 《马克思恩格斯文集》第 4 卷，人民出版社 2009 年版，第 195 页。

制性劳动就成为整个社会赖以存在的物质基础。于是恩格斯指出，迄今的一切革命，都是为了保护一种所有制而反对另一种所有制的革命。这种所有制革命的论断不仅揭示文明时代框架下政治社会赖以建立的物质基础内涵，同时也在经济范畴领域批判了这种国家形态更替的本质规律。

其一，蕴含着一切政治社会赖以建立的物质基础。无论是土地、奴隶还是货币，都是财富的象征，是文明时代以来人们追逐贪欲的动力和决定一切有意义的唯一目的。当产品剩余增加和交换出现以后，产品就发展为商品，使得个人占有成为一种优势，进而个人占有逐渐成为普遍性现象。当土地允许买卖时，地产就成为财富的来源，因而土地买卖和抵押就成为必然。这时土地所有制就成为公开的私有。而占有奴隶则标志所有制扩展到人的各种活动产品。对外战争的需要使得占有奴隶人数进一步增加，此时氏族机关开始逐渐转化为自己的对立物，开始蜕变为统治和奴役奴隶的工具。因此，正是因为社会根据财富的多少将氏族成员划分为穷人和富人，根据氏族内部的财产差别的政治认同划分为氏族成员之间的对抗，根据奴隶所有制的盛行而使得私有制成为全面占领，奴隶制就成为奴隶社会制度的一个本质的组成部分。同理，封建土地所有制和王权所有制成为封建制度的一个本质的组成部分，货币资本、商品资本、劳动力商品所有制成为资本主义制度的一个本质的组成部分。因此，所有制是社会制度赖以建立存在的物质保障，也是构成其社会制度的一个本质的组成部分。

其二，蕴含着国家形态产生和更替的本质内涵。根据恩格斯的观点来看，在野蛮时代低级阶段，人们的生产直接用于消费，间或发生的交换行为也只是个别行为。在野蛮时代中级阶段，出现游牧民族将牲畜作为财产，并通过饲养和繁殖提供了超出消费之外的若干剩余物，促使游牧民族走向定居，从而产生第一次分工，社会开始出现经常交换的历史条件。在野蛮时代高级阶段，分工进一步发展，使得农业和手工业发生分化，使直接交换和单个生产者的频繁交换成为日常生活所需。在原始社会晚期，经由各种分工和交换的发展，整个社会创造了一个新兴的阶级——商人，自诞生之日起便担负起领导生产者和支配非生产者的历史角色，从而推动商品经济发展和金属货币出现。货币的出现使得财富占有成为一种优势的准则，其他一切财富形式不过是它的影子而已。除货币财富，土地作为地产的财富，也成为私人占有的必然选择。由此，社会分工的分化加剧了社会贫富差距，产生了利益和需要不一致的群体，因而出现新的社会利益集团。原始氏族机关再也无法接纳和处理不同的社会集团的冲突或阶级矛盾，"原始的自然形成的民主制变成了可憎的贵族制"①，因此便需要在氏族制度之外建立新的机关，即平衡和保护统治阶级利益需要的强制性机关。从这个意义上来说，国家机关的产生立足于不同需要和利益的社会集团的相互冲突或阶级斗争，而这些集团内部由不同氏族、胞族、部落成员及其奴隶成分组成，因而原始氏族机关再也无法应对和适应如此阶级对立和复杂需要的社会，必然被国家这种"第三种力量"的政治机关所取代，这是历史发展的必然结果。如此一来，国家是文明社会的概括，是适应于臻于复杂的社会需要和利益不一致基础之上的阶级对立的迫切需要，而这背后则归因于所有制从物质生产资料占有进而扩展到人的活动产品的多种需要。

恩格斯将国家形态的产生推广至文明社会以来的各个阶级社会，发现梭伦改革的形式是通过侵害债权人的财产所有制来保护债务人的财产所有制，法国大革命的实质也是牺牲封建制度所有制来拯救资产阶级的所有制。因此，恩格斯总结出人类社会进步发展的本质规律：文明时代的一切革命，都是为了保护一种所有制而反对另一种所有制革命。

正是通过揭示氏族制度解体和私有制的起源过程，恩格斯总结出人类社会文明进步发展的一般规律，揭示国家的产生及社会制度的历史更替的实质。正如恩格斯强调："2500年来私有财产之所以能保存下来，只是由于侵犯了财产所有权的缘故。"② 与此同时，从某种程度来说，恩格斯批判了文明时代以来人们追逐财富及其对财产的差别的政治承认之上的阶级对立带来奴役和剥削的结果。批判了有产阶级对无产阶级群体的奴役和剥削。这就为无产阶级赋予特殊的历史使命指明了方向，为废除和消灭这种阶级对立和财产差别的政治承认的所有制革命提供了批判的武器，为创建一种以生产者自由平等的联合体为基础的更高阶段上的社会提供了价值取向和政治引领。

---

① 《马克思恩格斯文集》第4卷，人民出版社2009年版，第188页。
② 《马克思恩格斯文集》第4卷，人民出版社2009年版，第132页。

第 六 章

《起源》基本原理通释

阐释和研究《起源》的基本原理，旨在为科学有效地把握《起源》做基础性、感悟性的判断工作。本章共分为五个部分，包含原始共产制家庭规模原理、专偶制原理、性爱原理、阶级原理、国家产生原理。通过对这些基本原理的阐释和注解，将有助于为家庭史、性爱观、国家观等提供马克思主义最根本的世界观和方法论基础。

一 原理一：自然选择机制和人类自身生产方式决定着原始共产制家庭公社的规模

摩尔根根据亲属制度这一历史遗俗追溯家庭发展史时，认为原始社会早期阶段在部落内部盛行杂乱的性交关系，经由自然选择和经济社会的选择出现对偶制和专偶制，呈现通婚范围的规模逐渐缩小趋势。这是人类家庭和婚姻形式的进步表现。而血缘家庭则是第一个有组织的社会形式，是母系社会公社的存在样态之一。恩格斯在梳理家庭史中，发现原始共产制家庭的一些基本特征。人们经由自然选择和社会禁忌的习俗限制而使家庭发展发生变迁，从血缘家庭到普那路亚家庭。这是人类社会发展进步的趋势。而原始家庭形式的家庭规模受到共产制家庭经济的制约。

（一）原始家庭公社的存在以血缘关系为维系纽带

原始家庭的形成离不开自然选择对原始人类群体发挥的重大作用。起初，人类的劳动生产工具十分简陋，严峻恶劣的自然环境迫使其生存空间无法依靠个人肉体劳动的生产，因而只能依靠原始的群体力量获得生存和繁衍的条件，否则个体的力量就可能被淘汰。此刻人们过着群居的生活，两性关系的结合是人类自身生产及其再生产的重要方式，处在蒙昧时代初期阶段的人们并无什么社会规范和习俗禁忌，两性结合呈现为杂乱性关系。而所谓"杂乱"是相对于"后来由习俗所规定的那些限制那时还不存在"① 而言，巴霍芬也用大量数据证明了"杂婚"的存在。摩尔根也证明了人类社会初期阶段曾存在着这种原始状态。恩格斯指出，这种"杂婚"的结合只是异性的结合，还不是家庭的结合。这种家庭和婚姻的最初发展阶段，经历了较为漫长的时期。承认原始状态就意味着婚姻和家庭不是从来就有的，那种将一夫一妻制家庭或者个体婚制视为人类社会早期阶段的最初样态的观点也是荒谬的。

经过"杂婚"阶段的社会阶段，两性关系的结合开始出现性关系的限制和社会禁忌的习俗规定。这种社会禁忌的出现产生了全新的意义，它表明社会开始进入由社会规范建立的两性关系的结合状态。这时两性关系摆脱了"杂乱性交"关系而进入"群婚"。可以说，婚姻关系的缔结产生于两性关系间的社会禁忌和习俗限制的结合，意味着两性关系结合开始具有一定的社会行为规范，人类逐渐从"杂婚"状态进入"群婚"的婚配关系，为家庭的产生和氏族的产生奠定了基础。随着禁忌限制越来越多，群婚制也进入个体婚制和个体家庭。在这个较为漫长的演变过程中，从"杂婚"到"群婚"再到个体婚制的建立，并不是社会历史的发展产物，而是自然历史的发展过程。

自两性关系出现社会禁忌，人类社会便进入群婚时代。社会禁忌的增多和繁杂影响着群婚关系范围的大小。这也是人类社会婚姻和家庭史发展变迁的历程。而维系这些群婚关系和家庭形式变迁过程的关键则是共同的纽带所维系的血缘关系。恩格斯指出："被共同的婚姻纽带所联结的范围，起初是很广泛的，后来越来越缩小，直到最后只留下现在占主要地位的成对配偶为止。"② 受自然选择作用的重要影响，人类依靠群体生存机会获得生存和繁衍可能。而前辈爱护后辈及其后辈尊敬前辈的辈

---

① 《马克思恩格斯文集》第4卷，人民出版社2009年版，第47页。
② 《马克思恩格斯文集》第4卷，人民出版社2009年版，第42页。

分意识开始逐渐萌芽和发展起来，这也是社会习俗开始出现禁止前辈和后辈之间两性结合的缘故。这种将通婚范围限制在同辈之间是人类社会家庭形式的第一个伟大进步，由此马克思认可摩尔根的"第一个有组织的社会形式"便是从血缘家庭中产生。后来社会禁忌的增多，排除族内的男女关系的结合，禁止兄弟和姊妹之间通婚。这一社会禁忌的出现，使社会进入伙婚制家庭阶段。之所以发生这种转变，自然选择的结果起到了主导和支配作用，对于人类社会生物体来说是被动适应的，还不太可能自觉地调整婚姻家庭形式的结合，使自己的结合主动适应自然选择。由此，人类自身生产及其再生产在血缘禁忌结合中逐渐起到进化和优生效果，在自然选择中逐渐站稳脚跟，并繁衍扩大种族。同时也为同一氏族的组织形式的建立和扩大奠定基础。

因此，在群婚阶段，原本一个原始部落本就是一个完整的基本单位。在经历自然选择的结果后，整个部落开始分为若干个独立的部落，彼此内部通婚。后来社会禁忌禁止族内同辈男女之间结合而要求族外婚，这就使得不同部落或者不同族团之间建立联系，从而亲属制度和亲属称谓也随之产生。如姑母、舅父、表兄弟等称谓。由此上述血缘制部落便转化为氏族成员。恩格斯指出，氏族制度都是从普那路亚家庭中直接发生，在一切同辈男女之间，甚至在母系旁系亲属间的社会禁忌的结合中出现，氏族集团由此形成。而根据这种婚婚观念所确定的一个女祖先，都是该氏族的成员。

从以上对血缘家庭和伙婚制家庭的梳理中发现，氏族出现在普那路亚家庭，早于一夫一妻制和对偶制家庭。血缘婚基础上所建立的"血缘家庭"和"伙婚制"基础上所形成的"氏族"集团离不开"血缘"这一重要因素，因此"血缘关系"则是维系人类婚姻关系早期阶段的重要纽带。血缘家庭是家庭的其中一种形式，凸显出那时的家庭并未独立于原始公社外的经济因素作用而已。因此，原始家庭的存在以血缘关系为维系纽带，从而凸显出恩格斯"两种生产"理论中"人类自身生产及其再生产"在原始社会特定阶段所发挥的支配作用。

（二）原始家庭的家户经济建立在原始共产制之上

受自然选择机制的作用，社会禁忌和习俗限制逐渐增多，从而人类婚姻关系和家庭形式逐渐将非规范性的杂婚关系排除在婚姻关系之外。依托于血缘婚基础上的血缘家庭并未达到完全独立于群体力量之外的生存条件，也就是说，那时的家庭经济仍然受到氏族公社制度的非经济因素支配。

在原始社会早期阶段，由于生产力水平低微，生产工具简陋，因而男子的捕鱼、打猎活动所得十分不稳定，但女子从事的采摘和原始农业工作，是维系氏族社会内部繁衍所需的生活来源。因此，女子就成为维系氏族社会的历史承担者，在氏族社会内部享有较高的地位。群婚制背景下，两性关系的结合，使得人们不知其父但知其母。因此，尽管夫妻之间的结合不再属于同一血族集团，氏族各代的子女也只能自动归入母系氏族。在这种情况下，"父系血统不能确立"而"只承认女系"血统。这便是母系制氏族时代。

从人类史前婚姻关系和家庭关系的演进过程来看，恩格斯并未过多强调经济因素的作用，而是承认自然选择的结果。而造成氏族产生及其繁衍的关键在于人类自身生产方式的变革，是家庭形态及其所体现的血族关系，是物质生产资料能力较低而只能依靠人类自身生产能力以适应复杂多变的恶劣环境。因此，捕捉大型动物、制造复杂生产工具就需要依靠氏族集团的力量。世代婚配关系及其社会制度也依附在血缘关系之上。在这种情况下，维系氏族繁衍壮大并在自然选择原则作用下不被淘汰，根本上还是需要改进人类自身生产方式，即家庭形态和亲属制度。

于是，在母系制时代，氏族内各个原始家庭都是由不同的血族团体组合而成，因而维系家庭的关键是血缘亲族关系，这决定了氏族社会原始共产制。人们彼此之间相互关怀和亲密联系，氏族内的财产归氏族成员全体所有；氏族各代的子女也自然划归入母系氏族内；氏族内的婚配关系来源于族外团体。在这种公社制度内，母系氏族公社是原始公社制度的特殊形式，"并且借某种社会的和宗教的制度而组成一个特殊的公社"[1]。由此，氏族制度内的原始家庭经济不是依托其他经济因素组建，而是具有基于血缘团体所表现的原始共产制特征。

---

[1]《马克思恩格斯文集》第4卷，人民出版社2009年版，第99页。

（三）原始家庭公社经济规模受人类自身生产方式的制约

原始共产制是氏族公社制度的基本特征。在母权制时代里，它的表现和作用尤为突出。血族团体根据不同的血统世袭办法划分为母系和父系。母权制是血族团体由同一女性祖先的后裔组成。同理，父权制的血族团体则是由同一男性祖先的后裔组成。由于父权制的出现伴随着个体婚制及其个人家庭的发展，那些以血族关系为基础的血缘团体的作用便逐渐减弱，开始让位于物质生产资料的经济要素所表现的新的社会成分。

在母系制时代，原始共产制的共同的家户经济尚未出现血族关系之外的其他经济因素，血族关系仍是维系血族团体或者亲族集团组织的纽带。根据血缘关系的远近程度，整个氏族制度内部盛行着家族、宗族、氏族、胞族、部落等组织形式；在群婚时代，只要存在群婚，人们的婚配关系及其子女的世系就只能按照母系方面准则予以延续确定。那么血族团体的规模受什么影响？与哪一些因素有关联？

众所周知，氏族起源于人类自身生产方式的变革，它揭示人类社会血族关系群体的发展结果，因而原始家庭的公社经济的规模受制于人类自身生产方式。氏族制度发生于普那路亚家庭中，在该制度下，血族关系群体集团表现为母系亲族集团。这主要是出于社会禁忌的增多使得夫妻婚配关系源自族外部落集团，因而原始家庭便由此确立起母系血缘亲属集团。因此，不难看出：这种原始社会制度和家庭制度的变迁几乎保持一致关系。但值得注意的是，普那路亚家庭只是社会禁止内部通婚的母系集团的其中一种家庭和氏族集团。恩格斯指出，澳大利亚原始人群体中的级别制度也可以发展为氏族的出发点，但他们没有普那路亚家庭模式，只是发展起更为粗野的群婚形式。[1] 在这种情况下，人类原始家庭公社经济的基础就依附于血缘亲属关系之中，从而原始家庭公社经济的规模受制于血族团体规模的制约，而支配血族团体规模的因素则在于人类自身生产方式。人类自身生产方式的变革在原始公社阶段受到自然选择原则的作用较大，从而使得那些遵循此原则的外婚集团及其原始家庭形态远比内婚制集团的部落群体要大得多，而且人类自身的生产及其再

---

[1] 参见《马克思恩格斯文集》第4卷，人民出版社2009年版，第52页。

生产的质量和数量都得到了极大的改善，从而得以在恶劣自然环境中实现存续发展。

因此，在血缘亲属关系发挥作用的背景下，每个原始家庭都是经历几代后发生分裂。受母系制观念的影响，原始家庭呈现原始共产制特征；共同的家户经济的规模受制于人类自身生产方式因素的制约，那些经过人类自身生产方式的自然改善之后，产生的质量及其数量都决定着家庭公社的最大限度规模。不过这种规模并不是静止不变的，而是受到一定条件的变化而改变。当母系制观念和社会禁忌观念增多，就会对旧有的家庭公社群体形成分裂和促进新家庭公社的建立。这也是普那路亚家庭形式的由来。一言以蔽之，在自然选择机制和人类自身生产方式下，原始共产制的共同的家户经济决定着家庭公社规模的最大限度。

二 原理二：古典专偶制是在物质资料生产和私有制原则成为社会主要力量时展开的个体家庭形式

专偶制是婚姻关系和家庭关系发展到特定阶段所产生的一夫一妻制形式，历经血婚制、伙婚制、对偶制等阶段，从"杂婚"走向"群婚"后发展为"个体婚制"，这种个体婚制家庭的形成不是个人性爱的发展结果，而是建立在男子统治的推动力和历史承担者基础上，是为了保存和继承财产而确立的。因此，专偶制蕴含着一系列基本原理，是建立在一定经济条件基础上，是私有制代替原始自然条件公社制社会占有的家庭形式。它的产生并不是个人性爱的结果，或者说性爱在其中被遮蔽，潜藏着夫妻关系作为阶级对抗关系的征兆。

自专偶制出现以来，个体家庭力量就逐渐显现出来，但同时对妻子的野蛮粗暴的奴役关系也蔓延开来，形成对妇女的奴役关系的私有制。恩格斯透视专偶制的基本结构及其本质，将其划分为古典的专偶制和真正的专偶制。前者包含着对妇女的奴役关系为全部基础，而后者则是以相互的爱慕和热烈的爱情为基础的性爱关系的常规。因此，分析专偶制的基本原理对我们理解古典专偶制及预测未来真正专偶制的形成具有非常重大的现实意义和历史意义。

(一) 专偶制是以经济条件而非个人性爱的结果

专偶制从对偶制中演化而来,并非家庭的最初样态。对偶制与专偶制家庭的最大区别在于"婚姻关系的稳定性"。在对偶制家庭阶段,一般实行"从妻居"。此时仍然是女系制主导的时代,丈夫的财产及其子女,都是以主妻所在的氏族为准则。对于摩尔根所强调的对偶家庭,男子可享受"多妻和偶尔的通奸"显然是不太确切的客观事实。但这种婚姻关系的稳定是十分短暂的,任何夫妻一方因为日常生活不在一起而发生通奸之事,就会成为对偶家庭破裂的主要原因。婚姻关系会"根据夫妇任何一方的意愿而解除",从而造成对偶制家庭的不稳定性。恩格斯指出,任何双方,只能在离婚之后,才能再次找对象并通婚。霍匹人部落反对任何形式的重婚,因而美洲是典型的"对偶家庭的古典地区"。

群婚逐渐向个体婚制的过渡,离不开妇女对婚姻关系和贞操观念的努力。恩格斯十分同意巴霍芬认为的是妇女完成了群婚制向个体婚制过渡。伴随着古代共产制的解体和人口密度的增大,渐渐失去素朴性质,迫使妇女对保持贞操观念和缩小婚配范围的权利逐渐越来越强烈,由此而来就会"暂时地或者长久地只同一个男子结婚的权利作为解救的办法"[①]。但是对偶制阶段,仍然保留着部分群婚制的残余,包括后来的专偶制所出现的一妻多夫或者一夫多妻现象。恩格斯列举了几种残余形式,如姊妹共夫、特殊节日性自由、婚前性自由、婚礼性自由和初夜权等。由此一来,不难看出,对偶制的婚姻缔结决不是个人性爱的结果,甚至延续着部分群婚制的遗俗遗风现象。尽管此阶段根本没有使早期的共产制家庭经济解体,但婚姻有一定的个体婚制,能够给予妇女一定的自由度。

而专偶制的到来,则是在原始社会进入晚期,人类婚姻关系和家庭关系走向专偶制的"从夫居",婚配对象转变为男娶女嫁,妻子脱离于原本氏族而进入夫方家庭生活。从妻居到从夫居的转变并不是自然产生的,而是起源于经济条件,归因于社会出现新的经济成分。私有财产的出现进而引发"三个过渡",使得专偶制产生。

---

① 《马克思恩格斯文集》第 4 卷,人民出版社 2009 年版,第 64 页。

其一，从妻居向从夫居的过渡。这种过渡是专偶制早期阶段，是依据男子个体劳动趋势增强所带来的物质资料的生产成为衡量社会生产发展的准则。亦即恩格斯所言"物质资料生产"成为影响社会依存和存续发展的衡量尺度。原始社会早期阶段，人类自身生产是社会依存和存续发展的关键尺度和基本准则，而妇女由于从事的采摘和原始农业成为维持氏族日常生活必需的稳定来源，因而成为人类自身生产的历史承担者，由此得到较高的社会地位和社会威望。而进入原始社会晚期，男子凭借劳动工具的更新和由此而来的个体劳动能力的增强使维持种族繁衍和发展不成问题。与此同时，劳动剩余产品出现使得社会财富占有和人口密度增加，使得物质生产资料日渐成为社会依存和存续发展的重心和基本准则。反映在家庭地位中，就转变为男子地位提升且越来越受到社会重视，从而引发从妻居向从夫居转变。

其二，母权制向父权制的过渡。当社会依存的重心转变为物质生产资料时，两性地位也随之发展变化。女方所从事的劳动就逐渐因远离公共事业性质而地位下降到奴隶一般地位，依托于丈夫的经济条件而成为男子的附属物。而男子凭借先天生理因素及其劳动所得优势，使得社会财富占有逐渐增多，而一旦这些财富转到个体家庭私有时，就会对母权制造成冲击。随着财富增加和男子在家庭中地位上升，男子必然要求增强地位来改变传统的女系世袭制，以与男性财产占有的社会现象相适应，因而母权制被废除，迎来父权制。

其三，对偶婚向专偶婚的过渡。随着新的社会成分的出现，尤其是私有财产的出现，使社会财富占有和权力的积累越来越集中于男子手中及其转归所属的个体家庭中去。这样必然滋生一种将男子占有财产继承给该男子子女的现象，因而就必然要求子女的确定性。因此就出现新的婚姻现象，出现抢劫婚、服役婚、买卖婚等形式，使得男子格外珍惜来之不易的妻子，并且要求妻子保持忠贞观念。因此婚姻从对偶婚转变为专偶婚。

由此，正是由于私有财产、社会地位和权力增多，奠定了男子的统治地位上升和父权制的到来，使得女子逐渐丧失对财产、地位和权利的支配权，从而造成对妇女的奴役关系的常规，进而为专偶制原理的形成奠定了经济条件的物质基础。

（二）专偶制是私有制对公社制否定的家庭形式

自原始社会晚期，社会的生产发展出现新的社会动力成分，外化为私人占有逐渐产生并日益发展为私有制。彼时的原始的公社制渐渐成为阻碍个人私有制的因素，从而私有制冲毁了氏族制度内部的基本结构，渐渐确立起以父权制为世系准则的基本准则。反映在人类婚配对象上，形成多偶制转入专偶制的个体家庭发展格局，从而形成私有制对原始自然条件的公社制的占有和革命，并使其转变为个体婚制的一夫一妻制的家庭形式，由此奠定了文明时代以来的基本的人类婚配对象的基本制度和基本结构。

在女系制阶段，原始社会内部盛行自然条件的原始共产制。面对生产工具十分简陋和恶劣的生存法则之境地，人类自身生产的目的只适用于生存发展需要，即使出现少数的交换也是小范围的间或发生。因此，人类社会共同体普遍采用群的力量通力合作、劳动所得归氏族成员全体所有；氏族或者部落的事务冲突交由氏族内部组织进行调解或平衡；实行原始的共产制分配模式，彼此间没有私有财产，也没有奴役压迫；盛行其中的是自由、平等、博爱的基本准则。因此，这种原始自然条件的公社制保留着原始的群体联合力量和集体行动的社会性以满足人类自身的生产及其再生产。而实行这种公社制，形成较大的氏族共同体或者部落共同体，是因为"成年雄者的相互宽容，没有嫉妒"，从而形成整个氏族群体这一大家庭的原始形式。

进入父系制阶段，出现新的社会动力因素，此时自然选择的结果对人类婚配对象的影响已经没有那么大作用了。恩格斯以印度人、雅利安人以及塞姆人的史实案例，阐明了自然选择原则的作用和影响微弱，取而代之的则是新的社会动力。之所以产生这种全新的社会成分，是因为家畜的驯养和畜群的繁殖，使得氏族公社的财富具有成为私有和个体家族所有的可能。家畜、畜群、土地、奴隶等创造了前所未有的财富材料，并在产品剩余之外发展为个人私有财产，并使氏族公社的集体财富转让给各个个体家庭。加之劳动力生产出超越自身的需求，从而创造出人剥削人和占有奴隶的社会条件。随着私有财产和奴隶制的兴起，引发了婚配关系和家庭关系的变化。原本最初的男女分工所从事的劳动地位也随之改变，并根据社会依存重心和发展准则的改变，男子成为获得物质资料生产的历史承担者，在家庭中的地位居于主导地位。从而"若干数目的自由人和非自由人在家长的父权之下组成一个"① 家长制家庭。这种家庭形式以奴隶制的缩影形式广泛存在于一切后来社会及其国家中。因此，这种从多偶制向专偶制过渡的家庭形式，自然也成为古典专偶制的基础。

由此一来，专偶制家庭并不是自然发展的形态，而是一种奴隶制发展的产物。它的形成凸显了在社会财富占有上少数富人和贵族的特权，是私有制基础上对自然条件的原始公社制的瓦解和文明胜利的标志之一。现代家庭的萌芽也裹挟着奴役制关系，马克思指出，这种关系与田间耕作的奴役有重大关联，蕴含着文明时代以来的一切社会及其国家中广泛存在的对立缩影。因此，专偶制婚姻形态是群婚时代的公社所有制过渡到私有制基础上的个体家庭形式，是财富私有、奴隶制共存的必然结果。

（三）专偶制的缔结是一种权衡利害的婚姻形式

恩格斯在《起源》中总结了人类婚姻家庭形式的发展阶段及其特征，指出：群婚制是与蒙昧时代相适应，对偶制是与野蛮时代相符合，以通奸和卖淫为补充形式的专偶制则是顺应了文明时代的发展。而在对偶制和专偶制中间，插入了男子对女奴隶的统治和多妻制。这种婚姻变迁的进步形式的最大特征在于，妇女的群婚的性的自由被剥夺，但男性却并未剥夺，保留至今的卖淫及其多妻制等旧制度遗俗一直延续至今，并在统治阶级中尤为盛行。即使步入资本主义社会，在现代个体家庭中，妇女仍然尚未摆脱成为男子随心所欲占有和奴役的商品对象。19世纪中叶，一位美国资产阶级分子宣称："女人只有一种权利，那就是要求保护的权利。而这种权力本身就包含了服从的义务。"②

如前文所述，专偶制产生于大量社会财富转归家庭所有，而家庭结构中男子又居于主导地位，从而促使男子的财富按照私有制原则承继给男子的子女后代，这必然要求对妻子方面的专偶婚制，而非对男子的专

---

① 《马克思恩格斯文集》第4卷，人民出版社2009年版，第69页。
② [美]莫尔顿·亨特：《情爱自然史》，赵跃、李建光译，作家出版社1988年版，第445页。

偶婚制。从这个角度看，专偶制的产生只是相对于妻子的，"根本不妨碍丈夫的公开的或秘密的多偶制"①遗俗。但这种延续于古典专偶婚制的基础，其婚姻的缔结并不是个人性爱的结果，也不是建立在自然条件之上，而是依据阶级地位所进行的权衡利害的选择。

根据专偶婚制的起源，其基础就绝非自然条件之上的杂婚或者群婚的结合，而是基于不同阶级或者利益集团权衡利害的缔结。如果说原始社会阶段的对偶婚缔结来源不同氏族，有利于加强不同氏族之间的密切联系和形成新的利益集团或者联盟。那么文明时代阶段，在阶级社会里专偶婚制的缔结则是根据所在阶级地位、权力和财富，以强化门第的社会地位和经济地位为前提，于是这种婚姻的缔结则极力提倡"门当户对"观念。因此，这种观念则拒斥个人性爱和情爱，它是阶级关系反映在婚姻关系上的表现，婚姻结合形式随着社会阶级关系性质的变化而变化。同时，这种专偶婚制家庭将充斥着文明时代各个阶级社会。

恩格斯以天主教国家和新教国家为例。这两种国家范围内的人们往往在本阶级中选择妻子，虽然个人情爱在某种程度上可以作为缔结婚姻的基础，但实际上难以完全实现。因为恋爱和婚姻的缔结都受到经济地位的制约，而且专偶制的一般最好的场合，也不过是导致被叫作家庭幸福的极端枯燥无聊的夫妇同居罢了。②恩格斯对这种阶级社会里的专偶婚给予深刻评判，指出："在这两种场合，婚姻都是由当事人的阶级地位来决定的，因此总是权衡利害的婚姻。这种权衡利害的婚姻，在这两种场合都往往变为最粗鄙的卖淫——有时是双方，而更常见的是妻子。"③

于是，恩格斯强调专偶婚制完全受到所有制的制约，其婚姻的缔结并不是作为个人情爱的最高形式出现的，即使一男一女结合的婚姻形式孕育着真正的个人性爱基础，但支配家庭关系的因素仍然是资本主义的经济关系，而性爱只有在无产阶级中间才可能成为对妇女的关系的常规。因为无产阶级家庭中，彼此都是无产者，没有私有财产可以保存和继承，贫穷的工人不必"为了维护男子统治的资产阶级法律"而奴役妇女，从

---

① 《马克思恩格斯文集》第4卷，人民出版社2009年版，第89页。
② 参见《马克思恩格斯文集》第4卷，人民出版社2009年版，第84页。
③ 《马克思恩格斯文集》第4卷，人民出版社2009年版，第84页。

而夫妻关系都是平等关系，不是统治与被统治的关系。因此，古典的专偶制的全部基础也便随之瓦解崩溃。无产者的专偶婚制则是真正的一夫一妻制，在废除了私有财产、社会地位之上的权衡利害的选择之后，女子便会毫无顾虑地委身于所爱的男子，从而获得真正的婚姻自由权。

综上，古典的专偶婚制的缔结是依托阶级关系和经济因素的考量为转移的社会现象，并未实现夫妻关系的平等关系和自主权，由此造成文明时代以来蔓延至今的男尊女卑社会地位的社会根源。现代世界上的专偶婚制和卖淫虽是对立物，但却是不可分离的对立物，它们与奴隶制和财产关系共存发展。当专偶制内的妇女广泛参与国家事务或者参加大工业生产的公共事业，就会减少对家务劳动的私人服务的占据，从而获得一定的经济收入而处于同男子平等的地位。这也就为个人性爱的产生创造了条件。同时在废除了资本主义生产及其所依靠的财产关系，婚姻的自由缔结也就渐渐消除婚配关系的对象选择所附加的经济考虑，从而获得了婚姻的真正的自主权及其夫妻的平等关系。从这个意义上来说，专偶制不以自然条件为基础，而以经济条件为基础；其婚姻缔结不是个人性爱的结果，而是在阶级地位范畴下的权衡利害的婚姻形式，同时充斥着男子对妇女的奴役关系的常规。只有作为夫妇相互的现代性爱真正发挥作用而减少对经济考虑和财产的继承观照时，古典的专偶制的全部基础才会消失。

三　原理三：消灭私有制和实行社会化大生产是建立真正的一夫一妻制的阶级前提和物质基础

古典的专偶制以经济条件为基础，是在阶级地位框架下对经济地位和社会地位进行权衡利害的选择。而专偶婚制的个体婚制跟个人的性爱因素无关紧要，即使部分出现的性爱因素成为婚姻缔结的基础，如新教国家就主张婚姻缔结以恋爱为前提，但很难落到实处，难以完全实现。由于缔结婚姻遵循父母之命，毫无自主权，因而也毫无情爱可言，其结果是一夫一妻制所固有的矛盾得到了最充分的发展，使得男子杂婚和女子通奸时有发生。因此，在阶级社会里，个体婚制的缔结往往视为一种契约，契约双方是由所在的阶级地位来决定。因此呈现"权衡利害"的被迫选择，这就助长了最粗鄙的卖淫风气的盛行。与此同时，专偶制为个人性爱因素的崛起创造了必要的条件，更为性爱成长为婚姻缔结和夫妻关系的平等提供了必要的社会条件。

（一）专偶婚制为个人性爱的滋生创造了潜在可能

个体婚制的发展，无疑是人类婚姻史上卓越的进步趋势，它使群婚制进入个体婚制，具备个体性质特征，这种一男一女的婚姻结合就为个人性爱的产生创造了前提条件和现实可能。但这需要给予女子一定的自由和尊重的平等地位。在欧洲中世纪的封建制社会里，当时私有财产的发展受到日耳曼人奴隶制世界的急速扩张影响，故而当时的专偶制比较温和，"使妇女至少从外表上看来有了古典古代所从未有过的更受尊敬和更加自由的地位"[①]，从而在专偶制框架内发展起来一种被恩格斯称为"现代的个人性爱"的观念。这不仅是过去世界最伟大的道德进步的表现，也是现代的个人性爱滋生的表现，因而是"整个过去的世界所不知道的"进步表现。

既然专偶制为现代的个人性爱创造了可能，那么现代的个人性爱以何种方式存在呢？或许它存在于专偶制家庭内部，又或者与专偶制家庭并行，或者是与专偶制形态相冲突。总之，最初的现代性爱并不是以两个人和好并且作为最高的发展形式出现的，而是在阶级社会前提下对社会地位和经济地位权衡利害的考量。这种考量，归因于丈夫的支配地位和统治地位。如此，这种婚姻基础就排斥性爱基础，造成婚姻和爱情之间的对立冲突。

如果说专偶制背景下的个人性爱并不是夫妇之爱，那么一男一女的婚姻结合就为个人性爱的情感基础创造了可能。在对偶制阶段，存在主夫和主妻等杂婚形式，夫妻之间的同居也比较少，因而夫妻之间的感情并不稳定，很容易因任意一方的不合而宣告婚姻结束。而专偶制则是一男一女的婚姻结合，如果暂不考虑阶级地位和经济地位，一夫一妻制的个体家庭就为培养现代个人性爱的情感基础提供可能。因为现代社会纯

---

① 《马克思恩格斯文集》第 4 卷，人民出版社 2009 年版，第 82 页。

粹是以个体家庭为分子组成的一个总体，婚姻的缔结有许多"自愿"形式的契约结合，在法律上具有平等的权利和义务。不少国家的宪法法案都蕴含着婚姻的缔结需要公开订立契约的要求。尽管看起来仿佛是双方自愿缔结的婚姻契约，但只限制于法律的平等层面而已。因此，温和的专偶制内部给予了女性一定的自由和尊重的平等权利，从而滋生出现代的个人性爱，尽管这种婚姻缔结毫无自主权，仍然不顾爱情，但还是在一定程度上允许着现代性爱可以成为缔结婚姻的基础。

（二）真正性爱在无产阶级中发挥出社会革命效应

古典的专偶制前提下滋生出过去世界所不知道的现代性爱，但受到资产阶级财产关系和经济地位的转移而难以成为先决条件。从而使得专偶制所固有的矛盾得到了最充分的发展，即丈夫的杂婚和妻子的大肆通奸。即使在资产阶级家庭中，依然难逃丈夫支配，妻子处于"出卖为奴隶"那般境地。因此，这种性爱并不是彼此之间的爱慕结合，也不是夫妻平等关系的家庭写照，因而不是真正的性爱。

什么是真正的性爱？它存在于何处？若回答这些问题，就需要结合阶级分析法。恩格斯指出，真正的性爱现象并不是人类从来就有的，而是历史发展的产物，实质上反映的是异性间的独特的社会关系。恩格斯将性爱分为低级和高级形式。起初低级的性爱涵盖着男性对女性的奴役，是适应一夫一妻制的婚姻关系和继承财产的需要。这也是希腊人公开宣布的个体婚的唯一动机所在。高级关系的性爱是异性间"和好的最高形式"，是彼此之间相互的爱慕，这种异性间的特殊关系便萌发出平等的社会关系，它与专偶制框架下男子对女子的奴役与被奴役、支配与被支配的社会关系截然对立。这种专偶制社会关系的现代性爱与婚姻形式保持一致的关系，因而只能是一夫一妻制的个体家庭。正如恩格斯所说："专偶制是现代的性爱能在其中发展起来的唯一形式。"① 由此一来，现代性爱在专偶制现代个体家庭中产生，促进了专偶制自身的发展，改善了人类自身生产及其再生产的人口素质，驱使夫妻关系在现代家庭中的地位向平等权利的方向转变。从这个角度看，现代性爱为个体婚制的夫妻关

---

① 《马克思恩格斯文集》第4卷，人民出版社2009年版，第83页。

系的平等改善提供了伦理变革的现实可能。

另外，现代性爱成为婚姻的基础需要一定的条件。恩格斯对真正的婚姻自由的缔结给出了答案，即结婚的充分自由，只有在消灭了资本主义生产和它所造成的财产关系，从而将婚姻缔结所附加的经济因素的考量消除以后，才可能实现。也就是说，无产者的婚姻家庭内存在着真正的性爱的可能。因为无产者家庭没有财产关系，因而也就没有男子对女子的奴役关系的必要；加之资本主义大工业生产迫使妇女广泛参与其中，成为赡养家庭和挣工资的供养者，从而为婚姻缔结在彼此平等和相互爱慕奠定物质基础。因此，这种真正的性爱也才成为并且确实成为对妇女的关系的常规，也才能使得女子毫无顾虑地委身于男子。

因此，无产阶级的家庭内部蕴含着热烈的爱情和保持忠贞的婚姻形式，是资产阶级专偶制的更高阶段，是孕育现代性爱和夫妻平等关系的土壤。在破除资本主义生产及其所造成的财产关系之后，真正的性爱与真正的专偶制才能保持一致关系。在性爱成为婚姻的基础时，也就是形成废除男子对女子奴役制的全部基础，建立以性爱为基础的新型的婚姻关系将成为真正性爱和婚姻自主自由的基本原则。

在社会主义制度条件下，性爱具备了夫妻平等、志趣相投、三观相近等多种社会关系写照。作为社会主义制度的中国，婚姻已基本具备以性爱为基础的婚姻条件，但买卖婚姻和包办婚姻极其讲究"门当户对"，作为婚配关系的考量仍然存在，这些旧制度遗风主要是历史残留，延续着将结婚作为"一种政治行为，是一种借新的联姻来扩大自己势力的机会；起决定作用的是家族的利益，而决不是个人的意愿"[①] 的遗俗。目前，影响婚姻制度的多重因素存在交叉和叠加影响，不容忽视。同时，女性在就业创业、劳动保障、社会活动方面常常受到歧视。但不可否认的是，随着妇女受教育程度逐渐升高，其权利意识和平等意识也在逐渐增加。现实中的各种离婚率逐年攀升现象，至少也是夫妻之间的平等和婚姻自由的生动写照。针对那些阻碍真正性爱的婚姻意识，我们应该努力创造社会条件，营造尊重和平等的良好风尚，打击以天价彩礼和买卖婚姻作为获利手段，为婚姻以性爱为基础清除障碍。

---

① 《马克思恩格斯文集》第4卷，人民出版社2009年版，第92页。

四　原理四：在社会生产力决定下的
　　分工与交换直接促使阶级产生

人类社会为何会出现阶级？这个问题是在社会科学中占据头等重要的重大理论问题之一。在马克思主义产生之前，关于这个问题的回答众说纷纭。有"上帝说"和"人的本性说"等，这些思想观点反映出当时特定阶段的抽象思辨和脱离实际的思维特征，显然站不住脚跟。此外，还有劳动起源论和暴力起源论等主张，前者有一定合理性成分，但尚未给出科学有效的系统阐释；后者显然是结果而非原因。因此，马克思主义创建过程中，《起源》就已经对阶级起源论作出相关精辟阐释。现在就着手这一问题作进一步系统性的阐释。

原始社会晚期生产力的提高和社会依存重心的转变，使得原始社会出现分工及附加的商品交换的发展，促使整个社会发生变革，进而社会分裂为阶级，致使原始公社制度走向解体。《起源》对此的相关阐释比较明确，但关于阶级产生及其基本原理的学理阐释并不充分。阶级原理是贯穿《起源》的核心主题，它不是从来存在的事物，而是特定历史发展阶段出现的社会现象。它反映出人们在社会生产关系中的不同地位，归因于人们对物质生产资料占有关系的不同。阶级从原始社会内部产生，并因分工的侵蚀而使得个人占有成为一种优势原则，从而引发社会共同体分裂为阶级。合理的阐释阶级形成原理，不仅能够进一步阐明经典文献的基础理论研究，还有助于提高无产阶级革命队伍质量，强化无产阶级队伍思想意识形态的凝聚性。

（一）分工侵入共同生产而使个人占有成为优势

阶级是一个历史范畴，不是原初恒久存在的。在原始社会初期和中期，社会并未出现阶级和私有制。但在原始社会晚期，伴随着生产力和产品剩余的出现，阶级逐步发展起来。恩格斯在《起源》之前，就已经给出相关阐释。如在《德意志意识形态》中，马克思恩格斯明确指出，在分工发展的不同阶段，它包含着劳动及其产品的不平等分配。在《共产主义原理》中,恩格斯进一步明确指出:"阶级的存在是由于分工引起的。"① 这些都无不指向"分工"这一元素在阶级产生过程中所发挥的作用,它与私有制相互影响,共同对阶级的产生发挥作用。

回顾原始社会阶段,生产力发展水平低下,生产工具十分简陋,因而人们的生产只为满足人类自身生产需要,间或发生的交换或者剩余也是局部小范围的。因此,原始社会的生产在本质上是共同的生产,人们集体协作、集体劳动,因而劳动所得自然归属氏族共同所有。原初状态下的分工也是纯粹自然发生的,是两性之间的分工:男子从事捕鱼、打猎及其制造所需的生产工具;女子从事采摘、原始农业和处理氏族社会内部的公共事务。因此,这种原始社会生产方式具有共同性或者公共性,生产和劳动所得都是归氏族集体所有,几乎不存在个人私有支配现象。

在原始社会晚期,随着生产力提高,人们劳动工具得到极大改进,当生产劳动所得逐渐超过日常所必需的物质生活资料时,这时出现产品剩余,从而为个人占有进而私有制的产生创造了可能。与此同时,原本的畜群和土地归属氏族所有,渐渐开始因为剩余而具有个人私有和集体共有的双重性质,从而这些富人逐渐优于那些没有畜群和土地的人并逐渐从氏族或部落的群体中分离开来。这时分工开始慢慢侵入这种生产过程。当个体劳动趋势逐渐增强、个体劳动所得逐渐满足生产所需时,就使得原本依存的群体成为非必要的了。分工也就随着生产力发展和产品剩余逐渐发生,由此带来个人占有成为普遍性常规。

分工破坏生产的共同性,使个人占有成为一种优势。首先,分工最初就包含着物质生产资料的分配。当社会开始出现产品剩余时,人们的生产方式就不再局限于满足自身需求,开始与有关生产工具相结合而衍生出更多的生产部门,出现不同从事部门的分工,有的从事驯养,有的从事种植栽培,有的从事制陶,等等。多种生产部门的分工极大地提高了生产效率,促使了劳动生产技能的提高。其次,分工将劳动个体性凸显出来,为个人占有成为优势创造了规则。原本依靠群体力量所进行的共同生产并未突显出劳动的个体性特征,而生产力提高之后,个体劳动趋势逐渐增强,在出现不同生产部门时,多种物质资料生产及其产品剩

---

① 《马克思恩格斯文集》第 1 卷,人民出版社 2009 年版,第 688 页。

余也就成为个人支配生产过程,并进而侵害了生产的共同性,为个人占有创造了条件。最后,分工带来了以个人交换为目的的生产动机。原本共同的生产是满足人类自身生产及其再生产,但分工侵入这种生产共同性,使生产所必需的群体力量成为多余。当个体劳动的产品有了剩余并由此成为获取财富的来源时,个人生产的目的动机就由此发生转变,即为交换而生产。因此,个人占有便为个人之间的交换创造了条件。

由此可见,分工带来了个人占有,并使其成为一种显著的优势规则。而这种规则破坏了生产和占有的共同性状态,使得原本平等的氏族共同体由于分工而带来了社会分裂。同时,分工带来了劳动生产效率的提升和个人获取财富的扩展。当社会个人占有并获取大量财产以后,人们普遍感受到财产带来的影响和力量,这时剥削和压迫现象便出现了。总之,分工在促进生产个体性发展的同时,也必然因交换而带来私人占有现象的普遍化,因而社会群体的两极分化也就愈演愈烈了。

(二) 分工及其附加的交换充分发展改变了整个社会结构

在蒙昧时代和野蛮时代,由于生产力水平极其低下,人们从事的生产劳动仅仅用于满足人类自身生产及其再生产需要,几乎不存在剩余产品。此时的分工是纯粹自然产生的,起初是两性之间的分工,间或发生的交换也是局部小范围的。因为这个阶段上,人的劳动力还不能提供超出维持它的费用的显著的盈余。[①] 后来随着牲畜的饲养和繁殖及其后来的田间耕作,人类生产方式即刻发生变化。劳动力也在畜群转归家庭所有之后发生变化。分工的出现改变了人们与物质生产资料的结合方式。人们从旧的生产方式的结合中自主摸索着前进,一方面获得劳动技能的自然累进和提高,使得物质生产资料逐渐摆脱原始的状态;另一方面,与物质生产资料的新的结合方式改造了人们对生产工具的关系,从分工引发的个人占有到社会私有,逐渐改变着人们对生产资料的占有性质。这是一个逐步分化的过程,也是交换从局部走向普遍、从间或走向经常的过程。

进入原始社会晚期,劳动生产率的提高,使原始农业、畜牧业逐渐

[①] 参见《马克思恩格斯全集》第28卷,人民出版社2018年版,第70页。

分离出来，分别成为一些部落所主营的事业；由分工侵入生产的共同性领域，使得个人占有成为一种占优势的规则，从而产生了个人之间的交换。起初在不同部落之间，尤其是部落酋长之间的间或交换，后来是个人之间的交换，且个人占有和个人交换逐渐成为普遍性和经常性现象。

分工后引起的经常性的普遍交换反映了生产和占有的私有状态，凸显了生产的个体性不再满足于自身消费需要，而是为交换而生产的状态，呈现分工在生产领域的平衡作用。它不仅提高了劳动生产效率，增加了物质生产资料的丰富性，从而更好地满足人类自身生产所需，还促进了商品交换在个人之间普遍流行，使劳动生产进入分化和对劳动成果的占有过程。因此，分工的实现过程也意味着共产制走向瓦解、个人占有和个人交换逐步成为普遍性的过程，为财产逐步私有并进而发生阶级分化创造了条件。

（三）分工是引发社会之分裂为阶级的直接原因

阶级是如何形成的？恩格斯通过对分工和社会分裂的分析，揭示阶级的根源应当从经济社会因素中寻找，即从生产力增长、社会分工和财富占有方面着手。如前文所述，在原始社会阶段，生产力水平低下，分工纯粹是两性之间自然产生的。但由于人们劳动所得仅仅勉强维持自身生产所必需，几乎没有剩余产品，所以这种情况下，人们的劳动力还没有什么价值，自然不会成为占有和剥夺的对象。随着个体劳动趋势的增强，劳动生产效率的提高，劳动力能够生产出超过维持自身生产所需的产品时，便开始出现社会分工。这样人们的劳动力就具有了实际价值，成为他人可能占有或者奴役的对象。

因此，社会开始发生分裂。这种分裂是在既定条件下的历史产物，它蕴含着生产力的发展，使得分工造成的劳动生产效率提高，提供了劳动生产超过维持自身所需的剩余产品，从而为他人占有和剥夺提供了可能。由此一来，劳动力的占有者就转化为剩余产品的占有者，进而成为掌握社会财富的支配者。于是，根据财富多少将自由人划分为各个阶级，打破了原本自由平等的氏族成员关系，氏族公社的共同财富转化为因分工带来的不同人群所有，那些占有社会财富的一些大的集团，在社会生产体系中居于主导地位，这样的利益集团称为"阶级"。"在这被迫专门从事劳动的大多数人之旁,形成了一个脱离直接生产劳动的阶级,它掌管社会的共同事务:劳动管理、国家事务、司法、科学、艺术等。因此,分工的规律就是阶级划分的基础。"① 因此,分工是引发社会之分裂为阶级的直接原因,也是划分阶级的基础。

分工将社会分裂为不同利益的群体,并形成不同的利益集团,由此派生出许多矛盾和斗争,造成"个人利益"与"共同利益"之间的冲突。正如马克思所说:"随着分工的发展也产生了单个人的利益或单个家庭的利益与所有互相交往的个人的共同利益之间的矛盾。"② 因此,阶级是从氏族内部产生,而划分不同阶级的规则是外部强加于氏族社会的力量。它是逐步形成的,经过较为漫长的发展过程。从最初的贫富差距,到后来的占有劳动力,即奴隶现象。当占有奴隶成为"社会制度的一个本质的组成部分"时,人类社会第一次大分裂便由此形成。由此观之,与分工同时出现的还有分配,它们在劳动力及其产品的不平等的分配上产生了私有制,进而引发氏族内部贫富分化并达到严重地步,最终把氏族或者部落共同体分裂为两大对立集团——剥削者和被剥削者。

综上所述,阶级是一种历史范畴。它从氏族内部产生,经由分工及其产生的后果引起人们生产的个体性和占有的不平等,从而否定和瓦解氏族社会制度;在与物质生产资料的结合中形成了不同生产劳动部门,进一步分化了氏族成员共同占有生产资料;在商品生产和交换日渐成为普遍性时,出现贫富差距,进一步刺激阶级分化。一句话,在分工、交换、私有制及其分工的后果等多重方面的综合作用下,阶级的产生便水到渠成了。

五 原理五:不以血缘而以地域划分居民的国家是阶级矛盾不可调和的产物

国家和阶级一样,是一种历史范畴。它从氏族机关转化而来,是从氏族社会内部分裂为对立阶级的现实冲突中所产生出的一种平衡各方利

---

① 《马克思恩格斯选集》第3卷,人民出版社2012年版,第669页。
② 《马克思恩格斯文集》第1卷,人民出版社2009年版,第536页。

益的政治机器，这也是原始社会晚期出现因分工、私有制而形成不同利益和新的需要而要求新的制度和机构的第三方力量。众所周知，氏族公社的力量在生产力发展和私有制的侵蚀下趋于瓦解，原本封闭的氏族机关无法应对因全部经济条件的改变而分裂为剥削者和被剥削者的阶级对立社会。于是，国家在这种情况下应运而生。可见，恩格斯对国家形成的基本原理不是从观念或者理性抽象中寻找，而是从社会经济发展中寻找。辩证唯物地阐释国家形成的基本原理，有助于澄清各种对马克思主义国家观的曲解，对正确理解国家起源、国家本质及其对未来发展方向都将起到十分重要的意义。

（一）以地域关系为基础的地区组织的形成

国家的产生有其特定的社会历史条件。恩格斯通过对雅典、罗马和德意志三种国家形式的梳理，概括出三者的共性和个性特征，从而分析出国家产生的最根本、最本质的原因。也正是通过对国家起源、发展和未来消失的规律的揭示，阐明了国家的基本原理。

那么国家产生的基础是什么？如果从地域关系来看，它是建立在地域关系取代血缘关系为基础的地区组织之上。在原始社会阶段，维系氏族制度的核心和纽带在于血缘关系，这是决定氏族社会存续发展的根基，氏族是社会制度的基本单位和基础。在摩尔根看来，氏族制度下的人们是自由的、民主的。一般氏族社会内部出现的矛盾或者冲突往往是不依靠外部力量而是由内部民主来解决。因此，以血缘关系为主导的氏族制度是原始的政治方式。恩格斯进一步补充，指出决定人类社会早期阶段的核心在于人类自身生产及其再生产，它是维系古代社会存续发展的核心准则，而血缘关系则是贯穿其中的联结纽带，是决定氏族、胞族和部落存续发展的根基。因此，氏族成员组成一个民主性团体，共同处理氏族内部事务。这种社会组织"没有士兵、宪兵和警察，没有贵族、国王、总督、地方官和法官，没有监狱，没有诉讼，而一切都是有条理的"[①]。

但这种社会组织注定是要灭亡的，因为构成国家的地域基础还是在这样的组织中萌芽了。当生产力水平极其低下时，血缘关系则是构成维

[①] 《马克思恩格斯全集》第28卷，人民出版社2018年版，第116页。

系氏族社会存续的基本准则;而当社会分工出现时,产品剩余和商品交换促使个人之间的交换日渐普遍。分工的出现将人们划分为不同的职业集团,并且商品交换的发展驱使人们的生产扩大至更广阔的领域,使得封闭的氏族社会再也无法容纳这些出现的新成分。人们根据社会分工和交换的实际需要,不同氏族、胞族、部落开始出现按地域聚居。这种聚居相对于以血缘关系为基础的氏族来说则是新出现的杂居;分工不同的职业集团处在同一地域内,既有共同的利益诉求,也有其自身的特殊利益。如典型的雅典国家,基于分工的推动而发展起来各个相当稳定的不同职业集团,除了共同的利益,每个集团内部的利益在氏族或者胞族内部是没有存在余地的。这时就需要设置一种新的社会组织来适应社会的发展变化。

可见,分工是造成血缘关系转向地域关系和形成职业集团演变的直接原因,根源在于生产力的发展。而这种转变是瓦解氏族社会制度的第一步。分工和商品交换促使人员流动频繁,从而使基于血缘关系连接起来的公社和束缚在一定地域的氏族成员不复存在。这种过程经历了较为漫长的过程。恩格斯指出:"这种按照居住地组织国民的办法是一切国家共同的。因此,我们才觉得这种办法很自然;但是我们已经看到,当它在雅典和罗马能够代替按血族来组织的旧办法以前,曾经需要进行多么顽强而长久的斗争。"[①] 尽管氏族制度做出了最大的让步,但它仍然无法适应地域关系的转变,且暴露的缺点越来越明显。此时人们头脑中的观念越来越力求摆脱生存于其中的氏族社会,转入以地域关系为基础的政治社会,如"雅典人就这样创立了以地域和财产为基础的第二个伟大的政治方式。他们以地域结合的体系代替了由人身结合的体系。作为一种政治方式,它奠基于必须永久固定的地域,奠基于多少有些地域化的财产;它通过地域关系来和它的公民打交道,这些公民现在已经定居在乡区中了"[②]。这是形成政治社会或者国家组织的必不可少的步骤。

一言以蔽之,国家是氏族成员脱离血缘关系的地域束缚而按照地区

---

① 《马克思恩格斯全集》第 28 卷,人民出版社 2018 年版,第 199 页。
② [美] 路易斯·亨利·摩尔根:《古代社会》,杨东莼、马雍、马巨译,中央编译出版社 2007 年版,第 195 页。

组织划分组成的政治社会，它的形成，归根结底是生产力的发展和分工的出现，使得氏族成员转变为市民成员，他与国家的关系是通过地域关系和管理手段来体现的。如果说母权制向父权制的转变是一种激烈的社会革命的话，那么从以血缘关系为基础的氏族组织向以地域关系为基础的政治组织和职业集团的转变，同样是一种深刻的社会革命。它瓦解了氏族制度的根基，破坏了固有的以血缘关系为纽带的氏族组织，使得地域关系内的所有居民，不论其血缘关系如何，都成为国家中的国民了。

（二）以财产关系为核心的利益集团的产生

国家的形成与以财产关系为核心的利益集团的产生紧密相连。关于财产观念的形成，摩尔根在《古代社会》中曾指出，它萌芽于蒙昧阶段，并以这个阶段和继起的野蛮阶段的一切经验来助长它，以便使得人类头脑接受这种观念的操纵。对财产欲望的追求超乎其他一切欲望之上，则是文明时代开始的标志。恩格斯进一步指出，在野蛮时代的低级阶段，人们的生产只为用于满足自身消费，间或发生的交换行为也是限于偶然的剩余物。在中级阶段，出现将牲畜作为财产的状况，且这种状况发展到相当规模的时候，就已经超过人类自身生产所需的消费而留下若干剩余物。同时，也出现了拥有畜群为财产的游牧氏族和没有畜群的落后氏族之间的分工，从而为不同氏族之间的商品交换创造了条件。在高级阶段，分工进一步发生在农业和手工业之间，使得人类生产中的一部分用于交换，从而为个人之间的生产交换创造了历史条件。此外，劳动生产率的提高使得社会依存的重心发生转变。过去时代以血缘关系为纽带联结的人类自身生产是推动社会发展的动力，现在开始转变为物质资料生产为重心的社会规则，由此进入以父系氏族为基本社会单位的父权制时期。此时，个人占有和私有财产的出现成为社会发展的新成分，正逐渐发挥出显著作用。在对畜群、商品、奴隶的占有获得货币财富之后，还扩展至对地产财富的私有制。当土地允许买卖和抵押时，土地私有权便摆脱了氏族和部落的最高所有权的桎梏，由此产生以财产差别为依据的政治承认的常规。恩格斯指出，雅典和罗马便是根据财产状况作为划分地位的依据。中世纪的封建国家亦是如此，乃至现代的资产阶级代议制民主国家的选举资格也概莫能外。

恩格斯进一步指出，政治权力是依据财产等级状况所作的政治承认，但这种承认并不是国家的最本质的东西。恩格斯将国家的发展阶段划分为低级阶段和高级阶段。前者以对财产差别的政治承认为标志，是决定政治权力的唯一因素；后者则是以不再正式讲财产差别的民主共和国为最高形式。这种最高形式常常采取习惯性的伪善手段以追求财富贪欲为动机。

总之，原本的氏族、胞族、部落及其部落联盟就会在分工和财产差别基础上分化为不同的利益集团，那种在社会地位、经济地位占据优势的利益集团就逐渐成为统治阶级，而氏族社会的公共权力机关便不再代表全体氏族成员的普遍利益，转而变为社会分裂为统治集团自身利益的权力机关，进而依据财产关系间接地运用它的权力来行使有产阶级对无产阶级的统治。对此，恩格斯总结道：在历史上的大多数国家中，公民的权利是按照财产状况分级规定的。换言之，政治社会的公民权利地位是根据财产等级的地位来排列的。这直接地宣告国家是有产阶级用来统治压迫无产阶级的组织。

（三）以缓和阶级冲突并使冲突保持在秩序范围之内的国家应运而生

在蒙昧阶段和野蛮阶段，生活于其中的人们并不知国家为何物，看不见国家存在的标志，更不必说存在"一种特殊等级的人分化出来管理他人并为了管理而系统地一贯地掌握着某种强制机构即暴力机构"①。摩尔根通过对易洛魁人的调研得出："凡在氏族制度流行而政治社会尚未建立的地方，一切民族均处在氏族社会中，无一超越此范围者。国家是不存在的。"②

原始社会晚期，在生产力发展基础上，劳动生产效率的提高，带来个体劳动所得逐渐超过人类自身生产需要而出现产品剩余，进而逐步产生私有制。私有制的出现，使个人占有成为一种优势规则，不仅生产工具、畜群、奴隶转归为个人所有，而且土地允许买卖和抵押，随之土地

---

① 《列宁全集》第37卷，人民出版社2017年版，第65页。
② ［美］路易斯·亨利·摩尔根：《古代社会》，杨东莼、马雍、马巨译，中央编译出版社2007年版，第48页。

私有制产生。之所以发生这种转变，是因为社会依存重心发生转变。原始社会晚期，社会依存重心开始由人类自身生产转为物质资料生产，使得占有和获得财富成为人们追求的唯一目的。在分工及其后果的影响下，社会依据财产等级划分为不同的群体，依据职业分工不同分化为不同职业利益集团，原本的氏族社会内部再也无法容纳这些新的成分。在这种情况下，社会发生贫富分化，分裂为经济利益对立的两大对立阶级，即剥削者和被剥削者。

这两大对立阶级的具体表现是什么呢？其一，经由分工方面的一个新的进步而产生出不同利益集团，这种不同利益集团成员共同杂居在一起，以血缘关系为基础的氏族共同体转变为以地域和财产为基础的政治社会，因而引发集团之间的矛盾和冲突。其二，不同的职业分工引起乡村与城市的对立而要求设立一种新的机关作为管理手段。其三，社会分裂为自由民和奴隶、富人和穷人等两大对立阶级，不能调和的两大对立阶级有两种选择：要么存在于连续的公开斗争中而同归于尽，要么存在于第三种力量的统治之下以缓和冲突。

为控制这种阶级对立和矛盾，使斗争限制在统治阶级的"秩序"范围内，原始的氏族机关就不再适应了，需要一种新的力量和利益集团来平衡或者调解这种矛盾。原本分工造就的不同职业集团，就为国家产生提供了必要的路径选择。因此，国家产生的目的是为自己建立一种特殊机关来保护自己利益。马克思在《法兰西内战》一书中曾指出，统治阶级为追求自己的特殊利益，将社会的公仆转变为社会的主人，从世袭制的君主国或者民主的共和国那里可以得到确证。[①] 恩格斯在《起源》中也同样指出，在分工所造成的不同劳动部门形成的新的集团创立了新机关以保护自己的利益。

由此，恩格斯概括指出，国家是经济发展到一定阶段而必然使社会分裂为阶级时的产物，国家就由这种分裂而成为必要。确切地说，国家是社会历史发展在特定阶段上的产物，是平衡社会内部出现各种冲突而又无力解决的力量。在这个意义上，国家和阶级、私有制一样，都是生产力发展到特定阶段的产物，否定了那种国家永恒存在论、暴力起源论

---

① 参见《马克思恩格斯全集》第29卷，人民出版社2020年版，第237页。

以及理念起源论等观点；同时从多种因素中找到了国家起源的最为根本的原因，总结了国家产生的多种形式，从而阐明了历史唯物主义一般原理在国家起源问题上的精辟论述，这就为国家起源基本原理奠定了必要的理论支撑。

第七章

《起源》的当代意义

《起源》一经问世，就赢得广泛关注，产生深远影响。之所以如此，是因为它是指导全世界无产阶级革命和社会主义斗争的理论武器。时至今日，《起源》距今已有130多年的历史了，尽管时代的现实主题已经发生偏转，但捍卫历史唯物主义世界观的精神和旺盛的革命斗志却依然熠熠生辉、历久弥新。

一 《起源》对发展二十一世纪马克思主义的理论意义

《起源》是恩格斯在原始社会阶段具体运用历史唯物主义基本原理的结果，其中蕴含着丰富的马克思主义理论的养料。无论是揭示婚姻制、家庭、私有制和国家等概念范畴，还是阐释一些基本理论、基本方法，都为发展二十一世纪马克思主义的理论研究提供了必要的理论支撑。

（一）为更高阶段的美好社会提供价值先导

在马克思恩格斯之前的著作中，曾论述过人类社会发展的基本规律，无论是人类社会的"五形态"说，还是人的发展阶段的"三阶段"说，无不反映出历史唯物主义视域下对人的自由解放思想及其作为"类"的文明进步思想的深刻审视。与西方注重人本主义或者抽象思辨的"解释世界"的逻辑特征相比，马克思恩格斯在其著作中更加注重"改变世界"的逻辑特征。与其说人类社会的发展是人的思想理性和追逐财富的文明进步史，不如说是人类在实现作为"人之为人"的自我本质力量的复归，是作为"类"这一群体不断从"非自由"或者"蒙昧"阶段中走向"自由"和"文明"的动态发展的解放史。沿着这一价值主线,《起源》通过对贯穿人类原始社会生活的基本准则的具体阐释,揭示单纯质朴的氏族制度下有条理的管理方式,其彰显的制度原则和制度价值为发展二十一世纪马克思主义所面临的世界普遍性难题提供一种价值先导,对于纾解21世纪人类一切争端和纠纷具有十分重要的现实意义。

从理论角度来看,贯穿原始社会的自由、平等和博爱的基本准则为发展二十一世纪马克思主义理论研究提供了遵循的基本准则。摩尔根在《古代社会》一书中曾指出,文明社会只是人类社会发展所经历的其中一小部分,而未来社会的更高阶段,将会是"古代氏族的自由、平等和博爱的复活,但却是在更高级形式上的复活"[①]。关于这一点的具体阐释,摩尔根是通过对文明社会以来的人类文明做出的整体审视和深刻反思。他指出,文明时代以来的人类社会不断将财富增长或者追求财富作为目的,其发展形式之多和应用之广,以至于这种财富成为人类无法控制的力量。但未来社会大概率是趋于人类进步的增长规律的话,就将终结以财富为唯一目的的历史,而进入政治的民主、社会博爱、权利的平等和普及的教育。对此判断,恩格斯总体上认可并给予了高度肯定。恩格斯认为,盛行原始社会内部的氏族制度的基本准则是自由、平等和博爱,之所以有如此这般准则,是因为氏族社会的共产制经济,生活其中的氏族成员自然平等地享有权利和义务。正如恩格斯所指出:"因为共产制的家户经济和氏族都知道它们对于老年人、病人和战争残废者所负的义务。大家都是平等、自由的,包括妇女在内。"[②]

然而,文明时代以来,人类社会进入了分化为不同利益和多重需要的阶级社会,人类劳动所带来的个人占有成为人类所理解的自然赋予的最高权力,而这是"人在感情、思想行动上始终是无条件服从的"的最高指令。人类社会由此进入充斥着贫富差距、阶级对立的"差别性社会"和"私有制世界"。尽管人类的理性和智慧不断进行自我调节和自我革

[①] [美]路易斯·亨利·摩尔根:《古代社会》,杨东莼、马雍、马巨译,中央编译出版社2007年版,第401页。

[②] 《马克思恩格斯全集》第28卷,人民出版社2018年版,第116页。

命，但仍然超越不出与生产力发展相适应的自然边界。如今，21世纪的世界正经历百年未有之大变局，无论是前所未有的新一轮科技革命和产业革命带来的新一轮技术加速和激烈竞争，还是人类前途命运比过去任何时代都处于更频繁、更复杂的"人类命运共同体"格局之中。面对这种普遍交往的世界历史，"西方与资本'合谋'构建了传统全球化时代的人类文明"[1]日渐显露出"非正义"性。为研究和解决这一重大的理论问题，二十一世纪马克思主义理论则需要进一步秉承自我革命和自我完善理念，在人类文明实践基础上审视反思当代资本和财富主导的文明社会。《起源》所描述氏族制度中盛行的自由、平等和博爱原则对人类社会当下问题的理论研究提供了美好社会的理念指导和价值先导。更为重要的是，这种价值先导是以人类追寻美好社会和幸福生活的"应然"理念和规范性价值，从而为其转化为科学实践和制度实践提供原则遵循。

从现实角度来看，单纯质朴的氏族制度及其价值精神为纾解二十一世纪马克思主义理论面临的普遍性难题提供价值先导。在原始社会里，氏族内部没有私有制、贫富差距，没有阶级特权，依靠不同程度的亲属关系相对闭关自守、互不干涉，但又互相补充；权利和义务还没有任何差别；没有官僚制那般臃肿复杂的管理机关，一切争端和纠纷都在全体成员及其大会来解决。因此，当时氏族机关处理公共事务，尽管没有贵族、国王、总督、地方官和法官等，但一切治理方式都是有条有理的。反观21世纪人类社会文明的发展，受原子化个人主义和市场功利主义思潮的肆虐，使得人类社会追逐私利至上和个人至上，造成人与人、人与社会、国与国之间存在的利益冲突和需求矛盾此起彼伏。因此，氏族制度那种公共事务的民主管理方式及其制度理念所产生的自由、平等、博爱原则，为破解当今人类社会面临的全球治理难题提供了必要的信仰支撑和精神动力。

因此，作为"社会主义书刊"[2]，《起源》在充分吸收摩尔根研究成果基础上所创作的关于原始社会历史内容，不仅清晰地勾画出人类社会历史初期所存在的无剥削、无压迫、人人平等的单纯美好社会，同时系

---

[1] 陈曙光：《世界大变局与人类文明的重建》，《哲学研究》2022年第3期。
[2] 《马克思恩格斯全集》第36卷，人民出版社1975年版，第639页。

统地阐述了未来社会所需的价值理念和理想信念,为更高阶段的美好社会提供价值先导。

(二) 为当代家庭和婚姻的走向提供思想指引

《起源》概述了人类社会历史初期的家庭、婚姻制度等问题的起源及其发展变化,似乎与当下现实问题关联不大。但实际上历史不是空洞的"编年史",也不是单纯的"如实直书"的核定历史史实,而是与当下的实际生活紧密相连。

贝奈戴托·克罗齐指出:"当代性不是某一类历史的特征,而是一切历史的内在特征之后,我们就应当把历史跟生活的关系看作一种统一的关系"①,因而研究过去史并不是一种空洞的回声,而是将从非当代史的生活中涌现出来的兴趣同现代生活交织在一起,从而得出"一切真历史都是当代史"的结论。这也就意味着历史没有死去,过去的历史获得了具体形式的叙述和可证实性,从而潜藏着解决问题的有效意志和可能性。在这个意义上,研究《起源》中蕴含着的婚姻史和家庭史,可以为当代家庭观和婚姻观的确立提供必要的理论资源。

《起源》对"家庭""婚姻"起源和发展过程的梳理,阐明了家庭和婚姻是一个历史范畴,是一个动态生成变化的历史现象。在比较各种家庭形式中,恩格斯重点分析了阶级社会里的专偶制家庭及其个体婚制的实质。他指出,专偶制的出现是以私有制的经济条件为基础,而专偶婚制的结合也不是个人性爱的结合,而是以所在阶级地位和经济地位为考虑的权衡利害的婚姻,同时裹挟着对女系或者妇女的奴役形式为代价。专偶制摆脱了妇女的群婚的性的自由关系,但保留着男性的群婚的性的自由关系。因此,专偶制家庭及其个体婚制并不是资产阶级所倡导的"男女平等"。而法律的进步也是为了维护男子统治地位的父权制能够延续的具体形式。为摆脱这种两性关系的阶级对抗关系,实现真正的专偶制,恩格斯对未来家庭关系作出了设想,指出了未来家庭是建立在两性间的相互爱慕而持久的性爱结合之上,实现真正的两性关系平等的专偶

---

① [意] 贝奈戴托·克罗齐:《历史学的理论和实际》,[英] 道格拉斯·安利斯英译,傅任敢译,商务印书馆1982年版,第3页。

制。同时妇女参加社会的生产劳动，获得"独立的收入"，摆脱家务劳动的束缚，从而使男子的统治的最后残余失去基础。

中华人民共和国成立后，社会主义制度的建立及其完成所有制改造，使得妇女在政治、经济上获得了解放。而妇女的真正解放是在平等地参加社会生产实践活动，获得了同男子大致同等的地位。但目前社会主义市场经济的发展日渐渗透在各个方面，导致部分人在家庭和婚姻方面出现错误认识或者模糊认识。由于当下中国社会仍处在社会转型阶段，所以暴露出来很多问题。在就业问题上，待业青年很多，出现很多分居两地的夫妇；妇女在就业问题上和哺乳期间遭到潜在不公对待，而妇女的家务劳动也占据相当大的比例，并且未给予社会公共职能的认可，使得男女在婚姻上和家庭上的离婚率与矛盾持续上升；在婚配对象问题上，大城市的女子受教育程度增多，使得与之匹配的适龄婚配对象寥寥无几；而落后地区、乡镇地区的男子则因为贫穷的限制而成为光棍，并且这种趋势逐渐攀升；在适龄婚育选择问题上，不少人受到功利主义和攀比心理影响，致使在选择婚育问题上优先考虑"门当户对"而非两情相悦问题。婚前彩礼、房贷问题成为压在当代适龄男女青年肩膀上的"两座大山"，成为延迟婚育或不婚主义选择的最为直接的原因。因此，为减轻家庭负担，实现专偶制的男女平等，《起源》要求的家务劳动的社会化则为我们提供了现实路径指向。此外，《起源》对未来共产主义家庭的描绘，不仅为当代婚姻观和家庭观的理论研究和问题解决提供思想指引和信念支持，同时也为妇女的彻底解放和真正的一夫一妻制的实现确立了现实指向和目标导向。

（三）为新时代特定理论研究提供理论基石

贯穿《起源》全文的理论基石则是恩格斯阐释的"两种生产"理论，也是历史唯物主义基本原理在原始社会史方面的具体运用和深刻体现。恩格斯指出："历史中的决定性因素，归根结蒂是直接生活的生产和再生产。但是，生产本身又有两种。一方面是生活资料即食物、衣服、住房以及为此所必需的工具的生产；另一方面是人类自身的生产，即种的蕃衍。"[①]

---

① 《马克思恩格斯全集》第 21 卷，人民出版社 1965 年版，第 29—30 页。

关于这"两种生产"理论的区别及其作用，恩格斯认为，直接生活的生产和再生产是决定社会历史发展的主导因素。而生产又分为物质资料生产和人类自身生产。前者主要表征为劳动形态，体现的是社会生产关系，核心是所有制关系。而后者则表征为家庭形态，反映出家庭发展的不同形态，体现的是亲属关系，核心是血族关系。但是这"两种生产"在不同历史阶段所起的作用不同。不同历史和不同地区的社会制度所发挥的作用之所以不同，是因为受到"两种生产"的制约作用有所不同。

在人类社会初期阶段，人类生产劳动工具极其落后，人类社会的生存发展所遵循的规则是人类自身生产方式，其社会关系表现为血族关系。因而维系氏族社会团体的基础是血族关系。因为人类自身发展受到劳动产品的数量及其所需的物质生产资料的限制，从而在很大程度上受血族关系的支配。当劳动生产率提高之后，社会依存的重心转变为物质生产资料的生产，在出现私有制和财产差别、分工和剥削等新的社会成分后，从而被组成国家的新社会所取代。

毋庸置疑，21世纪人类社会在延续文明时代以来的各种要素下仍然受到"两种生产"的制约，因为它仍然是一切历史时代社会存在和发展的必要基础，尽管它在不同历史时代发挥的作用不同。基于此论，那么分析当下面临的问题就应该从社会生产发展的物质生产资料的条件中寻找，而不能从各种抽象理论或者头脑观念中去寻找。无论是家庭问题、婚姻问题，还是所有制、阶级对立和国家问题，这些问题都在文明时代内发生多次质的变化，但人类自身生产方式始终是专偶制形态，这种"变"与"不变"的客观事实，可以为新时代中国特色社会主义理论研究提供创新视点和思想资源。

（四）为当代世界马克思主义理论研究提供启迪方法

《起源》研究的重点是原始社会，在吸收和借鉴摩尔根的研究成果基础上，进一步回答了家庭、私有制和国家等起源问题，同时又不拘泥于思想传统和史料局限，坚持了理论与实践、逻辑与历史、阶级分析与历史分析辩证统一的科学方法，揭示了人类社会史前阶段的发展规律，启示了我们人类社会发展终将向更高阶段的共产主义社会前进。因此，列宁才会如此评价：《起源》的"每一句话都不是凭空说的，而是根据大量的史料和政治材料写成的"①。

恩格斯在评判巴霍芬的历史功绩时指出，巴霍芬肯定了母权制的存在，但却将母权制被父权制的取代原因归因于宗教，因而陷入了宗教神秘主义陷阱中；达尔文的进化论肯定了人起源于猿猴，但对转变的关键因素却一无所知；摩尔根调研出印第安人部落中的亲属制度及其背后的原始遗俗存在印记，揭示了人类社会发展的史前阶段痕迹，但在全书和方法上仍然夹杂着不自觉的唯心主义解释。马克思恩格斯历来重视理论与实践、逻辑与历史的统一方法，坚持"解释世界"和"改变世界"并重。在阐释国家起源过程中，恩格斯在认真考察了历史过程中的具体现象和历史特征的同时，也说明了这种现象的未来趋势；同时运用阶级分析方法窥探纷繁复杂的氏族社会内部结构，牢牢把握住氏族机关如何转变为国家机关这一线索，并由此阐发与之关联的经济、政治和宗教等。正如列宁所指出："要非常科学地分析这个问题，至少应该对国家的产生和发展作一个概括的历史的考察。"②《起源》就是如此，恩格斯对家庭、私有制和国家等重大核心概念都曾作出了历史的深刻的考察，其最本质的洞察力为后来的社会史实所确证。

可见，恩格斯以《起源》中的氏族社会历史作为自己理论研究的奠基石，所采取的这些基本方法闪耀着真理的光芒，它不仅对二十一世纪马克思主义发展史的理论研究具有特殊的指导意义，同时可运用这种方法来深刻洞察臻于复杂的时代乱象，以便于从多重矛盾冲突中把握问题的实质并预测未来发展趋势。总结《起源》的思维路线，可以为当代世界马克思主义理论研究和实践研究提供深刻的思想启迪和重要的方法遵循，也有助于甄别把握形形色色的国外马克思主义流派的实质。因此，在这个意义上，尽管《起源》的问世发表已经130多年，但是它对政治学、历史学、考古学、民族学、人类学等学科的发展仍有极其深刻影响，成为人们探索真理、辨别是非、指导实践的思想宝库。

---

① 《列宁选集》第4卷，人民出版社2012年版，第27页。
② 《列宁选集》第4卷，人民出版社2012年版，第26页。

二 《起源》对当代资本主义的批判意义

《起源》的问世犹如"幽灵"一般在欧洲游荡,对那些歪曲事实的资产阶级学者进行当头棒喝,对宣扬私有制和国家"永恒论"给予驳斥,从而开辟出资本主义国家批判范式的新视角、新方法。同时利用对史前阶段的历史考察,探究当代资本主义文明阶段的暂时性特征,为人类文明新形态的更高阶段的开启提供了理论基础,彰显了共产主义社会必然实现的理想信念。

(一) 驳斥资本主义私有制"永恒性"谬论

自文明时代以来,私有制的确立在各个阶段发展为多种形式,成为剥削阶级统治的基石。许多资产阶级右翼学者极力鼓吹私有制存在的"合理性"和"永恒性"特征,甚至将私有制的存在看成自古以来就有的事实。

历来的统治阶级都会将自己的统治利益伪装成代表全体人民的"普遍利益",用一些立法手段、国家机器以获得维护私有制的神圣统治地位。马克思揭露了德意志帝国颁发"非常法"的实质,即"以议会形式粉饰门面、混杂着封建残余、同时已经受到资产阶级影响、按官僚制度组成、以警察来保护的军事专制国家"[①]。因此,这种"非常法"颁发所维护的便是资产阶级的私有制及其专政。从历史角度来看,它不过是人类社会历史上出现的"暂时性"的历史现象,具有"历史性"特征。为此,马克思恩格斯同地主资产阶级进行了理论战斗的政治工作。

《起源》便是从这一阶级对抗的政治工作的斗争需要中产生的。恩格斯着重从起源的角度阐释私有制是一种历史范畴,揭露了私有制起源及其变化发展过程,从而为我们清晰地揭示出私有制的本来面貌。

在恩格斯看来,私有制起源于原始社会的瓦解时期,是生产力发展到特定阶段所产生的必然结果。在原始社会蒙昧时代,由于生产力水平极其低下,劳动生产工具十分简陋,恶劣的环境必然驱使人们采取集体

[①] 《马克思恩格斯文集》第 3 卷,人民出版社 2009 年版,第 446 页。

协作方式获得生存所需,当时的分工也是纯粹的自然分工。因此,社会生产单位是整个氏族共同体,而不是个体家庭。在这样条件下,社会依存的重心便是以血族关系为纽带的人类自身生产和再生产。此时生产资料和劳动产品归氏族公社共同所有,而且很少发现生产剩余物用于交换。此时个人占有无从谈起。当生产力逐渐发展,社会开始进入野蛮时代阶段,私有制开始逐步出现。首先,开始出现锄耕和家畜饲养,劳动分工依然是自然分工。但这一阶段,开始出现以个人使用和制造为基础的个人占有,如生产的劳动工具为生产者本人所有。虽然没有出现大规模交换,但出现了私有制的萌芽。后来生产力进一步发展,开始出现畜牧业和农业分离,发生了第一次社会大分工,由此就促使生产剩余和经常性交换成为可能。起初的部落之间的交换发展到个人之间的交换,得益于生产劳动效率的提高。此时人们以追求财富增加并扩大生产场所为目的,滋生以剥削他人劳动为基础的私有制形式。"在既定的总的历史条件下,必然地带来了奴隶制。"[1] 其次,劳动生产率的提高,使得个体家庭和个人劳动对生产工具、土地、牲畜等个体占有,并使得私人占有成为一种优势准则。个体劳动及其个体经济的私有是私有制产生的直接原因。最后,交换、商品货币的充分发展,扩大了获取财富的手段和范围,使得债务奴役形式日渐扩大,造成社会财富日渐转移到少数人手中,私有制得以趋于完整和固定。而私有制确立之后,就意味着文明时代的到来,由此奠定了文明时代以来的私有制基本格局。但这并不意味着私有制是永恒存在的。既然它是在经济社会发展和生产力发展的驱动下产生,也必将在生产力和经济社会发展的趋势下被更高阶段的生产方式所取代,如同私有制取代氏族公社制那般,这是不以人的意志为转移的历史发展的必然结果。由此可见,私有制是经济社会发展和生产力发展的必然产物,而人们的私欲、暴力、战争等手段则只是在私有制形成过程中起到促进作用,但绝不能说它们是私有制起源的根本原因。

基于私有制的起源过程,我们确认私有制是一种历史范畴,有其内在的发展变化直至灭亡的规律,并不是什么神圣的且永恒存在的事物。私有制代替氏族公社制之后经历了奴隶社会、封建社会和资本主义社会。

---

[1] 《马克思恩格斯全集》第28卷,人民出版社2018年版,第189页。

在社会主义国家里，社会主义革命胜利宣告了公有制代替私有制的历史必然性。但是，在全球范围内，社会主义代替资本主义是一个长期复杂的过程，当代资本主义也出现了许多新变化、新特点和新形态。因此，对私有制的研究和批判需要不断挖掘私有制在当今时代的各种演化方式。21世纪是信息时代、知识时代、数字化时代，各种私有制形式下的私有化日渐臻于复杂化。那么马克思主义者就需要透过这种纷繁复杂的现象揭露其本质，进而对其本质进行深刻揭露和本质批判。而《起源》对私有制起源的科学考察，不仅揭示了私有制的历史性范畴和历史性局限，更为批判和粉碎那些鼓吹资本主义制度永恒性谬论提供深刻的"批判的武器"。

（二）开辟资本主义国家批判的唯物史观视角

国家与私有制、阶级一样也是一种历史范畴。《起源》运用典型分析方法，通过对国家产生的三种形式作了具体探讨，揭示了国家产生的社会条件；同时也说明了国家的形成与私有制、阶级和阶级斗争等存在重大关联。其中所蕴含的国家本质统一性与国家形态多样性的辩证关系等基本观点，对于我们深刻理解当今世界不同社会制度、意识形态和宗教信仰的国家和地区具有重要的意义。

在恩格斯看来，雅典国家的形成是直接从氏族社会内部发展起来的、是阶级对立中产生的、是最典型从氏族转化为国家的形式，蕴含着氏族转变为国家的较为普遍的共性内容。

首先，商品经济的出现和发展逐步瓦解和侵蚀氏族制度。在公元前8世纪以后，伴随着铁器生产工具的广泛使用，造成劳动生产效率的大幅提高，使得冶铁术、制陶术、造船术等部门的分工发展起来，随之而来的第二次社会分工日益充分，使得土地抵押和买卖、商品交换出现，促进了商品经济的发展。货币和商品交换的发展造成了财富的贫富差距扩大，"由此而日益发达的货币经济，就像腐蚀性的酸类一样，渗入了农村公社的以自然经济为基础的传统的生活方式"①。因此，商品交换和分工的出现造成人们离开血族团体的氏族群体，而进入城市地区聚居，形成

---

① 《马克思恩格斯全集》第28卷，人民出版社2018年版，第133页。

以地域关系为基础的政治社会，从而加强了氏族在地域关系的统一性。同时财富的占有分化瓦解了氏族整体的统一性，分裂为各个不同的利益集团，从而炸毁了氏族制度的经济基础。

其次，国家是在控制阶级对立的需要中产生，同时也在阶级斗争中取得发展。起初，雅典社会在改革前没有贵族和平民之分，也没有农业从业者和手工业者的分化。经过提秀斯改革、梭伦改革和克里斯提尼改革之后，雅典社会出现不同党派斗争，新兴的工商业阶级同旧贵族势力形成挑战。君主政体、贵族政体和民主共和政体的更替，反映出雅典阶级关系力量的变化。但不论哪一种政体形式，都是从氏族社会内部分化而来的阶级力量所建立的政治力量。"但奴隶占有制时代的国家，不论是君主制，还是贵族的或民主的共和制，都是奴隶占有制国家。"①

最后，国家是为了保护一种所有制而反对另一种所有制。恩格斯论述"梭伦改革"是以侵犯所有制展开的，由此揭示了政治革命的实质，即"迄今的一切革命，都是为了保护一种所有制而反对另一种所有制的革命。它们如果不侵犯另一种所有制，便不能保护这一种所有制"②。简单来说，就是国家政权的创建和更迭过程是通过公开侵犯被统治阶级的私有财产的斗争做到的，往往采用战争、没收税收方式手段进行。这也是文明时代以来私有财产得以保存下来的缘故。由此，恩格斯揭露了国家政权革命的经济实质，即所有制的政治革命。这种所有制革命形态的演变历程有其进步意义和革命意义，但无法摆脱奴役形式的阶级对抗和国家背离人民大众的公共权力的倾向。正如恩格斯强调："国家的本质特征，是和人民大众分离的公共权力。"③

综上所述，《起源》对国家起源及其本质的历史唯物主义视角考察，时至今日仍然闪烁着真理的光芒。国家政权的更迭和所有制形式的演变历程，在21世纪仍然发挥作用，并且逐渐变成新的形式。不论是技术资本主义还是数字资本主义的政权管理手段多么趋于智能化、信息化，但它们都未能超脱出马克思恩格斯所说的经济实质的历史范畴。因此，《起

---

① 《列宁选集》第4卷，人民出版社2012年版，第32页。
② 《马克思恩格斯文集》第4卷，人民出版社2009年版，第132页。
③ 《马克思恩格斯文集》第4卷，人民出版社2009年版，第135页。

源》对国家起源及其实质的唯物史观视角的考察和批判,为透视当代资本主义新现象和开辟资本主义批判新向度创造了条件。

(三) 打造资本主义替代文明的理论舆论阵地

《起源》在评判摩尔根的社会历史分期时指出,摩尔根只是对蒙昧时代和野蛮时代的六个阶段作出了详细阐释,但没有指明三大时代的本质特征。对此,恩格斯给予了补充和完善。通过对此特征进行详细分析,从而阐明了历史唯物主义的唯物史观仍然适用于人类社会史前阶段。

恩格斯根据物质生产资料和生产工具来源方式不同,将人类社会史前阶段作出简要概括。蒙昧时代是以采集天然产物为主的时期,人类的劳动工具十分简陋,主要用于制造采集的辅助工具,因而是食物采集者;野蛮时代则是生产劳动效率得到提高,依靠人类劳动获得天然产物的方法,学会了经营畜牧业和原始农业,引发第一次社会大分工,因而是食物生产者;文明时代则是生产力进一步发展,进一步学会依靠天然产物进行加工,因而是食物加工者或者食物创造者,还是工业和艺术的生产者。恩格斯对这种原始各时代的考察和本质特征概括,凸显了生产力发展在原始社会不同阶段的地位和作用,同时对原始社会史的历史分期具有重要的指导意义。

透过文明时代以来出现的各种现象,恩格斯辩证分析了文明时代以来的历史功绩。一方面,文明时代完成了原始社会各阶段所不能完成的事,完全改变了先前的整个社会。从人类社会发展史来看,文明时代不过是社会发展的其中一个阶段。在这一阶段上,分工、由分工而产生的个人之间的交换,以及随之而来的商品生产,无不得到充分发展,从而改变了先前的整个社会。另一方面,文明时代的出现,意味着生产劳动个体化和个人占有成为占优势的规则,生产出私有制。它破坏了生产的共同性,瓦解了氏族共同体对财产和产品的公有制,转变为个人占有或者个体家庭对畜群、土地、生产工具、财富和奴隶等的私有,从而引发按照财产等级差别的政治地位的承认,直接引起人与人之间劳动的不同和不平等,否定了先前社会集体协作的共同劳动的历史意义,瓦解了先前社会发展共同占有生产资料的公有制,带来了个人之间充满条件和地位的不平等状态。社会分工引发人们组成不同劳动部门之间的利益集团,形成了按照地域关系管理方式的必然性；同时引发个体家庭两性关系地位的变化，造成男子奴役妇女的夫妻对抗关系。

以上各方面，恩格斯给予了辩证看待。私有制文明带来的生产力发展和进步，这是不容否认的，值得肯定的，但文明时代的进步是在"经常的矛盾"运动中进行的。

首先，文明时代的到来裹挟着奴役形式。被恩格斯称为文明时代的三大奴役形式，即奴隶制、中世纪的农奴制和近代的雇佣劳动制。其中的奴隶制直至今日仍然存在，这种"公开的而近来是隐蔽的奴隶制始终伴随着文明时代"[①]。因此，文明愈是发展，统治阶级就愈是不得不粉饰它们，实行习惯性的伪善。

其次，追求个人财富成为文明时代的唯一目的和动机。恩格斯指出，文明时代是科学、艺术的生产和繁荣时期，但这些成就与现代的一切积聚财富的目的有重大关联，这个微不足道的个人财富，成为人们趋之若鹜的冲动追求的目的和鄙俗贪欲的源头。

最后，未来社会将是废除私有制和阶级的共产主义。这句话的前提是，人类追求社会进步，而社会进步离不开生产力的进步发展。消灭私有制和雇佣劳动制，实行社会主义公有制和自由劳动制，这是人类社会发展规律的要求和社会进步的趋势。这就意味着"个人单纯追求财富为唯一目的"的文明时代终将结束，届时"社会利益""共同利益"将成为普通人追求的社会目标，这将是"氏族制度"中的自由、平等和博爱的更高形式的复活。随着文明时代的基础不断瓦解和衰败，国家将趋于自行消亡。

综上所述，恩格斯通过对史前各阶段的科学考察，揭示了文明时代的发展阶段性和历史性特征，同时预测了未来社会的发展趋势和前景。它不仅批判了当下资本主义疯狂逐利的市场动机和迷之若狂的私有制文明所暴露出来的贫富差距和阶级剥削，同时也展现了未来社会发展逻辑的强大力量，使一切相信科学和真理的人为之折服。这就为当代资本主义现代文明的批判和人类文明新形态的理论构建提供了理论基础和思想引领。

[①] 《马克思恩格斯全集》第 28 卷，人民出版社 2018 年版，第 204 页。

（四）奠定共产主义远大理想的必胜信念

通过对人类社会史前阶段存在样态的分析，恩格斯总结出人类社会进步发展趋势的基本规律。在人类社会初级阶段，由于生产力发展水平落后，生产工具十分简陋，因而分工也只是单纯的自然分工。社会制度的存续发展依靠集体协作的合作劳动获得生存所需的物质生产资料，因而生产的目的只用于满足人类自身生产需要。因此，这种分工并未产生任何私有差别和财富差别，是低级形式的共产制社会。当生产力发展到个体劳动所得超过满足自身生产所需的物质生产资料时，便为产品剩余物和个人占有提供了可能。随着分工的进一步发展，社会开始出现不同劳动部门的分离，无论是畜牧业和农业分离，还是农业和手工业的分离，无不引发社会大分工。此时，分工带来的后果出现。土地等资源的占有和商品交换日趋频繁，引发社会分裂为两大对立阶级。因此，分工在私有制和阶级存在的矛盾运动中不断发展进步，也驱使着不同统治阶级采用不同的政体形式。无论是封建所有制战胜奴隶所有制，还是封建所有制取代土地所有制，无不反映出所有制经济的政治革命面貌。

面对这种所有制形式的革命面貌，恩格斯总结了人类社会各阶段的基本线索和基本规律。前文明时代和文明时代以来的社会制度的发展变迁，无不反映出如下基本原理。

（1）前文明时代，人类社会的进步发展尚未凸显出人类文明自主创造的文明智慧，因而是高级阶段在低级形式的蛰伏和孕育。如氏族公社的"自由、平等和博爱"等制度价值和精神理念。

（2）文明时代以来的目的在于追求个人的财富。它创造了科技进步、艺术繁荣，因为它激起了人们最卑劣的冲动和情欲，且以其他一切禀赋为代价来完成这些事。因此完成了前一时代完全做不到的事情。

（3）进步是人类社会从初始阶段以来的最大的规律。它是贯彻在人类社会各个阶段的最为明显的基本规律，也由此推动了家庭、私有制和国家的起源、发展变化，以及国家最终趋于消亡的历史变迁。"只要进步仍将是未来的规律"，那么马克思所大声疾呼的"两个必然"的论断必将实现。

因此，《起源》对分工、私有制和文明时代等核心概念的历史审视，不仅揭示资本主义作为人类社会的其中一个阶段的历史暂时性特征，也预示了其未来必将随着分工规律和阶级斗争的矛盾运动趋于灭亡。未来社会的进步规律，归根结底还是依靠"直接生活的生产及其再生产"作为直接推动力，或者说依靠发展生产和分工规律来实现。尽管当代资本主义阶级斗争形式出现新变化，但是潜藏于资本主义制度的内在矛盾仍然没有消除，资本主义的基本矛盾也在私有制和阶级矛盾运动中进一步发展。尽管当代资本主义尚未过渡到共产主义，但社会主义国家的精神理念促使资产阶级采取多种形式遏制和缓和阶级斗争。不管怎样，"只要进步仍将是未来的规律"，那么未来必将展现这一历史逻辑的强大力量，它不仅有助于开拓对当代资本主义的前提性批判视域，同时进一步增强人们对共产主义的坚定信仰和对共产主义社会必然实现的信念。

三 《起源》对人类解放事业的世界历史意义

《起源》是一部必读的社会主义书刊，它运用历史唯物主义基本原理对人类社会史前阶段进行了科学审视，详细考察了私有制、家庭、国家等起源问题，形成较为完整系统的家庭观、国家观等理论。同时它又跳脱史实记载，阐明了人类社会发展的总体进程及其蕴含的基本规律，描绘出原始社会史阶段的缩略图，为唯物史观的研究开辟了一个新的时代。同时它对文明时代的相关概念提出了新的见解，为正确审视资本主义在世界历史和人类社会史中的历史坐标提供了科学视角。如今人类社会正朝着"世界历史"趋势前进，尽管当前部分国家出现"逆全球化"现象，但谋发展促进步求合作是世界人民的普遍共识。毫无疑问，《起源》强大坚实的理论逻辑对窥探人类世界历史的走向具有重大现实意义。

（一）增强国际共产主义运动的精神号召力

《起源》问世的前夕，是资本主义和平发展时期。在这个阶段，资本主义处于上升态势且开始向帝国主义过渡，因而西方各国矛盾和内部阶级矛盾也是此起彼伏，无产阶级革命运动情绪高涨。这时期的工人运动采取多种形式进行横向发展，但其运动效果和质量却降低了。之所以出现这种局面，是因为工人运动队伍混入不少无政府人士及破产农民，无产阶级队伍内部流传着各种小资产阶级的阶级意识以及无政府主义和机会主义等谬论。列宁曾经指出，机会主义并不是偶然现象，而是整个历史时代的社会产物；它是由合法主义培育起来的。① 有些工会领导主张通过资产者的"国家帮助"来建设社会主义，有的则主张走议会道路，等等。对此，《起源》的理论工作和政治工作的重要性便显得尤为重要和紧迫。

　　从人类社会发展史来看，《起源》重点研究了人类社会史前阶段氏族制度发展轨迹和基本结构，详细审视了氏族社会各个阶段的基本特征，揭示了人类社会的发展线索和基本规律。在恩格斯看来，依据生产资料来源和获取手段的不同，人类社会可以划分为蒙昧时代、野蛮时代和文明时代。其中谈到母系氏族是先于父系氏族而存在的，并揭示了母系氏族的原始性和氏族制度的普遍性特征。恩格斯同意摩尔根所确定的氏族制度的原始存在，并强调指出氏族是人类社会史前阶段所共有的制度，是一种基于血缘关系为基础的血族团体，"并且借某种社会的和宗教的制度而组成一个特殊的公社"②。

　　根据血缘亲属关系的远近，氏族关系历经家族、宗族、氏族、胞族、部落等组织形式。而氏族的存在，起源于人类自身生产方式的变革。恩格斯提出"两种生产"理论，揭露出生产力和劳动力发展低下的原始社会，社会制度主要受血族关系的支配，受到家庭发展阶段的制约。因此，恩格斯指出，氏族制度在大多数场合下是从普那路亚家庭中直接发生的。关于氏族和家庭二者之间的关系问题，部分资产阶级学者普遍认为家长制的个人家庭是自古有之的基本单位，从而认为氏族是家庭关系发展扩大组成的。起初马克思恩格斯往前追溯历史和个人的存在形态，发现原始社会的生产是共同的生产，原始社会中的个人，也是进行生产的个人，是从属于所在的氏族共同体整体并不具备独立的个体性，因而也就自然地在家庭中扩大为氏族了。直到遇到摩尔根的《古代社会》才有了新的见解。恩格斯在马克思的《资本论》第一卷第三版增加一条批注："最初不是家庭发展为氏族，相反地，氏族是以血缘为基础的人类社会的自然

---

① 参见《列宁全集》第26卷，人民出版社2017年版，第264—265页。
② 《马克思恩格斯文集》第4卷，人民出版社2009年版，第99页。

形成的原始形式。由于氏族纽带的开始解体，各种各样家庭形式后来才发展起来。"① 在《起源》中，恩格斯进一步澄清各种误解，指出家庭从来不是一个组织单位，因为夫妻结合必然来自不同的氏族。家庭是一半包括在丈夫的氏族内，一半包括在妻子的氏族内。因此，血缘亲属关系是维持原始社会制度的纽带和基础。

从原始社会的制度来看，在氏族社会内部，盛行着原始民主制。这种原始民主制具有两个基本特征，即原始共产制和原始平等关系。前者侧重经济分配关系，后者彰显政治权力地位关系。

原始共产制经济是氏族公社存续的前提和基础，是氏族的财产和产品严格要求归属于氏族全体成员共同所有，实行原始共产主义分配。这就意味着氏族成员对财产只有"占有权"而非"所有权"，而氏族公社则具有"所有权"。一旦氏族成员因死亡或者迁移因素而失去本氏族财产的"占有权"，那么原本"占有"的财产要归还氏族所有。同理，在这一原则下，夫妻及其子女也不能继承该财产。之所以表现如此现象，是因为这些古老的社会生产有机体并不具备单独的个体或者成熟的个人，"尚未脱掉同其他人的自然血缘联系的脐带为基础，或者以直接的统治和服从的关系为基础"②。因此，严格意义上来说，原始共产制是一种只在小范围内流通的所有制。

原始平等关系则是特指氏族内部不存在特权阶层，彼此之间都是自由平等的关系。在摩尔根看来，在易洛魁人中，氏族内的成员在人身方面都是自由的，在个人权利平等方面，首领和酋长不享有任何"特权"。自由、平等和博爱则是氏族的根本原则。同时凡是在氏族制度流行而政治社会尚未建立的地方，他们的政府基本上是民主的，氏族、胞族和部落也都是按照民主原则组织起来的。③ 因此，氏族本质上是民主的。这种民主平等关系具有原始道德性质，是十分单纯质朴的氏族制度。即使没有强制的手段，但整个社会的一切管理都是有条不紊的。

---

① 《马克思恩格斯全集》第23卷，人民出版社1972年版，第389—390页。
② 《马克思恩格斯全集》第44卷，人民出版社2001年版，第97页。
③ 参见［美］路易斯·亨利·摩尔根《古代社会》，杨东莼、马雍、马巨译，中央编译出版社2007年版，第48页。

因此，《起源》论述的氏族制度是人类社会最古老的制度主义，即使它距离我们已经很久远，但这种制度精神是同人类进步史的基本规律相符合的，在人类社会历经的各个阶段中，它作为人类顺序相承的社会制度是不能完全割裂的。这也就是摩尔根所说的"必需的智慧和知识"。就历史影响而言，氏族制度是原始社会制度的重要组成，是进入文明社会不可或缺的有机系列要素。

在这个意义上，氏族社会的原始共产制则能够极大地鼓舞和激发世界范围内的国际共产主义运动追求的前进目标，是在资本主义制度斗争下培育出来的为自由人联合体的普遍利益而奋斗的精神支柱。而原始平等制则成为激发工人阶级及其政党的革命精神和价值目标，成为全世界无产者联合起来的共同政治主张和价值取向。因此，从世界史的角度看，《起源》对人类社会的氏族社会发展进程进行总体考察，不仅科学揭示了氏族制度所彰显的原始制度精神和基本原则，从而增强国际共产主义运动的精神号召力，而且让无产阶级和广大人民群众更加坚定了"两个必然"的科学信念，为无产阶级政党树立终生奋斗观提供了科学信仰和动力支撑。

（二）提供世界史研究的唯物史观导向

受到生产力发展水平的限制，近代学者对国家起源或者私有制产生的探讨并未形成科学的系统理论。无论是洛克的"劳动起源论"还是其他什么人的神创说，都是脱离世界史实际的唯心主义范畴。在不了解原始社会史及其最原始的人类社会生存样态情况下，一切社会科学的理论研究都会不同程度地偏向自我建构或者幻想的唯心世界中，进而掩盖起真正的客观史实的起源真相。

在恩格斯看来，摩尔根基于易洛魁人的调查研究，详细考察了家庭、婚姻等起源问题及其发展阶段，得出与马克思相近的唯物史观结论。摩尔根根据生产技术手段的标准，将人类社会史前社会的历史分期划分为三个阶段，即蒙昧时代、野蛮时代和文明时代。而恩格斯则基本采用了摩尔根对史前文化的历史分期，以突出原始社会阶段生产力发展的过程。在此之前，历史学界曾将考古学分期法作为史前社会分期方式。丹麦学者汤姆森在其《北欧古物导论》一书中指出了史前文化的分期，即石器时代、青铜时代和铁器时代。后有学者继续将石器时代细分为旧石器时代和新石器时代。这种分期法被广大学者所认可接受，奠定了人类社会学、考古学、世界史研究的基础。恩格斯认为，摩尔根的史前文化分期曾经起到积极作用，因为他澄清了某些学者关于史前时代历史研究的混乱状态，"摩尔根是第一个具有专门知识而尝试给人类的史前史建立一个确定的系统的人"①。苏联学者也曾对摩尔根的历史分期作出了高度赞扬，指出"古代和现代的每一个民族在一般历史进程中的地位，用某种比较客观的尽管是其接近的尺度，来度量古代和现代各族的历史发展水平，为这种比较研究提供了可能。这是世界史分期的一个真正的无所不包的公式"②。

不过，恩格斯指出了摩尔根历史分期带有自发性质的唯物主义观点，为人类社会原始社会史确立了一套逻辑体系。于是，恩格斯用历史唯物主义基本原理进行完善和改写，具体表现为：补充了一些历史材料，如狩猎在原始人生活中的地位；增加了一些概括性论述，如对三大时代的本质特征的概括；等等。这些补充和完善，使人们对原始社会史的历史分期认识更加具有唯物史观的价值意蕴，对于人们研究世界史具有重要的指导意义。

时至今日，考古学、人类学和民族学等资料的发展，为世界文明史的研究积攒了最新的学术成果。那么摩尔根的历史分期法是否过时？20世纪50年代，苏联学者曾探讨过，有的持有肯定认可态度，有的则认为"过时"了。实际上，针对摩尔根的文化分期方法，可以说在一定的范围内仍然发挥着积极作用。因为它仍然遵循着"生活资料生产的进步"作为分期的依据原理，这种分期法是符合历史唯物主义基本原理的，与恩格斯提出的"两种生产"理论具有某种吻合性。虽然摩尔根并未提出"生产力"概念，但能根据调研看到生产工具在社会发展中的重大作用，并根据这种生产技能的进步推广至整个人类社会的总体过程的进步趋势和普遍过程，这对于世界史的普遍规律和总体过程的揭示具有重大的借

---

① 《马克思恩格斯全集》第 28 卷，人民出版社 2018 年版，第 34 页。
② [苏] C. A. 托卡列夫：《外国民族学史》，汤正方译，中国社会科学出版社 1983 年版，第 58 页。

鉴意义，非常值得当代研究者学习。

在这个意义上，《起源》对原始社会史的历史分期所作的历史唯物主义审查，在肯定人类社会生产力决定整个社会面貌和人类历史发展的总体进程的基本观点，可以为世界史的理论研究提供唯物史观维度的价值引领和原理遵循。实践证明，中国式现代化创造了人类文明新形态，是构建人类命运共同体的正义之路。

（三）开辟窥探替代资本主义私有制的视角

私有制是一种历史范畴，它伴随着生产力发展基础上劳动个体化及其个体家庭逐渐以个人优势占有为准则而产生，也终将随着历史条件的发展而趋于灭亡。因此，私有制的存在奠定了文明时代以来以剥削制度为基础的阶级统治格局。历来的统治者无不以此作为自己的神圣使命，鼓吹私有制的合理性和永恒性存在就不难理解了。西方左翼学者和空想社会主义者对私有制带来的社会弊端引发一系列反思，并对此展开哲学批判。

空想社会主义者对私有制的揭露可谓针砭时弊。在资本主义私有制充分发展带来巨大成就的同时，两极分化、阶级剥削、道德罪恶等社会弊端也层出不穷，造成广大群众的获得感和幸福感全无。面对这些弊端丛生的制度危局，许多激进的西方学者直指资本主义私有制。如摩莱里、马布利等人认为一切社会危害的根源不在于政权而在于私有制。早期空想社会主义者托马斯·莫尔就十分同情农民的凄惨遭遇，为英国统治者牺牲农民利益以扩大资本积累而大规模剥夺农民耕地的现象鸣不平。这种"圈地运动"造成广大农民失去土地而沦为无产者。著名的空想社会主义者欧文、傅立叶等人也曾对私有制发出追讨。在他们看来，私有制是造成社会无数罪行和灾难的根源。"自由、平等和博爱"的启蒙理性和美好主张不过是一种对当下社会的讽刺。之所以造成这种现象，英国学者葛德文指出："剥夺农民耕地的过程，是同由此吸收了'自由的'工人基本人员的资本主义工业的发展过程彼此有着密切联系的。这两个过程在同一时间发生，并不是偶然的，因为它们归根到底都决定于同一因素：

建立进一步发展生产力所需要的条件的必要性,在历史上已经成熟。"①

马克思吸收空想社会主义者的批判立场,从多个维度对资本主义私有制进行批判。首先,他指出资本对劳动剥削的非正义根源在于私有制,其前提条件在于劳动力带来超过自身生产所需的剩余价值。而资本主义若想完成自己的财富积累的使命,就必须不断扩大生产,不断开辟市场,由此推动"历史"走向"世界历史"。"作为价值增殖的狂热追求者,他肆无忌惮地迫使人类去为生产而生产,从而去发展社会生产力,去创造生产的物质条件。"② 其次,运用历史唯物主义基本原理和剩余价值论剖析资本主义生产方式,深刻指出资本主义生产方式将人、自然和社会的紧密关系割裂开,造成资本、货币、商品、技术等对人的劳动的异化和人的异化。有的学者认为,资本主义私有制是人、社会、自然遭遇现代性困境的根本原因;资本主义私有制的本质是将生产资料的资本主义私有占有,从而造成资本对人的多重异化病症,具体表现为劳动异化、价值观念异化以及工人和资本家的双重异化,因此其退场具有历史必然性。③ 最后,对私有财产和劳动异化的政治经济学维度进行批判。劳动与其说是国民经济学家所宣传的作为谋生手段的方式,毋宁说是一种异化劳动,为"私有财产提供了一切"④;工人作为劳动的主体,与其说被看成一种劳动的动物,不如说是"最有必要的肉体需要的牲畜"⑤。因此"在现代资本主义私有制下,人的具体劳动从属于资本的这种抽象劳动,使得人的具体劳动逐渐沦为被资本所操纵并服务于资本的异化劳动"⑥。

作为无产阶级政治经济学批判的首倡者,恩格斯从历史主义原则出发,以商品为研究起点,从物质资料生产过程中揭示人与人之间的关系。恩格斯在《国民经济学批判大纲》中指出,竞争是私有制发展的产物,由竞争带来的生产过程将人与自然两方面造成处于相互对立的状态,进

---

① [英]葛德文:《论财产》,何清新译,商务印书馆1959年版,第2页。
② 《马克思恩格斯全集》第42卷,人民出版社2016年版,第606页。
③ 参见佘明薇、陆树程《马克思恩格斯对私有制的批判及其当代价值》,《马克思主义哲学》2021年第2期。
④ 《马克思恩格斯文集》第1卷,人民出版社2009年版,第166页。
⑤ 《马克思恩格斯文集》第1卷,人民出版社2009年版,第125页。
⑥ 汪信砚、刘建江:《马克思现代性批判的三个基本维度——以〈1844年经济学哲学手稿〉为中心的考察》,《学术研究》2019年第1期。

而造成劳动和资本两大要素也处于对立状态。之所以造成这种孤立的、独立的状态，是因为私有制将每一个人隔离在他自己的孤立状态中，又因为每个人都具有共同利益，因而"在相同利益的敌对状态中，正是由于利益的相同，人类目前状态的不道德已经达到极点，而这个极点就是竞争"①。也就是说，私有制条件下的竞争关系所反映的是生产过程中土地、劳动和资本这三要素之间及其自身内部的分裂，不仅造成人性的缺失和不幸福状态，还对生产力发展产生不良后果。②

直到《起源》的问世，恩格斯从私有制的起源角度进行科学的分析和批判。他指出，私有制是一种历史范畴，是生产力发展到特定阶段的历史产物，它的形成与社会分工、商品交换、个人占有和货币流通等紧密相连。私有制的出现迎来了生产力的快速发展，这也就是《共产党宣言》所言明的资本主义制度条件下生产力的发展所创造的生产力，比过去任何一切时代所创造的生产力还要多。因此，在这个意义上，恩格斯承认，私有制构成了文明时代的物质基础，尤其是资本主义私有制奠定了现代物质文明的基础。但与此同时，恩格斯同样深刻反思私有制对社会制度的阻碍和破坏作用。它不仅将人类社会的共同利益和共同财富分裂为贫富两极分化且日渐对立的两大阶级，构成了文明时代以来的阶级剥削和阶级压迫的统治基础，造成人类整个共同体隔离为利己主义的原子化个体和个体家庭。所以这种文明进步的全部发展是在经常的矛盾中进行的。恩格斯一针见血指出："生产的每一进步，同时也就是被压迫阶级即大多数人的生活状况的一个退步。"③ 这就指明了资本主义现代文明的实质。作为现代文明的物质基础，资本主义私有制仍然沿着文明时代的发展逻辑向前推进，以技术、资本、商品、货币等抽象共同体作为对被剥削阶级实行流俗的伪善，以粉饰私有制必然带来的种种弊端。既然如此，私有制也必将在生产力的发展和物质生产资料占有转归为社会所有时消亡，人类社会必将复活氏族公社所有制的更高形式，以社会主义

---

① 《马克思恩格斯全集》第3卷，人民出版社2002年版，第459页。
② 参见唐正东《竞争的矛盾、规律与私有制的不道德性——青年恩格斯基于竞争视角的私有制批判理论及其评价》，《马克思主义与现实》2019年第5期。
③ 《马克思恩格斯全集》第28卷，人民出版社2018年版，第206页。

公有制和共产主义所有制取代资本主义私有制。这是人类社会进步发展的趋势和基本规律，已经在一些国家得到确证。

在这个意义上，《起源》对私有制的起源及其反思并不是单纯的道德谴责，也不是完全否定它存在的历史价值，而是在历史唯物主义视域下对私有制进行了科学考察，并对未来发展趋势作出预判，揭示了社会发展中的科学规律，为正确认识和看待世界资本主义的历史作用及其理论批判提供了全新范式。

（四）创造个体婚制及其妇女解放的新格局

《起源》对一夫一妻制的个体婚制的发展历程及其未来趋势作出了详细考察，同时对蕴藏在其中的妇女解放问题提出了卓有成效的见解，从而形成了一夫一妻制和妇女解放理论。而如今，个体婚制的发展仍然延续着文明时代以来的一夫一妻制的家庭格局，这不禁令人反思：缘何文明时代的专偶制家庭形式没有变化，而其他一切都在经济社会的前进中不断发展？妇女如何在个体婚制结构下实现自身解放？若回答这些问题，《起源》给我们提供了必要的理论回答。

在恩格斯看来，一夫一妻制家庭是在人类社会前进发展过程中逐渐发展而来并延续至今的，具有历史性和发展性。他严格区分了一夫一妻制的两个阶段、两种性质，将对偶制家庭转变过来的专偶制称为"古典的一夫一妻制"，而将无产阶级发展而来的一夫一妻制称为"真正的一夫一妻制"。前者是建立在私有制基础上的权衡利害的婚姻，始终延续至今，成为私有制社会个体家庭结构发展的基本细胞。后者是建立在相互爱慕性爱基础上平等的婚姻缔结。它扬弃了剥削制度，否定了古典的一夫一妻制的全部基础，废除了男子为继承财产而建立的私有制，承继了"一夫一妻"形式，降低了以财产和继承关系的关注为权衡利害的婚配对象的选择要求，从而使得女子毫无顾虑地委身于所爱的男子，最终获得真正的婚姻自由权。如此一来，古典的一夫一妻制的全部基础一旦消失，"根据以往的全部经验来判断，与其说会促进妇女的多夫制，倒不如说会在无比大的程度上促进男子的真正的专偶制"[①]。

---

① 《马克思恩格斯全集》第28卷，人民出版社2018年版，第100页。

伴随着文明时代的进步发展，当进入资本主义社会之后，古典的一夫一妻制开始出现变化。因为资产阶级占有生产资料，依靠剥削工人的剩余价值为手段获得资本和财富的积累。建立在资本主义私有制条件之上的家庭，尽管颁发了相关法律，但本质上尚未脱离"古典的一夫一妻制"格局的个体家庭形式。由于资产阶级和无产阶级的矛盾对抗构成社会的主要矛盾，因而反映在家庭内部也是矛盾重重。资本、财富、地位和权利等支配着家庭关系，影响着婚配对象的选择。因而家庭基础不稳定，离婚率持年攀升足以证明。作为家庭的情感职能、精神职能、教育职能等都受到主要社会矛盾的深刻影响而造成家庭不健全或者衰败。如今，离婚成为同西方世界自杀、吸毒、犯罪同样严重的社会弊病。因此，这种"古典的一夫一妻制"注定是一种慢性自杀。只有资本主义制度消灭之后，这种家庭才能随之消亡。

但与此同时，在无产阶级家庭中间，形成了一种新型的、完全不同于古典的一夫一妻制的真正的一夫一妻制家庭。由于无产阶级自身失去生产资料而一无所有，因而这种家庭的组合绝不是建立在财产关系基础上，这就意味着建立在财产基础上的男子对女子的支配和统治地位的全部基础也就随之瓦解而自然消亡，意味着婚姻的缔结逐渐摆脱权利和财富为先决条件的束缚，意味着那种将一夫一妻制作为人类社会原初家庭状态的观点显然是站不住脚的。

那么未来两性关系的结合将走向何处？一夫一妻制是否会消亡呢？恩格斯认为，当私有制转归为公有制后，真正的一夫一妻制不仅不会消失而终止其存在，而且还会十足地实现。也就是说，真正的一夫一妻制会以爱情为基础，是一种新型的婚姻形式。它摆脱了过去古典的一夫一妻制婚姻的不可离异性，其稳定性取决于夫妻双方的感情，如果彼此的感情确实已经消失或者被新的热烈爱情所排挤，那么离婚对于双方来说都是一种幸事。这就为男子和妇女之间的平等关系创造了条件。对于资产阶级学者将共产主义制度理解为"共妻制"，显然是曲解了马克思主义婚姻观和家庭观。恩格斯在《共产主义原理》中曾指出："公妻制完全是资产阶级社会的现象，现在的卖淫就是公妻制的充分表现。……共产主义组织并不实行公妻制，正好相反，它要消灭公妻制。"[1] 因此，真正的一夫一妻制将会形成一种新型婚姻和家庭观格局，即"这一代男子一生中将永远不会用金钱或其他社会权力手段去买得妇女的献身；而这一代妇女除了真正的爱情以外，也永远不会再出于其他某种考虑而委身于男子，或者由于担心经济后果而拒绝委身于她所爱的男子"[2]。

在这个意义上，《起源》对审视当今世界范围内的婚姻形式具有非常重要的现实意义。它不仅能够透过世界各国的婚姻发展史和家庭发展史的多重乱象看到婚姻家庭的本质，还提出改善婚姻制度以达至两性之间的平等关系和缓和夫妻之间特殊的对抗关系，并勾勒出未来一夫一妻制的发展前景，为创造个体婚制及妇女解放的新格局提供价值导向和目标导向。

---

[1] 《马克思恩格斯文集》第1卷，人民出版社2009年版，第690页。
[2] 《马克思恩格斯全集》第28卷，人民出版社2018年版，第101页。

参考文献

一 中文文献

（一）马克思主义经典著作类

《马克思恩格斯文集》第1—10卷，人民出版社2009年版。
《马克思恩格斯全集》第1卷，人民出版社1995年版。
《马克思恩格斯全集》第3卷，人民出版社2002年版。
《马克思恩格斯全集》第4卷，人民出版社1958年版。
《马克思恩格斯全集》第23卷，人民出版社1972年版。
《马克思恩格斯全集》第25卷，人民出版社2001年版。
《马克思恩格斯全集》第26卷，人民出版社2014年版。
《马克思恩格斯全集》第28卷，人民出版社2018年版。
《马克思恩格斯全集》第29卷，人民出版社2020年版。
《马克思恩格斯全集》第31卷，人民出版社1998年版。
《马克思恩格斯全集》第32卷，人民出版社1998年版。
《马克思恩格斯全集》第36卷，人民出版社1975年版。
《马克思恩格斯全集》第42卷，人民出版社2016年版。
《马克思恩格斯全集》第44卷，人民出版社2001年版。
《马克思恩格斯全集》第45卷，人民出版社1985年版。
《马克思恩格斯全集》第47卷，人民出版社1979年版。
《马克思恩格斯选集》第1—4卷，人民出版社2012年版。
［德］恩格斯：《家庭、私有制和国家的起源》，人民出版社2018年版。
［德］马克思、恩格斯：《共产党宣言》，人民出版社2018年版。

《列宁全集》第 1 卷，人民出版社 2013 年版。
《列宁全集》第 23 卷，人民出版社 2017 年版。
《列宁全集》第 26 卷，人民出版社 2017 年版。
《列宁全集》第 31 卷，人民出版社 2017 年版。
《列宁全集》第 37 卷，人民出版社 2017 年版。
《列宁选集》第 1 卷，人民出版社 2012 年版。
《列宁选集》第 2 卷，人民出版社 1972 年版。
《列宁选集》第 4 卷，人民出版社 2012 年版。
《列宁专题文集　论辩证唯物主义和历史唯物主义》，人民出版社 2009 年版。
《列宁专题文集　论马克思主义》，人民出版社 2009 年版。
《列宁专题文集　论资本主义》，人民出版社 2009 年版。
《毛泽东文集》第 6 卷，人民出版社 1999 年版。
中共中央马克思恩格斯列宁斯大林著作编译局《马列主义研究资料》编辑部：《马列主义研究资料》，人民出版社 1988 年版。
《习近平谈治国理政》第 2 卷，外文出版社 2017 年版。
习近平：《高举中国特色社会主义伟大旗帜　为全面建设社会主义现代化国家而团结奋斗——在中国共产党第二十次全国代表大会上的讲话》，人民出版社 2022 年版。

（二）中文专著

蔡和森：《蔡和森文集》（上），人民出版社 2013 年版。
陈生玺等译解：《张居正讲评〈尚书〉》（上），上海辞书出版社 2013 年版。
陈宣良：《中国文明的本质》第 5 卷，上海人民出版社 2016 年版。
崔立莉编著：《人类早期历史的科学审视：〈家庭、私有制和国家的起源〉解读》，现代出版社 2016 年版。
（汉）董仲舒撰：《春秋繁露》，张祖伟点校，山东人民出版社 2018 年版。
杜玉华：《回到马克思：西方社会结构理论的比较与反思》，人民出版社 2020 年版。
［法］傅立叶：《傅立叶选集．第一卷》，赵俊欣等译，商务印书馆 2009 年版。

顾素尔：《家族制度史》，黄石译，上海文艺出版社1989年版。

河上肇：《唯物史观研究》，商务印书馆1926年版。

《〈家庭私有制和国家的起源〉试释（初稿）》，华南师范学院历史系（《起源》试释编写组）1979年版。

华仁葵等：《中华文明圣地昆仑丘》，世界图书出版公司2018年版。

记忆经典丛书编委会编著：《世界历史大百科全书01》，中国青年出版社2018年版。

《国家版图知识读本》编撰委员会编著：《国家版图知识读本》，中国地图出版社2018年版。

蒋国维等编著：《〈家庭、私有制和国家的起源〉释要与新论》，贵州师大学报编辑部1988年版。

［苏］柯斯文：《原始文化史纲》，张锡彤译，人民出版社1955年版。

李安山：《非洲现代史》，江苏人民出版社2021年版。

李楠明、郭艳君、隽鸿飞编著：《恩格斯经典著作选读释义》，黑龙江人民出版社2006年版。

《十三经注疏》整理委员会整理，李学勤主编：《十三经注疏·春秋穀梁传注疏》，北京大学出版社1999年版。

李永采、李长林、程德祺等：《驱拨谬雾究真谛——恩格斯著〈家庭、私有制和国家的起源〉新辨释》，东南大学出版社1993年版。

［德］恩格斯原著，刘澄导读：《〈家庭、私有制和国家的起源〉导读》，天津人民出版社2009年版。

刘启良：《马克思东方社会理论》，学林出版社1994年版。

刘心舟：《现象与原理：黑格尔论述市民社会的不同视角》，同济大学出版社2020年版。

龙冠海：《社会学原理》，三民书局股份有限公司2005年版。

鲁越、孙麾、江丹林：《马克思晚年的创造性探索——"人类学笔记"研究》，河南人民出版社1992年版。

米也天：《澳门民商法》，中国政法大学出版社1996年版。

潘允康：《社会变迁中的家庭：家庭社会学》，天津社会科学院出版社2002年版。

日知：《东北师范大学博士生导师文库 中西古典学引论》，东北师范大学出版社 1999 年版。

史一棋：《诸子的声音》，民主与建设出版社 2019 年版。

（西汉）司马迁：《史记全本新注：全五册》，张大可注释，华中科技大学出版社 2020 年版。

苏宝荣：《〈说文解字〉今注》，陕西人民出版社 2000 年版。

孙本文：《北新文选》，北新书局 1931 年版。

孙本文：《社会学原理》（下），《民国丛书》第 2 编，上海书店 1990 年版。

孙关宏、胡雨春主编：《政治学》，复旦大学出版社 2002 年版。

唐坚：《制度学导论》，国家行政学院出版社 2017 年版。

童书业著，童教英整理：《童书业古代社会论集》，中华书局出版 2006 年版。

汪永祥、李德良、徐吉升编著：《马克思主义经典著作学习丛书 〈家庭、私有制和国家的起源〉讲解》，中国人民大学出版社 1986 年版。

（魏）王弼，（晋）韩康伯注，（唐）陆德明音义，孔颖达疏：《周易注疏》，中央编译出版社 2012 年版。

王沪宁主编：《政治的逻辑——马克思主义政治学原理》，上海人民出版社 2004 年版。

王铭铭：《"裂缝间的桥"——解读摩尔根〈古代社会〉》，山东人民出版社 2004 年版。

王岩：《西方政治哲学史》，世界知识出版社 2009 年版。

王政、杜芳琴主编：《社会性别研究选译》，生活·读书·新知三联书店 1998 年版。

吴铎：《〈家庭、私有制和国家的起源〉读书札记》，华东师范大学出版社 1984 年版。

吴江：《解读〈家庭、私有制和国家的起源〉》，吉林出版集团有限责任公司 2013 年版。

夏剑豸：《马克思主义哲学史专论》，中国社会科学出版社 2016 年版。

夏泽宏：《马克思恩格斯的文明思想研究》，湖南大学出版社 2017 年版。

（东汉）许慎：《〈说文解字〉今释》，汤可敬撰，岳麓书社 1997 年版。

（战国）荀子：《荀子》，孙安邦、马银华译注，山西古籍出版社 2003

年版。

殷寄明：《〈说文解字〉精读》，复旦大学出版社2006年版。

张光直：《青铜挥麈》，上海文艺出版社2000年版。

张彦修：《婚姻·家族·氏族与文明：〈家庭、私有制和国家的起源〉研究》，中国社会科学出版社2007年版。

张志鸿等编著：《人口浪潮与对策》，学林出版社1984年版。

赵海月：《当代国外马克思主义流派研究》，吉林大学出版社2019年版。

赵林如主编：《中国市场经济学大辞典》，中国经济出版社2019年版。

［美］诺曼·列文：《马克思和恩格斯思想中的人类学》，载《马克思主义来源研究论丛》第15辑，商务印书馆1993年版。

［苏联］列昂节夫：《干部必读》政治经济学部分（附录），解放社出版1949年版。

［日］茂吕美耶：《明治：含苞待放的新时代、新女性》，四川文艺出版社2018年版。

［德］威廉·罗雪尔：《政治经济学原理》，转引自季陶达主编《资产阶级庸俗政治经济学选辑》，商务印书馆1963年版。

（三）中文译著

［美］贾格尔：《女权主义政治与人的本质》，孟鑫译，高等教育出版社2009年版。

［美］埃伦·伯斯奇德、［美］帕梅拉·丽甘：《人际关系心理学》，李小平、李智勇译，上海教育出版社2019年版。

［比］埃丝特·佩瑞尔：《亲密陷阱：爱、欲望与平衡艺术》，若水译，上海社会科学院出版社2019年版。

［英］安东尼·吉登斯：《全球时代的民族国家：吉登斯讲演录》，郭忠华编，江苏人民出版社2010年版。

［法］安德烈·比尔基埃等主编：《家庭史 二卷：遥远的世界．古老的世界》，袁树仁等译，生活·读书·新知三联书店1998年版。

［意］贝奈戴托·克罗齐：《历史学的理论和实际》，［英］道格拉斯·安利斯英译，傅任敢译，商务印书馆1982年版。

［苏］С. А. 托卡列夫：《外国民族学史》，汤正方译，中国社会科学出版社1983年版。

［英］G. A. 柯亨：《如果你是平等主义者，为何如此富有？》，霍政欣译，北京大学出版社 2009 年版。

［英］葛德文：《论财产》，何清新译，商务印书馆 1959 年版。

［德］黑格尔：《法哲学原理》，范扬、张企泰译，商务印书馆 1979 年版。

［德］亨利希·库诺：《马克思的历史、社会和国家学说——马克思的社会学的基本要点》，袁志英译，上海译文出版社 2014 年版。

［英］霍布斯：《利维坦》，黎思复、黎廷弼译，商务印书馆 1985 年版。

［德］康德：《法的形而上学原理——权利的科学》，沈叔平译，商务印书馆 1991 年版。

［美］路易斯·亨利·摩尔根：《古代社会》，杨东莼、马雍、马巨译，中央编译出版社 2007 年版。

［美］罗伯特·哈里·洛维：《初民社会》，吕叔湘中译本，商务印书馆 1995 年版。

［美］马克·赫特尔：《变动中的家庭——跨文化的透视》，宋践、李茹等译，浙江人民出版社 1988 年版。

［肯尼亚］马兹鲁伊主编：《非洲通史，第 8 卷．1935 年以后的非洲》，屠尔康等译，中国对外翻译出版公司 2003 年版。

［美］莫尔顿·亨特：《情爱自然史》，赵跃、李建光译，作家出版社 1988 年版。

［德］桑巴特：《德意志社会主义》，杨树人译，华东师范大学出版社 2010 年版。

［苏　德］马列主义研究院合编：《恩格斯逝世之际》，斯人译，北京出版社 1985 年版。

［苏］隆谢理雅：《修正主义反对无产阶级专政学说》，陈安、田锡宋译，生活·读书·新知三联书店 1962 年版。

［法］德里达：《马克思的幽灵：债务国家、哀悼活动和新国际》，何一译，中国人民大学出版社 1999 年版。

（四）论文

艾福成、周宝余：《恩格斯〈家庭、私有制和国家的起源〉一书关于家庭问题的论述》，《吉林大学社会科学学报》1982 年第 1 期。

陈克进：《〈家庭、私有制和国家的起源〉是恩格斯晚年一部重要的独立著作》，《中央民族大学学报》1998 年第 1 期。

陈曙光：《世界大变局与人类文明的重建》，《哲学研究》2022 年第 3 期。

胡鸿保：《民族学与考古学的相互渗透——读〈美洲土著的房屋和家庭生活〉》，《中央民族学院学报》1986 年第 2 期。

黄淑娉：《〈家庭、私有制和国家的起源〉对原始社会史研究的贡献》，《民族研究》1984 年第 5 期。

黄湛：《两种生产理论："以人为本"执政兴国理念的基石——重读〈家庭、私有制和国家的起源〉》，《吉林大学社会科学学报》2005 年第 1 期。

雷明：《婚姻道德讨论综述》，《国内哲学动态》1982 年第 4 期。

李艳艳：《恩格斯文明时代起点观的发展辨析与当代启示》，《湖南师范大学社会科学学报》2013 年第 5 期。

李永铭：《历史研究的符号学解读——恩格斯〈家庭、私有制和国家的起源〉的方法论问题》，《马克思主义与现实》2003 年第 2 期。

梁启超：《历史上中国民族之观察》，《新民丛报》第六十五号。

梁钊韬：《关于原始社会史的几个问题——读恩格斯：〈家庭、私有制和国家的起源〉》，《中山大学学报》（社会科学）1962 年第 3 期。

林锋：《"文明本质"研究的三个问题》，《哲学动态》2009 年第 9 期。

林锋：《诺曼·莱文对晚年恩格斯历史观的误读》，《马克思主义与现实》2019 年第 4 期。

林加坤：《评恩格斯关于〈家庭、私有制和国家的起源〉的若干修改》，《历史研究》1979 年第 3 期。

刘丹岩：《怎样理解才是正确的？——关于恩格斯著〈家庭、私有制和国家的起源〉第一版序言中的一段话应该如何理解的问题》，《吉林大学社会科学学报》1962 年第 4 期。

吕世荣：《恩格斯〈家庭、私有制和国家的起源〉一书的历史性贡献》，《马克思主义研究》2021 年第 7 期。

马蒙、白平浩：《马克思主义国家理论的守正创新——重读〈家庭、私有制和国家的起源〉》，《当代世界社会主义问题》2021 年第 1 期。

满都尔图：《学习　继承　探索——纪念恩格斯〈家庭、私有制和国家的起源〉发表一百周年》，《民族研究》1984 年第 5 期。

欧潮泉：《论民族学之发展为科学——纪念恩格斯〈家庭、私有制和国家的起源〉一书发表一百周年》，《中国社会科学》1984年第4期。

佘明薇、陆树程：《马克思恩格斯对私有制的批判及其当代价值》，《马克思主义哲学》2021年第2期。

孙美堂：《关于"两种生产"真正含义的辨析》，《东岳论丛》1986年第3期。

唐正东：《竞争的矛盾、规律与私有制的不道德性——青年恩格斯基于竞争视角的私有制批判理论及其评价》，《马克思主义与现实》2019年第5期。

涂赞琥：《〈家庭、私有制和国家的起源〉写作、出版的历史条件及其重大意义》，《武汉大学学报》（社会科学版）1984年第5期。

汪信砚、刘建江：《马克思现代性批判的三个基本维度——以〈1844年经济学哲学手稿〉为中心的考察》，《学术研究》2019年第1期。

王贵明：《试论人类自身生产的历史作用——对马克思主义两种生产理论的探讨》，《探索》1986年第5期。

王玉波：《家庭起源新探》，《哲学动态》1992年第5期。

吴英：《对经典作家的论述应力戒教条式地应用——从〈家庭、私有制和国家的起源〉说起》，《中国史研究动态》2020年第6期。

吴从众：《学习〈家庭、私有制和国家的起源〉的认识和体会》，《民族研究》1984年第5期。

严国珍：《关于"人类自身的生产"理论的重新探讨》，《复旦学报》（社会科学版）1989年第2期。

阎学通：《恩格斯的国家理论与今天的国家形态》，《当代世界与社会主义》2015年第1期。

杨堃：《从摩尔根的〈古代社会〉到恩格斯的〈家庭、私有制和国家的起源〉——试论马克思主义民族学和资产阶级民族学的联系和区别》，《北京师范大学学报》（社会科学版）1978年第6期。

翟泰丰：《努力加强社会主义精神文明建设》，《求是》1994年第17期。

张青、徐元邦：《关于私有制起源的探讨——学习恩格斯〈家庭、私有制和国家的起源〉的一点体会》，《考古》1976年第3期。

张璇如、孙运来：《〈新发现的群婚实例〉补证——纪念恩格斯〈家庭、私有制和国家的起源〉发表一百周年》,《社会科学战线》1984 年第 4 期。

赵家祥:《澄清对"两种生产"理论的误解》,《北京大学学报》(哲学社会科学版) 2009 年第 5 期。

朱传棨:《实现马克思的"遗愿",补偿"亡友未能完成的工作"——纪念恩格斯逝世 110 周年》,《武汉大学学报》(人文科学版) 2005 年第 6 期。

[苏] 塔尔塔科夫斯基:《恩格斯〈家庭、私有制和国家的起源〉一书的创作史》,马健行译,《哲学译丛》1980 年第 5 期。

二 外文文献

Alan Patten, *Hegel's Idea of Freedom*, Oxford: Oxford University Press, 1990.

Daly, M & Wilson, M., *Sex, Evolution, and Behavior* (2nd), Belmont, CA: Wadsworth, 1983.

Darwin. C., *The Descent of Man, and Selection in Relation to Sex*, London: J. Murray (Original work published 1871), 1981.

Fisher, H. E., *Anatomy of Love: A Natural History of Mating, Marriage, and Why We Stray*, New York: Fawcett Columbine, 1992.

Kumagai, F., "Families in Japan: Belief and realities", *Journal of Comparative Family Studies*, No. 26, 1995.

Lubbock, J., *The Origin of Civilization and the Primitive Condition of Man, Mental and Social Condition of Savages*, New York: D, Appleton.

McLennan, J. F., *Primitive Marriage..Edinburgh*, UK: A&C. black, 1865.

Regan, "The Mating Game: A Primer on Lone, Sex, and Marriage", *Thousand Oaks*, CA: sage, 2003.

Simpson, J. A, Campbell, B & Berscheid, E., "The Association Between Romantic Love and Marriage: Kephart (1967) twice revisited", *Personality and Psychology Bulletin*, No. 12, 1986.

TOUBERT P., *Les Structures Du Latium medieval*, 2 vol., Rome, 1973.

后　　记

本书是吉林大学马克思主义学院统一部署撰写的"马克思主义经典文献通释"系列丛书之一，是学术精神、职业操守和学院情怀相结合的创作之旅，是赵海月、李腾飞共同完成的一项心血结晶。

在博士生导师赵海月教授的指导下，李腾飞做了大量的基础性工作，包括大纲草稿的初拟、文献资料的收集以及基本内容的构思，等等。初稿成型后，由赵海月进行了细致的审稿，包括修改、校正、补充、加工与完善等，这是一项提质、减熵、较真而又十分琐碎、烦闷与焦躁的工作，是对精诚、耐心与担当的考验。最后，由赵海月统稿和定稿。

在李腾飞的动员安排下，霍然、马嘉、冯海晶、席美博、赵文京、周光港、任蕊蕊等在学的博、硕士研究生，协同参与了第二章第三节一小部分和第三章某些部分的编纂，他们为本书初稿的竣事也贡献了力量。

2025 年 1 月